江苏省高等学校精品教材

大学生体育与健康

修订版

主　编　胡宝华

湖南师范大学出版社
·长沙·

图书在版编目（CIP）数据

大学生体育与健康／胡宝华主编．—长沙：湖南师范大学出版社，2010.4（2023.6 重印）
ISBN 978-7-5648-0225-7

Ⅰ．大…　Ⅱ．①胡…　Ⅲ．①体育-高等学校-教材 ②健康教育-高等学校-教材
Ⅳ．①G807.4

中国版本图书馆 CIP 数据核字（2010）第 045947 号

大学生体育与健康

DAXUESHENG TIYU YU JIANKANG

胡宝华　主编

◇全程策划：刘　伟
◇组稿编辑：刘开芳
◇责任编辑：蒋旭东
◇责任校对：刘　洪　郭海波
◇出版发行：湖南师范大学出版社
地址/长沙市岳麓山　　邮编/410081
电话/0731-88872751　传真/0731-88872636
网址/https：//press. hunnu. edu. cn
◇经　　销：全国新华书店
◇印　　刷：涿州汇美亿浓印刷有限公司

◇开　　本：787mm×1092mm　1/16
◇印　　张：21
◇字　　数：518 千字
◇印　　次：2023 年 6 月第 2 次印刷
◇书　　号：ISBN 978-7-5648-0225-7
◇定　　价：45.90 元

（教学资料包索取电话：刘老师 13269653338）

《大学生体育与健康》微课二维码

1. 健康的概念　P6

2. 营养素的分类与功能　P7

3. 饮食与健康　P7

4. 常见运动损伤的处理　P10

5. 气排球　P30

6. 跳跃运动　P46

7. 投掷运动　P50

8 田径竞赛的规则项目介绍　P54

9. 篮球规则竞赛简介　P57

10. 排球运动　P76

11. 足球竞赛规则简介　P87

12. 运动损伤的预防　P87

13. 运球技术　P88

14. 体育舞蹈概述　P99

15. 羽毛球运动概述　P215

16. 网球运动概述　P230

17. 乒乓球的起源　P240

18. 游泳运动　P276

19. 水中救护　P277

前 言

中共中央国务院《关于深化教育改革，全面推进素质教育的决定》中指出："健康体魄是青少年为祖国和人民服务的基本前提，是中华民族旺盛生命力的体现"。学校体育要树立健康第一的思想，切实加强体育运动，体育健康是大学教育重要有机不可缺少的组成部分，培养德智体全面发展的建设者具有不可替代的作用。2007年中共中央国务院下发了《关于加强青少年体育增强青少年体质的意见》（中发【2007】7号），教育部制定了《关于加强青少年体育增强青少年体质的实施意见》，并在全国大中小学中全面启动全国亿万学生阳光体育运动。同时提出"每天锻炼一小时，健康工作五十年，幸福工作一辈子"的口号。学生体质健康越来越受到重视。

为了深入贯彻党的教育方针，依照《全国普通高等学校课程教育指导纲要》的精神要求，结合教育部《关于全面提高高等教育教学质量的若干意见》和《学院关于实施教学做一体化教学模式改革的原则意见》，切实提高学生的能力和素养，实现以教师为中心向以学生为中心的转变，以及以教材为中心向基于工作过程系统化的教学内容转变。彻底转变传统的教学模式，不断深化教学改革，提高人才培养质量。以培养面向生产、建设、服务、管理第一线高技能人才为目标，以增强学生实践能力和综合应用能力为重点，树立健康第一的指导思想，结合《学校体育工作条例》及《全国普通高等学校体育课程教学指导纲要》，结合我校实际情况，突破了传统的体育教学模式，制定出"三自主"的体育教学模式。

本书编写分工如下：胡宝华（第二章、第三章、第六章、第十三章），宋建跃（第一章、第五章、第七章、第九章、第十章、第十一章、第十二章、第十四章、第十七章、第十八章、第十九章、第二十章），安霞、赵美芹、王云、刘京（第四章、第八章、第十五章、第十六章）。

由于时间和水平方面的原因，本书的不足之处也在所难免，诚恳的希望广大师生能把使用中发现的问题告诉我们，以便日后修订完善。

编 者

2019年7月

目　　录

理论知识篇

基础运动篇

拓展训练篇

理论知识篇

第一章 体育与健康

体育作为人类谋求全面发展（体力、智力和精神）和完美身体的一种文化教育活动，主要是为获寻自身才能和兴趣、道德和审美力以及驾驭客观世界的能力服务。

——联合国教科文组织

高等院校培养的是新时期德、智、体、美等全面发展，具有高素质职业技能的人才。高等院校体育是学生走向社会之前接受体育教学的一个重要环节。在我们为考上大学而欢欣鼓舞的时候，如何健康地生活和学习、养成良好的习惯、掌握终身体育技能、形成终身体育意识，就显得更为重要。

高等院校是为国家培养高素质技术人才的重要阵地，而强健的体魄是高素质职业人才的立身之本。毛泽东同志曾经在《体育之研究》中提及：“体育一道，配德育与智育，而德智皆寄于体，无体是无德智也。”由此可以看出，体育在我们学习中的重要性。体育是大学生完成学业的重要环节，会为我们在大学的校园中，更为毕业后走向社会或者攀登更高的阶梯奠定坚实的基础。

第一节 体育概述

一、体育的概念

体育是为了适应人类社会的需要而产生，并随着社会的发展而发展的，是一种内容丰富的社会活动现象，是人类文化生活的重要内容。随着人类社会物质文明和精神文明的需要以及科学技术的不断发展，体育在现代人类社会中的影响和作用日渐深入和广泛。因此，我们要抱着科学发展的观点来学习体育，与时俱进，力争成为社会的栋梁之材。

体育的概念可以从以下两方面来理解：

（1）广义的体育是以身体练习为基本手段，为增强体质、提高运动技术水平、丰富社会文化生活而进行的一种有意识的身体运动和社会文化活动，也叫体育运动。体育运动随着社会的发展而发展，但其发展受到一定社会的政治和经济所制约，即它的进步依赖于社会的需求，同时它也为一定社会的政治和经济服务。

（2）狭义的体育是以身体练习为基本教育手段的一种教育方式，与德育、智育、美育相配合成为教育的重要部分。体育通过身体练习向学生传授基本知识、基本技术和基本技能，是一个有计划、有组织地向学生传授知识的教育过程。

这里所说的体质，是指人的生命活动和劳动工作能力的物质基础。简要地说，体质是指人体自身的质量，是人体在形态、生理、生化和行为上相对稳定的特征。

二、体育的产生和发展

体育的产生是一个比较复杂的科学命题，很多年来一直吸引着中外专家学者对其进行研究，并形成了许多很有价值的观点。其中比较有说服力的观点是：体育是从劳动中产生的。这种观点认为，当今人们所熟悉的体育的具体形式都是与人类最基本的活动技能（走、跑、跳、投、攀、爬等）紧密相连的，人类的这些基本活动技能是在人类早期的生产劳动中形成和发展起来的。

从发展的观点来看，体育不仅受制于政治和经济的发展，还受到社会文化和意识形态发展的影响。因此，要从各种相互作用的因素中抽出单一的因素来说明体育这一复杂文化和社会现象的产生是不切合实际的。

（一）原始社会体育的萌生

体育萌芽于原始社会，与人类最基本的生存需要以及早期的生产劳动实践有着直接的联系，是在人类为解决与外部自然的关系而进行的一些早期活动中逐渐形成的。原始人为了保障生存和提高劳动生产能力，总是通过工具的改造和改进以及提高自身体力的途径来达到的。在人类改造自然的早期劳动实践中，为了获取生活资料和抵御来自外部的侵袭就要求活动者拥有能够攀缘、采摘的灵巧的手、善于投射的有力的臂膀、能够急速奔跑的腿、在蛮荒的原野上持续活动的耐力、勇于搏斗的精神和剽悍强健的体魄。在漫长的求生活动过程中，增强自身的各种生存技能和提高体能这一客观要求开始被人类所认识。为了增强人自身改造自然的能力，以便更有效地解决人与外部自然的关系和获取必需的生活资料，人类便开始有意无意地将长期在生存实践中所形成的各种生存技能、求生手段和活动方式等，从实际改造自然的过程中分离出来，作为既实用又能有效地增强自身技能、强健体魄的基本手段而反复练习，并且用这些练习活动来训练后代。

在原始人的实践活动中，已经存在改变人体自身的客观功效，经过长期的反复，原始人逐步通过经验直观朴素地认识到实践活动所具有的功效和价值，并且开始把这些认识根据需要重新与实践相结合，开始了有目的、有意识地通过模仿来重现这些实践过程，作为提高和增强人类自身生存能力的手段和方式。这种最初的、有目的、有意识的以身体为对象加以改造和培养的练习活动可以说就是体育的萌芽，它为以后体育活动的专门化奠定了基础。

（二）奴隶社会的体育

随着社会生产力的发展，早期体育本身也随之发展。到了奴隶社会时期，体育活动开始以一种较为完整、专门和独立的形态出现。此时，体育活动无论在内容、形式、规模还是人们对体育的认识上都有了长足的进步。例如，斯巴达人为了保持对被征服者的绝对统治和巩固自身的地位，高度重视体育运动，以便能在当时以肉搏为主的战争中处于优势地位。这个时候的斯巴达人把体育作为培养英勇善战的合格士兵的最重要的方法。在当时的斯巴达，每个儿童都属于国家，身体孱弱和畸形的儿童全被元老们弃于荒野，合格者从小就要进行严格的身体训练，直至他们成为正式士兵。在雅典社会，体育则超越了专门的军事目的，成为一种更为广泛的培养人才的教育手段。作为文明高度发达的民主制国家，为了与其国家的文明相吻合，雅典人非常重视体育，不仅把体育用于军事，而且还用于培养道德高尚、充满智慧、体形优美健壮的雅典公民。

（三）封建社会的体育

在封建社会，由于受多种因素的制约，体育的发展进程较为缓慢。但是，由于封建社会生产力的发展毕竟较奴隶社会更为先进，因而封建社会的体育除了在体育内容上和运动技术上不断丰富、充实、完善和提高外，还表现出了一些新的特征：体育的内容在不断丰富的同时，终于跳出了与生产劳动、宗教、军事战争、医疗等社会现象紧密相连的范畴，开辟了单纯追求娱乐的新领域。如欧洲的高尔夫球、亚洲的马球等，都是先后在封建社会这一历史时期发展起来的。

（四）资本主义社会的体育

由于产业革命促进了生产力的快速发展，从而为资本主义的兴起奠定了基础。资本主义社会所创造出来的物质文明是以前任何一个时代都不可比的，人们对物质和精神的需要得到满足的程度都是前几个社会阶段不可比拟的。因此，资本主义社会的体育因具有广泛的需要而得到迅速的发展，并逐渐形成了自身的科学体系。

（五）现代社会的体育

现代社会是快速发展的社会。由于生产力稳步、快节奏的发展，社会经济得以迅速发展，人们的生活水平得到了提高，物质和文化生活都得到了改善。因此，现代社会体育的发展在规模、速度、水平、内容、形式以及地位和作用上都达到了前所未有的高度。体育科研、管理、立法开始出现并迅速发展和完善，人们的体育观念也随之发生了巨大而深刻的变化，对体育的认识也越来越全面和科学。

三、体育的组成

广义体育的概念表明，体育教学、竞技运动和身体锻炼是三种不同内容和范围的“体育”，其共同点是以身体运动为基本手段，全面地增强体质，都有教育、教学、竞赛、提高等诸多因素。但根据其目的、对象和社会影响的不同，目前比较普遍的观点是：体育主要由学校体育、竞技体育和群众体育三个部分组成。

（一）学校体育

学校体育是学校教育的重要组成部分，也是全民体育的基础。学校体育作为教育和体育的交叉点和接合部，又是国家体育事业发展的战略重点。学校教育是在以学校教育为主的环境中，运用身体运动、卫生保健等手段，对受教育者施加影响，促进其身心健康发展；有目的、有计划、有组织地开展教育活动，全面提高身体素质和运动技术水平；与德育、智育、美育相结合，培养良好的道德和意志品质，使学生成为德、智、体全面发展的高素质专业人才。

（二）竞技体育

竞技体育是指在全面提高身体素质的基础上，最大限度地挖掘人的体力、智力和运动才能，以取得优异成绩为目标而进行的科学训练和竞赛活动，其特点是技艺高超、竞争性强、有严格的规则和场地要求，同时又是人的智能和运动才能的极端表现形式。由于竞技体育易吸引广大观众，极富感染力且容易传播，它在活跃社会文化生活、振奋民族精神、提高国际威望、促进各国人民之间的友谊、团结和交流等方面都有着特殊的作用。

（三）群众体育

群众体育是以健身、娱乐、休闲、医疗和保健康复为目的的体育活动。由于它的对象主要为一般民众，包括男女老幼及伤残者，活动领域遍及整个社会乃至家庭，所以具有活动内容广、表现形式新、趣味性强、参加人数多的特点。群众体育作为学校体育的延伸，可使人们的体育生涯得以延伸。

四、体育的功能

体育的功能是指体育在人类的发展和社会的进步中所产生的效益和功能状况。对它的了解可以使我们更深入地认识体育对社会发展和人类生活的重要性。由于其复杂的社会性和自身的特点，体育的功能概括起来主要有以下几方面：

（一）强健身心，促进人的身体健康

（1）体育对增强体质、提高身体机能、促进生理健康具有重要的作用。通过锻炼，可使人的血液循环加快，提高心脏的功能；可以改善大脑的供血状况，消除脑力劳动后的疲劳，使头脑清醒，思维敏捷；可使呼吸肌增强，肺活量增大，肺功能提高；可使肌肉粗壮结实，肌红蛋白增多，使人丰满有力；可使骨骼坚韧，骨密质增厚，骨的抗弯、抗折能力增强；还可以提高人体的基本活动能力、适宜能力和抵抗疾病的能力。

（2）体育还可以陶冶情操，影响人的个性发展，对心理素质的发展也有着明显的促进作用。长期从事各种体育练习，可以锻炼人的意志品质、催人奋发进取、提高组织纪律和集体观念、协调人际关系、提高人的心理调节能力，从而给人带来欢愉、轻松的心情。

（二）寓教于乐的教育功能

体育和教育自产生起就联系密切。学校体育作为培养人才的必要手段，历来都是教育的重要组成部分。

（1）体育中的身体教育：身体教育就是通过身体练习来提高身体素质，是对个人身体练习能力的提高。科学证明，人出生后在本能方面比不上动物，适应环境的能力差，连最基本的坐、立、站都不会，这些基本的生活技能都要靠后天学习获得。因此，学习基本的生活技能和从事身体锻炼的过程，就是发展身体、增强体质，即“育体”的过程。

（2）体育中的思想品德教育：体育本身就是一个有章可循的社会活动，它是在一定规则下有组织地进行的，这对培养青年一代遵守社会生活的各种准则、树立良好的道德观念、增强团结合作的精神和责任感是一个很好的强化。

（3）体育中心理素质的培养：体育活动能使人进入一个超凡脱俗的境界，能陶冶情操、培养坚忍不拔的意志品质。紧张而激烈的竞赛既是对心理品质严峻的考验，也是培养良好的心理素质的有利时机。

（4）体育中的智育：体育本身就是一种社会文化现象，蕴含着丰富的科学知识，也有自己的科学体系。通过体育教学和身体锻炼，学生可以掌握一定的体育知识、技能和技术，并使思维能力、记忆力、观察力、想象力等构成智力的各种能力得到发展。因此，体育在传授知识、培养技能技巧、增强体质的过程中还包含着培养、开发和提高智能的教育因素。

（三）陶冶情操，娱乐身心

体育活动不仅能够使人们拥有强健的体魄，而且给人美的享受，使人们消除学习、工作和劳动带来的精神紧张和大脑疲劳带来的情绪紊乱，使人们得到积极有益的调节、获得休息。这不仅有利于身体的恢复，而且是一种精神上的享受。比如，当你学习几小时后，去运动场跑跑步、做做操、活动活动身体，或去游泳馆游泳，你就会感到精神振奋；当你飘然越过跳高横杆，或敏捷地躲过对手的封堵而上篮得分，或一脚巧妙地射门使足球应声入网，或因一记漂亮的传球得到同学的欢呼和赞扬时，你就会从内心里产生一种愉悦感。

（四）服务于国家，融入政治

（1）体育运动能够提供一个为国增光，提高民族和国家的威望及国际地位的途径。随着竞技体育的发展，竞技场被称为“没有炮火的金牌争夺之战场”。例如，历史上我们的国人曾被侮辱为“东亚病夫”，国家的威望因此大受贬损。中华人民共和国成立后，在亚运会上连续七届金牌第一，成为亚洲第一体育强国。2008 年，我国运动员在第 28 届北京奥运会上取得金牌 51 块、银牌 21 块、铜牌 28 块，共计 100 枚奖牌，金牌总数跃居世界第一，奖牌总数跃居世界第二。以“同一个世界，同一个梦想”为主题的北京奥运会极大地提高了中华民族的国际地位，扩大了中国在世界上的影响。

（2）加强爱国主义教育，增强民族凝聚力。在当代，一次国际体育大赛会像巨石击水一样，在国民心中产生巨大的冲击波，使百万人甚至整个民族、国家沸腾起来，使民族精神得到升华，爱国激情得到激发，为国家的腾飞、民族的昌盛提供了难以估量的精神力量。例如，1984年洛杉矶奥运会上，中国有史以来第一次突破奖牌数量为零的纪录，这在国内引起了空前的轰动。

（3）改善和促进国家间的关系，增进友谊。体育可以促进各国人民相互了解，尤其是现代体育运动的国际化，使体育成为国家间重要的交往手段。运动员被称为“穿着运动衣的外交家”“和平的使者”和“外交先行官”。例如，我国就用“乒乓外交”与美国建立了友好关系，从而实现了运动员的互访，为中美建交创造了条件，被人们称为“用小球转动了地球”。胡锦涛主席访问日本时和具有“瓷娃娃”美称的日本乒乓球选手福原爱愉快地打乒乓球、切磋球技，就增进了中日两国人民的友谊。

（五）促进经济发展

体育的经济功能之一是直接地为经济建设服务。例如：举办大型运动会能促进当地各行各业的发展；提高体育场馆的使用率，促进体育器材、运动服装制造业的发展；增加体育竞赛的门票收入；出售体育竞赛的电视实况转播权；销售纪念章、纪念币；等等。这些都可以直接产生经济效益，为经济建设服务。

促进经济发展的成功尝试当首推1984年在美国洛杉矶举办的第23届奥运会。这届首次由民间主办的奥运会在金融界人士彼得·尤伯罗斯的领导下，一改以往奥运会亏损的局面，不仅节省了原定5亿美元的耗资，而且从中获得了2.5亿美元的赢利，为此，国际奥委会特授予他金质勋章。1988年汉城奥运会再次获得更大的成功，获得4.67亿美元的巨额利润，这使人们对体育所表现出的经济价值感到震惊。

（六）军事功能

体育的军事功能主要源于战争和对士兵进行身体训练的需要。从史前时代部落间为争夺土地、牧场和血亲复仇引起的暴力冲突，到原始社会末期以掠夺财产为目的的奴隶战争，都不断推动着武器的演进，这不仅为以后的健身活动提供了广泛的运动器材，也促使人们积极从事军事操练和与之有关的身体训练。进入封建社会以后，统治者为争夺领地引起的频繁战争使体育和军事的结合变得愈加亲密。

随着资本主义的发展，西方体育经“文艺复兴”时期和宗教改革运动，把跑、跳、投掷、摔跤等活动引入学校，要求学生掌握军事生活所必需的一些基本技能。在近代西方体育形成的初期，由欧洲教育改革推出的传统体操以它极具军事实用价值的体育形式风靡欧洲。这种身体运动对培养动作技能、行动整齐、掌握当时流行的线形作战方法极为有利，在美国南北战争及普法战争中曾一度发挥了重要的作用。

现代社会，由于尖端武器的发展，更需要人们在短期内掌握复杂的军事技能，而且能有效地加以应用，这就要求最大限度地动员人的精神和身体能力。为此，不仅要进行全面的体力训练，还必须掌握军事需要的专门技巧，如游泳、爬山、攀登、滑雪、划船、跳伞、摔跤、格斗、擒拿、拳击及队列操练等。特别是随着部队机动性的提高和新的战略战术的运用，体育和军事结合的项目正在不断涌现，使专门为军事服务的“军事体育”应运而生。

第二节　健康概述

健康和体育是密不可分的。健康是人一生最大的财富，其重要性人人皆知。

一、健康的概念

健康是一种不断变化的行程性的理念。如同体育一样，由于个体所处的自然环境、生存条件和时代经济的发展的不同，人们的健康观念也在不断地变化和发展。

古代的“健康”一词主要是指人身体的健康，即一个人没有疾病的折磨，能自由地进行各项日常活动。当时人们对健康的理解就是指身体的无病状态，认为只要身体没有疾病，就可以认为是健康的。20 世纪 80 年代中期，世界卫生组织对健康进行了重新定义：“健康是身体上、精神上和社会适应上的完好状态，而不仅是没有疾病或者不虚弱。”这一定义一直沿用至今。

世界卫生组织对健康的重新定义说明，人是社会的人，我们在预防、诊断和治疗疾病的时候，不仅要考虑到生理的情况，还要考虑到社会、心理、精神、情绪等因素对人体健康的影响。因此，我们可以从个体身体健康、个体心理健康、个体社会健康和个体道德健康这几个方面来逐步理解健康的含义。

（一）个体身体健康

个体身体健康是指人的生理健康，是指躯体的形态、结构和功能正常，具有生活自理的能力，即包括无病和体能。而体能是一种满足生活需要和有足够能量完成各种活动任务的能力，这种能力主要是通过体育锻炼获得的。

诸多学者通过研究，对生理健康的标准提出了自己的看法，认为应根据以下 15 项内容来评定生理健康：

①不应该有幻视、幻听、多疑、妄想；

②不应该长期失眠、噩梦、耳鸣、眩晕；

③不应该突然视力减退、偏盲、复视或眼前有异物感；

④不应该发烧、发冷、寒战、多汗；

⑤不应该有持续进行性体重减轻、疲劳无力；

⑥不应该长期咳嗽、咳痰、喘息；

⑦不应该感觉到自己的心脏跳动、心慌气短；

⑧不应该在吞咽食物时食道中有异物感；

⑨不应该有明显食欲减退、厌食、恶心呕吐、腹泻或多吃、多喝、多尿；

⑩不应该在任何部位出现违反客观规律的出血，如咯血、吐血、便血、牙龈或皮下出血，还有女性经期过长、经血过多等；

⑪不应该有任何部位的异常感觉，如病痛、麻木、灼烧或寒冷感；

⑫不应该有任何部位的触痛或指压性浮肿；

⑬不应该有任何部位的异常肿块；

⑭不应该出现皮肤红肿、青紫、黄染及各种斑丘疹；

⑮不应该过早大量脱发。

（二）个体心理健康

心理健康的概念比较复杂。许多国内外的专家学者都对它进行了研究。日本学者松田岩易认为：“所谓心理健康，是指这样一种心理状态，即人对内部环境具有安全感，对外部环境能以社会上认可的形式适应。也就是说，遇到任何障碍和困难，心理都不会失调，都能以社会上认可的行为加以克服，凡是有这种耐性的状态，就可以说是心理的健康状态。”

（三）个体社会健康

社会健康也称社会适应性，是指个体与他人和社会环境相互作用并具有良好的人际关系和扮演现实社会角色的能力。有此能力的个体在社会交往中有自信心和安全感，与人友好相处，心情舒畅，并知道如何交朋友和维持友谊，能以负责的态度行事并在社会中找到自己合适的位置。

社会健康也有自己的评价系统，但是不像生理健康那样有客观的评价标准，它的一些评价标准大多是主观的。我们可以从下面几方面对一个人的社会健康状况做出评价：

①能接受与他人的差异；

②与家庭成员和睦相处；

③有一到两个亲密的朋友；

④共同工作时，能接受他人的思想和建议；

⑤能与同性、异性交朋友；

⑥当自己的意见与多数人的意见不同时，能保留意见，继续工作；

⑦主动与人交往，有稳定而广泛的人际关系；

⑧交往中能客观地评价他人，取人之长，补己之短。

（四）个体道德健康

道德健康是人的一种“本质力量”，由思想品德和人格自我完善两部分组成。通常认为，思想道德是一种社会意识形态，它以善与恶、荣与辱、正义与邪恶等概念来评价人的各种行为，调节人与人之间以及个人与社会之间的关系。

《论语·述而》中有“君子坦荡荡，小人常戚戚”的说法。有学者将道德健康总结为：与人为善，助人为乐，总是心胸宽广和坦荡，且有高尚品德的人。有人会因为不良的心态而产生恐惧和紧张，这就会给自己带来沉重的精神负担，从而导致食不甘、夜不寐，最终也就无健康可言了。

关于健康，世界卫生组织提出了衡量健康的10项标准：

①精力充沛，能从容不迫地应付日常生活和工作；

②处事乐观，态度积极，乐于承担任务，不挑剔；

③善于休息，睡眠良好；

④适应环境，应变能力强；

⑤对一般感冒和传染病有一定抵抗力；

⑥体重适当，体态匀称；

⑦眼睛明亮，不发炎，反应敏捷；

⑧牙齿清洁，无缺损，无疼痛，牙龈颜色正常，无出血；

⑨头发有光泽，无头屑；

⑩骨骼健康，肌肉、皮肤有弹性，走路轻松。

这10项标准有利于人们对健康概念的全面理解和按其要求追求健康，为提高人们的健康水平、构建和谐社会、促进社会经济发展打下坚实的基础。

二、影响健康的因素

美国学者劳森提出了“健康五要素”，即身体、精神、智力、情绪和社会都处于健康与完美状态，才能称为真正的健康，简称“健康五要素”。

事实上，影响健康的因素是评价人们健康水平、计划和措施的依据。由于年龄、性别、地域、民族等客观原因，健康的自我评价指标也不尽相同。

（一）行为和生活方式因素

行为是有机体在外界环境刺激下所产生的反映，包括生理和心理的变化。人类的行为表现错综复杂，但基本规律是一致的，即它是人类为了维持自身的生存和种族的延续，在适应复杂的、不断变化的环境时所做出的反应。由于人同时具有生物性和社会性，所以人类的行为可分为本能的和社会的两大类。个体的社会行为是人与周围环境相适应的行为，是通过社会化过程确立的。行为是影响健康的重要因素，几乎所有影响健康的重要因素都与行为有关，美国的一项调查显示，只要有效地控制行为危险因素，如不合理饮食、缺乏运动锻炼、吸烟、酗酒和滥用药物等，就能减少40% ~70%的早死。

（二）自然环境因素

人类与自然环境之间有着极为密切的关系。自然环境为人类的生存和发展提供了条件，同时人类的生活和生产活动又在不断地改造着自然环境，从而创造有利于自身生存和发展的自然环境条件。另外，人类在改造自然环境的过程中，又会把大量的废弃物带给自然环境，造成自然环境的污染，反过来对人体健康产生不良影响，甚至危及人的生命。

（三）人体生物学因素

（1）遗传因素。后代形成和亲代相似的多种特征称为遗传特征。遗传不仅使后代在形态、体质以至性格、智力、功能等方面和亲代相似，而且还会把亲代的许多隐性或显性的疾病遗传给后代。

（2）心理因素。我们的祖先在2000多年前就发现了情绪对身心健康的影响，如《黄帝内经》中多处提到了“怒伤肝”“悲伤脾”“恐伤肾”。现代医学心理学的研究也证明，许多疾病的发生、发展都和心理因素有关，如心血管病、高血压、肿瘤等。大量的临床实践也证明，消极的情绪（如悲伤、恐惧、焦虑、愤怒等）能引起各种器官系统功能失调，导致失眠、心动过速、血压升高、尿急、月经失调等症状。在我国进行的癌症普查中还发现，心理因素与食道癌、子宫颈癌的发病有着密切的关系。

（四）体育运动因素

由于劳动方式和生活方式的改变，缺乏运动成为威胁人类健康的一个重要原因。同时，科学运动的健康价值日益显现，体育在生活中的位置越来越受到人们关注，体育对人类健康的作用也是我们要说的重点。

体育是一种非常复杂的社会文化现象。它是以身体练习为基本手段，加之以智力活动根据人体生长发育、技能形成和技能提高等规律，达到促进全面发育、提高身体素质和全面教育水平、增强体质和提高运动能力、改善生活方式与提高生活质量的一种有意识、有目的、有组织的社会活动。从这一含义可以看出，体育具有个体生物性和社会性两种属性。1987年，联合国教科文组织颁布的《体育运动国际宪章》中明确指出，体育是一种人权，确认了体育是提高生活质量的手段、体育能培养人类的价值观念，这说明体育对人类的生存和发展具有重要的影响。

在人类发展史上，体育作为一种积极的人类行为和特殊的社会文化现象，伴随着社会和文明的进步而发展，并对人类的进化和社会的发展起到了巨大的促进作用。健康的生活方式可以预防“文明病”的发生和发展，而体育运动作为健康生活方式的重要内容，对人类健康始终起着独特的支持作用，是维护人们身心健康最有效、最有益的办法。

三、亚健康

目前，亚健康状态的广泛存在已经产生了不可忽视的严重后果。据世界卫生组织的研究结果表明：人类的健康和长寿有40%是依靠了遗传因素和客观条件，其中15%为遗传，10%为社会因素，8%为医疗条件，7%为气候条件，而另外的60%则是依靠自己建立的生活方式和心理行为习惯。

（一）亚健康的定义

健康是躯体、心理、社会三方面均正常的“理想健康”，而疾病则是指机体在一定病因的作用下，一定部位和一定层次的结构、功能、代谢发生异常改变的生命活动过程，主要表现为躯体或心理上的异常，但疾病的产生并不是一蹴而就的，健康—疾病—死亡是一个动态的、连续的过程。因此，疾病和健康的中间阶段就是亚健康状态，这时的机体既非“理想健康”，又非严格意义上的患病，或者说机体既有可能向疾病转变，也有可能恢复健康。

世界卫生组织提出了一系列亚健康状态的临床症状，其特征表现为体虚困乏、易疲劳、失眠、休息质量不高、注意力不易集中，甚至不能正常生活和工作、情绪不稳定、抵抗力差等，但在医院进行全面系统的检查时往往又找不到肯定的病因所在。

（二）亚健康产生的原因

导致亚健康状态普遍存在的原因是多方面的，既有生物学因素，也有社会心理因素，更有不良生活方式的影响，还有环境因素的作用。具体而言，主要有以下几方面的原因：

（1）过度疲劳造成的精力、体力透支。如果生活、工作节奏加快，竞争日趋激烈，人们用脑过度，身心长时期处于超负荷紧张状态，就会造成身心疲劳。主要表现为疲劳、精力不足、注意力不集中、记忆力减退、睡眠质量不佳、肩背腰酸楚疼痛等。长期下去，必然因内脏功能过度损耗、机能下降而出现亚健康状态。据世界卫生组织的统计，大约有 70% 的人程度不同地生活在亚健康状态中，而且越是大城市和经济发达地区，处于亚健康状态的人就越多。

（2）人的自然衰老。人体成熟以后，大约从 30 岁就开始衰老。到了一定程度，人的机体器官开始老化，出现体力不适、精力不支、社会适应能力降低等现象，例如女性出现更年期综合征、生理功能紊乱、精神和情绪低等，男子虽然更年期综合征不明显，但也会出现生理机能减退、心情烦躁、精力下降等症状。

（3）人体生物周期中的低谷时间。即使一个健康的人，在某一特定的时间也可能处于亚健康状态，人的体力、精力、情绪都有一定的生物节律，有高潮也有低潮，脑力和体力都有很大的反差，而在低潮时期就会表现出亚健康状态。

（4）自然环境因素。自然环境的污染已成为影响人类健康的一大因素，要增进健康，就必须改善自然环境，这已成为人们的共识。向人们阐明环境与健康的关系，把有害健康的环境因素及防范规律传授给人们，使每个人都知道保护环境的重要作用，让人人都积极参与到环境保护的行动中，这也是健康教育的一个重要方面。

（三）对亚健康的调节

对亚健康的调节方法很多，主要分为心理调节和生理调节两方面。

心理调节就是利用心理学的理论和技巧、通过多种方法、应用语言和非语言的交流方式等，以影响人的心理状态，改变人的不正确的认知活动和情绪障碍，解决人的心理上的矛盾，进而达到治疗心理亚健康的目的。

生理的调节也不容忽视，总的来说，我们可以从以下八方面来加以注意：

①改变不良生活习惯，如戒烟、戒酒等，从而减少或避免来自外界的恶性刺激。

②保持体内生物钟的稳定，做到劳逸结合、作息规律正常，防止重新加重身心疲惫。

③适度增加体力活动的强度和体育锻炼的时间，给躯体增加“负荷”，以增强心肺功能，使人产生愉悦之感。

④加强营养，定时进餐，尤其要重视早餐，注意提高早餐的质量。

⑤通过旅游活动，如春踏青、夏赏花、秋登山、冬赏雪等，经受大自然的洗礼，以增强体

质，陶冶情操。

⑥通过自我心理调试，逐渐提高对外来刺激的承受能力，增强心理抗病力，以心理健康带动躯体健康。

⑦广交朋友，尽量将自己置于“朋友快乐世界”中去，成为他们中的一员。

⑧症状严重时，请医生帮忙，必要时可进行一些对症治疗。

如果我们从以上八方面加以调节，并和心理调节同时进行，那么我们将可以重新回到健康人的行列。

第三节 普通高等院校体育教学的目的、任务和途径

一、普通高等院校体育教学的目的

高等教育是现代教育的一个重要组成部分，是我国培养高技能人才的摇篮，是提高劳动者素质，为我国现代化建设提供技术技能型、知识技能型和复合技能型人才的重要基地。普通高等院校的体育是高等教育不可缺少、不可分割的一个有机部分，在整个教育体系中占有重要的位置。大力发展高等教育，加快高技能人才培养，对落实科学人才观深入实施人才强国战略、壮大人才队伍、提升人才素质、具有重要意义，为全面建设小康社会、构建社会主义和谐社会，为德、智、体、美全面发展提供了人才保证。

普通高等院校的体育是我们培养具有高等知识人才教育系统中的一个环节，是培养德、体、美全面发展的大学生不可缺少的一部分，高等教育应该具有高等教育和体育的共同属性。一方面，普通高等院校体育是高等教育的重要组成部分，其目标应和高等教育的总目标相一致；另一方面，普通高等院校体育又是体育的一个重要方面，它应该充分体现体育的属性，即要以运动和身体练习为基本手段，提高人的潜能，增强体质，增进身心健康，促进高校学生的全面发展。因此，综合来讲，普通高等院校体育的目标就是以运动和身体练习为基本手段，对学生集体进行科学的培育，在提高人的生物潜能和心理潜能的过程中，进德、益智、促美，从而达到身心健康和全面发展的教育总目标。

二、普通高等院校体育教学的任务

普通高等院校体育是高职教育体系的重要组成部分，其教育目的是通过以下几方面来实现的：

（一）使学生掌握体育锻炼的基本知识、技术和技能

掌握基本知识、技术和技能是普通高等院校体育课堂教学的根本任务。学校体育是教育的重要组成部分，而课堂教学是学校体育的重中之重。普通高等院校体育课对学生体育锻炼的基本知识、技术和技能的掌握尤为重要。

（二）培养学生强健的体魄，提高学生体质，促进学生身心健康

强健的体魄是我们学习、生活和工作的前提，所以毛泽东在1950年就提出了“健康第一”的论断。普通高等院校体育课可以从生理和心理两方面对大学生给予指导和帮助，以使他们在学习科技知识的同时拥有健康的身心。

（三）培养学生的意志品质

在体育教学过程中培养学生的意志品质是一项十分细致而复杂的工作，我们通过身体练习让学生自身的本体感觉承受一定的生理负荷，以调节因受场地、器材的约束和周围环境的干

扰。体育运动项目繁多，在培养意志品质方面都有着不同效果，例如，球类运动是一种集体合作的项目，能培养学生强烈的进取心、高度的纪律性、集体主义精神以及勇敢拼搏、不畏强手的意志品质等等。

三、普通高等院校体育教学的基本途径

普通高等院校体育的基本途径主要由体育课程和课余体育活动两方面组成。

（一）体育课程

体育课程是我国普通高等院校人才培养目标的重要组成部分，被视为普通高等院校体育的中心环节，也是普通高等院校体育最基本的组织形式，它为确保体育目的和任务的圆满实现提供了具体途径。体育课程是大学生以身体练习为主要手段，通过合理的体育与健康教育和科学的体育锻炼过程，达到以增强体质、增进健康和提高体育素养为主要目标的公共必修课程，是学校课程体系的重要组成部分，是高等学校体育工作的中心环节。《学校体育工作条例》规定："普通中小学校、农业中学、职业中学、中等专业学校各年级和普通高等学校的一、二年级必须开设体育课。普通高等学校对三年级以上学生开设体育选修课。体育是学生毕业、升学考试科目。"

（二）课余体育活动

课余体育活动是指学生在课余时间，运用各种身体练习方法，以发展身体、增强体质、增进健康、提高运动水平和丰富课余生活为目的的体育活动。课余体育活动包括早操、课间操、班级体育活动、课余训练、课余竞赛以及校内和校外体育活动等。

通过课余体育活动，能丰富并充实大学生的课余生活，扩大大学生的活动领域，加强大学生与社会的联系，激发大学生体育运动的兴趣和爱好，培养大学生的开拓意识和创造能力，促进大学生的个性发展。

第四节　当代大学生应具备的体育素养

一、树立"健康第一"的思想

健康是人类生存和发展最基本的自身条件，也是创造社会物质文明和精神文明的基础。健康一直是人的基本需要之一，同时也是一个民族、一个国家整体素质和社会文明的重要标志。

1978 年 9 月，世界卫生组织和联合国儿童基金会联合在阿拉木图主持召开了国际初级卫生保健大会，通过了著名的《阿拉木图宣言》。宣言指出："健康不仅是没有疾病或不虚弱，而是生理、心理的健康和社会适应的完美状态。"并认为："健康是基本人权，达到尽可能的健康水平是世界范围内的一项最重要的社会性目标。"这就十分清楚地把健康作为一个生理、心理、社会等指标相统一的现代观念呈现给人类。

二、培养终身体育的观念

终身体育是指一个人终身进行身体锻炼和接受体育。终身体育的含义包括两个方面的内容：一是指人从生命开始至生命结束，学习与参加身体锻炼，使体育成为一生生活中始终不可缺少的重要内容；二是在终身体育思想的指导下，以体育的体系化和整体化为目标，为人在不同时期、不同生活领域中提供参加体育活动的机会。

终身体育思想是把人一生的身体锻炼问题看成一个整体，把学校体育看成为人一生身体发

展和锻炼的一个阶段，把学校体育的视角从关注学生的当前扩展到关注学生的未来和终生。终身体育主张在继续提倡掌握体育和保健的理论知识、提高对体育的认识、掌握必需的体育技能、提高体力、增进健康的前提下，强调学生个性的发展、能力的培养以及锻炼身体习惯的养成。

三、制定切实可行的体育学习目标

（一）努力掌握体育和健康的基本知识、技术和技能，提高体育运动能力

大学生在大学的体育学习应注重与体育有关的健康知识的学习，掌握体育健身的基本原理，并能运用这些知识和原理指导自身的体育锻炼；学会体育锻炼的评价方法和身心健康的评价方法。同时，大学生还要把体育视为一种文化，不但要培养自己的体育素养，还要注重提高体育活动能力。

体育活动能力的提高除了要掌握体育和健康的知识外，还要学习一定的运动技术和体育锻炼的方法，形成一定的运动技能。要从增强体质的角度去学习运动技术，把运动技术看成是增强体质和提高健康水平的手段，把运动技术和体育锻炼方法的学习过程看成是增强体质、增进健康、传播体育文化的过程。

（二）养成体育锻炼的习惯，形成积极向上的行为生活方式

体育课程是大学生主要的公修课程。大学生要通过体育课程的学习，努力培养自己体育锻炼的兴趣和爱好，形成体育运动的意识，养成坚持锻炼身体的习惯，形成健康的行为生活方式，为终身体育奠定基础。

（三）提高个人道德修养，培养团结协作的精神和顽强拼搏的毅力

大学生的体育学习要注重利用体育的功能，培养自身的道德修养、协作精神和坚强拼搏的毅力。道德教育是全面和谐发展教育的重要内容，是教育的灵魂，在全面和谐发展教育中居于核心地位。正如，苏联著名教育理论家和教育实践活动家苏霍姆林斯基所说：“和谐全面发展的核心是高尚的道德。”个人道德修养的培养和个人体育能力的提高是相辅相成的。

思考题

1. 什么是体育？
2. 体育的功能有哪些？
3. 现代健康的含义是什么？
4. 影响健康的因素有哪些？我们要如何应对？

第二章　体育锻炼与大学生身心健康

第一节　体育锻炼的理论基础

体育锻炼是促进人体新陈代谢的一种外界刺激，它能使人体组织系统兴奋，加快物质代谢和能量转换。身体活动必然增加能量消耗，所以要保持机体摄取更多的能量，以便维持机体需要，并将机体产生的废物排出体外，从而保持机体旺盛的代谢平衡机制。研究证明，体育锻炼之所以能增强体质，是由于身体活动而引起的能量物质消耗，随后便能引起同化作用的加强，加速恢复过程，可使体内组织内部得到更多的补充，合成新的物质，使有机体具有更加旺盛的活力，从而促使机体得以发展和发达。

另外，人体在适应外界环境中所表现的机体能力（适应能力），包括了对客观环境的适应能力和对疾病的抵御能力。科学地进行身体锻炼能使机体内部的产热和散热过程更加旺盛，体温调节机能更加灵敏，从而使机体在适应外界环境的过程中产生动态的平衡。

第二节　体育锻炼与大学生生理健康

人体是一个有机的整体，是由神经系统、心血管系统、呼吸系统、运动系统、消化系统、泌尿系统、生殖系统、内分泌系统等组成，各个系统之间彼此联系又相互制约，它们在神经和体液的调节下，协调地执行着不同的功能，使人体成为一个统一的整体。

体育锻炼之所以对身体健康具有重要作用，那是因为人体是一个结构复杂且具有多种机能的有机体，又是一个完整的统一体，而且人体各个组织、器官以及系统是相互影响、相互作用、相互促进的，因此无论我们做什么样的运动，各组织、器官、系统都会受到不同程度的影响。

一、体育锻炼对呼吸系统的影响

（一）呼吸系统的生理构成和功能

呼吸系统包括呼吸道和肺。呼吸道是传送气体的管道，肺是进行气体交换的器官。呼吸道包括鼻、咽、喉、气管和支气管等器官。通常将鼻、咽、喉称为上呼吸道，气管、支气管及其分支称为下呼吸道。呼吸道能分泌黏液、浆液，具有过滤尘埃异物、湿润净化所吸入的空气、抵抗病菌等功能。肺在人体中是进行气体交换的重要器官，也是积极参与某些物质代谢和影响体循环的器官。肺表面的浆膜深入肺内将肺分隔成许多肺小叶。每个肺小叶是由壁径在 1 毫米以下的细支气管及所属的肺组织构成的。

呼吸系统的主要机能是执行人体与外界的气体交换，即不断地吸入外界的新鲜空气、呼出体内的二氧化碳，从而使人体的新陈代谢得以顺利进行。肺泡是半球形的囊泡，是肺组织的基本构成单位，是气体交换的场所。肺泡膜表面有毛细血管网，对气体有很大的通透性，因此血液在流经肺组织时可与肺泡内的气体进行气体交换。人体肺泡的总面积很大，大约有 100 平方米，足以满足体内气体交换的需要，在一般情况下，仅有部分肺泡开放进行气体交换。

（二）体育锻炼对呼吸系统有良好的影响

（1）呼吸肌得到锻炼，力量得到增强。呼吸肌主要由膈肌、肋间肌以及腹壁的肌肉组成。在深呼吸时，肩部和背部的肌肉都起辅助作用，因此经常参加体育锻炼能使呼吸肌发达，胸围增大。由于呼吸肌发达、强壮有力，所以能提高下呼吸功能。呼吸的深度与胸廓有关，呼吸肌发达，胸围会显著增加。例如，一般人的胸围呼吸差只有5～7厘米，而经常参加体育锻炼的人，呼吸慢且深，胸围呼吸差可达到7～11厘米。

（2）肺活量增大。一般人肺活量只有3000～4000毫升，而经常参加体育锻炼的人，其肺活量能达到5000毫升。因此，不经常运动的人呼吸肌不发达，肺活量小，肺泡中有一部分没有参加呼吸，是肺泡的“死角”；而经常参加体育锻炼的人肺活量大，是因为肺脏能扩大到最大限度，这样肺脏就能保持健康。根据瑞典学者安德森等人的研究，在青春期接受游泳训练的女孩较一般女孩的肺的总容量可增长12%，肺活量可增长13.4%，最大吸氧量可增长10.2%。

正常成人安静时呼吸次数为16～20次/分，每次吸入和呼出的气体量约为500毫升，称为潮气量。当人用力吸气，一直到不能再吸的时候为止，然后再用力呼气，一直呼到不能再呼的时候为止，这时呼出的气体量称为肺活量。正常成年男子的肺活量约为3500～4000毫升，女子约为2500～3500毫升。

（3）呼吸深度加深。从呼吸频率来看，由于深度不同，呼吸的频率也不同。一般人的呼吸短而急促，每分钟约8～12次，这样，呼吸肌容易疲劳且工作不能坚持长久。经常参加体育锻炼的人，呼吸深度缓畅，每分钟约6～8次，由于吸进的氧气多，就能使呼吸肌有较长的时间休息。在紧张而剧烈的运动时，肌肉工作大量需氧，一般人是靠增加呼吸频率来供应氧气，运动时经常气喘吁吁；而运动员由于呼吸系统机能好，呼吸慢且深，因此在同等条件下，只要呼吸频率稍稍加强，就可以满足气体交换的需要。

（4）肺通气量增加。体育锻炼加强了呼吸的力量，可使呼吸深度增加，从而有效地增加了肺的通气效率。如果在体育锻炼时过快地增加呼吸频率，导致气体往返于呼吸道中，结果使进入肺内的气体量反而减少；如果适当地增加呼吸频率，可以使运动时的肺通气量大大增加。研究表明，一般人在运动时的肺通气量能增加到60升/分左右，而有体育锻炼习惯的人运动时肺通气量可达100升/分以上。

（5）利用氧的能力增加。体育锻炼不仅可以提高肺的通气能力，更重要的是可以提高机体利用氧的能力。一般人在进行体育活动时只能利用其氧的最大摄入量的60%左右，而经过体育锻炼后，可以使这种能力大大提高。而且体育活动时，即使氧气的需要量增加也能满足机体的需要，而不致使机体过分缺氧。

二、体育锻炼对神经系统的影响

（一）神经系统的生理结构和功能

神经系统是指调节人体各器官的活动，从而使人体成为有机整体，并与外界保持相对平衡的器官系统。神经系统是一个不可分割的整体，为了便于认识，我们人为地将神经系统分为中枢部和周围部。中枢部包括位于颅腔内的脑和椎管内的脊髓，也称中枢神经系统。周围部又称周围神经系统，是脑和脊髓以外的神经成分，其一端同脑和脊髓相连，另一端通过各种末梢结构与身体其他器官和系统相连。与脑相连的神经称脑神经，与脊髓相连的神经称脊神经。根据神经分布部位的不同，周围神经又可分为躯体神经和内脏神经两部分。躯体神经是指分布于体表、骨、关节和骨骼肌的神经；内脏神经是指分布于内脏、心血管和腺体的神经。按照构成神经的神经纤维传导神经冲动方向的不同，躯体神经和内脏神经都有感觉神经和运动神经两种。

所谓感觉神经，是指将神经冲动自感受器传向中枢的神经；所谓运动神经，是指将神经冲动自中枢传向效应器的神经。因此，感觉神经又叫传入神经，运动神经又叫传出神经。内脏运动神经又称为植物性神经，植物性神经可分为交感神经和副交感神经。

在人体内，每一个器官、每一种功能活动都是在神经系统的调节下进行的，而且都要遵循对立统一规律。如进行体育活动时，人体肌肉的活动加强，与此同时，消化系统的活动减弱。心跳和呼吸频率加快，其他器官系统的活动也发生相应的变化，以适应肌肉工作的需要。这些错综复杂的变化都是在神经系统的调节下有条不紊地进行的。

（二）体育锻炼对神经系统的影响

（1）神经系统的反应能力得到提高。体育锻炼时中枢神经系统被迅速动员起来指挥协调人体各个器官，以适应人体其他系统的活动需要。

随着神经系统机能的改善，机体内各器官系统，尤其是运动系统的控制和调节能力也可得到不断的提高和完善。经常参加体育锻炼的人可以提高神经系统的兴奋性和灵活性，使各种各样的动作协调，不必要的多余动作就会消失，对外界刺激反应会更快、更准确，能够有效地节省体力和减少体能的消耗，使之从容不迫而又迅速地完成各种动作。

通过体育锻炼，能使神经系统得到锻炼，提高神经系统工作过程的强度、均衡性、灵活性和神经细胞工作的耐久力，能使神经细胞获得更充足的能量物质和氧气的供应，从而使神经系统在紧张的工作过程中获得充分的能量物质保证。研究表明，当脑细胞工作时，大脑耗氧量占全身耗氧量的20%～25%。体育锻炼能使大脑的兴奋与抑制过程合理交替，避免神经系统过度紧张，因而可以消除疲劳，使头脑清醒，思维敏捷。

（2）消除大脑疲劳，学习效率得到提高。进行体育活动时，与肌肉运动有关的脑细胞处在兴奋状态，使大脑皮层管理思维的部分得到了休息，有利于缓解大脑疲劳。运动还能锻炼神经系统对疲劳的耐受能力和对外界环境的适应能力。这是因为，体育锻炼加强了大脑中供应能量的高磷酸化合物的再合成能力，从而保证了大脑的正常机能，并延缓了疲劳的出现。由于体育活动促进了血液循环和呼吸，脑细胞也可得到更多的氧气和营养物质的供应，代谢加速，脑的活动也就灵活起来，工作效率就会提高。有学者研究发现，运动员的神经细胞衰老的趋向不明显，锻炼有助于推迟和减轻随衰老过程而出现的大脑迟钝、记忆力下降等现象。经常参加体育锻炼，可以提高神经细胞的反应性和灵活性，使思维更加敏捷，大脑的指挥功能熟练和稳定，动作迅速、准确、灵活。

（3）预防和治疗神经衰弱。人的大脑具有兴奋和抑制两种基本功能，它的兴奋和抑制能力都是有一定限度的，如果超过了这一限度，就会造成大脑工作能力下降；时间久了，还会导致兴奋和抑制功能失调，引起大脑的机能紊乱或大脑的机能障碍，进而发生神经衰弱。产生神经衰弱的原因有很多，其中长时间的脑力劳动、使大脑长期持久地高度兴奋而引起过度疲劳是引起神经衰弱的主要原因。

体育运动对神经衰弱的人来说是一种动员身体内部的生理力量来调节大脑功能的好办法。在进行体育活动时，来自肌肉的、关节的神经感受到的冲动传到中枢神经系统，这有助于调整神经系统的功能活动；能通过对以大脑为高级中枢的神经系统的刺激，调整神经系统的活动状态，加强对全身各部位的调节，使人振作精神、心情愉快，从而减轻神经衰弱的症状。

三、体育锻炼对心血管系统的影响

（一）心血管系统的生理结构和功能

心血管系统包括心脏、动脉、静脉及毛细血管。心脏主要是由心肌构成的中空器官。心脏中隔将心脏分为左右两侧，左右两侧又各分为心房和心室两部分。这样，心脏实际分为左心房、左心室、右心房、右心室四部分。心脏的左右两侧不直接相通，而心房、心室之间借房室瓣相通，右侧是三尖瓣，左侧是两尖瓣。

心脏是血管系统的动力器官，在神经系统的调节下，通过心肌的收缩和舒张活动推动血液参加血液循环，以满足机体各组织细胞对氧气、营养物质的需要和代谢产物的排除，根据血液在体内的流动过程，可将血液循环分为体循环和肺循环。体循环的血液流动途径为：左心房接受来自肺静脉含氧丰富的血液，压入左心室，再由左心室泵入主动脉，经主脉运送血液到全身各部的血管，经过多次分支，最后移行于毛细血管；毛细血管是连接动脉与静脉之间的微细血管，血液与组织之间的物质交换在此进行。肺循环的血液流动方向为：右心房接受来自身体各组织的含氧量较少的静脉血，然后压入右心室，再进入肺动脉至肺组织；在肺组织中，血液中的二氧化碳得到释放，而肺组织的氧气进入血液，完成气体交换，血液再由肺静脉流入左心室。

人体内的血管可分为动脉、静脉和毛细血管，不同类型血管的功能也不同。大动脉的管壁厚而坚硬，管壁内含有丰富的弹性纤维，因而富有弹性，称为弹性血管，它可以缓冲血压波动，并保证在心脏舒张期继续推动血液循环；小动脉管壁富有平滑肌，通过平滑肌的收缩可以改变血管的口径从而改变血流阻力，又称阻力血管。毛细血管口径小、数量多、通过性强，是血液与组织液的交换部位，被称为交换血管。静脉血管的口径大、易扩张，体内多数血液存在于静脉系统中，因此静脉血管又被称为容量血管。

（二）体育锻炼对心血管系统的影响

（1）心脏更加强壮。经常从事适宜的体育锻炼，对心血管的形态和结构会产生不同程度的影响。体育锻炼时，由于肌肉的紧张活动使心脏的工作量增加，因此经常从事体育锻炼会使心肌增厚、心腔扩大，形态上大于一般人，即通常称为功能性增大。这种肥大的心脏可以增强心脏的工作能力。

一般人与经常参加体育锻炼者相比，一般人的心脏重量约为300克，而经常参加体育锻炼者的心脏重量则为400～500克；一般人的心脏容积为700～780毫升，而经常参加体育锻炼者的心脏容积则为1000～1025毫升；一般人的心脏横切面为11～12厘米，经常参加体育锻炼者的心脏横切面则为13～15厘米。

（2）心脏跳动从容不迫，不但有力而且更加节省。一般人安静时心跳每分钟在70～80次，经常参加体育锻炼的人安静时心跳每分钟在50～60次。例如，优秀运动员每分钟心跳在30～40次，由于它使运动员每搏输出量增加，因而减少心跳频率仍能满足全身代谢需要。如果一般人每搏输出量为60毫升，则每分钟要跳75次；而经常参加体育锻炼的人每搏输出量为90毫升，因此心脏每分钟只要搏动50次就能满足需要。

进行轻度运动时，在运动量相同的情况下，经常参加体育锻炼的人，心跳频率和血压变化幅度比一般人小，不易疲劳，而且恢复较快；而一般人就需要较大幅度地提高心跳频率，从而使心脏休息时间缩短，既容易疲劳，恢复周期又较长。究其原因，是因为经常参加体育锻炼的人心脏收缩能力强，每搏输出量大，只要稍增加心跳频率就能满足需要。由于体育锻炼能使心血管保持很好的弹性，因而在剧烈运动时，训练有素的运动员每分钟心跳可高达200次左右，而一般人是做不到的，只有心脏具备了承担紧张工作的潜在能力，一旦需要才可以承担高强度的工作。与此同时，经常锻炼的人在进行轻度运动或工作时，在负荷相同的条件下，心脏和血压的变化却又小于一般人，这叫心脏工作“节省化”现象，是身体锻炼给机体带来的好处。

（3）坚持体育锻炼能够影响血管壁的结构，改善血管在器官内的分布。我国有人通过动物实验证明，体育锻炼能使动脉血管壁的中膜增厚，平滑肌细胞和弹性纤维增加，而在大动脉

（主动脉）处，弹性纤维增长占优势，在中等动脉（股动脉）处，平滑肌细胞增长占优势。通常弹性纤维的改变所需要的时间比平滑肌长。也有人通过动物实验研究证实，体育锻炼能使骨骼肌的毛细血管分布数量增加、行程迂曲、分支丰富，这些变化都是很好的适应性反应，有利于器官的供血和机能的提高。

四、体育锻炼对血液成分的影响

（一）血液的组成

血液是存在于心血管系统内的流动组织，它包括细胞和液体两部分。细胞部分是指血液的有形成分，总称为血细胞；液体部分称为血浆。人体内的血液总量约占体重的7%～8%，在正常情况下，每公斤体重的血量，男性多于女性，幼儿多于成年人。

（1）血浆。血浆是血液的液体成分，占全血量的50%～60%。血浆中除含水分外，还有各种血浆蛋白、无机盐、葡萄糖、激素等物质。血浆具有维持渗透压、保持正常血液酸碱度、防御和体液调节等多种功能。

（2）血细胞。血细胞又分为红细胞、白细胞和血小板。

①红细胞。红细胞又称红血球，是血细胞中数量最多的一种。正常成年男子的红细胞数量为450万～550万个/立方厘米，平均为500万个；成年女子为380万～460万个/立方厘米，平均为420万个。红细胞的主要功能是运输氧气和二氧化碳，脉冲血液酸碱度的变化。红细胞中含有一种重要的蛋白质——血红蛋白，红细胞的主要功能是由血红蛋白完成的。正常成年男子每100毫升血液中含血红蛋白12～15克；女子为11～14克。血红蛋白与红细胞数量有密切关系，如果红细胞或血红蛋白数量低于正常值就称为贫血。

②白细胞。白细胞体积比红细胞大。正常人安静时血液中的白细胞数量为每立方厘米5000～9000个，其生理变动范围较大，进食后、炎症、月经期等都可引起白细胞数量的变化。白细胞又分为有颗粒的中性粒细胞、嗜酸性粒细胞、嗜碱性粒细胞和无颗粒的淋巴细胞以及单核细胞。白细胞的主要功能是防御病菌、免疫和清除坏死组织等。

③血小板。血小板无核，又称血栓细胞。正常人的血小板含量为10万～30万个/立方厘米。血小板数量也随不同的机能状态有较大的变化。血小板的主要机能包括促进止血作用和加速凝血两个方面，同时还有营养和支持作用。

（二）体育锻炼对血液成分的影响

（1）体育锻炼对红细胞数量的影响。体育锻炼对红细胞数量可产生良好的作用，主要表现为可使红细胞偏低的人红细胞含量增加。研究证实，运动员和经常参加体育锻炼的人在安静时的红细胞数量比不参加体育锻炼的人略高。然而，人体内的红细胞数量并不是越多越好，红细胞数量过多，会增加血液的黏滞性，加重心脏负担，对机体也是不利的。因此，体育锻炼可使红细胞数量偏少的人有所回升，但不会使红细胞数量过多。

（2）体育锻炼对白细胞数量和免疫机能的影响。体育锻炼是否能提高机体的抵抗疾病能力，主要与白细胞数量及免疫蛋白含量有关。研究证实，合理的体育锻炼可以提高白细胞的数量和功能，特别是可以提高白细胞分类中具有重要作用的淋巴细胞的数量，这对提高机体的抵抗疾病能力是至关重要的。另外，体育锻炼还可以提高体内的自然杀伤细胞数量和免疫球蛋白水平，亦可有效地提高机体抗病、防病的能力。

第三节　体育锻炼与大学生心理健康

一、心理健康的定义

世界卫生组织给健康下的定义为："健康是一种身体上、精神上和社会适应上的完好状态，而不是没有疾病及虚弱现象。"从世界卫生组织对健康的定义中可以看出，其与我们传统的理解是有明显区别的，它包含了三个基本要素，即躯体健康、心理健康、具有社会适应能力。具有社会适应能力是国际上公认的心理健康的首要标准。

1946 年，第三届国际心理卫生大会对心理健康的定义为：所谓心理健康，是指在身体、智能以及情感上与他人的心理健康不相矛盾的范围内，将个人心境发展成最佳状态。它的具体表现有以下几方面：①身体、智力、情绪十分协调；②适应环境，在人际关系中能谦让；③有幸福感。

综上所述，我们认为心理健康一般有三方面的标志。第一，心理健康的人，人格是完整的，自我感觉是良好的，情绪是稳定的，积极的方面多于消极的方面，有较好的自控能力，能保持心理上的平衡，有自尊、自爱、自信心，而且有自知之明；第二，在自己所处的环境中有充分的安全感，而且能保持正常的人际关系，能受到别人的欢迎和信任；第三，有明确的生活目标，有理想，有追求。

二、心理健康的标准

同生理健康一样，人的心理健康也是有标准的，只是心理健康的标准没有生理健康的标准那么具体、客观。国内外的许多学者对心理健康的标准做了大量的研究，他们给出的标准也不尽相同。

（一）马斯洛和米特尔曼共同提出的衡量心理健康的 10 条标准

①有足够的自我安全感和有充分的适应能力；

②能充分地了解自己，并能对自己的能力做出恰当的评价；

③生活的理想切合实际；

④不脱离周围现实环境；

⑤能保持人格的完整与和谐；

⑥善于从经验中学习；

⑦能保持良好的人际关系；

⑧能适度地发泄情绪和控制情绪；

⑨在符合集体要求的前提下，能有限度地发挥个性；

⑩在不违背社会规范的前提下，能恰当地满足个人的要求。

（二）世界卫生组织提出的心理健康标准

（1）具有健康心理的人，人格是完善的，自我感觉是良好的，情绪是稳定的，积极情绪多于消极情绪，有较好的自控能力，能保持心理平衡，有自尊、自爱、自信之心，有自知之明。

（2）一个人在自己所处的环境中有充分的安全感，且能保持正常的人际关系，能受到他人的欢迎和信任。

（3）心理健康的人对未来有明确的生活目标，并能切合实际地不断进取，有理想和事业上的追求。

三、影响大学生心理健康的因素

人的心理健康是一个极为复杂的动态过程。影响心理健康的因素是各种各样的，既有个体自身心理素质的影响，也有外界环境因素的影响。就当前大学生的具体现状而言，影响其心理健康的因素主要表现在以下几方面：

（一）环境变迁

心理学研究表明，个体所处的环境的巨大变迁会使个体产生心理应激。虽然环境变迁也是生活事件的一部分，但这种变化对个体适应的影响比较突出。生活环境的变迁对大学新生是一个不小的挑战，其变化的主要方面就是要自己独立生活、应付一切生活琐事，对大多数刚踏进大学校门的学生来讲，他们所面对的是一个非常新奇而又非常陌生的环境，正是这种环境的变迁在很大程度上决定了新入学大学生的适应和调整问题。例如，几个同学共住一个寝室，彼此生活习惯、作息安排，包括语言隔阂等，都需要去面对和适应。尤其是很多新生有远离家乡、亲人的问题，要适应起来还需一段时间。但相对来讲，大学生对新的人际关系的适应远比对学习和生活环境的适应困难很多。

（二）人际关系

人际关系是指社会人群中因交往而构成的相互联系的社会关系，属于社会学的范畴，中文常指人与人交往关系的总称，也被称为“人际交往”，包括亲属关系、朋友关系、学友（同学）关系、师生关系、雇佣关系、战友关系、同事关系及领导与被领导关系等。

孔子曾说：独学而无友，则孤陋而寡闻。

人际关系问题不仅在新生中才有，它在大学生活中始终都是重要的心理影响因素。大学生的人际关系问题主要是处理与周围同学、老师以及家庭、亲人、朋友之间的关系。在人际交往过程中，一些不良的心理因素会影响大学生人际交往的正常进行，使有的大学生不敢交往、不愿甚至不能交往。与中学生相比，大学生的人际关系更为广泛与深刻，角色呈多元化。同学们来自不同的地域，具有不同教育背景和不同的经济状况，带着各自的生活习惯与学业期待来到大学，因而新型人际关系的适应是大学生面临的重要问题。

一般来说，在人际关系交往中，出现一些困难是难免的，但如果个体的人际关系严重失调、人际交往时常受阻，则表明个体存在某些不良的心理品质。

（三）自我认知

大学生活始终是丰富多彩、令人向往的，然而大学生进入大学以后，由于学习生活的转变，自身所具备的特长等诸因素的影响，大多数人对自我的评价也在逐渐发生转变。这不仅表现在学习成绩和生活起居上，还表现在知识面、社会经验、人际交往以及个体综合能力等方面。大学生作为同龄人中学业优秀的群体，现实自我与理想自我总有相当差距，对这一客观事实认识不足，就会引起认知上的矛盾，从而严重影响大学生的心理状态。在客观现实面前，有的大学生能及时调整对自身的认识，重新确立目标，以符合客观现实的要求；而有些大学生则企图逃避与现实的矛盾冲突，出现消沉、颓废、苦闷、抑郁等心态，或耽于玩乐，放纵发泄对现实的不满，以此来麻痹自己的心灵。因此，综合、全面的自我认知对大学生来说是极为重要的。

四、体育锻炼对心理健康的积极影响

许多学者通过研究和实践证明，体育具有健身、教育启智、情感发展、美育、娱乐等功能，对人们的健康，特别是心理健康水平的提高具有重要的作用。随着社会的发展，体育的作用越来越被人们认可。国内的研究者一般认为，体育对心理健康的促进作用主要有以下五方面：

（1）体育锻炼能够让人精神振奋。心情差、精神不振的人常常可以从体育锻炼中获益，这是因为人在体育活动中，各种感觉信息输入机体而引起唤醒水平的提高，继而精神振奋。

（2）体育锻炼能够降低焦虑反应。这是因为体育锻炼可以降低肾上腺素受体的数目或敏感性。此外，由于经常从事体育锻炼降低了心率和血压，从而减轻了特定的应激源对生理的影响。

（3）体育锻炼能够使人建立完整的自我概念。所谓自我概念，是指一个人对自己的身体、思想和感情等的整体评价，它是由许许多多的自我认识所组成的，包括我是什么人、我主张什么、我喜欢什么、我不喜欢什么等等。

由于坚持体育锻炼可使体格强健、精力充沛，因而体育锻炼对于改善人的身体的自我概念的作用是毋庸置疑的，特别是对改善人的身体表象和身体自尊至关重要。研究表明，经常参加体育锻炼的学生比不经常参加体育锻炼的学生对自己的评价更为积极。

（4）体育锻炼能够培养人的坚强的意志品质。意志品质是指一个人的果断性、坚韧性、自制力以及勇敢顽强和主动独立等精神。意志品质在克服困难的过程中表现出来，又是在克服困难的过程中培养起来的。体育锻炼中要不断克服客观困难（如气候条件的变化、动作的难度或意外的障碍等）和主观困难（如胆怯和畏惧心理、疲劳和运动损伤等），锻炼者越能努力克服主、客观方面的困难，也就越能培养良好的意志品质。这种坚强的意志品质能够迁移到日常的学习、生活和工作中去。

（5）体育锻炼对心理疾病的治疗有很大的帮助。1990 年，科可凯尔迪等人指出，体育锻炼已经成为治疗心理疾病的一种方法。心理医生们普遍认为，体育锻炼可以消除焦虑症和治疗抑郁症。在大学生中，由于学习和其他方面的挫折而引起的有焦虑症和抑郁症的人并不少，而通过体育锻炼就可以减缓或消除这些心理疾病。

大学生无论在生活上还是心理上都处于一个迅速变化的过程中，处于从不成熟到逐渐成熟、迅速向成人过渡的时期，因而各方面都在发生着巨大的变化。他们虽然生理上逐渐成熟，但由于阅历浅、社会经验不足、独立生活能力不强，对自己缺乏正确而全面的认识，同时又受到社会上各种各样的思潮的冲击，因此很容易产生各种各样的心理上的问题，而积极健康的心理能够给大学生的学习和今后的工作带来积极正面的影响。

思考题

1. 体育锻炼对大学生生理健康的积极影响有哪些？
2. 体育锻炼对大学生心理健康的积极影响有哪些？

第三章　大学生的体质与健康

“体质”与“健康”这两个概念在本质上是相通的，都是一种对人的生命质量和生存状态的评价，然而两者之间还是有差别的。一个国家的国民体质状况是其综合国力的重要组成部分，国民体质的改善与增强是国家经济发展的结果，同时也是社会发展的动力。了解中国大学生的体质与健康的动态变化特征和规律，不仅为国家教育、体育和卫生等部门制定相应的政策提供了科学依据，同时也为不同时期中国大学生的体质健康状况的测量、评价与研究确定了方向。

第一节　体质与健康

一、体质的概念

体质是人体的质量和功能的统一表现，是在遗传变异性和后天获得性的基础上表现出来的人体的形态结构、机能、心理等综合的相对稳定特征。遗传是人的体质发展变化的先天条件，与一个人体质强弱有重要的关系，但遗传对体质只是有产生影响的可能性，而人的体质强弱最终还有待于后天的环境、营养、体育锻炼和卫生保健条件等。

体质主要表现在体格、体能、心理发育水平和适应能力等几个方面。体格是指人体形态发育水平，包括体形、营养状况、身体姿态等；体能是指人体生理功能，包括各器官系统的效能、身体素质和基本活动能力；适应能力是指人体对自然、社会环境的适应能力和对疾病的抵抗能力。

二、健康的概念

我国《辞海》将健康解释为：“人体各器官系统发育良好、功能正常、体质健壮、精力充沛，并且有良好劳动效能的状态。”世界卫生组织在其章程中明确指出：健康不仅是没有疾病和虚弱，而且个体在身体上、心理上、社会上都要能处于完善的状态，并且提出了以下 10 条健康的标志：

①精力充沛，对负担日常生活和繁重工作不感到十分紧张疲劳；

②乐观积极，乐于承担责任；

③善于休息，睡眠好；

④应变能力强，能适应外界环境的各种变化；

⑤能抵抗一般性感冒和传染病；

⑥眼睛明亮，反应敏锐，眼睑不发炎；

⑦牙齿清洁，无龋齿，无痛感，牙龈颜色正常，无出血症状；

⑧头发有光泽，无头屑；

⑨肌肉丰满，皮肤有弹性，走路轻松。

三、体质与健康概念的比较

体质与健康是密切联系的两个概念，人们在日常生活中常把它们看作同义词。一般来说，从体育教学的观点出发，着重是塑造健美的体形，发展身体运动素质，提高人体的运动能力和培养顽强的意志品质；从卫生保健和防病治病的观点出发，着重是研究遗传、环境和社会因素对人体健康的影响，如个人或群体的营养状况，常见病、多发病的患病情况及人体抵抗疾病的能力等。健康是一个发展着的概念，健康的内涵不断发展为人不仅是要没有疾病或不虚弱，而是要达到身体的、心理的和社会的完美融合状态。

从健康与体质的概念比较中可知，健康对人的意义更重要。可以认为：体质是健康的基础之一，增强体质是促进健康的重要手段。通过体育锻炼，可以增强人的体质，从而进一步促进人的健康。

第二节　体质与健康评价

一、体质的评价

体质是人体生命活动、日常生活、劳动工作和运动能力的物质基础。我国体育科学学会体质研究会认为，体质的范畴主要包括以下几方面：

（1）身体形态和结构的发育水平，即体格、体形、身体姿势、营养状况及身体组成成分等。

（2）生理功能水平，即机体的新陈代谢水平和各器官、系统的效能，如脉搏、血压、肺活量等反映心肺功能水平的指标。

（3）身体素质和运动能力发展水平，即速度、力量、耐力、灵敏、柔韧等身体运动素质和走、跑、跳、投、攀登、爬越等身体基本活动能力。

（4）心理素质发展水平，即人体感知能力、智力、个性、意志等。

（5）适应能力，即对外界环境的适应能力、应激能力和对疾病的抵抗能力。

上述五方面的状况，只能反映出体质强弱的差异，但是在进行体质测定和评价体质发展水平的实际效果时，必须注意体质表现的综合性特点及测量和评价的多指标性质。

二、健康的评价

世界卫生组织（WHO）把健康定义为："健康不仅是没有身体缺陷和疾病，还要有健全的生理、心理状态和社会适应能力。"世界卫生组织对人的身体健康制定了新的指标，它包括躯体和心理的健康状态。

1. 躯体健康可用"五快"来评价：

（1）吃得快，指进食时有良好的胃口，不挑剔食物，能快速吃完一餐饭，说明内脏功能正常；

（2）走得快，指行走自如，活动灵敏，说明精力充沛，身体状态良好；

（3）说得快，指语言表达正确，说话流利，表示头脑敏捷，心肺功能正常；

（4）睡得快，指有睡意，上床后能很快入睡，且睡得好，醒后精神饱满、头脑清醒，说明中枢神经系统兴奋、抑制功能协调，且内脏无病理信息干扰；

（5）便得快，指一旦有便意，能很快排泄完大小便，且感觉良好，说明胃肠功能良好。

2. 心理健康可用"三良好"来评价：

（1）良好的个性，指情绪稳定，性格温和，意志坚强，感情丰富，胸怀坦荡，豁达乐观；

（2）良好的处世能力，指观察问题客观现实，具有较好的自控能力，能适应复杂的社会环境；

（3）良好的人际关系，指助人为乐，与人为善，与他人关系良好。

人体的健康，包括人体生理、心理和社会因素方面的良好反应。随着社会的进步、科学的发展和医学水平的提高，人体健康的概念将会日益深化。

第三节 《大学生体质健康标准》测试手册

一、学生进行体质健康测试的依据

我国学生体质测量与评价制度的演变和发展，是与我国不同时期社会、经济、科技、文化和教育的发展水平相适应的；是与全国提高青少年的身体健康、满足国家对受教育者的全面发展和培养人才战略的基本要求相一致的。新的《国家学生体质健康标准》是在新的历史条件下，根据社会发展的变化要求，面对新的情况、新的问题所采取的积极措施。新中国成立以来，《劳卫制》《国家体育锻炼标准》《学生体质健康标准（试行方案）》《国家学生体质健康标准（2014 年修订）》的制定、颁布和实施，促进了学生体质健康测量与评价制度的发展和完善。

二、学生进行体质健康测试的意义

《学生体质健康标准》是《国家体育锻炼标准》的一个组成部分，是《国家体育锻炼标准》在学校中的具体应用。《学生体质健康标准》测试的目的是为了贯彻落实第三次全国教育工作会议提出，学校教育要树立“健康第一”的指导思想的精神，促进学生积极地参加体育锻炼，上好体育课，增强学生的体质和提高健康水平，把学生培养成为德、智、体、美全面发展的高素质人才。对于贯彻落实《体育法》《全民健身计划》和《学生体育工作条例》，促进和保证体育课教学，以及早操、课间操和课外活动的开展起到了重要的促进作用。学生通过《学生体质健康标准》的测试，可以清楚地了解自己体质与健康的状况，还可帮助监测自己的体质与健康状况的变化程度。这些都有助于他们在新的一年里有的放矢地设定自己的锻炼目标，有针对性地选择锻炼策略，制订切实可行的锻炼计划。同时，通过这些标准的测试和评价，有效地促进了学校体育工作的展开，对于学校体育评价发挥了重要的作用，是学校体育总体评价的重要内容。

三、《大学生体质健康标准》测试项目

《国家学生体质健康标准（2014 年修订）》设置项目为：身高、体重、肺活量、50 米跑、坐位体前屈、立定跳远、引体向上（男）/1 分钟仰卧（女）、1000 米跑（男）/800 米跑（女）。这些测试项目涵盖了人体形态、机能、身体素质和运动能力的多个方面。项目符合我国学校实际情况、简便易行，它们的可靠性、有效性、客观性、可操作性等在多年来的学校体育实践中得到了证明。

四、《大学生体质健康标准》测试项目技术方法与要求

第一项：身高

（一）测试方法

身高的测量采用机械式身高计。受试者赤足，背向立柱站立在身高计的底板上，躯干自然挺直，头部正直，两眼平视前方（眼皮上缘与眼眶下缘的一点成水平位）。上肢自然下垂，两腿伸直。两足跟并拢，足尖分开约 60 度，足跟骶骨部及两肩胛与立柱相接触，成“三点一线”，站立姿势。记录数据以厘米为单位，精确到小数点后一位。测量误差不得超过 0.5 厘米。

（二）注意事项

（1）身高计应选择平坦地面，靠墙放置。

（2）检测人员移动水平板时，必须手握“手柄”。

（3）严格执行“三点靠立柱”“两呈水平”的测量要求。

（4）水平压板与头部接触时，松紧要适度，头发蓬松者要压实；妨碍测量的发辫、发结要放开，饰物要取下。

第二项：体重

（一）测量方法

体重的测量采用电子体重计或杠杆秤，不允许使用弹簧式体重秤，受试者穿短衣裤、赤足，自然站立在体重计踏板的中央，保持身体平稳。记录数据以千克为单位，精确到小数点后 1 位。测量误差不得超过 0.1 千克。

（二）注意事项

（1）测量时，体重计应放置在平坦地面上。

（2）受试者应尽量减少着装。

（3）上、下体重计时，动作要轻缓。

（4）测量体重时，应让受试者排空大小便、不要大量喝水，也不要进行剧烈的体育活动和体力劳动。

第三项：肺活量

（一）测试方式

测量时保持房间通风良好，使用干燥的吹气嘴，每换一次测试对象需消毒一次。吹气嘴必须保持干燥。肺活量计主机放置平稳桌面上，检查电源线及接口是否牢固。按工作键液晶屏显示“0”即表示机器进入工作状态，预热 5 分钟后测试为佳。

首先告知受试者不必紧张，以中等速度和力度尽全力吹起效果最好。令受试者手持吹气嘴，面对肺活量计站立，试吹 1 ~ 2 次，看仪表有无反应，还要试吹气嘴或鼻处是否有漏气，调整吹气嘴等；学会深吸气，避免耸肩提气。测试时，受试者进行一两次较平日深一些的呼吸动作后，更深地吸一口气，屏住气向吹气嘴处慢慢呼出至不能再呼为止，为防止此时从吹气嘴处吸气，测试中不得中途二次吸气。吹气完毕后，液晶屏上最终显示的数字即为肺活量毫升值。每位受试者测三次，每次间隔 15 秒，记录三次数值，选取最大值作为测试结果。以毫升为单位，不保留小数。

（二）注意事项

（1）吹气筒的导管必须在上方，以免口水或杂物堵住气道。

（2）每测试 10 人及测试完毕后用干棉球及时清理和擦干气筒内部。严禁用水、酒精等任何液体冲洗气筒内部。

第四项：仰卧起坐

（一）测试方法

受试者仰卧于垫上，两腿稍分开，屈膝呈 90°左右，两手指交叉贴于脑后，另一同伴压住其踝关节，以固定下肢。受试者坐起时两肘触及或超过双膝为完成一次，仰卧时两肩胛必须触垫。测试员发出开始口令的同时开表计时，记录 1 分钟内完成次数，1 分钟到时，受试者虽已坐起但肘关节未达到双膝者不计该次数，精确到个位。

（二）提高成绩的训练方法

1. 仰卧起坐动作

在连续仰卧起坐过程中，要遵循“快起慢下”的原则，抬起上身阶段应该迅速以节省体力，放下时宜采用较缓慢的速度，就如慢动作回放一般，以达到锻炼肌肉的目的，当腹肌把身体向上拉起时，应该呼气，这样可确保处于腹部较深层的肌肉都同时参与工作。把身体升起离地 10 ~ 20 厘米后，应收紧腹部肌肉并稍作停顿，然后慢慢把身体下降回原位。当背部着地的时候，便可以开始下一个循环的动作，在仰卧起坐的过程中，腹部肌肉其实只在起初的阶段参与工作，之后便会改由髋部的屈肌执行任务。

2. 仰卧起坐的转体训练

直体仰卧起坐只能训练到腹直肌肌肉，对腹部肌群的训练还远远不够，腹部的主要肌肉有腹直肌、腹外斜肌和腹内斜肌三个重要部分，所以在仰卧起坐的最后阶段我们要加入转体动作以锻炼斜肌。

第五项：引体向上

（一）测试方法

受试者面向单杠，自然站立，然后向后摆动双臂，跳起，双手分开与肩同宽，正握杠，身体呈直臂悬垂姿势，待身体停止晃动后，两臂同时用力，向上引体（身体不能有任何附加动作）；当下颌超过横杠上缘时还原，呈直臂悬垂姿势，为完成 1 次。测试人员记录受试者完成的次数，以次为单位。

（二）提高成绩的训练方法

1. 引体向上凡是能完成一个以上的学生，应以练习引体向上为主，按自能完成的最大量为指标练习，稍事休息后再练习 1 ~ 2 次，如只能完成一个，则须反复多做，以 6 ~ 10 次为宜。

2. 正握或反握悬垂，向前或向侧移动。平梯移行在平梯上做移行，每次手向前移动一个横杠，两手叉替行进。移行一个横梯长为一次，练习 4 ~ 5 次。

3. 悬垂；屈臂悬垂练习者站于凳上，两臂全屈反握横杠，两手与肩同宽，使横杠位于颊下，然后双脚离凳做静止用力的悬垂姿势，但下颊不得挂在杠上。为了提高握杠力量可以做负重悬垂。为了发展力量耐力，可逐渐延长悬垂时间。直臂悬垂时，手要握紧，身体放松，呼吸自然，练习 2 ~ 4 次。

4. 斜身引体；要求两手与肩同宽正握杠，身体要挺直，两脚前伸蹬地，使两臂与躯干成 90°的斜悬垂，脚不得移动，由同伴压住两脚，做屈膝引体，使下颊触到或超过横杠，然后伸臂复原为一次。不能利用臀部上下摆动的力量。30 ~ 45 次为一组，练习 3 ~ 4 组，如无单杠，可利用树干或木桩。

引体向上的练习，对尚不能完成者要先争取“0”的突破，然后再追求完成的次数。

第六项：坐位体前屈

（一）测试方法

受试者的两腿伸直，两脚平蹬测试纵板在平地上，两脚分开约 10 ~ 15 厘米（踏在测试仪器画定的位置上），上体前屈，两臂直前，用两手中指尖逐渐向前推动游标，直到不能前推为止。测试计的脚蹬纵板内沿平面为 0 点，内向为负值，向前为正值，记录以厘米为单位，保留一位小数。测试两次，取最好成绩。

（二）提高成绩的训练方法

1. 正压腿

一腿直立，另一腿举起放于高度适当的高物上，身体正对高腿，上体向前尽量用胸部贴腿，双膝不得弯曲，复原姿势后连续再做。

2. 侧压腿

一腿直立，另一腿举起放于高度适当的高物上，身体正对高腿，上体尽量侧屈，用头的一侧贴腿，不要前倾或后仰，复原姿势后连续再做。

3. 正踢腿

直立，两臂平举，左脚向前迈出一小步，右腿绷脚面伸直，急速有力地向上踢腿，落下时要有控制。两腿交替练习。

4. 并腿体前屈

两腿并立，上体前屈，两手触地，上体与腿尽量贴近，复原姿势后连续再做。

两腿左右开立（大于宽肩），上体前屈，臀部自然后移，双膝伸直，两手先向左腿外侧摸地面，复原姿势后再向右腿外侧摸地面，连续做。

双腿伸直坐于垫上或床上，上体前屈，两臂向前尽力用手触摸脚尖，膝关节不得弯曲，复原姿势后连续再做。

第七项：立定跳远

（一）测试方法

受试者两脚自然分开站立，站在起跳线后，脚尖不得踩线，不得有垫步连跳动作。丈量起跳线至最近着地点的距离，每人跳三次，记录其中成绩最好的一次。以米为单位，保留两位小数。

（二）提高成绩的训练方法

1. 蹲跳起

双脚左右开立，脚尖平行，屈膝向下深蹲或半蹲，两臂自然后摆，然后两腿迅速蹬伸，使髋、膝、踝三个关节充分伸直，同时两臂迅速有力向前上摆，最后用脚尖蹬离地面向上跳起，落地时用前脚掌着地屈膝缓冲。接着再跳起，每次练习 15 ~ 20 次，重复 3 ~ 4 组。

2. 单脚交换跳

上体正直，膝部伸直，两脚交替向上跳起，跳时主要是用踝关节的力量，用前脚掌快速蹬地跳起，离地时脚面绷直，脚尖向下，原地跳时，可规定跳的时间 30 ~ 60 秒或跳的次数 30 ~ 60 次，行进间跳时，可规定跳的距离 20 ~ 30 米，以上练习重复 2 ~ 3 组。

3. 踝跳步

用右（左）腿直膝向前上方跳起，同时左（右）腿屈膝向上举，右（左）腿落地，然后换腿，用同样方法跳，两臂配合腿前后大幅度摆动，跳时踝关节和前脚掌要用力，整个动作轻快。

五、大学生体质健康测试评价指标权重系数与评分标准

（一）单项指标与权重

测试对象	单项指标	权重（%）
初中、高中、大学各年级	体重指数（BMI）	15
	肺活量	15
	50 米跑	20
	坐位体前屈	10
	立定跳远	10
	引体向上（男）/1 分钟仰卧起坐（女）	10
	1000 米跑（男）/800 米跑（女）	20

注：体重指数（BMI）=体重（千克）/身高^2（m^2）。

（二）单项指标评分标准

表 3-1　学生单项评分标准

等级	单项得分	男生肺活量单项大一大二评分表（单位：毫升）	男生肺活量大三大四单项评分表（单位：毫升）	女生肺活量单项大一大二评分表（单位：毫升）	女生肺活量单项大一大二评分表（单位：毫升）	男生 50 米跑大一大二评分表（单位：秒）	男生 50 米跑大三大四评分表（单位：秒）	女生 50 米跑大一大二评分表（单位：秒）	女生 50 米跑大三大四评分表（单位：秒）
优秀	100	5040	5140	3400	3450	6.7	6.6	7.5	7.4
	95	4920	5020	3350	3400	6.8	6.7	7.6	7.5
	90	4800	4900	3300	3350	6.9	6.8	7.7	7.6
良好	85	4550	4650	3150	3200	7.0	6.9	8.0	7.9
	80	4300	4400	3000	3050	7.1	7.0	8.3	8.2

等级	单项得分	男生肺活量单项大一大二评分表（单位：毫升）	男生肺活量大三大四单项评分表（单位：毫升）	女生肺活量单项大一大二评分表（单位：毫升）	女生肺活量单项大一大二评分表（单位：毫升）	男生50米跑大一大二评分表（单位：秒）	男生50米跑大三大四评分表（单位：秒）	女生50米跑大一大二评分表（单位：秒）	女生50米跑大三大四评分表（单位：秒）
及格	78	4180	4280	2900	2950	7.3	7.2	8.5	8.4
	76	4060	4160	2800	2850	7.5	7.4	8.7	8.6
	74	3940	4040	2700	2750	7.7	7.6	8.9	8.8
	72	3820	3920	2600	2650	7.9	7.8	9.1	9.0
	70	3700	3800	2500	2550	8.1	8.0	9.3	9.2
	68	3580	3680	2400	2450	8.3	8.2	9.5	9.4
	66	3460	3560	2300	2350	8.5	8.4	9.7	9.6
	64	3340	3440	2200	2250	8.7	8.6	9.9	9.8
	62	3220	3320	2100	2150	8.9	8.8	10.1	10.0
	60	3100	3200	2000	2050	9.1	9.0	10.3	10.2
不及格	50	2940	3030	1960	2010	9.3	9.2	10.5	10.4
	40	2780	2860	1920	1970	9.5	9.4	10.7	10.6
	30	2620	2690	1880	1930	9.7	9.6	10.9	10.8
	20	2460	2520	1840	1890	9.9	9.8	11.1	11.0
	10	2300	2350	1800	1850	10.1	10.0	11.3	11.2

等级	单项得分	男生坐位体前屈大一大二评分表（单位：厘米）	男生坐位体前屈大三大四评分表（单位：厘米）	女生坐位体前屈大一大二评分表（单位：厘米）	女生坐位体前屈大一大二评分表（单位：厘米）	男生立定跳远大一大二评分表（单位：厘米）	男生立定跳远大三大四评分表（单位：厘米）	女生立定跳远大一大二评分表（单位：厘米）	女生立定跳远大三大四评分表（单位：厘米）
优秀	100	24.9	25.1	25.8	26.3	273	275	207	208
	95	23.1	23.3	24.0	24.4	268	270	201	202
	90	21.3	21.5	22.2	22.4	263	265	195	196
良好	85	19.5	19.9	20.6	21.0	256	258	188	189
	80	17.7	18.2	19.0	19.5	248	250	181	182

等级	单项得分	男生坐位体前屈大一大二评分表（单位：厘米）	男生坐位体前屈大三大四评分表（单位：厘米）	女生坐位体前屈大一大二评分表（单位：厘米）	女生坐位体前屈大三大四评分表（单位：厘米）	男生立定跳远大一大二评分表（单位：厘米）	男生立定跳远大三大四评分表（单位：厘米）	女生立定跳远大一大二评分表（单位：厘米）	女生立定跳远大三大四评分表（单位：厘米）
及格	78	16.3	16.8	17.7	18.2	244	246	178	179
	76	14.9	15.4	16.4	16.9	240	242	175	176
	74	13.5	14.0	15.1	15.6	236	238	172	173
	72	12.1	12.6	13.8	14.3	232	234	169	170
	70	10.7	11.2	12.5	13.0	228	230	166	167
	68	9.3	9.8	11.2	11.7	224	226	163	164
	66	7.9	8.4	9.9	10.4	220	222	160	161
	64	6.5	7.0	8.6	9.1	216	218	157	158
	62	5.1	5.6	7.3	7.8	212	214	154	155
	60	3.7	4.2	6.0	6.5	208	210	151	152
不及格	50	2.7	3.2	5.2	5.7	203	205	146	147
	40	1.7	2.2	4.4	4.9	198	200	141	142
	30	0.7	1.2	3.6	4.1	193	195	136	137
	20	−0.3	0.2	2.8	3.3	188	190	131	132
	10	−1.3	−0.8	2.0	2.5	183	185	126	127

等级	单项得分	男生一分钟仰卧起坐、引体向上大一大二评分表（单位：次）	男生一分钟仰卧起坐、引体向上大三大四评分表（单位：次）	女生一分钟仰卧起坐、引体向上大一大二评分表（单位：次）	女生一分钟仰卧起坐、引体向上大三大四评分表（单位：次）	男生耐力跑大一大二评分表（单位：分·秒）	男生耐力跑大三大四评分表（单位：分·秒）	女生耐力跑大一大二评分表（单位：分·秒）	女生耐力跑大三大四评分表（单位：分·秒）
优秀	100	19	20	56	57	3′17″	3′15″	3′18″	3′16″
	95	18	19	54	55	3′22″	3′20″	3′24″	3′22″
	90	17	18	52	53	3′27″	3′25″	3′30″	3′28″

等级	单项得分	男生一分钟仰卧起坐、引体向上大一大二评分表（单位：次）	男生一分钟仰卧起坐、引体向上大三大四评分表（单位：次）	女生一分钟仰卧起坐、引体向上大一大二评分表（单位：次）	女生一分钟仰卧起坐、引体向上大三大四评分表（单位：次）	男生耐力跑大一大二评分表（单位：分·秒）	男生耐力跑大三大四评分表（单位：分·秒	女生耐力跑大一大二评分表（单位：分·秒）	女生耐力跑大三大四评分表（单位：分·秒）
良好	85	16	17	49	50	3′34″	3′32″	3′37″	3′35″
	80	15	16	46	47	3′42″	3′40″	3′44″	3′42″
及格	78			44	45	3′47″	3′45″	3′49″	3′47″
	76	14	15	42	43	3′52″	3′50″	3′54″	3′52″
	74			40	41	3′57″	3′55″	3′59″	3′57″
	72	13	14	38	39	4′02″	4′00″	4′04″	4′02″
	70			36	37	4′07″	4′05″	4′09″	4′07″
	68	12	13	34	35	4′12″	4′10″	4′14″	4′12″
	66			32	33	4′17″	4′15″	4′19″	4′17″
	64	11	12	30	31	4′22″	4′20″	4′24″	4′22″
	62			28	29	4′27″	4′25″	4′29″	4′27″
	60	10	11	26	27	4′32″	4′30″	4′34″	4′32″
不及格	50	9	10	24	25	4′52″	4′50″	4′44″	4′42″
	40	8	9	22	23	5′12″	5′10″	4′54″	4′52″
	30	7	8	20	21	5′32″	5′30″	5′04″	5′02″
	20	6	7	18	19	5′52″	5′50″	5′14″	5′12″
	10	5	6	16	17	6′12″	6′10″	5′24″	5′22″

第四节　大学生心理健康测试与评价

一、心理健康的内涵

心理健康是指不仅没有心理疾病或变态，而且个人在身体上、心理上和社会行为上均能保持最佳的状态。心理健康包含生理、心理和社会行为三方面的意义。从生理上看，心理健康的人，身体状况特别是中枢神经系统应当没有疾病，功能在正常的范围之内。健康的身体特别是健全的大脑是健康心理的基础。只有具备健康的身体，个人的情感、意识、认知和行为才能正常运行；而身体不健康会影响心理健康。从心理上看，心理健康的个人对自我必然持肯定的态度，能自我认知，能明确地认识自己的潜能、优点和缺点，并发现自我，而且其认知系统和环境适应系统能保持正常、有效的运作。在发展自我的同时，人际关系也得到发展。心理健康的个人在现实中既能顾及生理需求又能顾及社会道德的要求；能面对现实问题，并积极调适；有良好的心理适应能力。从社会行为上看，心理健康的个人能有效地适应社会环境，与周围的环境保持协调，包括适应自然环境和社会环境两方面；能妥善地处理人际关系，其行为符合生活环境中文化的常规，所扮演的角色符合社会要求，与社会保持良好的接触，并能为社会做出贡献。

二、心理健康的标准

心理健康的标准是评价一个人心理健康与否的重要依据。世界卫生组织制定了以下 7 条心理健康标准：

①智力正常；

②善于调节情绪，心境良好；

③有较强的意志品质；

④具有良好的人际关系；

⑤能主动地适应和改造环境；

⑥保持人格的完整和健康；

⑦心理行为符合年龄特征。

三、心理健康的测试与评价

（一）心理健康自测与评定

对下列各题做出“是”或“否”的回答，可以大致测出自己的心理健康状况。

①每当考试或提问时，会紧张和出汗。

②看见不熟悉的人会手足无措。

③心里紧张时，头脑会不清楚。

④常因处境艰难而沮丧气馁。

⑤身体经常会发抖。

⑥会因突然的声音而跳起来。

⑦别人做错了事自己也会感觉不安。

⑧经常做噩梦。

⑨经常有恐怖的景象浮现在眼前。

⑩经常会胆怯和害怕。

⑪常常稍不如意就会怒气冲冲。

⑫对自己的容貌缺乏信心。

⑬被别人批评时会暴跳如雷。

⑭别人请求帮助时，会感到不耐烦。

⑮做任何事都松松垮垮、没有条理。

⑯脾气暴躁焦急。

⑰一点也不能宽容他人，对朋友也是这样。

⑱被别人认为是很挑剔的人。

⑲总是会被人误解。

⑳经常犹豫不决，下不了决心。

㉑经常把别人交办的事搞错。

㉒会因不愉快的事缠身，一直忧郁，解脱不开。

㉓有些奇怪的念头老是浮现脑海，虽知其无聊，但无法摆脱。

㉔尽管周围的人在快乐地取闹，自己却觉得孤独。

㉕常常自言自语或独自发笑。

㉖总觉得父母或朋友对自己缺少关爱。

㉗情绪极不稳定，很善变。

㉘有生不如死的想法和感觉。

㉙半夜里经常听到声响难以入睡。

㉚感情很容易冲动。

得分规则：每题回答“是”记1分，回答“否”记0分，各题得分相加，统计总分。

结果评定：1～5分，你的心理状态很好；6～15分，说明你的精神有些疲倦了，最好能合理安排学习和生活，劳逸结合，让神经得到放松；16～30分，你的心理不健康，有必要请心理医生给以指导或诊治。

（二）心理健康的测试与评定

心理健康测试是心理健康评价的主要手段，测试的结果为评价提供依据。心理健康测试是把心理健康概念分解为全面的、精确的、可测量的具体内容来反映心理健康内涵的过程。心理健康测试的主要目的是为心理健康工作提供科学的依据，了解人格特点和个性差异，及时发现严重心理障碍者，或者帮助鉴定、诊断、预测和评价。常用的心理测试种类有智力测验、人格测验和临床测验。

参照心理健康的一般标准，根据大学生的实际情况，评价大学生的心理健康应该从以下八方面入手：

1. 能正确认识自我，悦纳自我

自我认识是个体对自己的认识和评价。一个大学生应该有自我反省的能力，做到能清楚地认识自己，对自己的长处和短处能做出客观、公正的评价，既不自视清高、目空一切，做那些力不能及的工作，又不能妄自菲薄，甘愿放弃很多可以取得成功的机会，而是根据自己的实际情况确定长期和短期目标。

2. 智力发展正常，具有较强的求知欲、学习兴趣和学习能力

智力正常是人正常生活最基本的心理条件，也是心理健康的重要标准。智力包括观察力、注意力、想象力、思维力和实践活动能力。对大学生来说，智力正常的标准是大学生的智力能否正常、充分地发挥效能，是否有强烈的求知欲望和浓厚的探索兴趣。心理健康的大学生的学习目的明确，求知欲望强烈，乐于学习和工作，能最大限度地开发自己的潜能，并有意识地培养自己的能力。

3. 具有良好的人际交往的能力，人际关系和谐

心理健康状况主要是在与他人的交往中表现出来的。心理健康的大学生一定会乐于与人交往，既有稳定而广泛的人际关系，又有志同道合的挚友，经常能从他们那里获得鼓励、信任、支持和抚慰。和谐的人际关系既是心理健康不可缺少的条件，也是获得心理健康的重要途径。

4. 具有良好的适应环境的能力

人的生存环境包括自然环境和社会环境，在人的一生中，环境始终在不断变化。心理健康的大学生能够适应大学生活和社会生活，适应大学的学习特点和方法，适应大学里的各种人际关系，适应大学所处的自然环境和社会环境。此外，他们还会与社会保持良好的接触，认识和了解社会，使自己的目标、思想和行动与社会协调一致。

5. 能控制情绪，心境良好

情绪在心理异常中起着核心的作用，即情绪异常往往是心理疾病的先兆。心理健康的大学

生应当是一个情绪协调的人，多数时间心情愉快、情绪稳定、心境积极、快乐有度、悲伤有制，在不同的场合都能恰如其分的表达情绪，既能克制约束，又能适度宣泄，这样既符合社会要求又符合自身利益。

6. 保持人格的完整统一

人格是一个人比较稳定的心理特征的总和。心理健康的大学生一般都有正确的人生观，并以此为核心把自己的需要、愿望、目标、行为统一起来，使自己的行为有条不紊，心理活动与行为方式经常处于统一、和谐之中，思考问题的方式是适中、合理的，待人接物常常采取恰当灵活的态度，对外界刺激不会有偏颇的情绪和行为反应，能够与社会的步调合拍，也能和集体融为一体。

7. 心理行为符合年龄特征和性别特征

人在不同的年龄阶段，都有相应的心理行为表现。大学生正值青春年华，应当朝气蓬勃、精力充沛，如果老气横秋或者经常要小孩脾气、喜怒无常，对任何事情都没有主见，则是心理不健康的表现。心理健康的大学生还应当以社会对性别角色的要求来调整自己的行为，使自己的性别特征得到发展和表现。

8. 具有坚强的意志

意志一直是人意识能动性的集中体现，坚强的意志是克服困难，完成各种实际活动的重要条件。心理健康的大学生在具有社会价值的活动中的自觉性、果断性、坚韧性和自制力都表现出较高的水平；为了达到目的，能够自觉灵活地控制自己的情绪、约束自己的言行；遇有重大挫折时也能采取成熟、健全的适应方式，决不逃避困难。

大学生心理健康的标准是评价大学生心理健康的重要依据，上述八方面的内容相互关联、缺一不可。在评价的过程中，不能有所偏废。只有这样，才能科学、全面和客观地反映大学生的心理健康状况，为大学生的健康成长打下坚实的基础。

第四章　体育竞赛的组织与编排

在现代社会中，体育运动无处不在，体育竞赛更是比比皆是。因此，掌握体育运动竞赛的组织与编排，可以更好地开展体育活动，从而促进高校体育运动事业的发展。本章首先概括介绍体育竞赛的组织与编排，然后分别介绍球类运动和田径运动竞赛的组织与编排方法。

第一节　体育竞赛的组织与编排概述

一、体育竞赛的组织方法

（一）组委会和办事机构的职责

体育竞赛的组织一般有以下几种机构：

1. 组织委员会

组织委员会简称组委会，一般由下列成员组成：

①承办单位负责人；

②有关办事机构负责人；

③各参赛队负责人；

④大会总裁判长。

组委会是体育竞赛组织工作的中枢，是整个竞赛具体组织工作的领导机构，要直接对竞赛的各项具体工作负责。成立组委会的目的是为体育竞赛活动起保证作用，并提供良好竞赛条件，确保竞赛工作顺利进行。组委会的任务是：全面负责竞赛工作，制订竞赛中的各种计划，审批有关竞赛报告、计划、通知等文件，根据工作需要设立各个办事机构。

2. 办事机构

（1）秘书处。秘书处是组委会的常设执行机构，具体任务有以下几条：

①主要负责整个比赛活动的组织和安排、起草和发放文件、组织开幕式和闭幕式；

②召开组委会会议，执行组委会决议，检查、督促各项工作的进行；

③制定大会工作日程，包括比赛、休息、会议、娱乐等；

④负责广告宣传、寻求赞助、筹措经费；

⑤主持体育竞赛期间的日常工作。

（2）宣传处。宣传处主要负责思想教育、宣传报道工作，印发有关学习文件、参考资料等，协助有关部门组织报告会、参观访问等活动。

（3）竞赛处。竞赛处主要负责比赛的组织工作，负责编排秩序册、成绩册，组织裁判员、记录比赛成绩，统计评定、审查成绩记录等工作，并及时召开有关会议，解决比赛中的有关问题。竞赛处是比赛中业务工作的核心，主要由具有专业知识的人员来担任。竞赛的编排要按编排的有关原则和方法进行工作。

（4）后勤处。后勤处负责编排预算、保证比赛的物资器械设备供应、安排生活（食宿、搞好医务卫生和防伤、急救等）。

（二）竞赛规程的内容

竞赛规程是指运动竞赛的法规性文件，是竞赛工作的重要依据。竞赛规程要提前发给有关单位，以便各单位做好比赛前的准备工作。在拟定竞赛规程、考虑每项竞赛的具体办法时，应立足于吸引更多的人参加竞赛，同时也要鼓励创最佳成绩。为此，应根据竞赛的具体任务和要求，灵活地运用分组、比赛和评定名次的方法。竞赛规程的内容一般包括以下几方面：

（1）竞赛（运动会）的名称。

（2）举办竞赛的目的、任务和要求（或总则）。

（3）竞赛日期及地点：要根据比赛的性质、规模、参加人数、场地、设备、项目多少、季节性等特点来确定。

（4）参加单位：根据竞赛任务或性质确定参加单位，在学校的竞赛（运动会）中一般以学院、系或班级为单位参加。

（5）竞赛项目：明确规定比赛的项目或表演项目。

（6）参加办法：根据竞赛的规模和性质，规定各单位参加的总人数（运动员、领队、教练员工作人员等）、每个项目的规定参加人数、年龄组划分（级别组）、运动员年龄、报到日期及地点等。

（7）竞赛方法：根据比赛任务、时间、参加队的数量确定比赛的方法、评定比赛成绩和名次方法以及采用的竞赛规则等。

（8）奖励办法：根据竞赛（运动会）的要求，在比赛成绩的基础上确定奖励名额（如前六名、前八名或前十名等）、奖励方式（如物质奖及荣誉奖等）。

（9）特别规定及注意事项：如运动员的报名成绩，运动服装的规定，各单位旗帜的样式和大小、号码顺序和尺寸、食宿标准、自选动作（体操、武术、艺术体操等）的要求等。

二、体育竞赛的编排方法

（一）体育竞赛的编排原则

编排工作由竞赛处具体负责，重大问题请示组委会决定，编排工作要按全面性和规则的有关规定进行，在运动员分组、场次的安排等问题上要本着公正的原则，尽量做到机会均等。

（二）常用的比赛制度

通常采用的比赛制度有淘汰制和循环制两种。选择和确定比赛制度时，应考虑举办比赛的目的任务、比赛的期限、参加队数的多少及场地和运动员的学习、工作等情况。具体的体育竞赛编排，将在下面两节进行阐述。

第二节　球类运动竞赛的组织与编排

球类竞赛采用什么方式进行编排，要根据规程规定的竞赛办法来进行，而规程中竞赛办法的选择又要根据参加比赛队（人）的数量和比赛的时间来确定。这里以篮球、排球、足球这三大球为例，是由于它们的竞赛办法基本相同，为避免重复，因此特将这几个项目合并编写。根据比赛的宗旨、性质，参加比赛的队数、场地和比赛时间等因素，这几个项目的竞赛组织编排均采用循环制，其中单循环和分组循环使用较多，双循环则使用较少。

一、单循环比赛的编排方法

单循环比赛是指所有参加比赛的队之间均要轮流相遇一次，然后根据各队胜负场次的积分多少来决定名次。

单循环比赛一般是在参加比赛的队数不太多、场地和时间又能保证安排所有参加队在同一天（或两三天内）有比赛的机会的情况下才会采用。这种方法能使所有参加队有相遇的机会，有利于互相学习、互相交流和共同提高。同时，排列出来的名次也比较符合实际，能反映出各队的技术水平。

（一）单循环比赛轮次与场数的计算

计算轮次与场数的目的是计算比赛所需的时间和所需场地的数量，以便竞赛的日程和场地的安排与经费的预算。

1. 计算比赛的轮次

参加循环赛的各队均比赛一场（包括轮空）则为“一轮”。参加比赛的队数为偶数时，计算轮次的方法为：轮次 = 队数 - 1（若 8 个队参加单循环比赛，则轮次为 8 - 1）；参加比赛的队数为奇数时，计算轮次的方法为：轮次 = 队数（若 7 个队参加单循环比赛，则轮次为 7 轮）。

2. 计算比赛的场数

计算比赛场数的公式为：$场数 = \frac{队数 \times (队数 - 1)}{2}$

例如，若有 9 个队参加单循环比赛，则比赛场数为：

$$\frac{9 \times (9 - 1)}{2} = \frac{72}{2} = 36\text{（场）}$$

（二）单循环比赛顺序的编排

将参加比赛的队数，用阿拉伯数字等量地将参加队数分成左右两列，左列由上往下排，右列由下往上排，然后用横线将相对的两个数相连，这就是第一轮相遇的两个队。若参加比赛的队数为奇数时，可用“0”占位，则与其相对的队为轮空队。从第二轮编排开始，1 号位固定不变，其他位数按逆时针方向轮转一个位置，即可排出下一轮的比赛顺序。

例如，有 6 个队参加比赛的编排方法如下：

第一轮	第二轮	第三轮	第四轮	第五轮
1—6	1—5	1—4	1—3	1—2
2—5	6—4	5—3	4—2	3—6
3—4	2—3	6—2	5—6	4—5

又如，有 5 个队参加比赛的编排方法如下：

第一轮	第二轮	第三轮	第四轮	第五轮
1—0	1—5	1—4	1—3	1—2
2—5	0—4	5—3	4—2	3—0
3—4	2—3	0—2	5—0	4—5

轮次表编排好之后，应召集领队开会。按参加比赛的队数，制作与队数相等的签号，由各队领队抽签；然后将各队抽到的签对号填写到各轮次表中去，再结合比赛日期、时间、场地、服装颜色等，即可排出竞赛日程表。

二、分组循环比赛的编排方法

分组循环比赛一般是在参加队数较多的情况下所采用的方法，即为了不过多地增加比赛的场次和延长比赛的日期，同时每队又能参加一定的比赛场次，而且排列出的各队名次也比较客观，所以运用这种编排方法比较多。

分组循环比赛可根据参加比赛的队数，将其分成若干个平行小组，先在组内进行单循环比赛，并排出各小组的名次。根据具体情况，分组循环可分两个阶段（预赛阶段和决赛阶段）或三个阶段（预赛阶段、复赛阶段和决赛阶段）进行。

（一）分组循环比赛的编排方法

现以16个队参加比赛为例，有以下两种方法进行编排：

1. 分两个阶段比赛的编排方法

（1）预赛阶段：将16个队分成两组分别进行单循环比赛，排出各小组的名次。

（2）决赛阶段：有以下三种情况。

①各组同名次进行决赛。各小组第一名决出第一、第二名，各组第二名决出第三、第四名，各组第三名决出第五、第六名……各组第八名决第十五、第十六名（预、决赛共进行64场）。

②将各组的第一、二名划为一组，进行单循环决出第一至第四名；各组的第三、第四名划为一组进行循环决出第五至第八名；各组的第五、第六名划为一组进行单循环决出第九至第十二名；各组的第七、第八名划为一组进行单循环决出第十三至第十六名（预、决赛共须进行80场，如果预赛中相遇过的两队成绩带入决赛阶段，则可减少8场，只须进行72场）。

③将预赛各组前三名划为一组参加比赛，采用单循环赛决出第一至第六名，其他队不再进行比赛（预、决赛共须进行71场，如果预赛中相遇过的两个队成绩带入决赛阶段，则可减少6场，只须进行65场）。

2. 分三个阶段比赛的编排方法

（1）预赛阶段：将16个队分成4个小组，分别进行单循环赛，排出各组的名次。如规程规定要排出第一至第十六名的名次，则16个队须参加复赛和决赛。若只须排出前8名，则预赛各组中的第三、四名就不再进行比赛。

（2）复赛阶段：将第一、三组的第一名和第二、四组的第二名共4个队划为一组，再将第二、四组的第一名和第一、三组的第二名共4个队划为一组，这两组分别进行单循环赛，排出各小组名次，然后这两组的前两名共4个队进入决定阶段，争夺前四名；将预赛中各组的第二、四名按同样的分组方法分成两组，这两组的8个队争夺第九至第十六名。

（3）决赛阶段有两种编排方法：

①将复赛阶段的各组前两名划为一组，进行单循环赛决出第一至第四名；后两名划为一组，进行单循环赛决出第五至第八名（决定第九至第十六名的方法也同此）。

②将复赛阶段的各组前两名进行交叉赛，决出第一至第四名。交叉赛的办法如下：

第一组第一名　　第二组第二名

第一组第二名　　第二组第一名

两场的胜者再相遇决出第一、第二名，两场的败者再相遇决出第三、四名。如果规程规定需排出第五至第八名，则将复赛阶段的各组后两名，按此方法进行交叉赛，两场胜者相遇决出第五、六名，两场败者相遇决出第七、八名。

总之，比赛采用何种编排方式、取前几名均要根据竞赛规程的规定。

（二）分组循环的种子队确定和位置排列

确定种子队的依据是根据上届比赛的各队成绩，或者在领队会议上协商确定。种子队的队数一定要等于分组的组数或组数的倍数。如果分4个组进行比赛，若确定4个种子队，则每组安排1个种子队；若确定8个种子队。则每组安排2个种子队，哪2个种子队在一组，则采用下列方法安排种子队的位置。

首先将8个队按照水平排列出第一号种子、第二号种子……一直到第八号种子；然后将8个队合理安排在各组内：

1	2	3	4
8	7	6	5

即第一号种子与第八号种子编为一组，第二号种子与第七号种子编为一组……依次类推。

（三）分组循环的抽签定位方法

根据分组的组数和每组的队数制作相应的组数和人数的签号，抽签的方法可分为一次性抽签和二次性抽签。一次性抽签就是一次抽签就决定组别和组的顺序号；二次性抽签就是第一次抽签决定组别，第二次抽签决定组的顺序号。

种子队先抽签，以确定各种子队的组别；若种子队数是所分组数的倍数，则将采用“跟种子”的办法，合理地将两个种子队抽入同一组内。以分 4 组 8 个种子队为例，由前 4 个种子队代表后面各种子队抽签，如第一号种子抽入某组则将第八号种子带入同组……然后非种子队再按分组的顺序依次抽签，以确定组别和组的编号。最后，将各队队名对号填入事先编排好的轮次表内。

三、双循环

双循环是指参加比赛的队伍先后进行两次单循环的比赛方法，使参加比赛的队伍均能相遇两次。最后按各队在全部比赛中胜负场数的积分多少排列名次。双循环赛的编排方法与单循环一样。第二次循环赛的编排可以重复，也可以重新抽签编排。

总之，篮球、排球、足球等项目的竞赛方法均采用单循环或分组循环。淘汰制和混合制因很少采用，这里就不再阐述。

第三节　田径运动竞赛的组织与编排

田径运动会，由于竞赛项目、参赛运动员多和赛期时间短的特点，因此组织编排工作的好坏将直接关系到运动会是否能顺利进行与运动员技术水平能否很好发挥的问题。

田径运动会的组织编排工作包括组织与接受报名、编印竞赛秩序册、准备与绘制各种比赛表格、比赛过程中的临场编排、名次录取与成绩公告、编印成绩册等。

一、编排前的准备工作

（一）组织与接受报告

根据竞赛规程的要求，向各单位印发报名表，收到各单位的报名表后要按单位逐项进行审核，如有不符合规程的地方，应立即通知有关单位及时更正。审核报名单位的内容主要有以下三项：

（1）报名单上的姓名、项目是否填写清楚。

（2）每个项目的报名人数是否符合规程要求。

（3）每个运动员的报名项目是否超过规定。

（二）编写与抄写代表队名单

（1）审核完报名单位后，按分配给该单位的运动员号码，按人逐个编号。

（2）填写运动员姓名、号码对照表，并根据报名先后顺序，按下列格式抄写代表队名单：

××× 代表队

领队：×××

教练：×××

男运动员：A01：×××；A02：×××

女运动员：A20：×××；A21：×××

（3）填写径赛卡片与各项田赛运动员名单。根据报名名单，把运动员所参加的组别、径赛项目、单位、姓名、号码等填写在“径赛成绩记录卡片”和“全能成绩记录卡片”上，运动员每参加一项填写一张。如果是接力赛，每队要填写一张“接力赛成绩记录卡片”。

田赛项目则分项将运动员号码、姓名、单位填入“田赛高度成绩记录表”和“田赛远度成绩记录表”。

（4）统计参加人数和填写运动兼项统计表。

二、编排竞赛秩序

（一）编排运动会竞赛日程

根据运动会的天数，将所有径赛与田赛项目按上、下午时间编排成一个秩序，使比赛有计划地顺利进行。编排竞赛秩序时，须考虑下列原则：

（1）每天（节）的项目，根据每项参加人数的多少以及竞赛所需时间长短均衡安排。

（2）径赛的长、短距离，田赛的跳、掷类项目以及男、女项目和不同组别交叉编排。

（3）照顾兼项的一般规律，对某些项目分开编排，以减少兼项的矛盾。

（4）跨栏项目一般安排在每个单位时间的第一项，也可以排在长距离比赛的后面进行，以减少摆栏的时间。

（5）决赛项目和精彩项目分开排列。

（6）田赛场地的布局，应照顾全场观众。

（7）短距离项目如 100 米、200 米等，采用预、决赛两个赛次时，最好安排在同一天进行。

（二）各项竞赛的分组编排方法

1. 径赛项目的分组要求

（1）根据各项参加人数和跑道数确定组数，每组人数力求平均。

（2）径赛项目，一般是采用按成绩录取的办法，因此应把成绩好的运动员编在一组，以创造好成绩，且最好安排在第二组或第三组进行。

（3）同一单位的运动员应尽量避免编在同一组。

（4）运动员道次的分配，一般采用运动员抽签或按成绩顺序分配两种方法。若按成绩顺序分配道次，以 8 条跑道为例，直道项目为 4、5、3、6、2、7、1、8；弯道项目为 3、2、4、5、6、7、8、1。

（5）不分道跑的径赛项目，如人数多须分组时，应将成绩好的编在第一组进行，其起跑的位置排列可按成绩优次由内向外排列，或抽签决定。

根据上述原则，将分好组的运动员姓名填入竞赛分组表。

2. 田赛项目的分组要求

田赛项目一般不分组，其比赛的先后顺序由运动会编排人员抽签决定。如果参加人数过多，可在正式比赛前举行及格赛；若必须分组时，则比赛场地条件和方向必须相同。对于比高的项目，其每次上升度，两组必须相同，直至比赛结束。

3. 全能项目的分组要求

根据规则要求，全能径赛项目的分配首先由全能编排人员抽签决定，其次由运动员在检录处抽签决定；田赛项目比赛的先后顺序，亦由大会编排抽签决定。

三、编印秩序册

田径运动会的秩序册，一般包括下列内容：

（1）运动会主席团名单。

（2）运动会组织委员会名单。

（3）仲裁委员会名单。

（4）运动会办事机构名单。

（5）体育道德风尚奖评选条件。

（6）运动会竞赛日程。

（7）运动会开、闭幕式程序。

（8）裁判员名单。

（9）运动员人数统计表。

（10）各代表队名单。

（11）竞赛日程与运动员竞赛分组表。

（12）国家等级运动员标准。

（13）世界、全国、省、市、学校田径纪录表。

（14）竞赛场地平面图。

四、竞赛期间的编排记录工作

（1）每一单元比赛前将运动员检录单连同运动员成绩记录卡片交检录处。

（2）临场编排：比赛过程中，根据径赛的预赛结果按成绩及时公布决赛名单。

（3）及时公布各项决赛成绩（一式三份：一份张贴，一份交成绩宣告，一份留存）。

（4）登记成绩与计算各单位团体总分。

（5）核对全能运动员的成绩与得分。

（6）统计打破纪录的人数。

五、竞赛结束后的工作

（一）编排记录组提供的资料

全部竞赛项目结束后，编排记录组应及时提供下列资料：

（1）各项前6名或前8名运动员成绩记录表。

（2）各单位团体总分记录表。

（3）打破纪录人数统计表。

（二）编印运动会成绩册

根据编排记录组提供的资料，编印运动会成绩册，并发放、存档。

总之，田径运动会的编排工作是一项烦琐的工作，随着现代科学技术的发展，计算机已经进入各行各业，把计算机技术应用于田径运动会的编排，可以节省时间，操作起来也比较简单。目前田径运动会编排软件已被科技人员开发出来，以供在不同层次的田径运动会的编排中合理应用。

基础运动篇

第五章　田径运动

第一节　田径运动概述

田径运动在世界上有着悠久的历史和广泛的群众基础，具体包括跳跃、投掷类，以有效成绩距离大者名次列前的田赛和跑、走、跨（含3000米障碍）类，完成全程时间短者名次列前的径赛，以及由上述田、径两类各部分项目组成的全能项目和短跑团体接力项目。这些都是比速度、比高度、比远度和比耐力的体能项目。田径项目或要求在很短的时间内表现出最大的速度和力量，或要求在很长的时间内表现出最大的耐力，最能体现奥林匹克"更快、更高、更强"的精神。

公元前776年，在希腊奥林匹克村举行的第一届古代奥运会上进行的项目只有一个短距离赛跑，跑道为一条直道，长192.17米。

1894年，在英国举行了最早的现代田径运动国际比赛，比赛共分9个项目。真正的大型国际比赛是1896年开始举行的现代奥运会。它沿用古代奥运会每隔4年举行一次的制度，每届奥运会上，田径运动都是主要的比赛项目之一。从1928年第9届奥运会起，才增设了女子田径项目，此后女子便参加了田径项目的比赛。

目前，田径运动仍然是体育比赛中观赏性极强的运动项目之一。田径与游泳、射击被视为奥运金牌三大项目，是产生奥运金牌最多的项目，"得田径者得天下"也由此而来。

远在上古时代，人们为了获得生活资料，在和大自然及禽兽的斗争中，不得不走或跑相当长的距离，跳过各种障碍，投掷石块和使用各种捕猎工具。在劳动中不断地重复这些动作，便形成了走、跑、跳跃和投掷的各种技能。随着社会的发展，人们开始有意识地把走、跑、跳跃、投掷作为练习和比赛的形式。

一、田径运动的特点

田径运动项目作为人类最古老的运动项目能延续至今，正是由于它有自己的特性。田径运动项目是在走、跑、跳、投等基本活动技能的基础上演变而来的，而且也是由这些基本活动技能构成的。田径运动具有以下几种特点：

（一）与日常生活紧密联系

田径运动是由基本生产、生活技能演化发展而来，具有浓厚的生产、生活色彩。从现在田径运动的一些动作中仍然可以看出其在人类社会初期作为生产劳动技能的特征，是人类基本活动的运动化。

（二）激烈的竞争性

田径运动竞赛是能力、技术和心理的较量。这在高水平的比赛中表现得更为明显，尤其是运动员的成绩越来越接近，你追我赶、相持不下，经常以微弱之差决定胜负。田赛项目的成败取决于运动员瞬间发挥的水平；而径赛项目运动员在同一条起跑线开始，进行全程的拼搏。因此，田径运动竞赛非常紧张而激烈，运动员不仅要精力高度集中，还要不畏强手，充分表现出自己的最高水平，在实力的较量中将激烈的竞争气氛贯穿全过程。

（三）严格的技术性

田径运动项目有周期性和非周期性两种。就其各项技术动作而言，不同于技巧性项目，也不同于其他一些直接对抗性的项目。比赛中的田径技术相对稳定，动作结构也不是非常复杂，但是它对技术的要求却特别高。人的潜力在一定意义上讲是有限度的，要创造更好的成绩，必须依靠先进合理的技术。

（四）能力的多样性

田径运动的基本动作形式为走、跑、跳跃、投，有个人和集体项目，它们反映了人的速度、力量、耐力三方面的能力。而每个项目都有其本身的特点，突出地反映了某一方面的能力，优秀运动员的训练和比赛大多围绕某一个专项。较全面地参加田径项目，可使人的运动能力普遍得到提高。不同的运动能力形成了运动员较大的形态差异。

二、田径运动的分类

田径运动是人类在长期的社会实践的基础上发展起来的，包括男女竞走、跑、跳跃、投掷等40多个单项，以及由跑、跳跃、投掷部分项目组成的全能运动。以时间计算成绩的竞走和跑的项目叫“径赛”；以高度和远度计算成绩的跳跃、投掷项目叫“田赛”。田径运动是径赛、田赛和全能比赛的全称。表5－1是田径运动的主要种类。

表5－1　田径运动项目一览表

		男　子	女　子
径赛项目	短距离跑	100 m、200 m、400 m	100 m、200 m、400 m
	中距离跑	800 m、1500 m、3000 m	800 m、1500 m
	长距离跑	5000 m、10000 m	3000 m、5000 m、10000 m
	超长距跑	马拉松（42.195 km）	马拉松（42.195 km）
	接力跑	4×100 m、4×400 m	4×100 m、4×400 m
	跨栏跑	110 m、400 m、	100 m、400 m
	障碍跑	3000 m	3000 m
	竞走	25 km、50 km	10 km、20 km
田赛项目	跳跃项目	跳远、三级跳远、跳高、撑竿跳高	跳远、三级跳远、跳高、撑竿跳高
	投掷项目	铅球、铁饼、标枪、链球	铅球、铁饼、标枪、链球
全能项目		十项全能：100 m、跳远、铅球、跳高、400 m、110 m栏、铁饼、撑竿跳高、标枪、1500 m	七项全能：100 m栏、跳高、铅球、200 m、跳远、标枪、800 m

第二节　跑

一、短距离跑

短距离跑是田径径赛项目中的一类，一般包括50米跑、60米跑、100米跑、200米跑、400米跑、4×100米接力跑、4×400米接力跑等。

短距离跑的动作过程包括起跑、起跑后的加速跑、途中跑、终点跑等紧密联系的几个部分。

（一）起 跑

（1）起跑器的安装。起跑器的安装有两种方式，如图 5－1 所示。第一种是普通式，即前起跑器距起跑线的距离为1.5 脚长，后起跑器距前起跑器为1.5 脚长；第二种是拉长式，即前起跑器距起跑线 2 脚长，后起跑器距前起跑器为1脚长。起跑器与地面的角度是，前起跑器为45°左右，后起跑器为60°～70°左右。两个起跑器的中轴线间隔约 15 厘米。

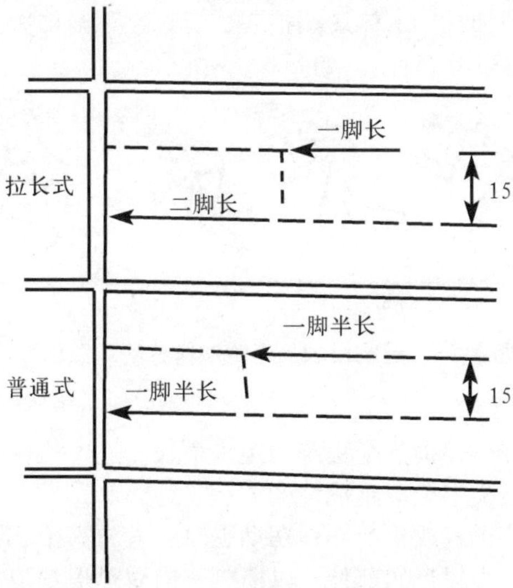

图 5－1　起跑器的安装方式

（2）起跑技术。起跑技术包括“各就位”“预备”“鸣枪”和“跑”四个阶段，如图 5－2所示。

图 5－2　起跑的四个阶段分解示意图

①“各就位”：动作前可以做 1～2 次深呼吸；听到口令后，身体放松，情绪稳定地走向起跑线，两手撑在起跑线前的跑道上，两脚依次在起跑器或起跑穴的支撑面上踏紧，后膝跪地；两臂伸直与肩同宽或比肩稍宽，两手拇指张开，其余四指并拢，手成拱形，两拇指相对支撑于起跑线的后缘；身体重心前移，两臂约与地面垂直，颈部放松，身体重量在两臂和两腿上，镇静而放松。

②“预备”：听口令后，重心稍前移，臀部慢慢抬起，稍高于肩，后膝离地；两脚蹬紧起跑器，高度集中注意力听信号。

③“跑”（鸣枪）：两脚用力蹬起跑器，后腿积极前摆，两手积极推地摆动；前腿用力蹬起跑器，蹬伸髋、膝、踝关节，使身体迅速向前跑出，并保持较大的倾斜角度。

弯道起跑的动作过程同上，只是向前加速的方向应沿着内缘弧线的切线方向跑进。在教学中可以启发学生进行思考直道和弯道起跑为什么不同。

（二）起跑后的加速跑

起跑和起跑后的加速跑是一个不可分割的整体。起跑开始后，当后腿前摆脚着地的瞬间即开始了起跑后的加速跑。起跑后的加速跑第一步不宜过大，身体要保持适当的前倾，后蹬充分、积极有力，大小腿折叠较小，前摆积极、幅度较大，同时两臂积极有力地摆动，且幅度也较大，步频较快；随着跑速的加快，上体逐渐抬起，步长也逐渐加大。起跑后加速跑的距离一般为 20～25 米，尔后即进入途中跑阶段，如图 5－3 所示。

图 5－3　起跑后的加速跑动作分解示意图

（三）途中跑

途中跑是全程跑的主要部分，也是全程跑中距离最长、速度最快的一部分。途中跑能否一直发挥和保持较快的速度，是决定全程跑成绩的关键。

途中跑时，头、上体保持正直或稍前倾；摆动腿时，大腿高抬、屈膝积极前摆，带动同侧髋向前；然后大腿积极下压，小腿自然前伸；以前脚掌向后扒地着地、略有缓冲；当身体移过着地点时，即开始后蹬；后蹬时，快速有力蹬伸膝、踝关节，推动身体向前；两臂屈肘，以肩为轴、协调前后摆动，如图 5－4 所示。

图 5－4　图中跑动作分解示意图

（四）终点跑

终点跑一般是指全程跑最后 15～20 米的距离。此时体力下降，在保持途中跑技术和速度的基础上，应有意识地加大上体的前倾，加强摆臂，尽量保持最快的速度冲过终点。

（五）如何提高短跑速度

1. 短跑的训练手段

（1）高速大幅度地前后摆动腿练习，要求在快速摆动中完成合理的折叠技术；摆动腿时，大小腿折叠得越紧、半径越小，摆速就越快。

（2）加快脚掌着地速度练习，要求尽可能地缩短腾空时间。

（3）快速摆臂、摆腿练习，要求腿臂动作协调进行。

2. 短跑的训练方法

（1）20～40 米行进间快跑练习。

（2）4×（25～50）米接力跑、加速跑、追赶跑练习。

（3）下坡跑30～60米，（3～4）次×（2～3）组。

（4）顺风跑30～60米，（3～4）次×（2～3）组。

（5）短距离变速跑100～150米（30米快跑+20米惯性跑+30米快跑+20米惯性跑），3次×（2～3）组。

（6）胶带牵引跑30～60米，（4～5）次×（2～3）组。

（7）反复跑30～60米，（4～5）次×（2～3）组。

（六）跑的专门练习

（1）小步跑。上体正直肩放松，两臂前后自然摆动；髋、膝、踝关节放松，迈步使膝向前摆出，髋稍有转动；在摆腿的膝向前摆动的同时，另一条腿的大腿积极下压，足前掌扒地式着地，着地时膝关节伸直，足跟提起，踝关节有弹性。

（2）高抬腿跑。上体正直或稍前倾，两臂前后摆动，大腿积极向前上摆到水平，并稍稍带动同侧髋向前，大小腿尽量折叠，脚跟接近臀部；在抬腿的同时，另一腿的大腿积极下压，直腿足前掌着地，重心要提起，用踝关节缓冲。

（3）后蹬跑。上体正直或稍前倾，两臂自然摆动；摆动的腿积极向前上方摆出，由于躯干扭转，同侧髋带动大腿充分前送；在摆一条腿的同时，另一条腿的大腿积极下压，足前掌着地，膝、踝关节缓冲，迅速转入后蹬；后蹬时摆腿送髋动作在先，膝踝蹬伸在后，腾空阶段重心向前性好，腾空时要放松，两腿交替频率要快。

（4）后踢小腿跑。上体正直或稍前倾，两臂前后自然摆动；足前掌着地，离地时足前掌用力扒地，离地后小腿顺势向后踢与大腿折叠，膝关节放松，足跟接近臀部。

（5）折叠腿跑。上体正直或稍前倾，两臂前后摆动；后蹬结束立即向前上方抬大腿和收小腿，膝关节放松，大小腿充分折叠，边折叠边向前摆动；在摆动的腿折叠前摆的同时，另一条腿的大腿积极下压，足前掌着地，膝关节缓冲。

（6）小车轮跑。前三点要领同折叠腿跑；加大大腿的幅度，当大腿摆到一定程度时，小腿随惯性向前摆出，随着大腿积极下压，小腿主动做扒地式的动作，用足前掌扒地式着地。

（7）大车轮跑。要点同高抬腿跑；摆动大腿抬到水平，小腿随惯性向上方摆出，然后随着摆动大腿的积极下压，小腿积极向下刨扒，着地时膝关节可以稍有弯曲，上体可以稍有后仰，特别是做的距离比较长时；用踝关节缓冲，有扒地动作。

二、接力跑

接力跑是由几个人组成接力队，每人跑完一定的距离，用接力棒或接力带进行传递，相互配合跑完全程的集体径赛项目。

（一）传接棒方法

（1）上挑式。接棒人的手臂自然向后伸出，手臂与躯干约成40°～50°角，掌心向后，拇指与其他四指自然张开，虎口朝下；传棒人将棒向前上方送入接棒人的手中，如图5－5所示。

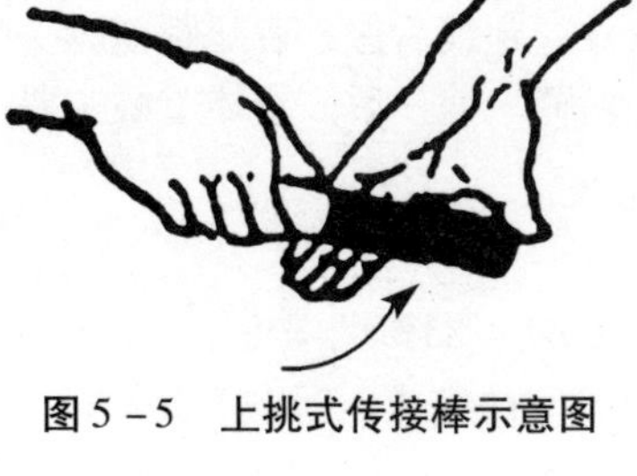

图5－5　上挑式传接棒示意图

这种传棒方法的优点是接棒人向后下方伸手臂的动作比较自然，传棒人传棒动作也比较自然，容易掌握；缺点是接棒后，手已捏在接力棒的中部，如不换手再传给下一棒时，则只能握住接力棒的前部，容易造成掉棒和影响快速前进。

（2）下压式。在传棒时，手臂不要太高，而是用手腕动作将棒向前下方推送入接棒队员手中，传棒人可以用手腕动作来调整传棒动作的准确性；在做此动作时，接棒人的手臂向后伸出，手臂与躯干约成50°～60°角、手腕内旋，掌心向上，拇指与其他四指自然张开，虎口朝后，传棒人将棒的前端由上向下传给接棒人手中，如图5－6所示。

图5－6　下压式传接棒示意图

下压式传接棒技术的优点是每一棒次的接棒都能握住棒的一端，便于持棒快跑；缺点是接棒时，接棒人的手臂比较紧张，不够自然。

（二）各棒队员的配合

4×100米接力跑在安排各棒队员时，必须考虑发挥每个人的特长。一般第一棒应安排起跑好、善于跑弯道的运动员；第二棒应是速度快、专项耐力好，善于传、接棒的运动员；第三棒除应具备第二棒的长处外，还要善于跑弯道；通常把全队成绩最好、冲刺能力最强的运动员放在第四棒。对于4×400米接力跑，由于400米后程的路速明显地降低，传接棒的技术比较简单；各棒之间的配合以第一棒和第四棒的安排为主；一般将速度较快的运动员放在第一棒，争取获得领先地位；第四棒安排速度耐力好，意志品质较顽强的运动员，一旦前三棒落后，可奋起直追，一拼到底。

三、中长距离跑

中长距离跑运动是一项需要速度和耐力的综合性项目。一般把800～10 000米统称为中长跑项目，它需要人体能在较长时间内保持较高的跑步速度。

（一）呼　吸

呼吸必须有一定的频率和深度，还必须与跑的节奏相配合，一般采用两步两吸，两步两呼；呼吸时采用口进行呼吸的方法；随着速度的加快和疲劳的出现，呼吸的频率有所增快。

（二）起　跑

中长距离跑采用站立式起跑。各就位时，运动员从集合线走到起跑线处，两脚前后开立，将有力的腿放在前面，前脚尖紧靠起跑线后像，后腿距前脚一脚距离左右，两脚的左右距离自然开立。上体前倾，两膝弯曲，两臂一前一后，身体重心主要落在前脚上，保持稳定姿势，集中注意力听发令枪声。

（三）训练方法

（1）持续跑的方法。要求在60%～85%的强度下匀速跑完2～3公里。

（2）重复跑的方法。在规定时间内完成，间歇5分钟；采用重复跑练习，选择的段落应短于专项距离，如800米×2。

（3）间歇跑的方法。间歇跑与持续跑、重复跑的区别在于训练的休息时间不同。间歇跑的休息时间短，体力不能充分恢复。例如，6×200米，要求每200米在一定时间内完成，两次跑之间慢跑200米作为间歇。

第三节　跳　跃

一、跳　高

跳高是由有节奏的助跑、单脚起跳、腾空过杆与落地等动作组成，以其最后成功地越过横杆上缘的高度计算成绩并以此判定名次。常见的跳高姿势有跨越式、俯卧式和背越式三种。本节重点介绍背越式跳高。背越式跳高采用的是弧线助跑，其距离长、速度快、动作自然。

（一）助　跑

（1）走步法丈量助跑距离（如图5－7所示）；

（2）用先跑直线后跑弧线的方法；

（3）弧线段助跑加速积极，动作放松；

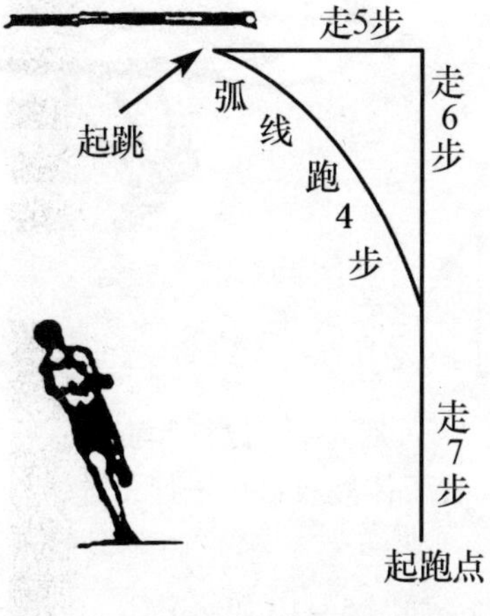

图5－7　跳高弧线助跑丈量示意图

（4）弧线段助跑身体向圆心方向倾斜，步幅开阔，节奏快；

（5）直、弧段助跑衔接流畅，向横杆“进攻”。

（二）起　跳

（1）迈步放脚：身体保持向心倾斜。

（2）起跳脚向助跑切线方向落放。

（3）紧腰挺髋、以全脚掌快速滚动落地。

（4）缓冲：在摆动腿前摆配合下，起跳腿屈膝、屈踝、稍屈髋，伸肌拉长，准备蹬伸动作。

（5）蹬伸起跳：摆动腿和两臂同时前上摆，伸展起跳腿的髋、膝、踝关节。

（6）身体由向里倾斜转为正直。

（7）起跳结束时，拔腰提肩、摆动腿大腿抬平并稍向里，起跳腿充分伸展，脚跟内转，用脚尖蹬离地面，身体半背向横杆（如图5－8所示）。

图 5－8　起跳示意图

（三）腾空过杆

（1）身体背向横杆。

（2）抬头，肩下潜，展腹挺髋，两腿分开，膝放松，小腿自然下垂，身体成背弓形。

（3）上体过杆后，低头，收腹屈髋，落腰，使臀部过杆（如图 5－9 所示）。

（4）最后伸膝上举小腿过杆。

图 5－9　过杆示意图

（5）过杆时臂部配合动作：置于体侧或自然平伸张开，或从头上伸出向杆后下潜。

（四）落垫缓冲

以肩、背落在海绵包上缓冲（如图 5－10 所示）。

图 5－10　落垫缓冲示意图

（五）锻炼方法

（1）沿直径为15米的圆圈做加速跑。
（2）直线助跑转弧线助跑练习。
（3）迈步助跑跑向起跳点。
（4）助跑2～3步的起跳练习。
（5）弧线助跑起跳练习。
（6）走步法丈量步点。
（7）全程助跑练习。
（8）全程助跑起跳练习。
（9）杆上动作练习：原地站立后倒背弓形倒向海绵包的练习。
（10）短助跑过杆练习。
（11）加长助跑步数的过杆练习。
（12）蹬地跃起后倒练习。
（13）垫上做“桥”。
（14）跳“高包”练习。
（15）发展弹跳能力的练习：单脚跳、分腿跳、全蹲跳，助跑后起跳用手、头、肩触悬挂物。

二、跳　远

跳远由助跑、起跳、腾空和落地四部分组成，它们之间相互联系，不可分割。快速、准确的助跑是获得优异跳远成绩的前提。如何利用助跑速度，正确地完成起跳，创造合理的腾起角度和尽可能大的腾起初速度，是跳远技术的关键，也是跳远技术教学训练的重点和难点。

（一）助　跑

助跑的任务是获得最大的水平速度并为准确踏板起跳创造条件。为了获得较高的助跑速度，必须有相应的助跑距离，而助跑距离（步数）的确定与运动员短跑能力密切相关。助跑距离的长短还要受运动员助跑方法和步长大小以及跑道、风向及身体状况的影响。要学会适应各种条件并具备随机应变的能力，以保证在任何情况下都能正确地进行助跑起跳；加大起跳前倒数第二步的步长、缩短起跳前倒数第一步的步长是顺利进入起跳前的一个关键环节。

（二）起　跳

起跳的任务就是在保持助跑速度的前提下，获得尽可能大的腾起初速度和适宜的腾起角度。在起跳时，起跳腿几乎是伸直上板（腾起关节角度170°），当稍稍屈膝后，充分蹬伸，此时上体保持正直，摆动腿快速向前摆出，接近水平；缓冲时，膝关节弯曲角度要适宜，一般约为135～145°。此时，上体要保持正直，使身体重心处于相对较高的位置。

（三）空中动作

空中动作的任务是减缓由于起跳所产生的身体向前的旋转力，有限度地利用身体重心抛物线轨迹，为合理落地做好准备，如图5－11所示。

为了维持身体平衡，起跳腾空后，摆动腿下放、伸髋与稍稍顺势前移的起跳腿靠拢。在腾空最高点时，身体充分伸展，形成“挺胸展髋”的姿势，两臂上举或后摆，然后收腹举腿，双腿前伸，完成落地动作。挺身式空中动作的优点在于：落地前能充分地拉长躯干前面的肌肉群，有利于完成收腹举腿和落地伸腿动作；在腾空后，由于摆动腿不需要在体前久留，有利于身体伸展维持身体的平衡。缺点是空中动作的形式和用力特点与起跳动作的衔接不太紧密。

图 5－11 跳远的空中动作示意图

(四) 落 地

落地的任务是选择合理的落地技术，充分利用身体重心腾起的远度，创造尽可能远的跳跃距离，防止伤害事故的发生。落地的方法有折叠式和滑坐式两种。

(1) 折叠式落地法。运动员在腾空阶段经过最高点后，开始将两腿向上、向前伸出，上体向下折叠，两臂从上面向前并在落地前向后快摆。使用蹲踞式和挺身式动作的运动员多采用这种方法。

(2) 滑坐式落地法。在腾空最高点就开始做折叠动作。及早做折叠动作，不影响和改变腾空路线，到最后把腿及骨盆前移，上体稍后仰。因为落地时好像坐着，故称滑坐式。

(五) 跳远教学的步骤与方法

1. 助跑技术教学

(1) 练习 30～80 米不同段落的加速跑，培养学生跑的速度感和放松技巧。

(2) 练习 20～30 米行进间计时跑，速度控制在最高速度的 80%～90%，反复体会快速跑时的肌肉感觉。

(3) 练习 15～20 米固定助跑步数的高频率行进间跑，逐渐提高跑的频率（计时或不计时）和助跑的准确性。

(4) 进行设立标志物的助跑练习。

2. 起跳与助跑相结合的教学

(1) 原地模仿起跳：原地模仿起跳时的摆臂、摆腿和起跳腿的蹬伸动作，注意体会起跳时起跳腿的着地蹬伸和臂与腿的摆动路线和用力顺序，理解和掌握跳远起跳中的蹬伸与摆动技术。

(2) 上步起跳：

①预备姿势。摆动腿伸直在体前约 30 厘米处用全脚掌支撑，起跳腿在后用前脚掌撑地，两臂相应屈肘于体侧；由摆动腿积极支持，起跳腿向前迈出做放腿起跳，以体会摆动腿积极前摆和起跳腿快速着地蹬伸的完整起跳动作，强化起跳过程中各主要环节的配合与神经通道的沟通。

②练习要求。摆动腿要积极蹬伸，快速摆动；起跳腿迅速前摆，积极下压，小腿和脚向下扒地，并迅速转入蹬伸，两臂协调配合，规格同 (1)。

(3) 连续 3 步助跑起跳。连续进行每跑 3 步做一次起跳，以强化助跑与起跳相结合的技术和建立正确的起跳动力定型，提高快速起跳的技能。

3. 空中动作教学

学习挺身式跳远的手段与方法一般有以下三种：

(1) 原地模仿空中挺身动作：原地模仿起跳腾空步后，接着完成摆动腿下放、两臂绕摆与挺身的动作，以学习和强化挺身式跳远空中动作的用力顺序和动作路线；要求上下肢要协调配合，摆动腿下放与挺胸展髋和双臂下放绕环同步进行，髋部充分伸展，用摆动腿支撑成反弓形；此时头可略向后仰，目视前上方；然后用双臂向上向前绕摆，与起跳腿的前摆上踢做相向运动，到手脚相触为止；最后的动作应用摆动腿蹬离地面，两腿同时迅速前摆并间前上举腿，同时收腹，上体略前倾，双臂加速向前上绕摆，在两脚落地前瞬间用力向后甩摆，跳入沙坑或海绵垫上。

（2）助跑腾空下放摆动腿练习：助跑3～4步起跳，以学习和强化挺身式跳远的空中技术和空中完成放腿挺髋展体动作。练习中要求助跑起跳成腾空步后迅速下放摆动腿、挺胸展体、双脚落地。

（3）起跳触吊球练习：4～6步助跑起跳、保持腾空步，用手触吊球后开始放腿，使身体在空中伸展，以强化空中展体动作的运动条件反射，发展快速起跳能力，改进起跳技术。练习中要求4～6步助跑，快速完成起跳与腾空步，接着摆动腿向后下方摆动、挺胸展髋，两腿自然下放在空中，上体保持正直，双脚落地。吊球的高度和远度以腾起至最高点时手触到为宜。练习时必须严格遵循助跑起跳的技术要求，尽量向前上方跳出，切勿只贪图高度而破坏正常的助跑起跳技术。

三、三级跳远

三级跳远是指在比赛时，运动员助跑后应连续做三次不同形式的跳跃。第一跳为单足跳，用起跳腿落地；第二跳为跨步跳，用摆动腿落地；第三跳为跳跃，必须双脚落入沙坑。

常用的三级跳远训练方法和手段有快速力量练习手段和快速跳跃练习方法。

（一）快速力量练习手段

快速力量练习手段有壶铃蹲跳、杠铃蹲跳、杠铃弓步跳、负重沙背心单脚跳栏架、负重沙背心双脚跳栏架、负重沙背心跳跳箱、负重沙背心跳深坑、负重沙背心跨步跳、负重沙背心单足跳、负重沙背心双脚跳台阶、负重沙背心单脚跳台，以及负重沙背心在沙坑中做各种跳跃练习等。

（二）快速跳跃练习方法

快速跳跃练习方法有助跑五级跨步跳、助跑五级单足跳、助跑十级跨步跳、助跑十级单足跳、50～60米计时跨步跳、50～60米计时单足跳、50～60米计时两单一跨等。

第四节　投　掷

一、推铅球

（一）原地推铅球

握球手的手指自然分开，把球放在食指、中指和无名指的指根上，大拇指和小指支撑在球的两侧，以防止球滑动和便于控制出球的方向，掌心不触球。

握好球后，身体左侧对着投掷方向，两脚左右开立比肩稍宽，左脚尖指向斜前方并与右脚弓在一条直线上；右膝弯曲，上体向右倾斜扭转，重心落在右腿上；左臂微屈于胸前，使球的垂直线离开右脚外侧，以加长用力距离和拉紧左侧肌肉。

推球时，右脚迅速用力蹬地，脚跟提起，右膝内转，右髋前送，使上体向左侧抬起，朝着投掷方向转动；当身体左侧接近于地面垂直一刹那，以左肩为轴，右腿迅速伸直，身体转向投掷方向，挺胸，抬头，右肩用力向前送，右臂迅速伸直将球向前上方约40°～42°角推出；球离手时手腕要用力，并用手指拨球，在推球的同时，左腿用力向上蹬直，以增加铅球向前和向上的力量；球出手后，右腿迅速与左脚交换，左腿后举，降低身体重心，以缓冲向前的力量，维持身体的平衡。

（二）背向滑步推铅球技术

以右手推球为例的背向滑步推铅球技术动作分解如图 5－12 所示。

1. 握持铅球

（1）握球方法：五指自然分开，把铅球放在食指、中指和无名指的指根上，拇指和小指扶在球体两侧，手腕背屈。

（2）持球方法：握持好铅球后，将铅球放在肩上锁骨窝处，贴紧颈部，食指、中指和无名指处在球体的后面，拇指处在锁骨窝的上面与球体的下面，小指处在球体的前上方，掌心向前，右臂屈肘。

图 5－12　背向滑步推铅球技术动作分解示意图

2. 滑步前的预备姿势

滑步前的预备姿势分为高姿势和低姿势两种。

（1）高姿势：持好球后，背对投掷方向，站在投掷圈内靠近后缘处，两脚前后站立，右脚指向投掷相反方向并靠近投掷圈后部的内缘，左脚位于右脚后约 20～30 cm 处，用前脚掌或脚尖着地，体重放在自然伸直的右腿上，左臂位于体前平举或上举，持球臂的肘略低于肩，目视投掷相反方向。

（2）低姿势：持好球后，背对投掷方向，站在投掷圈内靠近后缘处，两脚前后站立，右脚尖指向投掷相反方向并靠近投掷圈后部的内缘、左脚位于右脚后 50～60 cm 处，以前脚掌或脚尖着地。两腿弯曲，体重基本上落在右腿上，上体前俯，左臂自然下垂，目视前下方。

3. 预摆与准备滑步

做好预备姿势后，眼看前下方，肩部稍右转，上体前俯，使躯干接近水平位置，左腿向后上方抬起，右腿微屈，使体重均匀地分布在整个右脚掌上；运动员完成预摆动作并维持好身体平衡后，紧接着低头、扣左肩、含胸收腹、前俯上体，右腿屈膝下蹲，左腿左膝回收至靠近右腿处；随着屈腿团身动作，准备向投掷方向平移臀部，完成准备滑步动作。

4. 滑步动作

在完成准备滑步动作且当臀部向投掷方向开始平移、身体重心移离支撑点时，左腿向抵趾板方向有力摆伸；与此同时，左膝和左脚稍向外转动，右腿积极有力地向投掷方向蹬伸；躯干仍保持很好的前倾姿势，左臂向投掷方向的后下方伸出，低头、眼看投掷方向的后下方；当右腿蹬直、右脚跟或右脚掌即将离地时，两大腿的分腿夹角约为 125°，躯干与大腿夹角约为 80°；紧接着向投掷方向收拉右腿和右脚，以右脚掌着地于投掷圈中心附近，右脚尖方向与投掷方向约成 120°角；右腿弯曲，右膝方向同右脚方向，体重落在弯曲的右腿上；左腿稍弯曲，左脚很低但尚未着地；左髋稍外转，腹部微收，肩部稍右转；稍低的头部仍然尽力目视投掷的相反方向，完成滑步动作。

5. 过渡阶段动作

完成滑步动作后，从右脚着地至左脚着地为过渡阶段。右脚以前脚掌着地，右脚顺势内扣；左脚低而快地以前脚掌内侧贴紧抵趾板内下缘处压插着地；左脚尖与右脚跟在一条直线上，左膝微屈适度用力支撑；投掷者仍微收腹、稍含胸，肩部开始右转；左臂前臂内旋，扣紧左肩并稍向前运动，但仍指向投掷方向的后下方，两眼则仍目视投掷方向的后下方；此时，身体左侧肌群适度拉紧，肩、髋扭紧右腿压紧整个身体为形成一个良好的后继“侧弓形”姿势打下了坚实的基础。

6. 最后用力动作

完成过渡动作后，左脚一着地立即开始了最后用力动作。投掷者首先用右腿用力蹬转，右脚随之前滑；左腿支撑住，加速髋部向前转送动作；上体仍保持左脚着地时的姿势，左臂前臂内旋经体前向前稍向上方运动；头部与躯干保持一致、目视投掷反方向的稍右侧方向；随即继续蹬转右腿，髋部前转并牵拉肩部上起并稍前转；由于身体重心前移，用力支撑的左腿开始被迫压弯，内旋的左臂继续向投掷方向的前上方向运动，带动原扣紧的左肩逐渐打开，并向前上方运动，左肩高于右肩，头与躯干在一条直线上，目视投掷方向的右侧稍后方；身体形成用力前蓄势待发的良好的“侧弓形”用力姿势，接着右腿继续蹬转，微屈的左腿用力支撑，髋部转推到正对投掷方向，并继续牵拉肩部向前上方运动，继而也转至正对投掷方向；此时，左肩仍稍高于向上运动的右肩，然后内旋向前运动的左臂，并稍向下运动，头稍后仰，目视投掷方向的前上方，这一瞬间的身体形成一个“反弓形”姿势；紧接着两腿爆发式向上蹬伸、顶髋、拔腰、挺胸，左臂急剧下压，大臂贴紧躯干，固定左臂；同时迅速向前上方推伸右臂，头后仰，在球即将离手时，甩腕、拨指，使铅球沿着适宜的出手角度向投掷方向飞出；球出手瞬间，两腿要五分蹬直到脚尖，右手指拨球后指向右外侧，完成最后用力动作。

7. 铅球出手后维持身体平衡动作

铅球离手后为了避免犯规，以获得有效的运动成绩，投掷者左右腿应及时换步，并降低身体重心，维持身体平衡；在铅球落地和人体稳定后，运动员再从投掷圈的后半圈走出。

8. 摆动腿的摆动练习

左手拉住同肩高的固定物或同伴的手，左腿回收接近右腿时，快速向抵趾板方向摆出；腿向投掷方向摆动前身体重心略向后移，接着左腿摆动、右腿蹬伸，推动身体向投掷方向移动；当右脚收至重心下快着地时，左腿快速向后挪步，形成最后用力前的姿势。滑步结束时，右脚比左脚先着地。右脚着地后，右腿积极蹬伸，推动右髋向投掷方向转动；上体在转动中逐渐抬起，同时躯干的肌群积极收缩；左臂和左肩高于右肩，铅球尽可能保持较低位置，体重大部分仍在弯曲而压紧的右腿上；右腿蹬伸，进一步将右髋向投掷方向送出，右臂迅速而有力地将球推出；铅球快出手时，手腕稍向内转同时屈腕，快速而有力地拨球，使铅球从手指离开；铅球离开后，两腿弯曲或交换，降低重心，以缓冲向前的冲力，维持身体平衡，防止出圈犯规。

二、掷铁饼

掷铁饼的技术动作分为握法、预备姿势和预摆、旋转以及最后用力和维持身体平衡四个技术环节。

（一）握　法

五指自然分开，拇指和手掌平靠铁饼，其余四指的最末指节扣住铁饼边缘，铁饼的重心在食指和中指之间；手腕微屈，铁饼的上缘靠在前臂上；持饼臂自然下垂于体侧。

（二）预备姿势和预摆

1. 预备姿势

背对投掷方向，两脚左右开立约一肩半距，站于圈内靠后沿处的投掷中线两侧；两脚平行开立或左脚稍后，持饼臂自然下垂于体侧，眼睛平视。

2. 预摆

预摆是为了获得预先速度，为旋转创造有利条件。目前常见的预摆有两种，即左上右后摆饼法和身体前后摆饼法。

（1）左上右后摆饼法：开始时，持饼臂在身体前后自然摆动，当铁饼摆到体后时，重心靠近右腿，接着以躯干带动持饼臂向左上方摆起；当铁饼摆到左上方时，左手在下托饼，重心靠近左腿，上体稍左转。回摆时，躯干带动持饼臂将铁饼摆到身体右后方，身体向右扭紧，重心处于右腿上，上体稍前倾，左臂自然微屈于胸前，眼平视、头随上体的转动而转动。

（2）身体前后摆饼法：开始时，持饼臂在体侧前后自然摆动；当铁饼摆向体前左方时，手掌逐渐向上翻转，右肩稍前倾，体重靠近左腿。铁饼回摆到体后时，手掌逐渐翻转向下，体重由左向右移动，上体向右后方充分转动，使身体扭转拉紧。这种方法动作放松、幅度大，因而目前大多数优秀选手都采用这种方法。

（三）旋　转

预摆结束后，弯曲的右腿蹬地，上体向左转动，同时左膝外展；重心由右脚向边屈边转的左腿移动；接着两腿积极转动，并以左脚前脚掌为轴向投掷方向转动，身体向投掷方向倾斜，投掷臂在身后放松牵引铁饼；当左膝、左肩和头即将转向投掷方向时，右膝自然弯曲，以大腿发力带动整个腿绕左腿向投掷方向转扣（右脚离地不能过高）；这时左髋低于右髋，身体成左侧单腿支撑旋转，接着以左脚蹬地的力量推动身体向投掷圈的中心移动，右腿、右髋继续转扣；当左脚蹬离地面，右腿带动右髋快速内转下压，左腿屈膝迅速向右腿靠拢，左肩内扣，上体收腹稍前倾；接着，左脚积极后摆，以脚掌的内侧着地，落在投掷圈中线左侧、圆圈前缘稍后的地方，身体处于最大限度的扭转拉紧状态，铁饼远远留在右后方，左臂自然微屈于胸前，为最后用力做好准备。

（四）最后用力和维持身体平衡

当左脚着地时，右脚继续蹬转，使右髋积极向投掷方向转动和前送；接着，头向投掷方向转动，左臂微屈于胸前，胸部开始向前挺出，重心逐渐移向左腿；当重心移向左腿时，右腿继续蹬伸用力，以爆发式的快速用力向前挺胸挥饼；与此同时，左腿迅速用力蹬伸，左肩制动，成左侧支撑，使身体右侧迅速向前转动，将全身的力量集中在铁饼上；当铁饼挥至右肩同高并稍前时，用小指到食指依次用力拨饼出手，使铁饼顺时针方向转动向前飞行；铁饼出手后，应及时交换两腿，身体顺惯性左转，同时降低身体重心，以维持身体平衡。

三、掷标枪

掷标枪的技术动作分为握枪和持枪、助跑、最后用力和缓冲三个技术环节。

（一）握枪和持枪

（1）握枪：标枪斜放于掌心，拇指和中指握在标枪缠绳把手末端第一圈的上缘，食指自然弯曲斜握在枪杆上，无名指和小指自然地握在缠绳把手上。

（2）持枪：采用肩上持枪，持枪手与前额同高，枪尖稍低于枪尾或枪的纵轴平行于地面。目前大多数运动员都采用这一方法。

（二）助　跑

助跑的目的是在最后用力前获得预先速度，并在助跑中做好引枪动作，为最后用力创造条件。助跑的距离一般为25～35米之间。

（1）预跑阶段：从第一标志线到第二标志线为预跑段，大约16～20米。跑双数步约8～12步；预跑时动作自然，上体微前倾，逐渐加速，用前脚掌着地，持枪臂随跑的节奏自然前后摆动，从容地进入投掷步阶段。

（2）投掷步阶段：从第二标志线到起掷弧线为助跑的第二阶段。投掷步一般采用5步，也有采用6步或7步的。

投掷步的第一步：左脚踏上第二标志线，右脚积极向前迈步，脚掌落地部位稍偏右，右肩向右转动并开始向后引枪，左肩向标枪靠近，左臂在胸前自然摆动，眼睛前视。

投掷步的第二步：当右脚落地、左脚离地前迈时，髋轴向右转动，右肩继续向右转动并完成引枪动作；上体转成侧对投掷方向，左脚掌落地后，与投掷方向成较大的角度，左臂摆至身体左侧，上体正直，眼睛前视。

投掷步的第三步（交叉步）：投掷步第二步左脚落地时，右腿自然弯曲，大腿带动小腿积极向前迈步，左腿猛蹬伸，使右大腿加速前迈，成交叉步，左臂自然摆至胸前，投掷臂伸直充分后引，右脚尖与投掷方向成45°角左右，躯干与右腿成一条直线。

投掷步的第四步（从助跑过渡到最后用力的衔接步）：交叉步结束前，左腿积极迈第四步，用脚掌内侧落地。

（三）最后用力和缓冲

（1）最后用力：投掷步第四步落地后，右腿积极蹬地转髋，肩轴向投掷方向转动，投掷臂上臂向上转动，带动前臂和手腕向上翻转；当上体转到正对投掷方向时，投掷臂翻到肩上，左肩内转，成“满弓”姿势；然后，上臂带动前臂向前做爆发式的“鞭打”动作，使标枪向前飞出；在标枪离手的一刹那，甩腕指使标枪沿纵轴顺时针方向转动。

（2）缓冲：标枪出手后，运动员随着向前的惯性继续向前运动，为了防止犯规，应及时向前跨一至两步，身体稍向左转，并降低身体重心，以维持平衡。

第五节　田径项目规则介绍

田径有“体育运动之母”的称谓，包括跳跃、投掷、竞走、跑和全能五个部分。跳跃和投掷项目统称为田赛，竞走和跑的项目统称为径赛；而由跑、跳跃、投掷这三部分项目组成的项目称为全能运动，如男子十项全能和女子七项全能。

田赛：“田”是指广阔的空地。田赛项目包括男、女的跳高、跳远、三级跳远、撑竿跳高、铅球、铁饼、标枪和链球。

径赛：“径”是指跑道和道路，是在田径场的跑道上或场外规定的道路上进行不同距离的竞走和各种形式赛跑的统称。一般按规定的距离比赛，并以运动员所跑（走）出的时间快慢来决定名次。长距离跑项目通常采用集体出发的形式，一次计时评定出名次。短距离和中距离跑、跨栏跑、接力跑则因参赛者较多而采用分组淘汰制，经过预赛、复赛、半决赛后，选出前8名进行最后决赛。

径赛项目包括男、女的100米、200米、400米、800米、1500米、5000米、10000米、3000米障碍、400米栏、4×100米接力、4×400米接力、马拉松跑、20公里竞走，以及男子110米栏、50公里竞走和女子100米栏。

男子十项全能运动：这是奥运会田径比赛的男子项目，运动员须在两天之内完成十项比赛，第一天的项目为100米跑、跳远、铅球、跳高和400米跑，第二天进行110米栏、铁饼、撑竿跳高、标枪和1 500米跑。

女子七项全能运动：这是奥运会田径比赛的女子项目，要求运动员在两天之内完成七项比赛，第一天的项目是100米栏、跳高、铅球和200米跑，第二天要完成的是跳远、标枪和800米跑。

一、田赛项目规则

田赛项目的比赛通常先分两组进行及格赛，凡通过及格赛标准的选手直接进入决赛。远度项目决赛前三轮比赛的顺序由抽签决定。决赛前三轮比赛结束后，按成绩取前八名运动员进行最后三轮比赛，第四、五轮比赛排序按前三轮比赛成绩的倒序排列，第六轮比赛排序则按前五轮成绩的倒序排列，即成绩最好的在最后。

在远度和高度项目的比赛中，除犯规外，运动员每次试跳或已跳过的成绩都为有效成绩。但在投掷比赛中，除犯规以外，运动员只有将投出的器械完全落在落地区内才算有效；丈量成绩时，从距离投掷区最近的落点算起。其中，标枪必须是枪尖首先触地成绩才有效。

远度比赛结束后以运动员最好的一次试跳（投）成绩作为最后成绩，并以此判定最后名次。如成绩相等，远度比赛按第二好成绩确定名次；如果还是相同，涉及第一名的运动员须继续比赛，直到决出名次。第一名以外的名次，则可以并列。

高度比赛如果出现最好成绩相等，须按以下规定解决：第一，出现在成绩相等的高度上，试跳次数较少者名次列前；第二，如成绩继续相同，以试跳失败次数比较少者名次在前；第三，如成绩仍然相同，当涉及第一名时再进行决定名次的比赛，其余名次并列。

二、全能项目规则

全能项目比赛须按各项顺序进行，比赛规则与单项基本相同，但也有一些小差别。例如：在单项赛跑项目中，第二次及之后抢跑的运动员都要被罚出比赛，而全能比赛是个人两次抢跑犯规后才被处罚；此外，新的世界纪录和奥运会纪录要求比赛时风速不能超过2米/秒，而全能比赛则不能超过4米/秒；在跳远和投掷项目中，每个运动员只能试跳（投）3次；在跳高单项比赛中的每轮比赛后，横杆升高不得少于2厘米，而全能跳高比赛中始终升高3厘米；撑竿跳高单项比赛每次至少升高5厘米，而全能比赛中始终升高至少10厘米。

全能比赛按所有项目的总积分排定名次。如果总分相等，则以得分较高的单项数量多者名次在前；如果再相等，则以任何一个单项得分高者为胜；如果再次出现相等，则以第二得分高的单项分数较高者排名在前，并以此类推。

三、径赛项目规则

在径赛项目中，所有项目参赛者的名次都取决于身体躯干（不包括头、颈、臂、腿、手和足）抵达终点线后缘垂直面为止时的顺序。比赛中要比较1/1000秒的成绩，成绩好的进入下一轮。如果成绩相同，则都应进入下一轮。决赛中如果第一名成绩相同，裁判长有权决定是否重赛，若无条件重赛，则并列第一；若其他名次成绩相同，按并列处理。

在国际赛事中，所有400米或以下距离的径赛项目必须采取蹲踞式起跑；400米以上（不含400米）的径赛项目均采取站立式起跑。对第一次起跑犯规的运动员必须给予警告（出示黄牌）；之后，无论哪位选手再起跑犯规都将被取消比赛资格（出示红牌）。

在分道跑和部分分道跑的径赛项目中，参赛者越出跑道并获得实际利益或者冲撞、阻碍其他参赛者，也将被取消资格。如果参赛者是被推出、挤出指定的跑道，而且并未获得实际利益，也未影响他人，则不被取消参赛资格。同样，任何参赛者在直道中越出其跑道或在弯道中越出其跑道的外侧，只要没有得益或阻碍他人，都不算犯规。

4×100 米接力跑是分道进行的，接棒者可在接力区前 10 米起跑。在接力区内，运动员必须在 20 米的接力区内完成交接棒。

跨栏跑运动员必须在自己的跑道内完成比赛，当跨越栏架时，如果他（她）的腿或足从低于栏架顶的水平线跨越，或跨越并非自己赛道上的栏架，都将被取消资格。若裁判员认为参赛者故意以手或足撞倒栏架，均取消其资格。

在 100 米跑、200 米跑和 100 米跨栏、110 米跨栏比赛中，如果顺风超过 2 米/秒，所创成绩都不能成为新纪录。

奥运会的公路赛包括男、女马拉松跑以及男、女 20 公里竞走和男子 50 公里竞走。在这些比赛的途中，每 5 公里处都设有提供水和其他饮料的饮料站。

竞走比赛是田径比赛中最复杂的赛事，它有两个核心规则：一是竞走运动员必须始终保持至少一只脚与地面接触。二是运动员的前腿从着地的一瞬间起直到垂直位置，必须始终伸直，膝关节不能弯曲。

思考题

1. 简述田径运动概况。
2. 试述田径运动的特点。
3. 接力跑传接棒的方法有几种？
4. 跳远的完整技术动作由哪几部分组成？
5. 掷标枪的技术动作分几个环节？

第六章　篮　　球

第一节　篮球运动概述

一、篮球运动的起源与发展

篮球运动最早出现在美国。1891 年，在美国马萨诸塞州一所基督教青年训练学校里，一个叫奈·史密斯（1861—1939）的体育教师，为了帮助学生们度过漫长而寒冷的冬季，创编了一种游戏：把两只水果篮分别钉在运动房的阳台上，离地 3 米多高，让学生将足球往高处篮筐里投。于是，人类历史上第一项面对高空的运动就这样产生了。这项运动也因此取名叫“篮球”。

1892 年，奈·史密斯先生又制定了一个比赛规则，并组织师生进行了世界上第一场篮球比赛；1904 年，在第三届奥运会上首次进行篮球表演赛；1908 年，美国制定了全国统一的篮球规则；1936 年，第十一届奥运会把篮球列为比赛项目；1948 年，国际业余篮球联合会决定四年举办一届世界男篮锦标赛；1976 年女子篮球被列为奥运会比赛项目。从此，篮球运动逐渐走向世界。

二、篮球运动的价值

篮球运动是在固定场地内、双方以投篮为中心的竞赛项目，并以投中得分获得乐趣，由此可见篮球运动始终具有浓厚的游戏性。篮球运动不受年龄、性别和技术的限制，因而开展得十分广泛，成为丰富人们业余文化生活的重要内容。

篮球比赛是在攻防不断变化中进行的，因此运动员应具有良好的身体素质。在场上既要不断地快速奔跑，又要能急起急停，所以经常参加篮球运动，通过跑、跳、投的锻炼，对促进人体的协调性、灵活性和应变能力都会起到良好的作用。

篮球运动要求运动员对场上各种变化情况具有精细的感受能力。运动员在场上完成许多复杂的动作时，动作要十分准确，而这在很大程度上要靠人体运动分析器对肌肉感觉做精确分析才能实现。如篮球运动员能够在没有视觉参加的情况下完成运球动作，就是靠运动及触觉两种分析器的精确判断来实现的。

经常参加篮球运动的人，不仅肌肉会变得更加结实有力，而且内脏器官的机能也会得到明显提高。就以心脏机能为例，正常成人安静时每分钟心跳 71 次左右，并且每次心跳只能输出 50～60 毫升的血液。而篮球运动员安静时，心脏每分钟跳 50～60 次，每次心跳输出的血液量可达 80～100 毫升。安静时心跳次数减少，说明篮球运动员的心脏肌肉强壮有力，收缩一次输出的血液大大超过一般人，是机能良好的一种表现，确实有助于改善人体的心肺机能。

第二节　篮球基本技术

一、移动技术

移动技术的练习，应根据篮球运动的特点，做到快、活、稳。快是指起动速度快、脚步移动快、抢断球移动要快；活是指进攻与防守脚步移动要灵活、场上战术配合要灵活、进攻时处理球的力法运用要灵活；稳是指传接球要稳、投篮要稳、比赛过程中控制球要稳。正因为篮球运动的各种技术都要配合移动来完成，所以移动技术在篮球比赛中是非常重要的。

移动技术很多，其目的就是摆脱对方的防守，跑到有利的位置去接球；而防守时脚步要提前抢位进行断球，不断地给对方造成威胁。

（一）突然快速起动

突然快速起动是摆脱防守最简单的方法，一般在对方防守较紧时，为了迅速抢断篮球或接同队的传球，才运用突然快速起动，并进行各种配合。持球队员也可用突然快速起动，摆脱对方防守，切入篮下投篮或进行配合。

1. 动作要领

起动前应保持两脚左右分开做原地小碎步跑，重心下降成屈膝姿势。起动时用一只脚的前脚掌的内侧做短促有力的蹬地动作，以腰部力量带动身体重心迅速向起动的方向前进。起动后两臂迅速摆动，前三四步跑要短而快，然后再逐渐加大步伐，进入正常快速奔跑。

2. 进攻时练习方法

（1）队员在球场端线上面向或背向或侧向站立，根据教师的信号，队员凭听觉做突然起动，向场内快速跑过半场或全场。

（2）两人一组，各持一球，相对站立，相距 5 ~ 6 米，各人同时将球向自己右或左侧上方抛去，双方立即起动交换位置，并将对方抛出的球接住。

（3）区域联防阵容的进攻与退守的起动练习以每五人一组，如图 6 – 1 所示站位；教师发信号，队员听信号后，做集体起动跑至对方篮下或过中线后，并快速起动退守至本篮下，如此反复进行 3 ~ 5 次后轮换另一组做。

3. 防守时练习方法

（1）全场曲线做后滑步，听信号做手触地的练习，做 2 ~ 3 组。

（2）全场曲线做后滑步，突然听信号做上步后跳起抢断球的练习，可做 2 ~ 3 组。

（3）三人一组，两人做传接球进攻，一人做抢断球防守，练习手脚移动迅速和判断球的意识能力，可做 2 ~ 3 组。

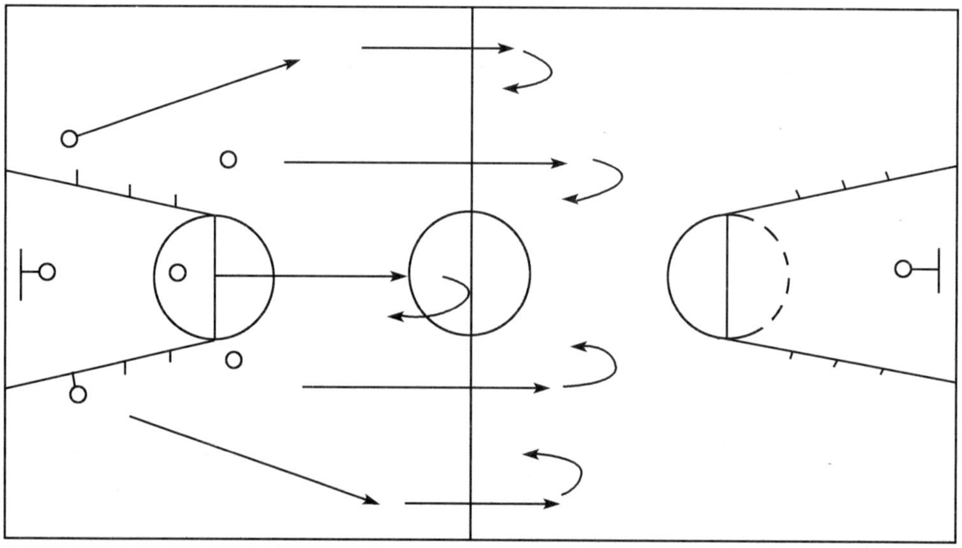

图 6－1　区域联防阵容的进攻与退守示意图

(二) 急　停

当进攻队员在急速跑动中无法摆脱防守者的紧跟时，可利用急停的动作把防守者甩开。急停与突然起动结合运用，会更有效地摆脱防守。急停的动作有两种，即跨步急停和跳步急停。

(1) 跨步急停（两步急停）：在急停时的瞬间先跨出一大步，后脚跟先着地，同时降低重心，上体稍后仰以减少向前冲力；第二步跨出着地时，身体侧转（左脚跨第一步身体左转）脚尖稍向内转，用脚掌内侧蹬地，同时两腿深屈，上体前倾，急停后身体重心落在两脚上。这种急停一般在运球过程中运用，也适用于由进攻转为防守的快速跑动中。

(2) 跳步急停（一步急停）：急停前，单脚或双脚跳起离地，上体稍后仰；接着两脚同时平行或前后落地；落地后两膝弯曲，重心下降，两臂屈肘微微张开帮助维持身体平衡。这种急停一般适用于跑动中向前接球。

(3) 练习方法：

①慢跑或快跑中做两步和跳步急停练习。

②运球中做两步和跳步急停练习。

③接球时做两步和跳步急停练习。

④运球后急停，跳起投篮。队员 A 持球运球至罚球线附近急停后跳起投篮；队员 B 在队员 A 急停后投篮时向篮下抢篮板球传给队员 C；队员 A 投篮后至队员 B 队排尾；队员 B 传球后至队员 A 排尾，这样依次轮流进行。

(三) 移　动

(1) 侧身跑：即在跑动中为了更好地观察场上情况所采用的一种方法。其动作要领是：侧身跑时，头部和上体放松地向球的力向扭转，同时侧肩，脚步朝着跑的方向；既要注意观察，又要保持速度。

(2) 变向跑：即队员在跑动中突然改变方向，摆脱防守的一种移动方法。其动作要领是：变向时（以从右向左跑为例），上体稍向前倾，同时右脚前脚掌内侧用力蹬地，随之腰部扭转，上体向左前倾，移动重心，左脚向左前方跨出一小步后，右脚迅速向左脚的侧前方跨出一大步，继续跑动。

(3) 侧滑步：即队员防守时重要的移动方法。其动作要领是：由两脚平行站立开始，向左侧滑步时，左脚向左跨出，落地的同时，右脚蹬地滑动，跟随左脚移动，保持屈膝低重心的姿势；注意身体不要上下起伏，两脚不要交叉，重心要落在两脚之间。

(4) 跨步：跨步主要是用于持球突破超越防守的一种步法。其动作要领是：以一脚为中枢轴，另一脚向侧前方跨步，但不改变身体方向。跨步与转身动作结合运用，可以摆脱防守和保护球。

(5) 练习方法：

①沿篮球场直线慢跑，听口令急停后加速跑，再听口令急停；

②沿直线跑，听信号变侧身跑，再听信号变向摆脱跑；

③教师喊口令做各方向的滑步练习，也可结合手势做练习；

④两人一组，一攻一守，徒手练习变向、变速跑；

⑤两人一组，一人持球一人防守，持球者做跨步摆脱过人后运球前进，两人交替练习。

二、传、接球技术

传、接球是篮球比赛中运用最多的基本技术，是组织进攻的纽带，是战术配合的必要手段。

（一）双手胸前传、接球

动作要领：双手持球于胸前，五指自然分开握球的后侧方，两肘自然下垂于体侧，两腿自然地前后（或左右）开立，两膝微屈。传球时，两脚蹬地重心前移，两臂向传球方向伸出，用手腕外翻和拇指、食指、中指力量加速，直到手心向前将球传出，身体重心随球前移（见图6-2）；接球时，两臂前伸迎球，手指自然分开，两拇指成八字形，两手呈半球状，当手指触球时，两臂随球迅速收回，减缓球速的冲击力，然后将球握住置于胸前；行进间接球时要跨步迎出接球。

图 6－2　双手胸前传球动作分解示意图

（二）双手击地传、接球

动作要领：将球向斜前方地面传出，球击地点两人间距靠近接球人的 1/3 处，球弹起高度在接球人的腰腹部，如图 6－3 所示；接球时，掌心向着来球反弹的方向，屈膝弯腰伸手迎球，接球后手腕上翻持球于腹前。

图 6－3　双手击地传球动作分解示意图

（三）单手肩上传、接球

单手肩上传、接球是比赛中经常运用的一种远距离传球方法，因其速度快、准确性高，在快攻长传中经常应用这种方法。

（1）动作要领：以右手传球为例，双手持球于胸前，两脚平行开立，左脚向前迈出半步，身体右转重心后移，同时把球引至右肩上方，手指分开，手腕后屈托球后下部。传球时右脚蹬地转体，右臂前挥，手腕前屈，用手指拨动的力量将球传出，如图 6－4 所示。接球时，手臂伸向来球方向，掌心微凹正对来球，当手触球后顺势后引，翻腕，双手持球于腰腹前。

图 6－4　单手肩上传球动作分解示意图

（2）练习方法：（以上三种技术均适用）

①原地五角形传、接球练习。如图 6－5 所示，五人站成五角形，A 传球给 C，C 传球给 E，E 传球给 B，B 传球给 D，D 传球给 A。如此反复进行。

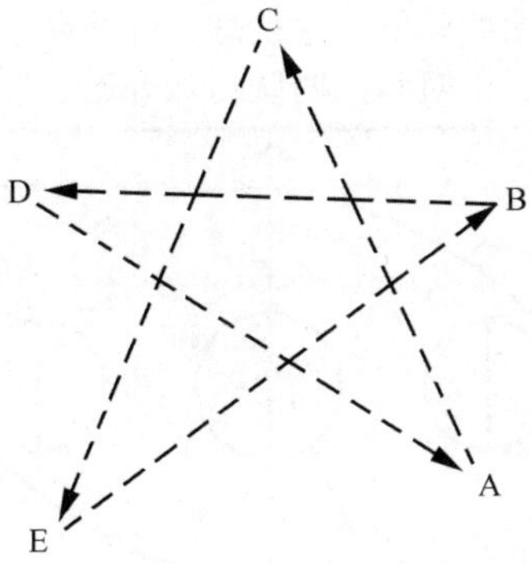

图 6－5　原地五角形传、接球练习示意图

②迎面跑动传、接球。如图 6－6 所示，分成两组，相距 8 米成纵队相对站立，用一球做迎面跑动中传接球。

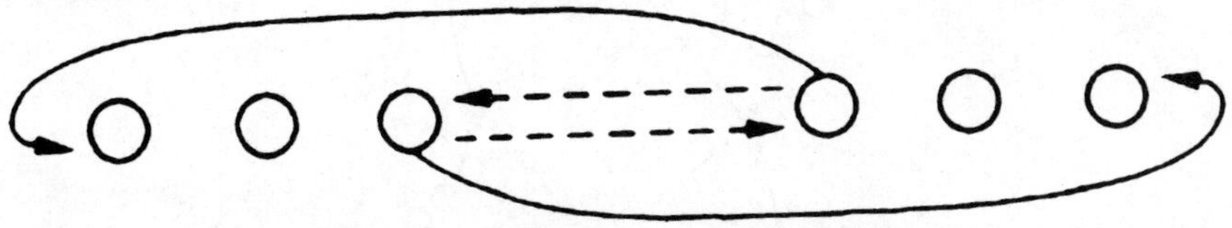

图 6－6　迎面跑动传、接球练习示意图

（3）三角形传、接球。如图 6－7 所示，三人保持三角形进行传接球的练习。如果中间加上两个防守者，则传球者可运用双手胸前传球、击地球、单手肩上传球等方法，这样就练习了接近比赛情况下所需要的传接球技术。如果传球时被防守队员接触到了球，即算传球者失误，谁失误谁就去做防守队员。

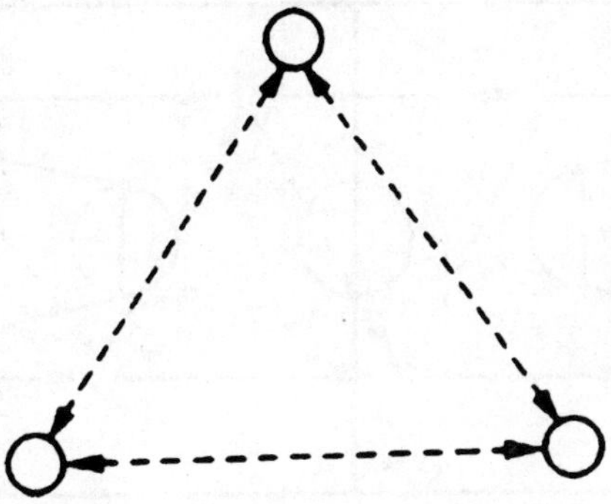

图 6－7　三角形传接球示意图

（四）行进间传、接球

1. 动作要领

主要是传接、球动作和脚步配合要协调、连贯，一般是跨出第一步接球，最迟在第三步落地前传出球。根据传球人的速度，将球传至同伴身前一步左右的距离和胸部位置。

2. 练习方法

（1）如图 6－8 所示，将学生分为人数相等两队，跑动中两队排头做对角线传球，练习单手肩上传球和跑动中击地反弹传球，传球距离逐渐增加至 10 米左右。

（2）如图 6－9 所示，将学生分为四路纵队成方形，距离 7～8 米；开始用一个球练习，可按顺时针或逆时针方向进行；传给跑动队学生接球，邻侧队学生即起动准备接球，按此顺序练习。熟练后，同时用两个球进行，由对角的两队传球开始。

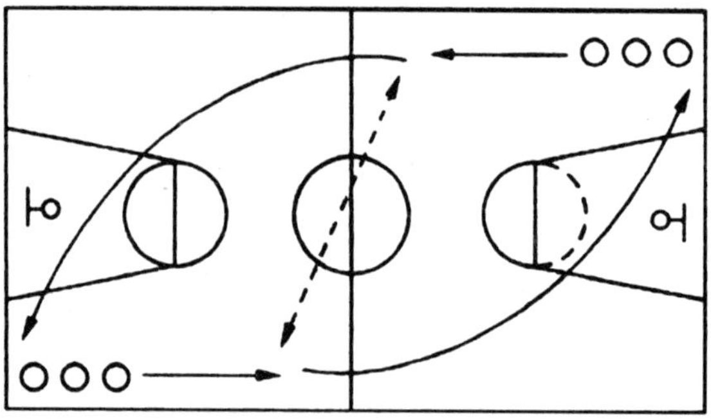

图6－8　两队学生进行跑动传、接球练习示意图

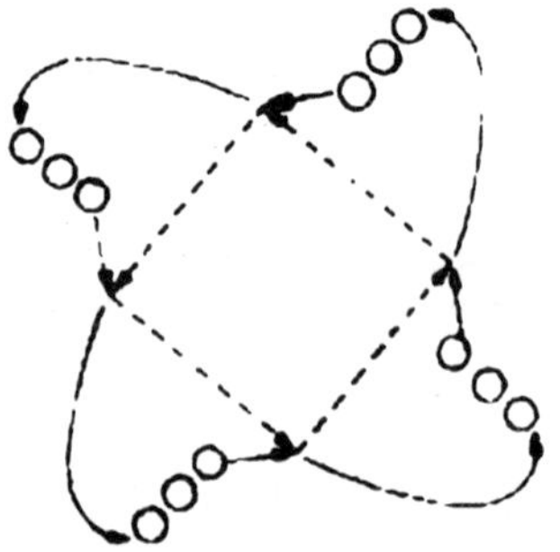

图6－9　四路纵队或方形行进间传、接球练习示意图

（3）全场跑动传、接球练习。如图6－10所示，两人一组在同一端线的两侧站好，相距4～5米，两人曲线跑动斜线传接球。要求在快速奔跑中完成传、接球。

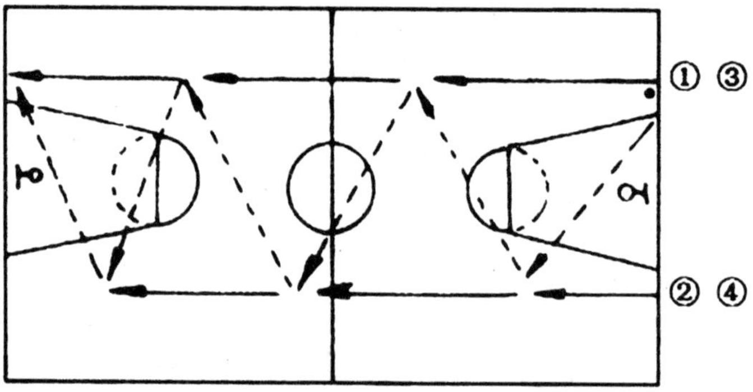

图6－10　全场跑动接、传球练习示意图

三、运球技术

持球队员在原地或移动中有单手连续拍按和迎引从地面反弹起来的球叫运球。运球是篮球比赛中个人控制球、支配球、突破防守的重要手段，是组织全队进攻配合的桥梁。

（一）高运球

高运球的动作要点是：抬头，目视前方，上体稍前倾，以肘关节为轴手按拍球的后上方，球的落点在身体的侧前方，球反弹高度约在腰胸之间，如图6－11所示。

图 6－11　高运球动作分解示意图

图 6－12　低运球示意图

（二）低运球

低运球的动作要点是：抬头，目视前方，两膝深屈，身体半蹲，重心下降，上体前倾手按拍球的后上部，球的落点在身体侧面，球的反弹高度在膝部以下，如图 6－12 所示。

（三）运球体前变方向

运球体前变方向动作要点是：运球队员从防守队员右侧变方向时，用右手按拍球的右侧后上方，使球反弹至左手外侧，右脚迅速向左前跨步，向左侧转体探肩，及时换手继续向前运球，如图 6－13 所示。

图 6－13　运球体前变方向动作分解示意图

（四）运球背后变方向

运球背后变方向的动作要点是：运球队员从防守队员右侧变方向。变向前开始运球时，要把球控制于身体右侧后方，左脚前跨，右手按拍球侧后方，球经身后拍到左前方，右脚迅速前跨，换用左手运球继续前进，如图 6－14 所示。

图 6－14　运球背后变方向动作分解示意图

运球背后变方向的练习方法如下：

（1）成体操队形原地做高运球、低运球和左右手体前变换（左右手变向）运球。

（2）将队员分成若干组在全场做迎面接力运球比赛。

（3）看教师手势，做全场的变向和转身运球练习。

（4）全场一对一练习，要求防守要积极。

（5）从底线运球到中线，在罚分线设一固定防守者，做两次变向或转身运球上篮练习。

四、投篮技术

原地投篮一般在远距离投篮和罚球时运用较多。远距离投篮不仅可以增强个人和全队的攻击力度，而且具有较大的战术意义。

（一）单手肩上投篮

单手肩上投篮的动作要领是：持球手五指自然分开，用手指根以上部位托球后下方置于肩上，另一手扶住球的内侧方；两脚前后或左右站立，两膝微屈，重心在两脚之间，上体自然正直，两眼注视球篮。投篮时，投篮手臂随下肢伸直和脚蹬地力量向前上方伸出，球出手时手臂完全伸直，身体重心随出球方向上升，脚跟提起，用手腕前压的动作使球从食指、中指指端飞出，如图 6－15 所示。

图 6－15　单手肩上投篮动作分解示意图

（二）跳起投篮

1. 原地跳起投篮

原地跳起投篮具有突然性强、出球点高和不易防守的优点，可以与传球、突破和其他假动作相结合，在不同距离情况下都可运用。其动作要领是：跳投的手法与原地肩上投篮相同，其区别只是跳起在空中将球投出，即两手持球上举的同时，两脚用力蹬地使身体垂直向上跳起；

当腾空至最高点时，扶球手离开，持球手迅速向前上方仰臂，用手腕和手指力量将球投出；落地时要屈膝来保持身体平衡。

2. 急停跳起投篮

急停跳起投篮的动作要领如下：

（1）接球急停跳起投篮。移动中跳起腾空接球后，两腿同时或先后落地，脚尖对篮筐，两膝弯曲，迅速跳起投篮，投篮出手后动作同原地跳起单手肩上投篮。

（2）运球急停跳起投篮。运球过程中及时降低重心，用跨步急停或跳步急停，持球屈膝跳起投篮，投篮动作同原地跳起单手肩上投篮。急停跳起投篮的动作如图 6－16 所示。

图 6－16　急停跳起投篮的动作分解示意图

（三）行进间单手高手投篮

行进间单手高手投篮一般在快攻与切入篮下时采用较多，因为投篮出手点高，接近篮圈容易投中。其动作要领是：以右手投篮为例，右脚大步跨出接球，左脚步伐小些；随即蹬地起跳，右腿提膝，左手保护球，当身体跳至最高时，右臂和身体充分向上伸展，掌心向上，用手腕和手指的力量将球投出（一般称之为“跑篮”），如图 6－17 所示。

图 6－17　行进间单手高手投篮动作分解示意图

（四）行进间单手低手投篮

这种投篮适用于在摆脱防守后切入篮下或与防守者平行时，利用速度和空中身体伸展动作进行投篮。其动作要领是：以右手投篮为例，当右脚前跨在空中时，双手接球，接球后两臂放在右侧，以身体保护球；右脚落地后，左脚再前跨一步，用力向上起跳，右腿自然提起，身体尽量向上伸展，右手顺势向前方伸出，至最高点时用手腕手指上挑拨球，使球从食指和中指指端向前旋转，拨球入篮，如图 6－18 所示。

图 6－18　行进间单手低手投篮动作分解示意图

行进间单手低手投篮的练习方法如下：

（1）队员分为两组，相对站立距离为 4～5 米，原地做双、单手投篮动作练习；体会投篮时的手法和身体协调配合。如果练习跳投，先做徒手起跳动作。

（2）原地站立投篮练习。如图 6－19 所示，学生分两组排成两路纵队，排头一人各持一球，投篮后抢篮板球，各自传给本队第二人，依次轮流进行；要求手法正确，提高命中率。

（3）移动上步接球后做原地或跳起投篮练习。如图 6－20 所示，开始叫①自己投篮后抢篮板球传②，②传③；要求③移动上步接球后，马上投篮，投篮后立即前去抢篮板球，再传给跑到②原来位置上的①，②则移动到③原来位置上，依次循环。

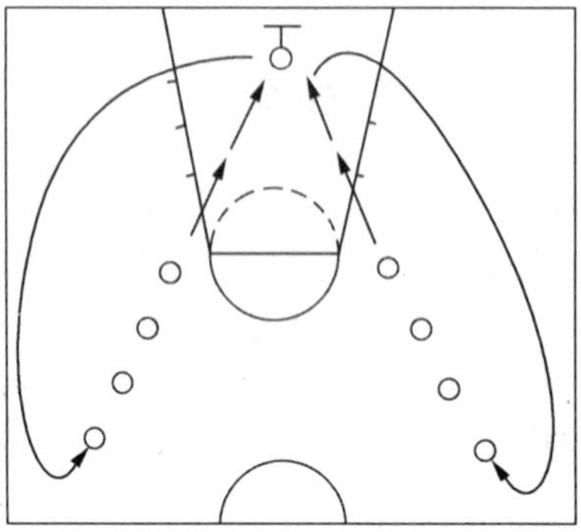

图 6－19　原地站立投篮练习示意图

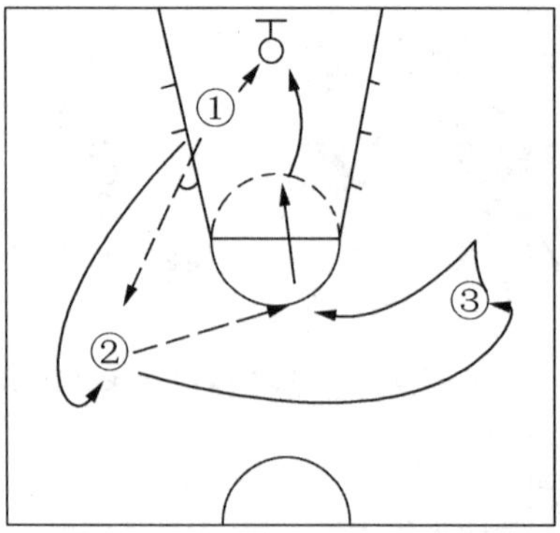

图 6－20　移动上步接球后做原地或跳起投篮练习示意图

（4）快速弧线运球上篮练习。如图 6－21 所示，将学生分为两队两侧端线站好，排头队员运球走弧线，即“∞”。改变方向时，要求左右手交换运球，不减慢速度，快速运球上篮；可用单手肩上投篮，也可用单手低手投篮；投篮后学生将球传给端线处学生后站到对面队伍，依次进行。

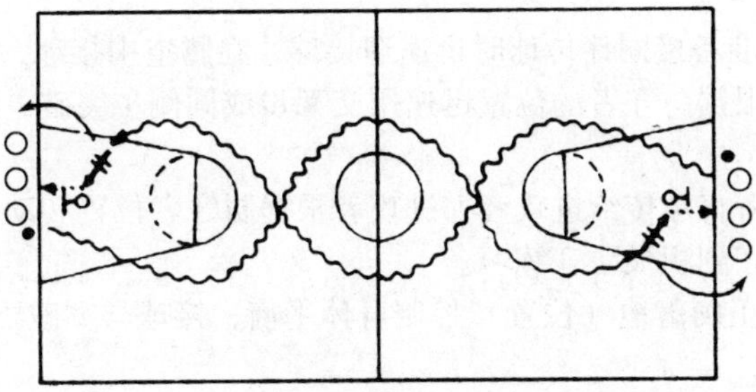

图6-21　快速弧线运球上篮练习示意图

（5）综合练习行进间运球、传接球、投篮。如图6-22所示，分为两路纵队排于两侧端线处，每队第一人先做行进间运球，将球传给老师或组长，继续前跑接回传球，然后运球上篮；自投自抢篮板球后，将球传给另一队的第二个人，自己跑至排尾，依次进行。

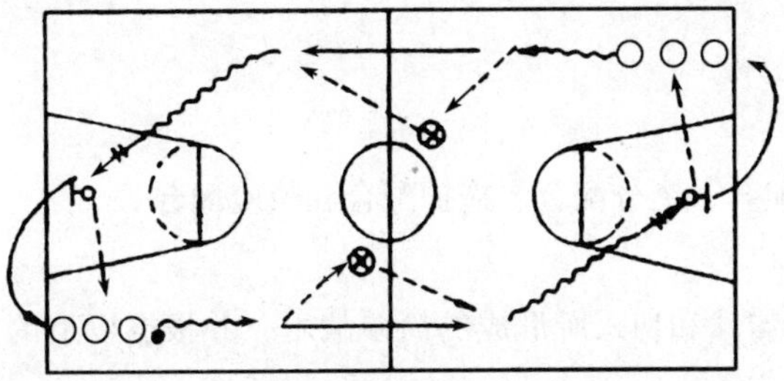

图6-22　综合练习示意图

五、持球突破技术

持球突破技术是持球队员利用快速的脚步动作和良好的运球技术超越防守者的一项进攻技术。

（一）交叉步持球突破

（1）动作要领：从左面过人时即以左脚为轴，用右脚前脚掌蹬地向防守者右脚外侧跨出第一步（步子要大些）；同时向左侧身探肩，用右肩前冲的动作保护球，用左手将球拍至右脚前侧方，再蹬左脚跨第二步随即运球。

（2）练习方法：

①做右晃左过或左晃右过假动作，移动重心及探肩练习；

②在消极防守下结合假动做突破练习；

③两人一组，一攻一守，互相练习徒手突破、持球突破，防守时由消极到积极；

④行进间接球突破练习，队员奔跑中接同伴传球后，摆脱防守，运球过人上篮。

（3）要求：第一步要快，步幅要适中，重心前移，转体探肩护球动作要连贯。

（二）同侧步持球突破

（1）动作要领：以左脚为轴从防守左侧突破为例，左脚前脚掌蹬地，右脚向防守左侧迈出，中枢脚左脚离地前用右手推拍球于迈出脚侧前方，同时左脚蹬离地，加速超越防守者；同时上体右转身，将左肩压到防守者的左肩，利用上体保护球。

（2）练习方法：同交叉步持球突破。

（3）要求：第一步要快而小，重心前移，转体探肩护球。

（三）跳步急停突破

（1）动作要领：在准备接同伴传球时迅速迎接球，在腾空中接球，两脚依次或同时落地，重心落在前脚掌，根据防守者的位置迅速用交叉步或同侧步突破，超越防守者。

（2）练习方法：

①两人一组，防守者将球传给进攻者，进攻者根据防守者位置和动作，判断时机突破。

②一对一从消极防守到积极防守练习。

（3）要求：接球后正确落地（位置）控制身体平衡，接球与突破要紧密衔接、连贯。

第三节　篮球基本战术

篮球的基本战术就是战术基础配合，是两三个人之间组成的简单配合，包括进攻与防守两个部分，也是组成全队战术的基础。比赛中战术变化多端，但不论怎么变化都离不开这些战术基础配合。

一、进攻战术

进攻战术包括传切配合、突分配合、掩护配合和策应配合。

（一）传切配合

半场做 2～3 人利用传球和切入所形成的简单战术，并根据以上的介绍可依照此方法分组进行练习。

1. 一传一切

一传一切是指持球队员传球后向篮下切入，接回传球投篮，如图 6－23 所示。

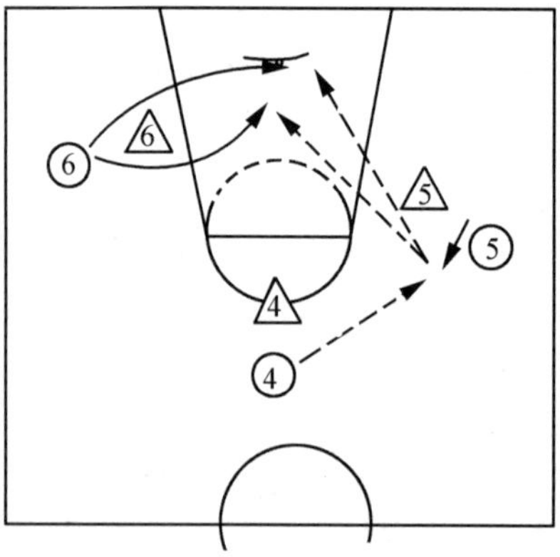

图 6－23　一传一切练习示意图

2. 空　切

空切是指无球队员掌握时机，摆脱对手，切向防守空隙区域接球投篮或做其他进攻动作，如图 6－24 所示。

3. 突破分球

当持球队员运球突破上篮受阻，立即将球传给同伴。

（二）掩护配合

掩护配合是采用合理的行动用自己的身体挡住同伴防守的一种配合方法。掩护配合有前掩护、侧掩护和后掩护三种形式。

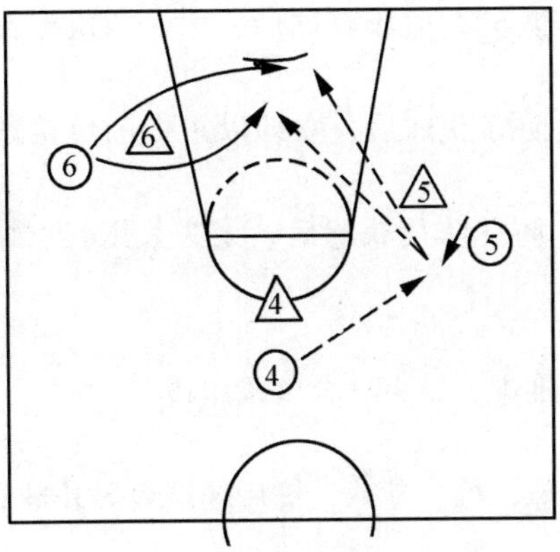

图 6－24　空切练习示意图

以侧掩护为例（如图 6－25 所示）：⑤传球给④后跑到⑥的侧后方做掩护，④利用这一机会，持球突破上篮。

（三）快　攻

快攻是在比赛中转守为攻时，以最快的速度创造人数上、区域上的优势，在对方没有部署好防守前结束进攻。

1. 快攻的组织形式

快攻有长传快攻、短传快攻和结合运球突破快攻三种。

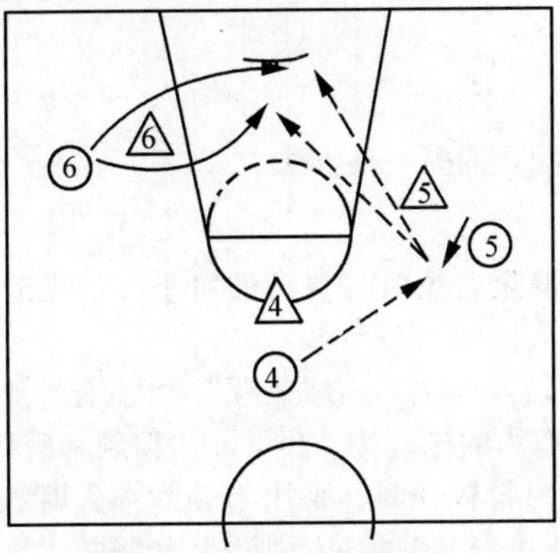

图 6－25　侧掩护练习示意图

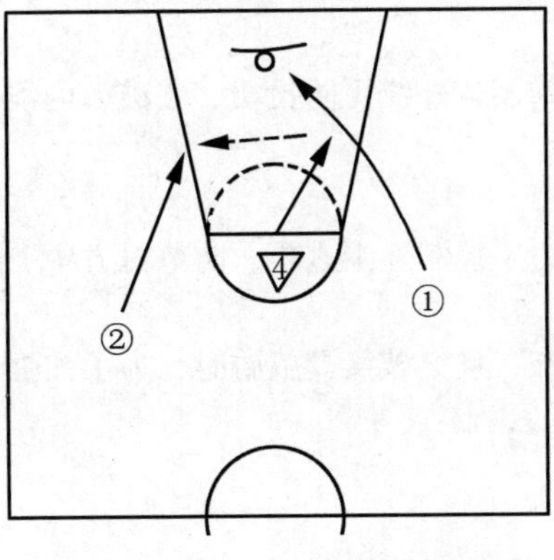

图 6－26　二攻一练习示意图

（1）长传快攻：这是防守队员在后场获球后，用一两次传接球给快下的同伴而迅速摆脱对手而快下的同伴的一种方法。

（2）短传快攻：这是队员防守获球后，立即以短促的传接球和快速的奔跑迫近对方篮下进行攻击的一种进攻配合。

（3）结合运球突破快攻：防守队员获球后，无法采用长、短传球推进时，应立即快速突破，再寻找配合机会。

2. 快攻的组织结构

快攻的组织结构由发动、推进、结束三个阶段组成。

3. 发动快攻的时机

发动快攻的时机有抢篮板球，抢、断球，掷后场端线界外球和跳球等。

4. 二攻一、一防二

（1）二攻一：二攻一多在快攻结束时运用，利用快速传球、运球，形成以多打少的局面，如图 6 – 26 所示；两个队员要保持适当的距离，根据防守情况投篮或分球。

（2）一防二：当对方发动快攻、在后场出现以少防多的局面时，防守者应及时选择有利位置，根据“防强放弱，防有球，放无球”的原则进行防守。

二、防守战术

（一）“关门”配合

“关门”配合是防守战术基础配合方法之一。“关门”是临近的两个防守队员协同防守突破队员的配合方法。

（二）挤过配合

挤过配合是防守战术基础配合的另一种方法。

（三）半场人盯人防守

半场人盯人防守就是全队退至后场盯住自己的对手。常见的有半场缩小（松动）人盯人防守和半场扩大（紧逼）人盯人防守。

半场人盯人防守应遵循“以人为主，人球兼顾”和“有球则紧，无球则松”的原则。合理运用防守基本配合，进行强有力的抢、堵、封、断，控制和破坏对手的进攻配合行动。当对方外围中投不太准而篮下攻击力量较强时，采用半场缩小人盯人防守；当对方外围攻击力强（中、远距离投篮较准）而内线攻击力较弱时，则采用半场扩大人盯人防守。

（四）半场区域联防

1. “二一二”阵形

队员在防区内的分布比较均衡，外线可防投篮、突破，内线可防中锋进攻，有利于队形的及时调整。

2. “三二”阵形

如对方远距离投篮较准，为了控制外围进攻，防范对方中、远距离投篮，可采取此阵式。

3. “二三”阵形

如对方在底线两角投篮较准，且突破又具威胁时，为了加强底线防区，可采取此阵式。

第四节　篮球竞赛规则简介

一、队员人数和号码

每队一般由12名队员组成。上场比赛为5人。每队队员号码应是4～15号，目的主要是避免队员得分（1～3分）、3秒违例与队员犯规后罚球次数等在判罚手势中的混淆不清。

二、比赛时间

每场比赛分为4小节，第1和第2节、第3和第4节分别为上半时、下半时。每节比赛为10分钟。第1和第2节、第3和第4节之间休息时间为2分钟，上、下半时中间正常的休息时间为15分钟。在头3节的每节中，每队可准予1次要登记的暂停；第4节中准予两次要登记的暂停；每一决胜期准予1次要登记的暂停。每次暂停时间为1分钟；决胜期比赛时间为5分钟。

三、跳球（争球）

比赛开始，由双方各1名队员在中圈跳球。比赛中，双方队员抢球相持不下，或球由双方队员同时拍出界外，或球卡在篮腰与篮板之间，则执行交替拥有。

四、违　例

比赛场上队员出现以下情况时判违例，并判由对方在违例地点附近边线外发界外球。

（一）带球走

带球队员移动，必须以一脚为中枢脚方能转身、跨步等。中枢脚不可离地，若要离地，必须在未离地前将球掷出，否则为带球走。

（二）两次运球

下述情况均为两次运球：两手同时运球；运球时手掌向下时有明显的翻腕动作或球在手中有明显的停留现象；运球结束后，球自行离手而又重新将球拿住（视有意无意）；运球后将球接住又继续运球。

（三）球出界

球或持球队员触及界线或界线以外的区域则为出界。在场外发球，触及界线及场内地面亦为违例。

（四）有关时间的违例

（1）3秒违例：控制球队队员在对方限制区内停留超过3秒。

（2）5秒违例：在罚球、掷界外球和持球队员被夹击时5秒内未将球掷出。

（3）8秒违例：进攻队从后场控制球开始，未能在8秒内使球进入前场。

（4）24秒违例：控制球的球队队员在24秒内未能投篮出手。

五、犯　规

（一）侵人犯规

与对方队员发生不合理的身体接触即为侵人犯规。

罚则：对投篮队员犯规判给两次罚球（3 分线外的投篮判罚 3 次）；若投篮命中有效，则追加罚球 1 次；对非投篮队员犯规，则判发界外球。

（二）故意犯规

队员不是为了抢球，而是故意和对方队员发生身体接触，称为故意犯规。

罚则：对不持球或持球没有投篮动作的队员犯规，判罚两次罚球后由罚球一方队员在中场边线外发界外球；对投篮队员故意犯规，则投中有效，判罚球 1 次后；无论投中与否，均由罚球一方在中场发界外球。

（三）双方犯规

双方犯规就是双方队员同时相互犯规。

罚则：应给每一犯规队员登记一次侵人犯规；如犯规时有一方投篮命中，则投中有效，由对方在端线发界外球；如果某队控制了球或拥有球权，应将球判给该队在最靠近犯规的地点掷球入界；如果任一队都没有控制球或拥有球权，则执行交替拥有。

（四）5 次犯规

5 次犯规就是某队员全场各种犯规累计达 5 次。

罚则：自动退出比赛，不得再参加本场比赛，由其他队员替换。

（五）每节全队 4 次犯规

比赛的每节（决胜期作为下半时的继续）中犯规达 4 次以后，每再一次犯规均判罚球。

罚球：对不投篮的队员犯规，判 2 次罚球；对投篮队员犯规，则投中有效，并追加 1 次罚球。

（六）控制球队队员犯规

控制球队队员犯规规则判罚失去球权，由对方在就近的边线外发界外球。

（七）技术犯规

技术犯规即场上队员、场外教练员、替补队员等违反规则，不服从裁判，影响比赛顺利进行的犯规。

罚则：视情节轻重，可判罚为劝告、提醒、警告；判罚球两次后在中场边线外由对方发界外球；直至取消比赛资格。

（八）取消比赛资格的犯规

情节十分恶劣的侵人犯规（含教练员、替补队员严重技术犯规）为取消比赛资格的犯规。

罚则：令其退出比赛，并按故意犯规的罚则进行判罚。

六、得分相等和决胜期

下半时结束如比分相等，应延长 5 分钟作为决胜期继续比赛。必要时可用几个决胜期，直至分出胜负为止。在所有的决胜期中，球队应朝向第 4 节中相同的球篮继续比赛。每次决胜期前，有两分钟休息时间。决胜期允许有 1 次暂停。另外，决胜期应看作是下半时比赛的继续，或者是下半时的延时。所有决胜期间发生的犯规，都应累加在第 4 节全队犯规栏内和个人犯规栏内。

七、3 人篮球赛

3 人篮球赛是近年来新兴起来的一种休闲运动和比赛方式。由于它具有参加人数少、场地小、时间短等特点，易于在基层开展，现在已经成为深受青少年喜爱的形式。

（一）场　地

三人篮球赛场地为标准的半个篮球场地（14 米 ×15 米），或按半场比例适当缩小（长度减 2 米，宽度减 1 米）；地面坚实；场地界线外有 1.5 ~2 米的安全地带。距地面 3.05 米的球篮是供给男女成年及女子高中以上、男子初中（含初中）以上青年组比赛用的；距地面 2.08 米的球篮是供给女子初中及男女小学组比赛用的。

（二）工作人员及职责

（1）设 1 ~2 名裁判员和 1 名记录员。

（2）裁判员与记录员着装一致，但其颜色、款式应区别于运动员。

（3）裁判员是比赛中唯一的宣判和终决的人员，负责在记录表上签字，兼管计 20 秒违例。

（4）记录员兼管计时、记分。记录两队累计的分数（包括投篮和罚球的得分）、全队及个人犯规次数以及比赛时间，并按规则要求宣布比赛进行的时间、比分。

（三）除下列特殊规则外，比赛均按照最新国际篮球规则执行

（1）比赛双方报名为 4 人，上场队员为 3 人。

（2）比赛时间。初赛、复赛不分上、下半时，全场比赛 10 分钟，组织者可根据参赛队多少修订时间为 12 分钟或 15 分钟；比赛进行到 5 分钟和 9 分钟时计时员各宣布一次时间；10 分钟内双方都不得暂停（遇有球员受伤，裁判员有权暂停比赛 1 分钟）；决赛分上、下两个半时，每半时 8 分钟；上半时之后休息 2 分钟再进行下半时。

（3）比赛开始，双方以掷硬币的形式选发球权。

（4）比赛开始和投篮命中后，均在发球区（中圈弧线后）掷球入场算作发球。

（5）每次投篮命中后，由对方发球；所有犯规、违例及界外球均在发球区发球，发球队员必须将球传给队友，不能直接投篮或运球，否则处以违例。

（6）守方队员断球或抢到篮板球后，必须迅速将球运（传）出 3 分线外，方可组织反攻，否则判违例。

（7）24 秒违例的规则改为 20 秒。

（8）双方争球时，争球队员分别站在罚球线上跳球。

（9）比赛中，每个队员允许 3 次犯规，第 4 次犯规罚出场；任何队员被判夺权犯规，则取消该队比赛资格。

（10）每个队累计犯规达 5 次后，该队出现第 6 次以后的侵人犯规由对方执行两次罚球。前 5 次犯规中，凡对正在做投篮动作的队员犯规：如投中，记录得分，记对方个人及全队犯规次数，不追加罚球，由对方发球；如投篮不中，则判给攻方 1 次罚球，罚中得 1 分，并由攻方继续发球，如罚不中，仍由攻方继续发球。

（11）只能在死球的情况下进行替换，被换下场的队员不能重新替接上场（场上队员不足 3 人时除外）。

（12）比赛中，队长是场上唯一发言人。

（13）比赛时间结束，以得分多者为胜方。如出现平局，初赛及复赛阶段执行一对一的依次罚球，只要出现某队领先 1 分时即为胜方，比赛结束；如果在决赛阶段，比赛时间结束，双方打成平局，则加赛 3 分钟，发球权仍以掷硬币的形式决定；如果加时赛仍打成平局，则以一对一依次罚球的形式决胜，某队领先 1 分即为胜方，比赛结束。

（14）在使用小篮架的比赛中，不允许队员出现扣篮动作，绝不允许队员将身体任何部位悬挂于篮圈（或篮架）上，否则可被判罚离场并不能再替换进场。

（15）比赛中应绝对服从裁判，以裁判员的判罚为最终决定。

知识窗

20 世纪 90 年代至今国际重大比赛结果

1990 年，南斯拉夫男队和美国女队分获第 11 届世界男、女篮球锦标赛冠军；1992 年，在第 25 届奥运会上，美国职业篮球运动队男篮夺冠军，中国女篮第一次夺得奥运会银牌；1994 年，在 12 届世界篮球锦标赛上，中国男篮获得第 8 名，中国女篮获得亚军，美国职业男篮获得冠军；1996 年，美国男女队分获第 26 届奥运会男女篮球比赛冠军；1998 年，南斯拉夫男队和美国女队分获第 13 届世界男女篮球锦标赛冠军；2000 年，在第 27 届奥运会上，美国男女篮分别夺得冠军；2002 年，在第 14 届世界杯锦标赛（篮球）上，塞黑男队夺得冠军，美国女队获得冠军；2004 年，在第 28 届奥运会上，阿根廷男篮和美国女篮分别获得冠军；2006 年，在第 15 届世界杯篮球锦标赛上，西班牙男子篮球队和澳大利亚女子篮球队分别获得冠军。

思 考 题

1. 试述篮球运动的特点和价值。
2. 篮球运动的基本技术有哪些？试述跳起投篮的运动技术要领。
3. 试述篮球比赛的基本战术。

第七章　排　球

第一节　排球运动概述

排球运动于1895年起源于美国。最早的比赛场上每队16人，分成4排，随着技术、战术的发展和提高，逐渐演变为“12人制”“9人制”，最后确定为“6人制”。在许多国家共同努力下，1947年在巴黎由14个国家发起成立了国际排球联合会。从此，排球成为世界性竞技体育运动。

排球运动于1905年传入中国。1949年以前，我国的排球采用“9人制”比赛。中华人民共和国成立以后，决定采用“6人制”排球，并继承和发展了“9人制”排球的各项技术，如快球和快攻战术为我国首创，成为我国排球技术、战术打法的主要特点。1953年，我国成立了排球协会。1954年，我国加入国际排球联合会。

目前，世界性最高层次的排球比赛有世界锦标赛、奥运会排球赛、世界杯排球赛等。

现代排球运动由于规则的改变、自由防守人登场、比赛时间缩短、对失误判罚加重，使进攻和防守的两重性更加显现。运动员必须全面掌握各项攻防技术，在技术全面的基础上，才能队有特点、人有特长；技术战术的掌握和运用要准确、熟练、成功率高、失误少；进攻中各种快攻打法的速度和配合节奏更快，变化更多；争取网上优势，不断发展高度，要求运动员身材高、弹跳高，拦网和强攻击球点高。因此，技术全面、特点突出、准确熟练、快速善变、发展高度、不断创新，成为现代排球运动的发展趋势。

排球比赛场地长为18米，宽为9米，以一条中线把球场分为两个半场，在中线上空设长9.50米、宽1米的球网将两个场区分开。正式比赛的男子网高为2.43米、女子为2.24米。比赛前，场上6个队员分别按照场上6个区域站位，由双方队长抽签确定谁先发球。球发出前，双方队员按6个区站好位，不得越位。发球时，由站在1号位的队员发球，如果失误，则对方得分，由对方按顺时针方向轮转一个位置后再进行发球。每一方只允许击球3次（拦网除外）。比赛满25分为一局。如果遇双方比分均为24分时，必须有一方多得2分时才算胜局（决胜局第5局除外）。正式比赛一般采用5局3胜制。如果2比2平，第5局打至15分并领先对方2分获胜。

排球运动可以增强人体的神经、呼吸、血液循环等系统的机能，培养学生机智灵活、勇敢顽强、奋发向上的拼搏精神和组织纪律性，增强团结协作、密切配合的集体主义思想，是青少年所喜爱的体育项目之一。

第二节　排球运动基本技术

排球技术是在规则允许的条件下所采取的各种合理的击球动作。常用的基本技术有准备姿势、移动、发球、垫球、传球、扣球和拦网。

一、准备姿势

根据腿部的弯曲程度和重心高低，准备姿势可以分为稍蹲、半蹲及低蹲三种。其中半蹲姿势是最基本、最常用的一种。

半蹲准备姿势要求两脚开立稍宽于肩，两脚尖适当内收，脚跟稍提起，膝关节保持一定的弯曲程度，上体稍前倾，重心在两脚之间稍偏前；两臂自然弯曲，双手放在腹前，身体成半蹲姿势；全身肌肉适当放松，两眼注视来球，两脚保持微动。

二、移　动

移动是接好来球的重要条件。移动身体与球保持合理位置，是有效地完成垫、传、扣球及拦网等各项技术的关键，常用的移动步法有以下几种：

（一）并步移动

当来球距身体 1 米左右时，可采取并步移动。用并步移动时，移动方向的同侧脚先向移动方向跨出一步，当跨出脚落地时，另一只脚迅速并上成击球前的准备姿势。并步移动可向前、后、左、右各个方向移动，主要用于传球、垫球、拦网等技术。

（二）跨步移动

当来球较低，离身体 1 米左右距离时，可采用跨步移动。跨步移动时，一脚用力蹬地，一脚向来球方向跨出一大步。跨出腿膝部弯曲，上体前倾，臀部下降，身体重心移至跨出腿上，后腿在蹬地后膝部也要微屈。

（三）交叉步移动

当来球在体侧或体前侧距离身体 3 米左右时，可采用交叉步移动去接近球。若向右移动，起动时身体应向右转，同时右脚自然地向右先移动一小步，使脚尖指向右前方；左脚在右脚前面向右交叉迈出一步；然后右脚再向右跨出一步，落在左脚的右侧；同时身体转动对准来球方向，保持击球前的准备姿势。向左移动时，动作方向相反。

（四）跑步移动

当来球距身体较远，不适宜采取其他步法去接近球时可采用跑步移动。跑步时，起动的步子要小，然后再逐渐加大步幅、加快步频，两臂要用力摆动；在准备接近球时再减速制动，逐渐降低重心做好击球前的准备姿势。

（五）准备姿势和移动的练习方法

（1）在慢跑的过程中，听到或看到信号立即做好准备姿势。

（2）做好准备姿势后，看到向前、后、左、右的不同信号做各种步法移动的练习。

（3）看或听不同信号做准备姿势及各种步法移动的练习。

（4）在排球场边线、端线做各种不同步法移动触线练习。

三、发　球

发球是指队员在发球区内将球抛起后，用一只手将球击出，直接从网上两标志杆内进入对方场区内的一种击球方法。发球主要有正面下手发球、侧面下手发球、正面上手发球、勾手发球、正面上手和勾手发飘球等。

（一）正面下手发球

面对球网两脚前后开立，左脚在前（以右手发球为例），两膝微屈，上体稍前倾，左手持球于腹前；左手将球上抛在右肩前约 40 厘米，离左手约 20 厘米的高度；同时右臂伸直后摆，身体重心适当后移；以肩为轴，手臂由后经下方向前摆动；身体重心也随之前移，在右肩的前下方腹前用全掌、掌根或虎口击球的后下部；击球后，随着身体重心前移之势迅速跨步入场，如图 7-1 所示。

图 7－1　正面下手发球动作分解示意图

（二）正面上手发球

面对球网两脚前后开立，左脚在前（以右手发球为例），左手持球于腹前；左手托球上送，将球平稳上抛于右肩前上方约 1.2 米处；同时身体稍右转，右臂抬起，屈肘后引，肘部与肩平齐，手掌自然张开；上体稍向右侧转动，抬头、挺胸、展腹、身体重心移至后脚；击球时，利用蹬地转体和快速收腹的动作，带动手臂迅速而猛烈地向前上方挥动；手臂挥直在右肩前上方最高点，以全手掌击球的后中下部；身体重心随着前移至左脚；手掌触球时，手腕继续有一个向前推压的动作，使球向前旋转飞行；击球后，右脚随着上体前压动作自然前移，并迅速入场，如图 7－2 所示。

图 7－2　正面上手发球动作分解示意图

（三）发球的练习方法

（1）不隔网或对墙发球练习。两人相距 10 米左右，互相发球。

（2）在 3 米线后做发球过网练习。两人一组分别站在 3 米线后互相做对发球练习。

（3）在端线做发球练习。两人一组在各自半场端线后做发球练习，规定区域落点，互相经对方规定的区域中发球。

（4）发球比赛。分组进行发球比赛，看哪一组成功率高，哪一组准确性高。

四、垫　球

垫球是接发球、接扣球和接拦回球的主要方法，有时也可用来组织进攻，因而是排球运动中运用最多的主要技术之一。垫球分为正面双手垫球、体侧双手垫球、单手垫球、鱼跃垫球、滚翻垫球和挡球等。

（一）正面双手垫球

正面双手垫球是各种垫球的基础。它是在准备姿势的基础上，判断来球的路线与落点，迅速移动取位，把来球保持在腹部的正前方，两臂插入球下并对准来球；垫球时，利用蹬腿抬体和提肩抬臂的协调动作，以两前臂所组成的平面击球的后下方，同时身体重心伴随击球动作向前移，将球向前上方垫出，如图 7-3 所示。

图 7－3　正面双手垫球动作分解示意图

1. 垫球手型

（1）叠指法：叠指法是指两手手指上下相叠，两拇指对齐平行相靠压在上面一手的中指

第二指节上，掌根紧靠，两臂伸直相夹，注意手掌部分不能相叠。

（2）抱拳法：抱拳法是指两手抱拳互握，两拇指平行放于上面，两掌根和两小臂外旋紧靠，手腕下压，使前臂形成一个垫击平面。

2. 击球点、击球部位

正面双手垫球的击球点，一般应尽量保持在腹前约一臂距离的位置，用腕上 10 厘米左右的两小臂桡骨内侧构成的平面击球。为了便于体会正确的动作方法，可以把垫球动作按连贯的顺序概括为插、夹、提 3 个动作要领。

（1）插：及时移动取位，降低重心，两臂前伸插至球下，使两前臂的垫击面对准来球，并初步取好手臂的角度。

（2）夹：夹是指两手掌根紧靠，手臂夹紧，手腕下压，用平整而稳定的击球面去迎击球。

（3）提：由下肢蹬地、提肩、顶肘、压腕的动作去迎击来球，身体重心要随球前移，两臂在全身协调动作的配合下送球。

（二）挡　球

当来球速度快且较高，用垫球、传球动作有困难时，可采用挡球。挡球分为双手挡球和单手挡球两种。

（1）双手挡球的手形有并掌法和抱拳法两种。并掌法是由两肘弯曲，两手虎口交叉，用手掌外侧向前组成勺形的击球面击球；抱拳法是指两肘弯曲，一手半握拳，另一手外包，用两手掌外侧所组成的击球面击球。双手挡球的击球点应保持在额前上方或左、右肩的上方。

（2）单手挡球时手半握拳，手腕放松，触球瞬间后仰并保持一定的紧张度，用拳心和掌根部位击球的后下部。

（三）垫球的练习方法

（1）徒手模仿练习。模仿垫球手型及垫球的完整动作。

（2）垫击固定球。两人一组，一人持球在小腹高度，另一人做垫球动作。

（3）垫抛来的球。两人一组，一人抛球一人垫，可以从一个方向开始至不同方向抛球。

（4）对垫。两人一组或多人一组练习垫球。多人一组成纵队练习垫球，每人垫一次后交换。

（5）接发球、接吊球、接扣球组合在一起练习。

五、传　球

传球是排球运动中的一项重要技术，比赛中由防守到进攻，主要靠二传衔接。因此，传球是组织各种进攻战术的基础。传球的方法主要有正面传球、背面传球、侧面传球和跳起传球等。

1. 正面双手传球

传球前及时判断来球方向，迅速移动到球的落点上，对准来球，准备姿势稍蹲。双手自然抬起，放松置于脸前。当来球接近额前时，开始蹬地、伸膝、伸臂，两手微张从脸前向上方迎球；球来到额前上方约一球距离处，利用伸臂和手指手腕的反弹力、配合蹬地的力量将球击出；当手触球时，两手指自然张开成半球形，两拇指相对成“一”字形和两食指成“八”字形；手腕稍后仰，以拇指、食指和中指托住球的后下部，手指手腕保持适当的紧张，以承担球的压力；无名指和小指在球两侧辅助控制传球方向；传球时要根据来球力量的大小和传出的远近而适当地控制伸臂速度和手指手腕的紧张程度，并有意识地运用手指手腕适度的紧张，缓冲来球的压力。通过这个缓冲过程，加强对球的控制，使之柔和而准确地将球传到所需要的位置，如图 7－4 所示。

图 7－4　正面双手传球动作分解示意图

2．背面传球

传球前身体背面要对正传球目标，上体保持正直或稍后仰，击球点比正面传球要稍高。迎球时，微微仰头挺胸，在下肢蹬地的同时上体向后上方伸展；击球时，手腕适当后仰，使掌心向后上方，手指击球的底部，利用抬臂、送肘的动作和手指、手腕主动向后上方用力及两拇指主动上挑的力量将球向后上方传出。

3．传球的练习方法

①模仿动作练习，着重学习传球前的准备姿势、协调的伸展动作、传球前的手形。

②持球模仿练习，着重学习击球时的手形、击球点的位置、身体协调的迎送动作。

③原地传抛来的球，着重练习传球的完整动作和手指、手腕的击球动作。

④两人一组对传练习，做各种移动后的传球练习。

六、扣　球

扣球是最积极有效的一种进攻手段，是完成战术配合的最后一击，是得分和得发球权的主要途径，在比赛中有很重要的地位。扣球分为正面扣球、勾手扣球、快球、调整扣球等。

1．正面扣球

图 7－5　正面扣球动作分解示意图

身体放松略前倾，成稍蹲姿势；左脚先向前迈一步，紧接着跨出右脚（步幅要大些），并以脚跟先着地，左脚迅速并上，落在右脚之前，两脚尖稍向右转；两臂由后下方主动有力地向前上方摆动，抬头挺胸，两臂举起高于肩，上体向击球臂一侧稍转，击球臂屈肘后引，身体成反弓形；击球时，利用迅速转体收腹动作带动肩、肘、腕等各关节成鞭打动作向前上方挥动，用全掌击球的后中上部，腕跟着用力前推下甩；落地时，脚前掌先着地并屈膝，稍收腹，以缓冲下落的力量，如图 7－5 所示。

2. 快　球

快球是我国的传统打法。快球是扣球者在二传队员传球前或传球时同时起跳，并迅速把二传队员传来的球击入对方场区。这种扣球速度快，时间短，突然性强，牵制性大。

3. 扣球的练习方法

①徒手练习挥臂动作，利用吊球做原地手臂挥摆击球的动作。

②利用网前抛球进行助跑起跳接球和扣球的练习。

③结合二传，做扣球的练习；结合比赛，做扣球练习；连续扣球练习；在拦网情况下做扣球练习；扣一定区域球的练习等。

七、拦　网

拦网是排球运动中的基本技术之一，是进攻和防守的重要手段，在比赛中成功的拦网既可拦住对方的扣球、减轻后排防守的压力，又可直接得分，给对方心理造成威胁。拦网水平的高低直接影响到比赛的胜负。拦网技术分为单人拦网和集体（两人或三人）拦网。单人拦网是拦网的基本形式，是集体拦网的基础。

1. 单人拦网

图 7－6　单人拦网动作分解示意图

两脚左右开立与肩同宽，两膝微屈，上体稍前倾，重心落在两脚之间和前脚掌上，两臂自然弯曲放于胸前，眼睛注视球；两脚用力蹬地，两臂经体侧向前上方摆动，借助两臂上摆迅速起跳；身体腾空后，两臂从额前平行球网向上缘的前方伸出，两手自然张开，两手距离以不漏球为宜，在拦击球时向上提肩使两臂尽量上伸；触球时手腕用力下压，盖住球的上方；拦击后要含胸制动，手臂不能放松随意下拖；落地时应以前脚掌先着地，顺势屈膝下蹲，及时做好下一动作的准备姿势，如图 7-6 所示。

2. 集体拦网

集体拦网又分为双人拦网和三人拦网两种。具体应根据对方采用的进攻战术和扣球队员的特点，采取相应的拦网方法。集体拦网时应注重相互配合。

3. 拦网的练习方法

①徒手练习，每人一球做自抛自拦练习；利用低网进行练习。

②二人一组隔网对面站立，抛球人距网 1 米向网口抛球，另一人原地起跳拦网。

③原地起跳拦扣固定球、拦扣抛球、拦扣传球。

第三节　排球运动基本战术

排球战术是队员在比赛中，根据临场竞赛情况的发展变化，以及排球运动规律，采用合理技术，互相之间有意识、有目的、有组织的个人和集体配合行动。

一、个人战术

个人战术是指运动员根据临场情况有目的地应用技术动作，以达到有效地进攻和防守的目标，包括发球、一传、二传、三击、拦网及后排防守的个人战术。

二、集体战术

集体战术是指运动员为了突破对方防守或抑制对方进攻所采用的有意识、有目的、有组织的集体配合行动。

（一）阵容配备

根据队员的特长及本队的战术思想，安排队员在场上的位置，以便最大限度地发挥该队技术和战术水平。

（二）阵容配备的主要形式

①“四二配备”：场上有两个二传手、两个主攻手、两个副攻手。

②“五一配备”：场上有 1 个二传手，其余全是主攻手。

③“三三配备”：场上有 3 个二传手、3 个主攻手。

三、进攻战术

进攻战术由一传、二传和扣球三个环节组成，主要有“中一二”“边一二”“插上”三种形式。

1.“中一二”进攻阵形

由 3 号位队员担任二传，将球传给 2 号、4 号位进攻。这种进攻形式简单、便于组织，但战术变化较少，如图 7 – 7 所示。

2.“边一二”进攻阵形

由 2 号位将球传给 3 号、4 号位进攻，这种阵形战术配合较复杂，除组织 3 号、4 号位定位扣球外，还可组织“快球”“掩护”“拉开”“交叉”等战术变化，如图 7 – 8 所示。

3.“插上”进攻阵形

后排一队员在对方发球后跑到网前作二传，将球传给 2 号、3 号、4 号位进攻，如图 7 – 9 所示。

四、防守战术

防守战术是指接对方扣、传、垫、拦网或处理过来的球所组织的进攻，包括后排防守、拦网、调整二传、反击扣球和保护等环节。

1. 接发球站位阵形

图 7－7　“中一二”进攻阵形示意图

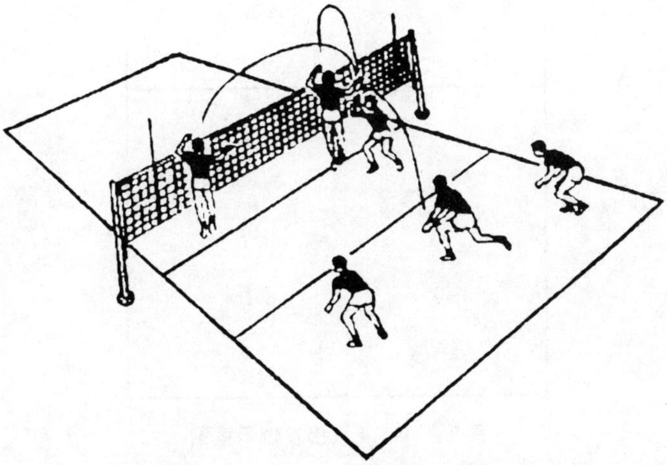

图 7－8　“边一二”进攻阵形示意图

图 7－9　“插上”进攻阵形示意图

通常采用5人接发球（如图7-10所示）和4人接发球（如图7-11所示）站位阵形。

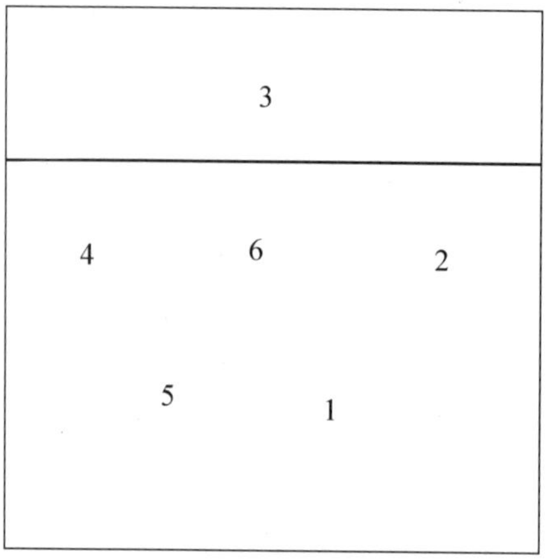

图7-10　5人接发球示意图

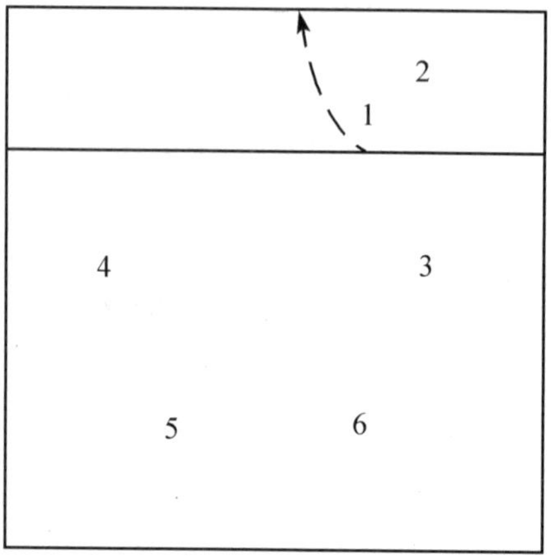

图7-11　4人接发球示意图

2. 接扣球防守阵形

主要有无人拦网的防守阵形（站位方法与5人接发球的站位基本相同）、单人拦的防守阵形（图7-12所示），以及双人拦网的“心跟进”（图7-13所示）、“边跟进”防守阵形（图7-14所示）等。

图7-12　单人拦网防守阵形示意图

图 7－13　“心跟进”防守阵形示意图

图 7－14　“边跟进”防守阵形示意图

第八章 足 球

第一节 足球运动概述

足球运动是一项两队相互对抗、剧烈而又富有“战斗”性的球类运动项目，是用脚踢足球，并做传球、接球、运球、抢截球及头顶球等动作为主的一种竞赛活动。足球运动的特点是场地大，技术复杂，战术丰富，对抗激烈。因此，足球运动有“世界第一运动”的美誉，深受世界各国人民喜爱。

一、足球运动的起源

古代足球运动起源于我国。前国际足联主席阿维兰热先生在 1985 年 7 月来中国时曾表示，经国际足联论证，古代足球起源于中国。早在公元前 3000 年前的新石器时代，即原始公社阶段，我国已有了石球游戏，而后来世界上“足球舞”所用球已是革制或毛制。到公元前 403—前 221 年的战国时代后期，民间盛行“蹴鞠”游戏。“蹴鞠”一词最早记载在《史记·苏秦列传》里，“蹴”是踢的意思，“鞠”就是指球。到了唐代，在场地器材方面又有所发展，发明了“充气的球”，并设立了“球门”。唐代的“蹴鞠”游戏通过国际交往传到了日本，并在远东一带盛行起来。当时这种在远东流行的足球游戏，由古希腊马其顿国王亚力山大发动的战争带入了中东，在罗马发展成“哈马斯托姆”游戏。到 1066 年，征服者威廉发动哈斯汀战争侵入英国，又将足球游戏传入英国，并广泛开展起来。

二、足球运动的发展

现代足球运动的发展随着各国政治、文化的飞速发展而发展。由于国际间足球运动交往的增多和足球运动发展的需要，1904 年 5 月 21 日在法国巴黎，由法国、瑞士、瑞典、比利时、西班牙、荷兰、丹麦等 7 国发起成立了国际足球联合会。1896 年第 1 届奥运会上，足球被列为表演赛。从第 2 届奥运会起，足球成为正式比赛项目。

现代足球运动的诞生起源于英国。1848 年，足球运动第一个文字形式的规则——《剑桥规则》诞生。1857 年，英国成立了世界上第一个足球俱乐部。1863 年 10 月 26 日，在英国伦敦成立了世界上第一个足球协会——英格兰足球协会，并制定了统一的足球规则。英格兰足球协会的成立，标志着世界足球运动进入了一个崭新的历史阶段。1863 年 10 月 26 日是现代足球运动的诞生日。

目前由国际足联举办的比赛有世界杯足球赛、世界青年足球锦标赛、世界少年足球锦标赛、世界女子足球锦标赛和国际足联 5 人制世界足球锦标赛。

三、足球运动发展趋势

从 1930 年第一届世界杯足球赛起，现代足球运动已有近百年历史。在此期间，现代足球经历了3次革命。20世纪50年代，匈牙利人浓缩了现代足球思想创造了“WM”阵式，被称为第一次革命；20世纪60年代初，巴西足球界发明了“四二四”阵式，被称为第二次革命；20世纪70年代，荷兰足球又采用巴西队先进的思想首创“全攻全守”的战术打法，被称为第三次革命。80年代至今“欧洲派”和“南美派”相互交融、取长补短，推动了足球运动不断进步发展。现代足球运动发展与足球的阵形和足球的历史一样，都在不断地向前发展。并且，足球的各种战术思想创造了崭新的打法，塑造了许多个性鲜明的球星。在未来足球运动发展的长河中，足球运动的攻守矛盾与各种流派的交融与互补，将继续推动足球运动的发展。现代足球运动的“对抗”越来越激烈，比赛节奏和速度越来越快，前锋、后卫、前卫在职责上的分工正在逐步消失，全攻全守全面型打法是未来现代足球发展的趋势。

四、足球运动的锻炼价值

1. 提高身体素质，增进身体健康

经常参加足球运动能增强人体的肌肉、骨骼和提高血液循环系统、呼吸系统、内脏器官和神经系统的功能，能发展速度、力量、灵敏、柔韧、耐力等身体素质，尤其能更好地发展速度和耐力素质。

2. 促进精神文明，培养优良品质

开展足球运动能丰富人们的业余文化生活，提高人们工作、学习的积极性和工作效率。长期参加足球运动还有助于培养勇敢顽强、机智果断、坚韧不拔、勇于进取和团结互助、热爱集体、遵守纪律等优良品质。

3. 振奋民族精神，促进国际交流

各国足球队参加国际性重大比赛并取得胜利，都能激励人们的爱国热忱，振奋民族精神，鼓舞人民斗志。国际比赛能增进国家间的了解和友谊，其影响可以渗透到国家的各个领域。因此，足球运动已被广泛地用于国际交往，成为国际交往的一种工具。从一定意义上讲，足球运动所具有的价值已远远超出体育运动的范畴。

4. 活跃市场经济，创造物质财富

在现代市场经济中，足球运动具有很高的商业价值。可以利用足球运动本身的魅力，大力发展足球产业，通过足球彩票、门票，运动员转会费、广告费，电视转播费等获得丰厚利润。同时，足球运动的广泛开展还促进了运动器材、服装、饮食、旅游等行业的发展。

第二节　足球运动基本技术

常用的足球技术包括踢球、接球、顶球、运球、抢截球、假动作、掷界外球和守门八大技术。

一、踢　球

踢球是指运动员有目的地运用脚的不同部位将球击向预定的目标。踢球是足球技术中最基本的技术动作之一，主要运用于传球和射门，如图8－1所示。

（一）脚内侧踢球

脚内侧踢球方法主要运用于短传，其特点是脚与球的接触面积大，出球比较平稳、准确，但出球力量小，因此多用于短距离传球、射门和罚点球等。

（1）动作要领：直线助跑，最后一步稍大，支撑脚踏在球的侧方 15cm 左右处，膝关节微屈，两臂自然张开，踢球腿在前摆过程中，屈膝外展，腿加速前摆，脚的内侧正对出球方向，脚尖稍翘起，脚掌与地面平行，用脚内侧部位击球的后中部；踢球后，腿随球前摆，但不宜过大，如图 8－2 所示。

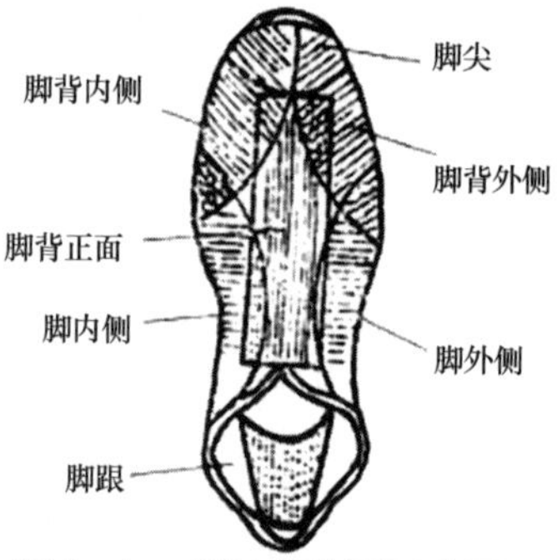

图 8－1　脚法部位图示意图

图 8－2　脚内侧踢球动作分解示意图

（2）技术要点：屈膝外展—小腿前摆—脚尖上翘—内侧击球—随前动作。

（3）技术难点：髋、膝、踝三大关节充分外展。

（4）练习方法：两人一组，相距 10m 进行练习；两人一组，行进间传接球。

（二）脚背内侧踢球

这种踢球方法适用于长传、罚角球、射门、踢任意球和发球门球。

（1）动作要领：踢定位球时，斜线助跑，助跑方向与出球方向约成 45°角；支撑脚踏在球的侧后方 12～15cm 处，支撑脚脚尖指向出球方向；膝弯曲，身体稍向支撑脚一侧倾斜；在支撑脚着地的同时，踢球腿以髋关节为轴，大腿带动小腿迅速前摆；当膝关节摆至接近球的内侧垂直上方时，加速摆小腿；击球刹那脚背绷直，脚趾扣紧，脚尖指向斜下方，以脚背内侧击球的后中部（踢过顶球时，击球的后中下部）；踢球后，踢球腿随球摆出，如图 8－3 所示。

图 8－3　脚背内侧踢球动作分解示意图

（2）技术要点：大腿后摆—小腿前摆—脚趾扣紧—脚背绷直。

（3）技术难点：加速小腿前摆的时机与脚背内侧击球的配合。

（4）练习方法：两人相距 10m 进行练习，一人踩球，另一人击球。

（三）脚背正面踢球

（1）动作要领：这种踢球方法适用于长传和射门。踢定位球时，直线助跑，最后一步稍大并要积极着地，支撑脚踏在球的侧方约 10～12cm 处，脚尖对正出球方向，膝关节微屈，维持身体平衡；同时踢球腿后摆，小腿尽力后屈；在支撑脚着地的同时，以髋关节为轴，大腿带动小腿前摆；当膝盖摆至接近球的垂直上方的刹那，小腿做爆发式前摆，脚背绷直，脚趾扣紧，以脚背正面击球的后中部；踢球后，踢球腿随球继续前摆，如图 8－4 所示。

图 8－4　脚背正面踢球动作分解示意图

（2）技术要点：小腿爆发用力—脚背绷直脚趾紧扣—脚背正面击球。

（3）技术难点：小腿爆发式前摆与脚背正面踢球的配合。

（4）练习方法：一人踩球，另一人击球，体会部位；两人相距 15m 进行练习。

二、接　球

接球是控制来球的一类技术。比赛中，可用除手和手臂以外的任何部位接球，通常以脚为主，尤以脚弓和脚外侧使用最多。接球时，运用推压、撤引等动作方法，将来球调整到有利于进行下一步动作如传球、射门或运球等的位置上。

接球技术动作方法很多，但每一种动作过程都由移动、支撑脚站位、接球动作和随移动作四个环节组成。接球的主要方法有脚底接球、脚内侧接球、脚背正面接球、脚背外侧接球、腹部接球和大腿接球及胸部停球等。

（一）脚内侧接地滚球

（1）动作要领：支撑脚正对来球，膝关节微屈，停球腿屈膝外转并前迎，脚尖翘起；当脚与球接触前的刹那开始后撤，在后撤过程中用脚内侧接触球，把球控制在所需要的位置上。

（2）技术要点：屈膝外转前迎—脚尖上翘后撤—脚内侧接触球。

（3）技术难点：后撤时机及触球部位。

（4）练习方法：两人一组相距 5m 进行踢、接练习。

（二）脚内侧接反弹球。

（1）动作要领：支撑脚踏在球的落点的侧方，膝关节弯曲、上体稍前倾并向接球方向微转；同时接球脚提起，踝关节放松，用脚内侧对准球的反弹方向；当球落地反弹刚离地面时，用脚内侧压球的后中上部，如图 8－5 所示。

图 8－5　脚内侧接反弹球动作分解示意图

（2）技术要点：上体前倾并微转—膝盖弯曲脚提起—脚内侧接反弹球。

（3）技术难点：接球的时机。

（4）练习方法：一人抛球，另一人接球，反复练习。

（三）脚底接地滚球。

（1）动作要领：支撑脚站在球的侧后方，膝关节微屈，脚尖正对来球；同时接球脚提起，膝关节自然弯曲，脚尖翘起高于脚跟，脚跟离地面稍低于球，踝关节放松，用脚前掌触球的前上部，触球刹那脚腕轻轻下压。

（2）技术要点：脚尖上翘高于脚跟—脚跟离地低于球—脚掌触球脚腕下压。

（3）技术难点：脚掌触球时机。

（四）脚底接反弹球

（1）动作要领：身体对正来球，支撑脚踏在球的落点的侧后方，接球脚的前掌对准球的反弹方向，触球的后中上部，当球刚刚反弹的一刹那，脚腕轻轻下压。

（2）技术要点：对准反弹球—轻压反弹球。

（3）技术难点：接球时机。

（五）收胸接球

（1）动作要领：准备接球时，面对来球，两脚前后开立，两臂自然张开，重心前移，挺胸迎球；当球来到与胸部接触前的一刹那，重心迅速后移，收胸、收腹挡压球，以缓冲来球的力量，把球接在身前。

（2）技术要点：挺胸近球—重心后移。

（3）技术难点：收胸压球时机。

（六）挺胸接球收胸压球

（1）动作要领：一般高于胸部的下落球，可采用挺胸接球方法。准备接球时，面对来球，收下颚，两臂自然张开，两脚前后开立，重心落在两脚之间，两膝微屈；当球来到与胸部接触前的一刹那，两脚稍蹬地，同时展腹，上体稍后仰和挺胸动作把球接在自己控制范围之内，如图 8－6 所示。

（2）技术要点：上体后仰—蹬地挺胸—胸部接球。

（3）技术难点：判断来球的方向和力量，以及接球的时机。

（4）练习方法：一人抛球，另一人胸部接球，反复练习。

图 8－6　挺胸接球收胸压球动作分解示意图

三、头顶球

头顶球是争取时间和空间的优势和主动，须不待球落地即将球传出，常用于抢截、传球或射门。头顶球分为前额正面顶球和前额侧面顶球。这两个部位都可以做原地顶球、跑动中顶球、跳起顶球。

（一）前额正面顶球

（1）动作要领：身体正对来球，两膝前后开立，膝关节微屈，上体稍后倾，重心放在后脚，两臂自然张开，眼睛注视来球；当球运行到身体垂直部位前的刹那，后脚用力蹬地，身体重心由后脚移向前脚的同时，迅速向前摆体，颈部紧张，快速甩头，用前额正面顶球的后中部，触球后上体随球继续前摆。

（2）技术要点：后脚蹬地—重心前移—快速甩头—前额触球。

（3）技术难点：顶球时机及部位。

（4）练习方法：一人抛球，另一人顶球，相互头顶球练习。

（二）跳起顶球。

（1）动作要领：原地双脚起跳时，两腿先屈膝，重心下降，然后两脚用力蹬地跳起，同时两臂屈肘上摆，向上跳起，在跳起上升过程中，挺胸展腹，两臂自然张开，眼睛注视来球。在跳到接近最高点准备顶球时，身体成背弓。当球来到身体的垂直部位前的刹那，快速收腹，折体前屈并甩头，用前额正面将球顶出。顶球后，两腿同时自然屈膝、屈踝落地，如图 8－7 所示：

图 8－7　跳起顶球动作分解示意图

（2）技术要点：蹬地跳起—挺胸展腹—收腹折体—甩头触球。

（3）技术难点：收腹折体与甩头的连贯性和顶球时机。

（4）练习方法：用一网袋装球，高度适宜，学生依次跳起顶球；一人抛球，反复练习。

四、运球及运球过人

（一）运　球

运球是运动员在跑动中用脚向跑动前方推击球，使球始终处在身体周围的控制范围之内，是完成个人突破与战术配合必不可少的技术。运球方法有脚背正面运球、脚背外侧运球、脚背内侧运球、脚内侧运球等。

（1）脚背正面运球多在越过对手之后、前方纵深距离较长、仍须快速前进的情况下使用。运球时，身体自然放松，上体稍前倾，两臂自然摆动，步幅不要过大；运球脚提起时，膝关节弯曲，脚跟提起，脚尖下指，在迈步前伸着地前，用脚背正面推拨球前进。

（2）脚背外侧运球多在快速奔跑和向外改变方向时使用。运球时，身体自然放松，上体稍前倾，两臂自然摆动，步幅要小些；运球脚提起时，膝关节弯曲，脚跟提起，脚尖内转。在迈步前伸着地前，用脚背外侧推拨球，如图 8－8 所示：

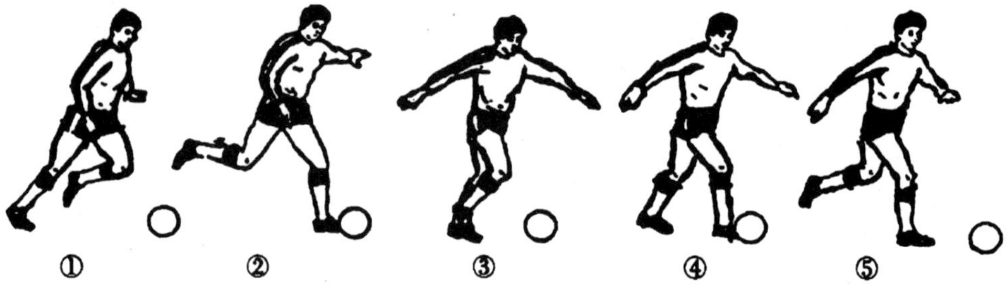

图 8－8　脚背外侧运球动作分解示意图

（3）脚背内侧运球多在改变方向并需要用身体掩护球的情况下运用。运球时，身体自然放松，步幅要小些，上体前倾并稍向运球方向转动；运球脚提起时，膝关节稍弯曲，脚跟提起，脚尖稍外转动，在迈步前伸着地前，用脚背内侧推拨球。

（4）脚内侧运球是运球技术中速度最慢的一种运球方法。但是，当运球接近对方需要用身体掩护球时，多采用脚内侧运球。运球时，支撑脚稍向前跨，踏在球的前侧方，膝关节稍弯曲，上体前倾向里转；随着身体向前移动，运球脚提起，用脚内侧推球的后中部，如图 8－9 所示：

图 8－9　脚内侧运球动作分解示意图

（二）运球过人

运球过人的常用方法有拨球过人、拉球过人、扣球过人和挑球过人等。

（1）拨球过人，是指当对手从正面来抢球时，先运球逼近对手，诱使对手伸脚抢球，然后运用脚和踝关节抖拨的动作，用脚背外侧或内侧触球，将球向侧方或前方突然拨动，以此摆脱对手。

（2）拉球过人，是指当对手正面或侧面来抢球时，先将球停住或减速运球，诱使对手伸脚抢球，然后运用脚掌将球由前向后，或由一侧向另一侧做拖拉动作，紧接着用脚内侧或其他部位向侧前方推球摆脱对手。

（3）扣球过人，是指当对手正面或侧面来抢球时，突然转身，用脚背内侧或外侧扣球，将球向对手抢断球的另一侧急停或改变方向摆脱对手。

（4）挑球过人，是指当接近对手或对手上来抢截时，用脚尖上翘或脚背上撩动作，使球向上改变方向，从对手的身侧或头上越过。

五、抢截球

抢截球是将对方控制或传出的球占为己有，或破坏对方对球的控制的一类技术，也是比赛中由守转攻的主要手段。抢截球包括抢球和截球两个内容。抢截球技术一般由判断、选位、抢截、合理冲撞、衔接动作等环节组成。抢球的主要方法有正面跨步抢球、侧面合理冲撞抢球和其他抢球方法。抢球时应不怕冲撞，要求动作凶猛果断。正确地判断和时机选择是抢截球成功与否的关键。

（一）正面跨步抢球

两脚前后开立，两膝微屈，身体重心下降并放在两脚间，面向对手；在对手运球脚触球后即将着地或刚着地时，支撑脚立即用力后蹬，抢球脚以脚内侧对着球跨出，膝关节弯曲，上体前倾，身体重心移至抢球脚上，另一脚立即前跨。如果双方的脚同时触球，则要顺势向上提拉，使球从对方脚背滚过；同时身体重心要迅速跟上，把球控制好。如果离球稍远抢不到球，则可用脚尖捅抢，如图 8－10 所示：

① ② ③ ④

图 8－10　正面跨步抢球动作分解示意图

（二）侧面合理冲撞抢球

当与对手并肩跑动时，身体重心稍下降，与对手接触一侧的手臂要紧贴身体。当对手靠近自己一侧的脚离地时，用肘关节以上部位，撞其相同部位，使其失去平衡而离开球，乘机将球抢过来，如图 8－11 所示。

① ②

图 8－11　侧面合理冲撞抢球动作分解示意图

六、假动作

假动作是为了诱使对方做出错误判断，达到取胜目的。

（一）传球前的踢球假动作

准备传球时，如果对手迎面跑来抢球，可先做假动作，诱使对手堵截传球路线，然后改变方向传球。例如，先摆动右腿向右假踢，诱使对手向右前方堵截，然后再突然变换脚法将球向左前传出或运球。

（二）过人时的虚晃假动作

运球时，若对手在背后紧逼，可先向左（右）侧做虚晃动作，诱使对手也向左（右）移动；接着用右脚脚背外侧把球向右（左）轻拨并转身越过，如图 8－12 所示：

①　　②

图 8－12　过人时的虚晃假动作分解示意图

（三）运球过人假动作

用右（左）脚脚背外侧假做向右（左）踢球，趁对方伸腿堵截时，改用左（右）脚脚内侧推球，使球从对手胯下穿过；接着快速绕过对手，运球继续前进，如图 8－13 所示：

①　　②　　③

图 8－13　运球过人假动作分解示意图

七、掷界外球

掷界外球是在场外把球远、准、快地掷向同伴，给本队创造良好的进攻机会。投界外球时要充分发挥蹬地、腰腹和手腕的力量，整个动作过程要连贯。原地掷界外球时，面对出球方向，两脚前后或左右开立，膝关节弯曲，上体后仰成背弓，重心移到后脚上（左右开立时，重心放在两脚间），两手自然张开，拇指相对，持球的侧后部，屈肘将球置于头后；掷球时，后脚用力蹬地，两腿迅速伸直，快速摆体，身体重心由后脚移到前脚，同时两臂急速前摆；当球摆到头上时，用力甩腕将球掷入场内。掷球时，后脚可沿地面向前滑动，两脚均不得离地或踏入场内；但允许踏在线上，如图 8－14 所示：

图 8－14　掷界外球动作分解示意图

八、守门员技术

守门员技术的好坏，对比赛效果有着直接的影响。守门员是足球队的最后一道防线，主要任务是守卫球门不让球进入；同时，起到指挥全队进行有序攻防的作用。守门员技术包括位置选择、准备姿势、移动接球扑球、拳击球、托球、掷球和踢球等。其中最主要的是接球技术。接球包括接地滚球、接平直球、接高球等。

（一）直腿式接地滚球

两腿自然并立，脚尖正对来球，上体前屈，两臂并肘前迎，两手小指靠近，手掌对球；在手触球的刹那，随球后引，并屈肘、屈腕，两臂靠近将球抱于胸前，如图 8－15 所示：

图 8－15　直腿式接地滚球动作分解示意图

（二）单腿跪式接地滚球

身体对正来球，两腿左右开立，一腿弯曲支撑身体重心，另一腿内转跪撑，膝盖接近地面并靠近前脚脚踵；上体前屈，手臂下垂，两手小指靠近，手掌对准来球，稍向前迎；在手触球的刹那，两手随球后引并屈肘、屈腕、两臂靠近，将球抱于胸前，然后起立。

（三）接低于胸部的平直球

身体对正来球，两脚左右开立，上体稍前倾，两臂下垂并屈肘前迎，两手小指相靠，手掌对球：当手触球的刹那，两臂后引并屈肘，顺势将球抱于胸前，如图 8－16 所示：

图 8－16　接低于胸部的平直球动作分解示意图

（四）接齐胸高的平直球

身体对正来球，两臂屈肘并稍上举，两拇指靠近，五指微屈，手掌对球；当手触球时，手指和手腕适当用力，顺势屈臂后引，转腕将球抱于胸前。

（五）接高球

当确定接球点后，迅速移动起跳，两臂上伸迎球，两手拇指成八字，手指微屈，手掌对球；当手触球时，手腕和手指适当用力将球接住，倾势屈肘，回缩下引，并转腕将球抱于胸前。

第三节　足球运动基本战术

足球战术分为进攻战术和防守战术。进攻和防守战术都包含着个人和集体战术。个人战术和2～3人的协同配合是集体战术的基础战术。

一、比赛阵形

比赛阵形是指在比赛中对人员的布局和位置排列。比赛阵形的确定不是凭空想象而来，更不要随意模仿，必须根据本队打法特点、队员的能力和比赛对方的相应情况等，有选择地采用。

目前，世界上普遍采用的“4—3—3”“4—4—2”“4—1—2—3”“3—5—2”等阵形。在以上阵形中，除“4—4—2”阵形是以防守为主、反击为辅外，其他阵形均以进攻为主，尤以“3—5—2”阵形更为突出。

比赛阵形在比赛中也不是一成不变的，针对具体情况或需要，比赛阵形也可以灵活机动地进行变换。例如，防守时采用“5—3—2”阵形，由守转攻又可以变成“3—5—2”阵形。

当今，在整体、快速的全攻全守战术思想指导下，世界各国采用较多的大体有4种阵形，即目前的“4—4—2”“5—3—2”“3—5—2”阵形和欧洲较为流行的“1—3—3—3”阵形。

二、进攻战术

（一）个人战术

个人战术包括运动员控制时有目的、合理地运用各种技术，以及无球时具有战略意义的行动。个人战术的集合必将体现整体战术水平的高低。因此，提高个人战术水平对比赛的成效有着重要意义。个人战术有队员无球时的摆脱、跑位和有球时的传球、射门、运球过人等内容。

（1）摆脱与跑位是指每当队员得球、就要发动进攻时，同队队员要迅速摆脱对手，或制造宽度，造成空当，给有球同伴创造多条传球路线，以便更好地进攻。在对手紧逼的情况下，多数队员的跑位都要采取摆脱的动作。摆脱对手紧逼的方法有多种，可采用突然起动、冲刺跑、急停、突然变向、变速和假动作等。摆脱的方向可以向左、右侧或向前、向后。摆脱的目的是拉出空当，制造有利的传球位置。

（2）跑位就是有目的地跑向有利位置或空当，能使自己在短时间内摆脱对手接球，推进进攻。

（3）传球是配合的基础，是完成战术配合、创造射门机会的主要手段。选择目标、把握时机、控制力量与方向是传好球的重要环节。传球有短传（15m以内）、中传（15～25m）、长传（25m以上）。高传一般是指高过人体；低传一般是指抵于膝盖的空中球和地滚球。长传的推进速度快，短传准确性高；长传一般用高球，短传一般用低球。

（4）射门是战术配合的最终目的。射门要准确、突然、有力，其中准确是关键。突然有力的射门，往往使守门员猝不及防而失球。在运球中快速起脚射门，有时虽然球速不快，也有效果。当守门员向前冲出或后退还未站稳时，也可利用这一有利时机射门。

（5）运球过人是进攻战术中一种重要的个人战术。运球过人是调动、扰乱对方防线造成以多打少、寻求传球空当、突破密集防守、获得射门机会的有效手段。在没有传球配合的可能或运球过人后能有更好的传球、射门机会时，则应大胆运球过人突破。运球者不断改变方向、变化速度和身体动作，使对手判断错误，从而失去平衡或向相反方向移动，以达到过人的目的。这就要求不断提高控制球的能力和应变能力。

（二）两人配合的进攻战术

两人的传球配合是集体配合的基础。比赛中，一般情况下防守队都是1个防守1个，而进攻队员要利用摆脱或运球过人等动作，常出现2对2或2对1的局面。因此，两人配合进攻成为组织进攻战术的重要部分。

三、防守战术

（一）选位与盯人

选位与盯人是防守战术中重要的个人战术。防守队员位置一般应处于对手与本方球门中心所构成的一条直线上。盯人的目的在于阻止对手接球，并且在对手接球前或接球的刹那紧逼。一般情况下，对有球的队员及其附近的队员（有可能是接球的队员），采取紧逼的战术。但对离球远的对手可采用松动盯人的战术，但对方队员接近球门时一般要紧盯。盯人防守中，首先力争断球，因为这是最积极的防守，但不能盲目出击；在不能断球时，则要靠近对手，不让其转身，因为这样对手看不到防守者的动作，易于抢堵；若对手已转过身来面对防守者时，则要防直线空当球。防守企图运球过人的对手，关键在于防守队员要不受运球队员假动作的诱骗而失去身体平衡，因此防守队员采用正确的步法是很重要的。

（二）保护与补位

保护与补位是局部地区集体防守的基础，保护是补位的前提，没有保护也不可能有效地补位。队员间距离适当的斜线站位是保护时选位的基本要求，也是后卫线防守站位的基本原则。斜线站位可避免对方突破一点全线崩溃的局面。后卫斜线站位时互相间的纵深距离不能太大，大了就为对方在纵深范围内穿插跑位时提供方便条件，不会受到越位的限制。补位是防守队员之间协同配合、相互帮助的一种方法。补位的队员一般都是比被补位的队员更接近本方的球门，这样当同伴被对手突破时就能及时补位。

补位有两种：一种是队员去补空当，如边后卫插上进攻时，由其他一个同伴暂时补他的位置，以防插上进攻失误时对方利用这一空当进行反击；另一种是防守队员的相互补位，即交换防守。相互补位一般都是临近的两个同伴之间互相交换防守，因为这样出现漏洞的可能性小。

第九章　体育舞蹈

第一节　体育舞蹈概述

体育舞蹈也称竞技体育舞蹈、国际标准舞等，起源于欧洲、非洲、美洲，具有悠久的历史。由于体育舞蹈融音乐、舞蹈、运动、审美为一体，既有丰富的艺术内涵，又具有较高的竞技价值，所以在西方国家被看作是一种陶冶情操和锻炼体魄的极好形式，被认为是真正的艺术。19 世纪 20 年代后，英国皇家舞蹈教师协会对原舞种、舞步、舞姿等进行规范整理，制定相应的比赛方法，形成国际标准交谊舞，并于 1947 年在德国柏林举行了第 1 届世界标准交谊舞锦标赛。在第 27 届奥运会上已将体育舞蹈列为表演项目。

我国自 1986 年正式引进体育舞蹈后，至今只有 20 年的历史，但发展很快，已为国际所关注。目前，国内正规的体育舞蹈协会有中国体育舞蹈运动协会、中国国际标准舞学会和中国国际标准舞协会。中国体育舞蹈运动协会于 1991 年成立；中国国际标准舞学会于 1993 年成立，成立的同时文化部举办了第一届全国国际标准舞汇演，从此每年举办一届。从 1998 年开始，国标舞被列入中国文化部“荷花奖”的评奖单项。1999 年 10 月，世界舞蹈与舞蹈运动总会 WD&DSC 分别接纳了中国体育舞蹈运动协会、中国国际标准舞学会、中国国际标准舞协会为世界舞蹈总会的“提名会员”。

体育舞蹈作为一项高贵优雅的运动，不但可以调节现代人的生活节奏、愉悦身心和良好的社交功能外，还代表着一个国家和地区的文化和经济发展水平，为世界各国竞相提倡，风靡全球。在我国，一些大中城市的体育舞蹈事业发展迅猛，而且参加的人群也日趋年轻化。

第二节　体育舞蹈的基本知识

（一）体育舞蹈的分类

体育舞蹈按舞蹈风格和技术结构，分为现代舞（摩登舞）和拉丁舞两大类。现代舞起源于欧洲，包括华尔兹、探戈、狐步舞、快步舞、维也纳华尔兹五种；拉丁舞起源于非洲和拉丁美洲，包括桑巴、恰恰恰、伦巴、斗牛舞、牛仔舞五种。体育舞蹈按竞赛项目可分成三类，即现代舞、拉丁舞和团体舞。团体舞是现代舞和拉丁舞的混合舞，由八对选手组成，借助音乐引导，将五种舞蹈在变幻的队形中编织出丰富多彩的图案，使音乐、舞姿、队形、图案和选手们的和谐配合融为一体，使体育舞蹈风格得到更为鲜明的表现。

（二）体育舞蹈的基本术语

1. 舞程线

舞程线简称 L. O. D.，指在同一舞池中，为了避免舞者相互碰撞而规定必须按顺时针方向行进的路线。在舞程线中，长的两条称为 A 线，短的两条称为 B 线。

2. 舞　姿

舞姿泛指舞者跳舞的姿势，主要有以下六种：

①闭握式舞姿，泛指男女舞伴面对双手扶握的身体位置。

②侧行位舞姿，简称 P. P，是指男伴的右侧与女伴左侧身体紧密贴靠，身体的另一侧略向外展开成“V”形站立或行进的身体位置。

③外侧位舞姿，简称 O. P，是指在摩登舞中，男女舞伴的一方向另一方的右外侧（常见）或左外侧（较少见）前进所形成的身体位置。

④并肩位舞姿，是指在拉丁舞中，男女舞伴面对同一方向肩臂相并的身体位置。以男伴为基准，男伴左肩与女伴右肩相并叫“左并肩位”；男伴右肩与女伴左肩相并叫“右并肩位”。

⑤影子位舞姿，是指男女舞伴面向同一方向重叠面立、形影相随的身体位置。女伴居前偏右的是右影位；居前偏左的是左影位。可以成单手握持的舞姿，也可以成双手环绕相拉的舞姿，如图 9 – 1 所示。

⑥扇形位舞姿，是指在伦巴和恰恰舞中，女伴在男伴的左侧与男伴成直角、女伴的右手在男伴的左手中的身体位置，如图 9 – 2 所示：

图 9 – 1　右影子位舞姿

图 9 – 2　扇形位舞姿

（三）角度与方位

1. 旋转的角度

旋转角度在方向上分为左转和右转，在角度上由小到大分为 45°（1/8 周）、90°（1/4 周）、135°（3/8 周）、180°（1/2 周）、225°（5/8 周）、270°（3/4 周）、315°（7/8 周）、360°（1 周），如图 9 – 3 所示：

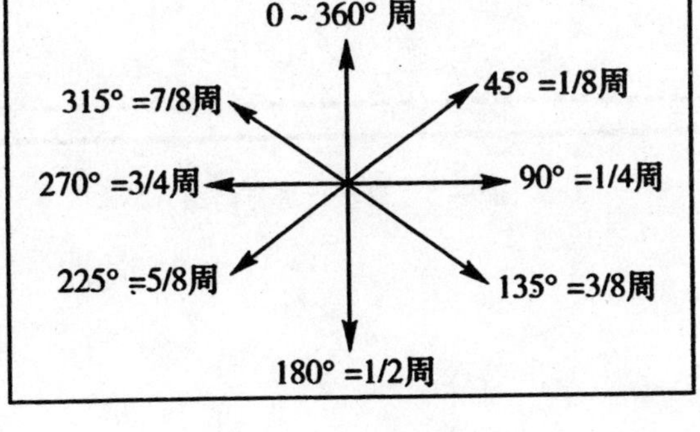

图 9 – 3　旋转角度图

2. 方 位

方位的规定，大多假定男伴站立舞池中央，面向乐队，而以乐队演奏台中心为基准，定为“1点”，然后将男伴每右转45°所向的一点，依次定为“2点”“3点”“4点”“5点”“6点”“7点”“8点”，如图9－4所示：

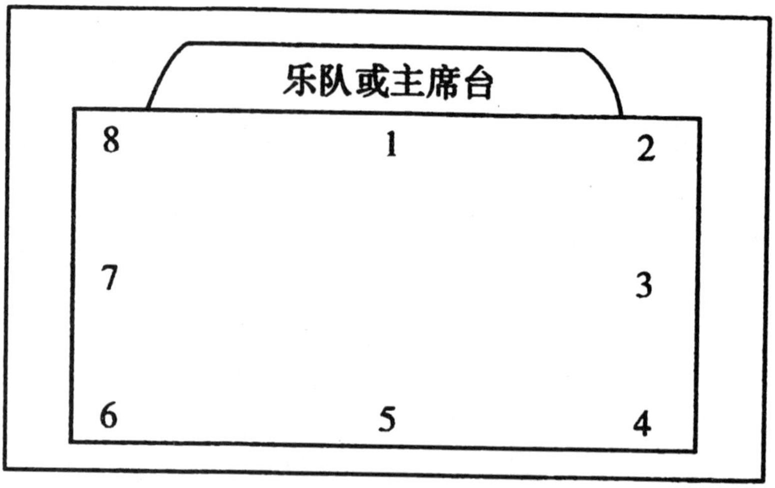

图9－4 方位图

跳国标舞时，舞者按舞程线行进或旋转，其角度和方位的变化与舞程线发生联系。因此，国标舞男伴面对舞程线方向为基准，对舞步的行进方向规定了八条线（见图9－5）：

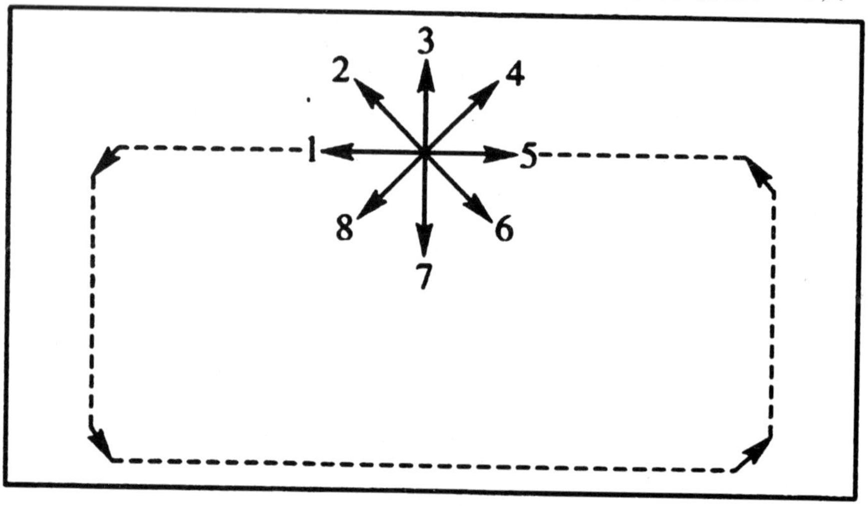

图9－5 舞步行进方向图

①面对舞程线；

②面斜壁线；

③面对壁线；

④背斜中央线；

⑤背对舞程线；

⑥背斜壁线；

⑦面对中央线；
⑧面斜中央线。

3. 舞步的方位

如图9－6所示，舞步的方位分为以下八种：

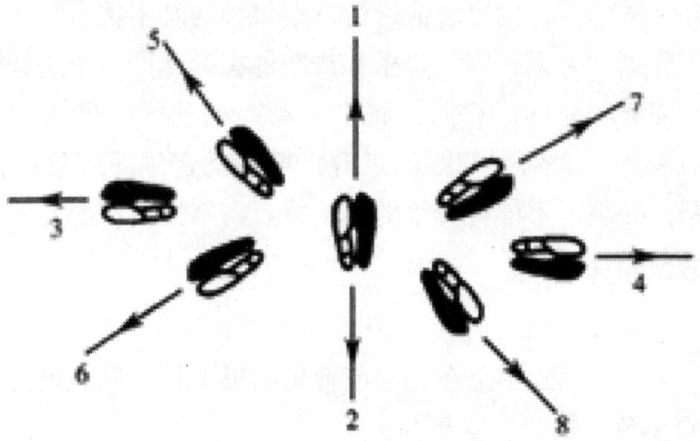

图9－6　舞步方位图

①面向舞程线；
②背向舞程线；
③面向中央；
④面向墙壁；
⑤面向斜中央；
⑥背向斜墙壁；
⑦面向斜墙壁；
⑧背向斜中央。

（四）比赛场地

国际标准舞比赛是在室内进行的。比赛场地是有一定规格的，一般赛场地面应平整光滑，场地的面积为15m×23m。A线长为23m，B线长为15m，如图9－7所示。跳完A线再跳B线，再依次转入A线和B线一周，在比赛规定的乐曲中跳完比赛舞蹈。拉丁舞没有A、B线的规定。

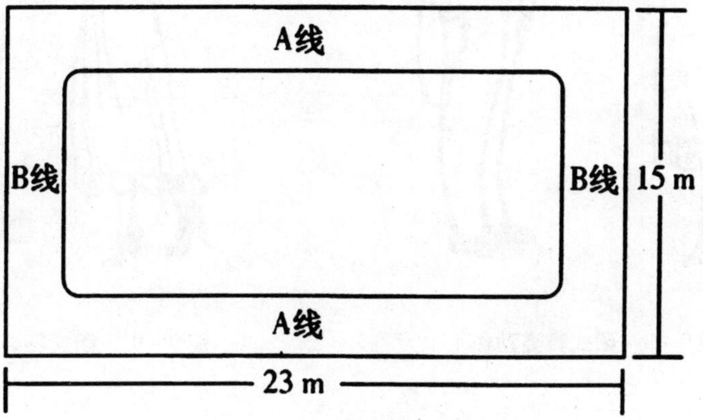

图9－7　比赛场地图

第三节　体育舞蹈的基本技术

在本节中，将要介绍华尔兹、伦巴、恰恰恰三个舞种的基本技术。

舞蹈和音乐是不可分割的关系，因为音乐和舞蹈都在表达同一个进程。音乐的时间单位是音调和节奏，舞蹈则是姿势和动作，它们都属于“动”的艺术，都靠节奏和节拍来组织，又都受不可停止的进程所制约。音乐是舞蹈的声音，舞蹈是音乐的形象，它们是一对互补的艺术，因此学习体育舞蹈，必须了解体育舞蹈的音乐特点，掌握其持握姿势及基本舞步。

（一）华尔兹的基本技术

1．华尔兹的音乐特点

华尔兹的音节是3/4拍，其强拍落在每小节音乐的第1拍；其速度为30小节/分；其基本节奏为123，223……每小节3拍，长度相等。

2．华尔兹的握抱舞姿

以闭式舞姿为例，男、女舞伴面向直立，两脚平行并拢；男女右脚在舞伴的两脚之间，挺胸立腰，收腹提臀，两膝自然放松，如图9－8所示；女伴右手轻挂在虎口向上的男伴左手虎口上，掌心相对而握，前臂与大臂夹角为135°左右，高与女伴右耳峰水平相平，如图9－9所示；男伴右手五指并拢，轻置女伴左肩胛骨下端；女伴左手轻置男伴右肩袖处，前臂附于男伴大臂；男女舞伴右腹部1/2微贴；男伴头部自然挺直，女伴头部略向左倾，都从对方右肩方向看出，如图9－10所示：

图9－8　闭式舞姿动作1

图9－9　闭式舞姿动作2

图 9－10　闭式舞姿动作 3

3. 华尔兹的基本舞步

（1）前进并换步（如图 9－11 至图 9－16 所示）：

图 9－11　前进并换步第 1 步

图 9－12　前进并换步第 2 步

图 9－13　前进并换步第 3 步

图 9－14　前进并换步第 4 步

图 9－15　前进并换步第 5 步

图 9－16　前进并换步第 6 步

①男左脚前进，女右脚后退；

②男右脚经左脚横步，女左脚经右脚横步；

③男左脚并于右脚，女右脚并于左脚；

④男右脚前进，女左脚后退；

⑤男左脚经右脚横步，女右脚经左脚横步；

⑥男右脚并于左脚，女左脚并于右脚。

男女足迹如图 9－17 和图 9－18 所示。

（2）后退并换步（如图 9－19 至图 9－24 所示）：

①男右脚后退，女左脚前进；

②男左脚经右脚横步，女右脚经左脚横步；

③男右脚并于左脚，女左脚并于右脚；

④男左脚后退，女右脚前进；

⑤男右脚经左脚横步，女左脚经右脚横步；

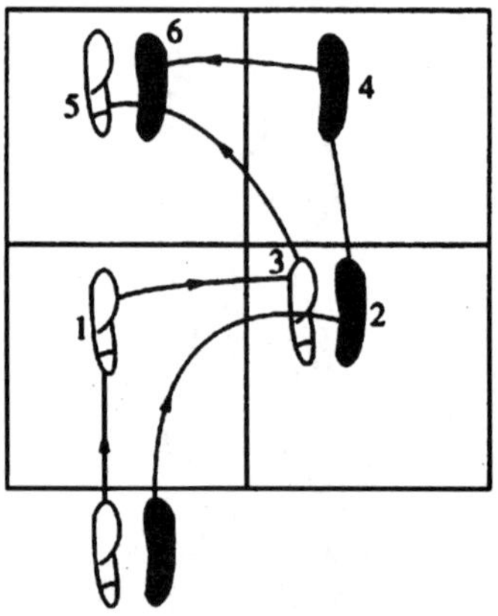

图 9－17　男足迹示意图

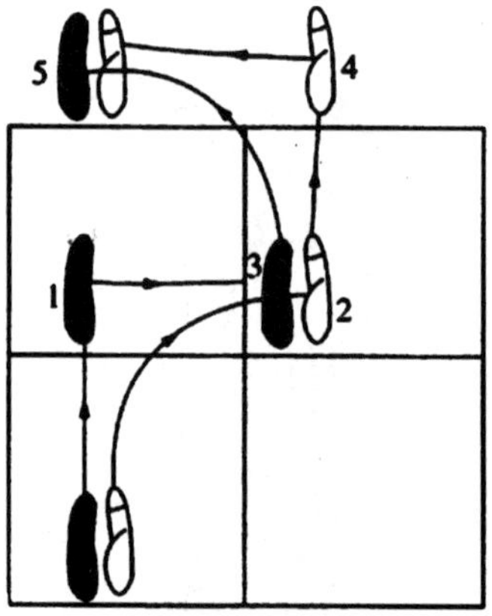

图 9－18　女足迹示意图

图 9－19　后退并换步第 1 步

图 9－20　后退并换步第 2 步

图 9－21　后退并换步第 3 步

图 9－22　后退并换步第 4 步

图 9－23　后退并换步第 5 步

图 9－24　后退并换步第 6 步

⑥男左脚并于右脚，女右脚并于左脚。

男女足迹如图 9－25 和图 9－26 所示。

（3）左脚并换步：动作做法同前进并换步的前 3 步，只是起步的方位要面向斜墙壁起步。

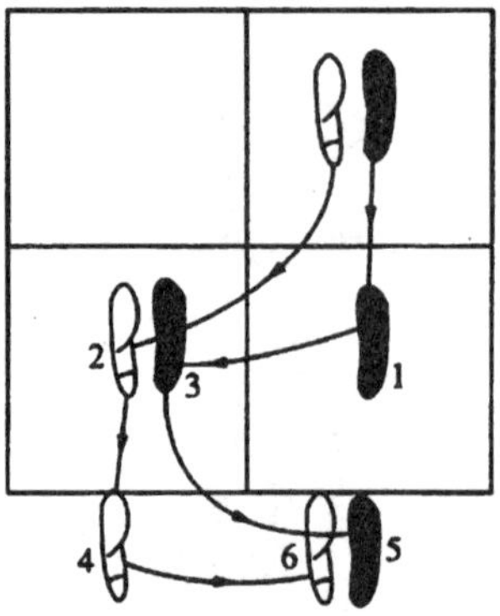

图 9－25　男足迹示意图

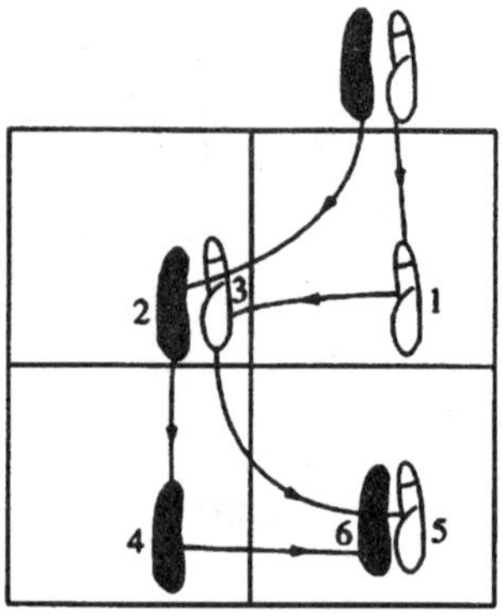

图 13－26　女足迹示意图

（4）右转步（如图 9－27 至图 9－32 所示）：

①男右脚前进身体向右转动，女左脚后退身体向右转动。

②男左脚经右脚横步向右转 90°，女右脚经左脚横步向右转 45°。

③男右脚并于左脚身体右转 45°，女左脚并于右脚身体完成转动。

④男左脚后退身体右转，女右脚前进身体继续右转。

⑤男右脚经左脚横步，与前拍完成右转 135°；女左脚经右脚横步身体右转 90°。

⑥男左脚并于右脚；女右脚并于左脚，与前拍完成右转 45°。

图 9－27　右转步第 1 步

图 9－28　右转步第 2 步

图 9－29　右转步第 3 步

图 9－30　右转步第 4 步

图 9－31　右转步第 5 步

图 9－32　右转步第 6 步

男女足迹如图 9－33 和图 9－34 所示。

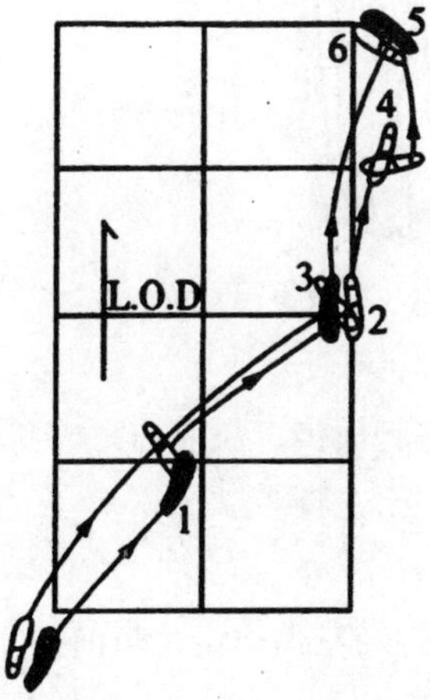

图 9－33　男足迹示意图

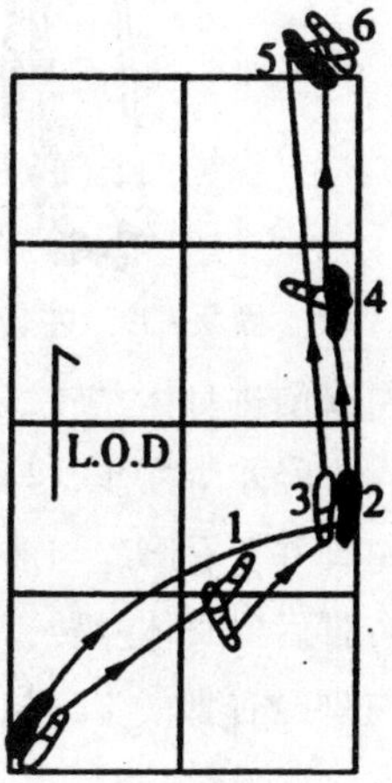

图 9－34　女足迹示意图

（5）右脚并换步：动作做法同后退并换步的前 3 步，只是方位要面向斜中央线起步。

（6）左转步（如图 9－35 至图 9－40 所示）：

图 9－35　左转步第 1 步

图 9－36　左转步第 2 步

图 9－37　左转步第 3 步

图 9－38　左转步第 4 步

图 9－39　左转步第 5 步

图 9－40　左转步第 6 步

①男左脚前进身体左转，女右脚后退身体左转。

②男右脚经左脚横步，与前拍完成左转 90°；女左脚经右脚横步，与前拍完成左转 135°。

③男左脚并于右脚，与前拍完成身体左转 45°；女右脚并于左脚。

④男右脚后退身体左转，女左脚前进身体左转。

⑤男左脚经右脚横步，与前拍完成身体左转 135°；女右脚经左脚横步，与前拍完成身体左转 90°。

⑥男右脚并于左脚身体完成转动；女左脚并于右脚，与前拍完成身体左转 45°。

男女足迹如图 9－41 和图 9－42 所示：

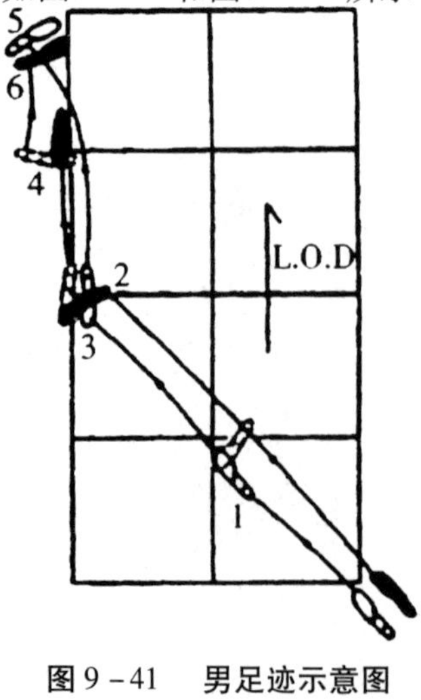

图 9－41　男足迹示意图

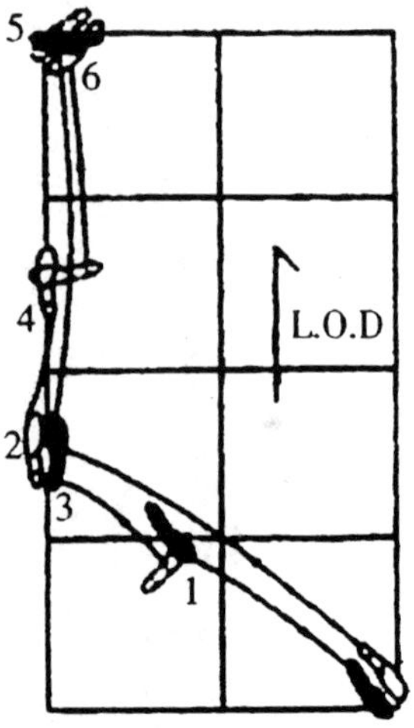

图 9－42　女足迹示意图

（7）叉形步（如图 9－43 至图 9－45）：
①男左脚前进，女右脚后退；
②男左脚横步稍前，女左脚斜后退；
③男左脚在右脚后交叉，女右脚在左脚后交叉。

图 9－43　叉形步第 1 步

图 9－44　叉形步第 2 步

图 9－45　叉形步第 3 步

男女足迹如图 9－46 和图 9－47 所示：

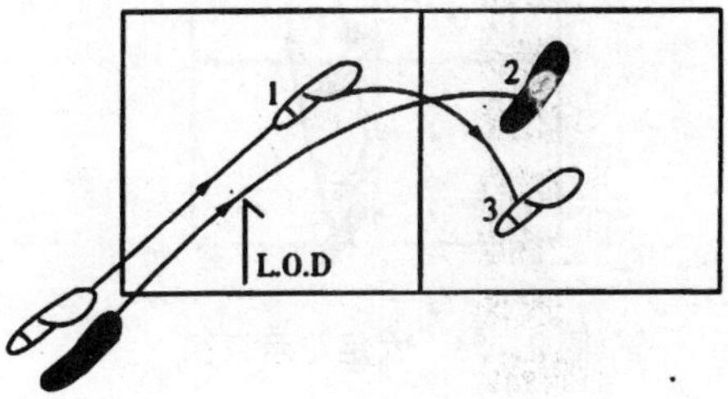

图 9－46　男足迹示意图

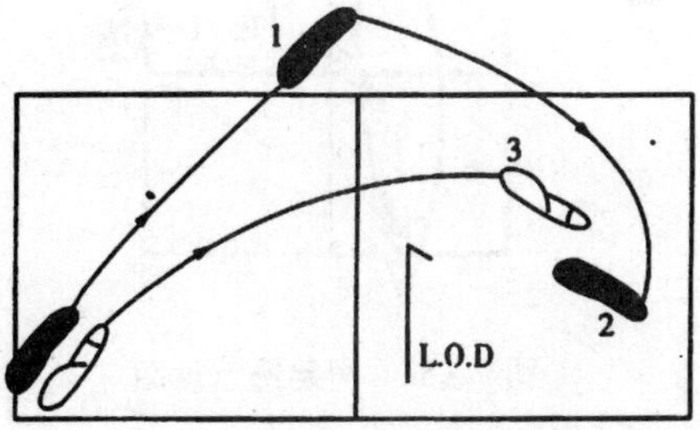

图 9－47　女足迹示意图

（8）侧行追步（如图 9－48 至图 9－51 所示）：
①男右进交叉于反身位，女左进交叉于反身位，身体左转。
②男左脚横步稍前；女右脚横步稍后，与前拍完成身体左转 45°。
③男右脚并于左脚；女左脚并于右脚，与前拍完成身体左转 45°。
④男左脚横步稍前，女右脚横步稍后。

图 9－48　侧行追步第 1 步

图 9－49　侧行追步第 2 步 A

图 9－50　侧行追步第 2 步 B

图 9－51　侧行追步第 3 步

男女足迹如图 9－52 和图 9－53 所示：

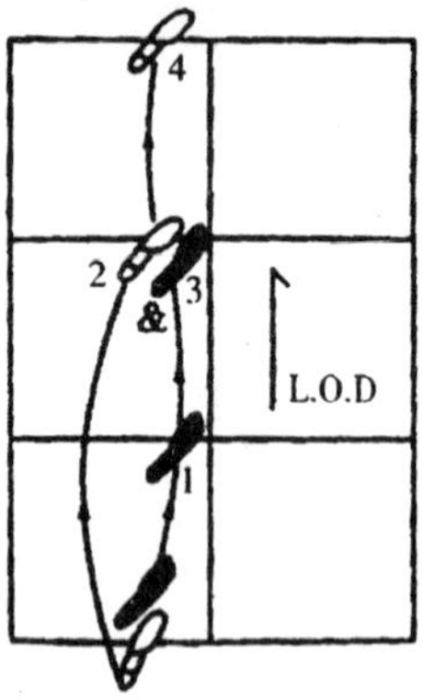

图 9－52　男足迹示意图

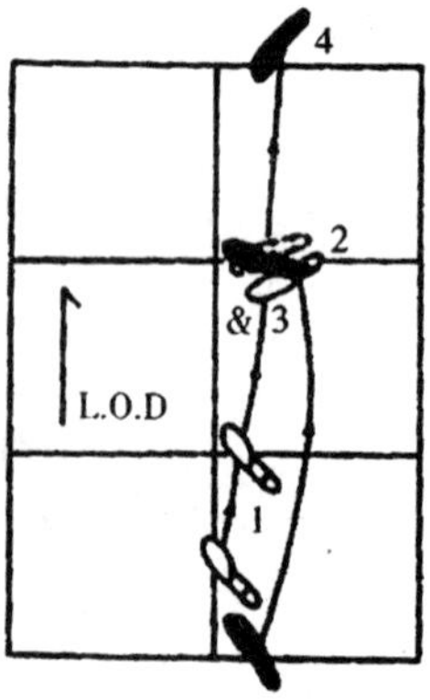

图 9－53　女足迹示意图

4．华尔兹的套路练习

左足并换步—右转步—右足并换步—左转步—叉形步—追步侧行位—右旋转步—左转后 3 步。

（二）伦巴的基本技术

1．音乐特点

（1）音节：4/4 拍。4 拍走 3 步，第 2 拍和第 3 拍各走 1 步，第 4 拍和第 1 拍共走一步。其强拍落在每小节音乐的第 4 拍，舞步要从音乐第 1 拍起跳。

（2）速度：27 ~ 29 小节/分。

2．伦巴舞的握抱舞姿

头直立，身体自然站立，舞者面对面站立在相距舞伴约 6im（15cm）的位置；男伴的右手放在女伴的左肩胛骨上，女伴的左臂轻轻地放在男伴的右臂上面，顺着男伴手臂的弯曲，将手贴肩膀处；男伴的左手以文雅的弯曲姿势举到与眼睛水平的位置；女伴应将右手手指放到男伴的拇指与食指之间，两手应该轻轻相握。

3．基本舞步

（1）基本步。舞步采用闭式位，身体的重心是男在右、女在左。该舞步共 6 步，音乐 2 小节；数拍：2，3，4&1；2，3，4&1，如图 9－54 至图 9－59 所示：

图 9－54　基本步第 1 步

图 9－55　基本步第 2 步

图 9－56　基本步第 3 步

图 9－57　基本步第 4 步

图 9－58　基本步第 5 步

图 9－59　基本步第 6 步

①第 1 小节：

●第 2 拍，男左脚向前，开始左转；女右脚后退，开始左转。

●第 3 拍，男重心回右脚，继续左转；女重心回左脚，继续左转。

●第 4&1 拍，男左脚向左侧稍后，第 1～3 步左转 1/8 周，之后继续左转 1/8（直到完成一个 1/4 转）；女右脚向右稍后，第 1～3 步左转 1/8 周，之后继续左转 1/8（直到完成一个 1/4 转）。

②第 2 小节：

●第 2 拍，男右脚后退，继续左转；女左脚前进，继续左转。

●第 3 拍，男重心回左脚，继续左转；女重心回右脚，继续左转。

●第 4&1 拍，男右脚向右侧稍前，第 4～6 步左转 1/8 周，之后继续左转 1/8（直到完成一个 1/4 转）；女左脚向左稍后，第 4～6 步左转 1/8 周，之后继续左转 1/8（直到完成一个 1/4 转）。

（2）扇形步。扇形步采用闭式位，身体的重心是男在右、女在左。该舞步共 6 步，音乐 2 小节；数拍：2，3，4&1；2，3，4&1，如图 9－60 至图 9－67 所示：

图 9－60　扇形步第 1 步

图 9－61　扇形步第 2 步

图 9－62　扇形步第 3 步 A

图 9－63　扇形步第 3 步 B

图 9－64　扇形步第 4 步

图 9－65　扇形步第 5 步

图 9－66　扇形步第 6 步 A

图 9－67　扇形步第 6 步 B

①第 1 小节：

- 第 2 拍，男左脚向前；女右脚向后。
- 第 3 拍，男重心回到右脚；女重心回到左脚，开始男、女左转，1～3 步完成 1/8。

• 第 4&1 拍，男左脚向侧；女右脚向侧。

②第 2 小节：

• 第 2 拍，男右脚向后；女左脚向前。

• 第 3 拍，男重心回到左脚；女右脚向后、稍右，男、女左转 4 ~6 步完成左转 1/4。

• 第 4&1 拍，男右脚向侧；女左脚向后。

（3）阿列曼娜步。阿列曼娜步采用扇形位，身体的重心是男在右、女在左。该舞步共 6 步，音乐 2 小节；数拍：2，3，4&1；2，3，4&1，如图 9 – 68 至图 9 – 74 所示。

①第 1 小节：

• 第 2 拍，男左脚向前；女右脚靠近左脚。

• 第 3 拍，男重心回到右脚；女左脚向前。

• 第 4&1 拍，男左脚靠近右脚；女右脚向前右转 1/8。

图 9 – 68　阿列曼娜第 1 步 A

图 9 – 69　阿列曼娜第 1 步 B

图 9 – 70　阿列曼娜第 2 步

图 9 – 71　阿列曼娜第 3 步

图 9 – 72　阿列曼娜第 4 步

图 9 – 73　阿列曼娜第 5 步

图 9－74　阿列曼娜第 6 步

②第 2 小节：

- 第 2 拍，男右脚向后；女左脚向前，右转。
- 第 3 拍，男重心回到左脚；女右脚向前，继续右转。
- 第 4&1 拍，男右脚靠近左脚；女左脚向前，在第 3～6 步完成向右 1/4 转；结束于闭式位。

（4）曲棍球步。曲棍球步采用扇形位，身体的重心是男在右，女在左。该舞步共 6 步，音乐 2 小节；数拍：2，3，4&1；2，3，4&1，如图 9－75 至图 9－82 所示。

①第 1 小节：

- 第 2 拍，男左脚向前；女右脚靠近左脚。
- 第 3 拍，男重心回到右脚；女左脚向前。
- 第 4&1 拍，男左脚靠近右脚；女右脚向前。

②第 2 小节：

- 第 2 拍，男右脚向后 4～6 步完成右转 1/8；女左脚向前 4～6 步完成左转 5/8。

图 9－75　曲棍球步第 1 步 A

图 9－76　曲棍球步第 1 步 B

图 9－77　曲棍球步第 2 步

图 9－78　曲棍球步第 3 步

图 9－79　曲棍球步第 4 步

图 9－80　曲棍球步第 5 步 A

图 9－81　曲棍球步第 5 步 B

图 9－82　曲棍球步第 6 步

• 第 3 拍，男重心回到左脚；女左脚向后稍侧。

• 第 4&1 拍，男右脚向前；女左脚后退。结束于开式位。

（5）右分展位。右分展位采用闭式位，身体的重心是男在右、女在左。该舞步共 3 步，音乐 1 小节；数拍：2，3，4&1，如图 9－83 至图 9－86 所示：

图 9－83　右分展位步准备姿势

图 9－84　右分展位步第 1 步

图 9－85　右分展位步第 2 步

图 9－86　右分展位步第 3 步

●第 2 拍，男左脚向侧，稍右转；女右脚向后，左脚右转 1/2。

●第 3 拍，男重心回到右脚开始左转；女重心回到左脚，2 ~3 步完成左转 1/2。

●第 4&1 拍，男左脚靠近右脚；女右脚向侧。

（6）手接手。男女面对面，双手环握，重心男在右、女在左。该舞步共 6 步，音乐 2 小节；数拍：2，3，4&1；2，3，4&1。

①第 1 小节：

●第 2 拍，男左脚向后左转 1/4；女右脚向后右转 1/4。

●第 3 拍，男重心回到右脚；女重心回到左脚。

●第 4&1 拍，男右脚向后，2 ~3 步完成右转 1/4；女右脚向侧，2 ~3 步完成左转 1/4。

②第 2 小节：

●第 2 拍，男右脚向后右转 1/4；女左脚向后左转 1/4。

●第 3 拍，男重心回到左脚；女重心回到右脚。

●第 4&1 拍，男右脚向侧 5 ~6 步完成左转 1/4；女左脚向侧 5 ~6 步完成右转 1/4。

（7）右陀螺转步。右陀螺转步采用闭面位，身体的重心是男在左、开立，女在右（右脚在前，为重心脚）。该舞步共 9 步，音乐 3 小节；数拍：2，3，4&1；2，3，4&1；2，3，4&1，如图 9 –87 至图 9 –90 所示：

图 9 –87　右陀螺转步准备姿势

图 9 –88　右陀螺转步第 1 步

图 9 –89　右陀螺转步第 2 步

图 9 –90　右陀螺转步第 9 步

●第 2 拍，男右脚移至左脚后面，脚尖靠近左脚跟，并向外偏转，开始右转；女左脚到侧旁，开始右转。

●第 3 拍，男左脚到侧旁，继续右转；女右脚到左脚前面，脚尖偏转向外，继续右转。

•第 4&1，2，3；4&1，2，3 拍，重复第 2 和第 3 拍动作，继续右转，第 1 ~8 步过程中完成向右转两周。

•第 4&1 拍，男右脚靠近左脚；女左脚到侧旁（出旁步）；结束于闭面位。

（8）定点转。面对开立，身体的重心是男右、女左。该舞步共 3 步，音乐 1 小节；数拍：2，3，4&1。

•第 2 拍，男左脚向前左转 1/4；女右脚向前右转 1/4。

•第 3 拍，男右脚向前左转 1/2；女左脚向前右转 1/2。

•第 4&1 拍，男左脚向侧左转 1/4；女右脚向侧右转 1/4。

4. 伦巴的套路练习

伦巴的练习采用以下套路：基本步—扇形步 + 曲棍球步—右陀螺转—闭式扭臀 + 扇形步—臂下右转—纽约步 + 定点转—臂下左转—螺旋转—扇形步。

（三）恰恰恰的基本技术

1. 恰恰恰的音乐特点

（1）音节。4/4 拍，4 拍走 5 步，第 1，2，3 拍各走 1 步，第 4 拍走两步；强拍落在每小节音乐的第 1 拍，舞步要从音乐第 1 拍起跳。

（2）速度。速度大约 30 ~32 小节/分。

2. 恰恰恰的握抱舞姿

恰恰恰的舞姿同伦巴的握抱舞姿。

3. 基本舞步

（1）基本步。基本步采用闭式位，开立，身体的重心是男右、女左。该舞步共 10 步，音乐 2 小节；数拍：2，3，4&1；2，3，4&1，如图 9－91 至图 9－101 所示。

①第 1 小节：

•第 2 拍，男左脚前进，开始左转；女右脚后退，开始左转。

•第 3 拍，男重心移回右脚，继续左转；女重心移回左脚，继续左转。

•第 4&1 拍，男左脚移至侧旁并稍向后，跳快滑步左右左，继续转动，在第 1 ~5 步上完成向左 1/8 转（可以做到 1/4 转）；女右脚到侧旁，跳快滑步右左右，继续转，在第 1 ~5 步上完成向左 1/8 转（可以做到 1/4 转）。

图 9－91　基本步准备姿势

图 9－92　基本步第 1 步

图 9－93　基本步第 2 步

图 9－94　基本步第 3 步

图 9－95　基本步第 4 步

图 9－96　基本步第 5 步

图 9－97　基本步第 6 步

图 9－98　基本步第 7 步

图 9－99　基本步第 8 步

图 9－100　基本步第 9 步

图 9－101　基本步第 10 步

②第 2 小节：

• 第 2 拍，男右脚后退，继续左转；女左脚前进，继续左转。

• 第 3 拍，男重心移回左脚，继续左转；女重心移回右脚，继续左转。

• 第 4 加 1 拍，男右脚到侧旁，跳快滑步右左右，继续转，在第 6～10 步完成向左的 1/8 转（可以做到 1/4）；女左脚到侧旁，稍后，跳快滑步左右左，继续转动，在第 6～10 步向左 1/8 转（可以做到 1/4 转）。

（2）扇形步。闭式位开始，脚分开。身体的重心是男右、女左。该舞步共 10 步，音乐 2 小节；数拍：2，3，4&1；2，3，4&1，如图 9－102 至图 9－107 所示。

①第 1 小节：男同基本步的第 1～5 步，左右、左右左，在第 1～5 步上向左 1/8 转；女同基本步的第 1～5 步，右左、右左右，在第 1～5 步上向左 1/8 转。

②第 2 小节：

• 第 2 拍，男右脚后退，不转；女左脚前进，开始左转。

图 9－102　扇形步第 5 步

图 9－103　扇形步第 6 步

图 9－104　扇形步第 7 步

图 9－105　扇形步第 8 步

图 9－106　扇形步第 9 步

图 9－107　扇形步第 10 步

• 第 3 拍，男重心移回左脚，不转；女右脚后退，稍后、侧旁。

• 第 4&1 拍，男右脚到侧旁，跳快滑步（右左右）；女左脚后退，跳快滑步（左右左）继续转，在第 6～10 步上向左 1/4 转。

（3）曲棍球步。曲棍球步采用扇形位，身体重心是男右、女左。该舞步共 10 步，音乐 2 小节；数拍：2，3，4&1；2，3，4&1，如图 9－108 至图 9－118 所示：

图 9－108　曲棍球步第 1 步

图 9－109　曲棍球步第 2 步

图 9－110　曲棍球步第 3 步

图 9－111　曲棍球步第 4 步

图 9－112　曲棍球步第 5 步

图 9－113　曲棍球步第 6 步

图 9－114　曲棍球步第 7 步 A

图 9－115　曲棍球步第 7 步 B

图 9－116　曲棍球步第 8 步

图 9－117　曲棍球步第 9 步

图 9－118　曲棍球步第 10 步

①第 1 小节：

●第 2 拍，男左脚前进，不转；女右脚靠近左脚，不转。

●第 3 拍，男重心回至右脚，不转；女左脚前进，不转。

●第 4&1 拍，男左脚几乎靠近右脚，跳快滑步左右左，不转；女右脚前进，跳快滑步右左右，不转。

②第 2 小节：

●第 2 拍，男右脚后退，开始右转；女左脚前进，开始左转。

●第 3 拍，男重心移向左脚，无转动；女右脚前进左转 1/2 周后，变为右脚在后，脚跟向侧旁。

●第 4 加 1 拍，男右脚向前跳快滑步右左右，继续右转，在第 6～10 步上完成 1/8 转；女左脚后退，跳快滑步左右左，继续左转，在第6～10步上完成5/8转。

（4）右陀螺转步。右陀螺转步采用闭式位，男伴脚分开，身体的重心是男左、女右。该舞步共15步，音乐3小节；数拍：2，3，4&1；2，3，4&1；2，3，4&1，如图9－119至图9－125所示：

图9－119　右陀螺转准备姿势

图9－120　右陀螺转第1步

图9－121　右陀螺转第2步

图9－122　右陀螺转第3步

图9－123　右陀螺转第4步

图9－124　右陀螺转第5步

图9－125　右陀螺转第6步

①第 1 步：第 2 拍，男右脚到左脚后面，脚尖对脚跟，脚尖转向外，身体开始右转；女左脚到侧旁，开始向右转。

②第 2 步：第 3 拍，男左脚到侧旁，继续右转；女右脚到左脚前面，右脚尖转向外，继续向右转动。

③第 3 ~ 14 步：数拍：4&1；2，3，4&1；2，3，4&1；……如图 9 – 119 至图 9 – 125 所示。男重复第 1 步和第 2 步 6 次，继续右转，在第 1 ~ 15 步间完成 $2\frac{1}{2}$转；女重复第 1 步和 2 步 6 次，继续右转，在第 1 ~ 15 步间完成向右 $2\frac{1}{2}$转。

④第 15 步：第 1 拍，男右脚靠至左脚；女左脚到侧旁。

（5）手接手。手接手采用闭式位，男、女将两脚分开，身体的重心是男右、女左。该舞步共 10 步，音乐 2 小节；数拍：2，3，4&1；2，3，4&1。

①第 1 小节：

- 第 2 拍，男左脚向后左转 1/4；女右脚向后右转 1/4。
- 第 3 拍，男重心回到右脚，第 2 ~ 3 步完成右转 1/4；女重心回到左脚，第 2 ~ 3 步完成左转 1/4。
- 第 4&1 拍，男左脚几乎靠近右脚，跳快滑步左右左，不转；女右脚几乎靠近左脚，跳快滑步右左右，不转。男重心在左脚；女重心在右脚。

②第 2 小节：

- 第 2 拍，男右脚向后右转 1/4；女左脚向后左转 1/4。
- 第 3 拍，男重心回到左脚，第 5 ~ 6 步完成左转 1/4；女重心回到右脚，第 5 ~ 6 步完成右转 1/4。
- 第 4&1 拍，男右脚几乎靠近左脚，跳快滑步右左右，不转；女左脚几乎靠近右脚，跳快滑步左右左，不转。男重心在右脚；女重心在左脚。

4. 恰恰恰的套路练习

恰恰恰采用以下练习套路：基本步 + 左旁点步—扇形步—曲棍球步—前进连锁步 + 后退连锁步—定点转（左）—手接手 + 臂下左转 + 臂下右转 + 扇形步—曲棍球步。

第十章　健　美　操

第一节　健美操运动概述

一、健美操运动的起源与发展

健美操运动起源于生活及人们对人体健美的追求，它是一项新兴的体育运动，是随着现代科技发展和人类走向高效率、快节奏的信息时代的产物。

近代健美操源于美国黑人的爵士舞和土风舞，它节奏欢快，运动部位全面，对人体有着较好的锻炼效果。近几十年来，世界各地都在用徒手操与现代舞相结合的方式进行锻炼，其主要目的是促进身体健美和愉悦身心。

20 世纪 80 年代以来，健美操以其强大的生命力风靡世界。美国是对现代健美操的发展具有较大影响的国家，其代表人物是电影明星简·方达。她为了追求健美的身体曾用过“节食减肥”“自导呕吐法”“服用减肥药”等方法，结果把身体弄得很虚弱。后来，她在 20 世纪 70 年代总结编排了一套健美操，并坚持锻炼，收到了理想的健美效果。在此基础上，她编写了《简·方达健身法》，于 1981 年出版后，在全球范围内引起了轰动。

健美操不仅在美、英、法等国家迅速发展，在前苏联和其他东欧国家也相当普及；在亚洲的，日本、菲律宾、新加坡等国家和地区也建有许多健美操活动中心及健身俱乐部。

20 世纪 70 年代末，健美操热传到了我国。目前，健美操已成为我国各级各类学校体育课或课外活动中一项深受师生欢迎的教学内容和锻炼方式。1992 年，国务院颁布了《全民健身计划实施纲要》，健美操成为全民健身的重要项目之一；1992 年 9 月，中国健美操协会在北京成立；1992 年 2 月，中国大学生体协健美操、艺术体操分会在北京成立。这些都标志着我国健美操运动已进入一个崭新的发展阶段。

二、健美操运动的特点

1. 高度的艺术性

健美操的艺术性主要体现在其“健、力、美”的项目特征上。“健康、力量、美丽”是人类有史以来所追求的身体状况的最高境地，在健美操运动中，无论是健身健美操，还是竞技健美操，无不处处表现出“健、力、美”的特征，包含着高度的艺术性因素，使健美操不同于其他运动项目，这也是人们热爱健美操运动的原因之一。

2. 强烈的节奏性

健美操动作具有强烈的节奏性特点，并通过音乐表现出来，因此音乐是健美操运动不可缺少的组成部分。健美操音乐的特点是节奏强劲有力、旋律优美，具有烘托气氛、激发人们情绪的效应。

3. 广泛的适应性

健美操练习形式多样，运动量可大可小，容易控制，对场地器材的要求也不高，因此对各个年龄层次、不同性别、不同身体素质、不同技术水平的人都适宜，各种人群都能从健美操练习中找到适合自己的方式，都能从健美操练习中得到乐趣。

4. 健身的安全性

健美操所涉及的运动负荷、运动强度、运动量以及运动节奏，适合一般人的体质，甚至弱体质的人都能承受。人们在平坦的地面上、在欢快的音乐声中，跟随着快慢有序的节奏进行运动，十分安全，而且有效。

三、健美操运动的功能

1. 增进健康美

健美操作为一项有氧运动，其健身功效以有氧运动发展人体心肺功能，且兼备发展身体柔韧性和灵敏性的作用。因此，专家认为健美操是目前发展身体全面素质、增进健康美的较为理想的运动。

2. 塑造体形美

健美操运动还可塑造健美的体形。通过健美操练习，尤其是力量的练习，可使骨骼粗壮、肌肉围度增大，从而弥补先天的体形缺失，使得人体变得匀称健美。同时，健美操练习还可消除体内和体表多余的脂肪，维持人体吸收与消耗的平衡，降低体重，保持健美的体形。

3. 缓解精神压力，娱乐身心

随着时代发展和社会的进步，人们在享受科学技术所带来的舒适生活和便利的同时，也受到了来自方方面面的精神压力。而健美操具有动作优美、协调、全面锻炼身体，同时有节奏强烈的音乐伴奏等特点，是缓解精神压力的一剂良方。在轻松优美的健美操锻炼中，练习者的注意力从烦恼的事情上转移开，忘掉失意与压抑，尽情享受健美操运动所带来的欢乐，得到内心的安宁，从而缓解精神压力，使人们具有更强的活力和最佳的心态。

4. 医疗保健

健美操作为一项有氧运动，其特点是强度低、密度大、运动量可调节、容易控制，因此除对健康的人具有良好的健身效果外，对一些病人、残疾人、老年人也是一种医疗保健的理想手段。例如，对下肢瘫痪的病人来说，可做地上健美操和水中健美操，以保持上体的功能，促进下肢功能的恢复。

第二节　健美操基本动作

一、手型

（1）掌：五指并拢伸直、五指分开伸直或合掌、鹰爪掌、芭蕾式、推掌式等，如图 10－1 所示：

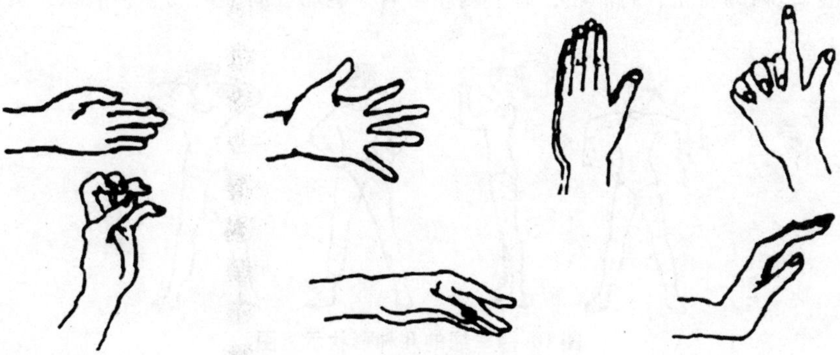

图 10－1　掌的几种形状示意图

（2）拳：四指弯曲紧捏，拇指紧扣食指弯曲处，手腕保持适度紧张（如图 10－2 所示）。

图 10－2　拳的形状示意图

（3）指（如图 10－3 所示）：

①单指式：握拳跷拇指、伸食指。

②剑指式：中指、食指并拢伸直，拇指压在无名指上，无名指小指弯曲。

③健美指式：（西班牙手式）五指分开，中指、无名指内收，其他指用力外展。

④响指式：拇指与中指摩擦打响，无名指、小指屈握。

图 10－3　指的几种形状示意图

二、头、颈动作

（1）屈：包括前屈、后屈、左屈、右屈。

（2）转：包括左转、右转。

（3）绕：包括左绕、右绕。

（4）绕环：包括左绕环、右绕环。

三、肩部动作

（1）“提肩”：包括单肩提、双肩同时提和依次提。

（2）“沉肩”：包括单肩沉、双肩同时下沉和依次下沉。

（3）“绕肩”：包括单肩向前、后绕，双肩同时向前、后绕 360°弧形运动。

（4）“肩绕环”：包括单肩前、后绕环，双肩同时前、后绕环 360°以上的圆形运动。

四、上肢动作

（1）举：单肩和双肩的前后举、侧举和侧上举、侧下举。

（2）屈：包括胸前屈、肩侧屈、肩上侧屈与肩下倒屈、肩上前屈、腰前屈、头后屈，如图 10－4 所示：

图 10－4　屈的几种形状示意图

（3）绕：单臂或双臂向内外、前后做 180°以上、360°以下弧形绕。

（4）绕环：单臂或双臂向前、后或向内、外做圆形运动，如图 10－5 所示：

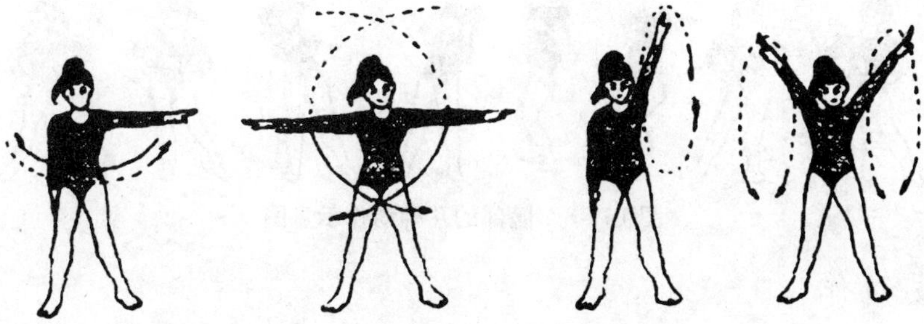

图 10－5　绕的几种形状示意图

（5）振：包括两臂上、下举后振和侧举后振。

（6）旋：以肩或肘为轴，臂向内、外旋转，如图 10－6 所示：

图 10－6　旋的几种形状示意图

五、胸部动作

（1）含胸：两肩内合，缩小胸腔。

（2）挺胸：两肩外展，扩大胸腔。

（3）振胸：胸部借助手臂向前、后做有弹性振胸动作。

六、腰部动作

腰部动作主要有屈、转和绕几种，如图 10－7 所示。

（1）屈：包括前、后屈和左、右侧屈。

（2）转：指左、右转。

（3）绕、绕环：指上体沿垂直轴做左右绕和绕环。

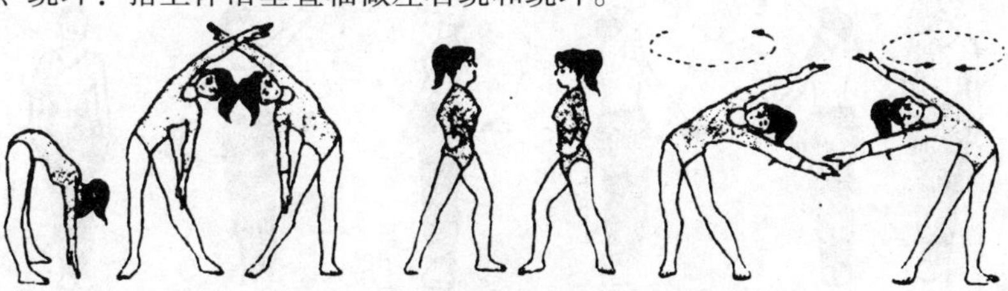

图 10－7　腰部的几种动作示意图

七、髋部动作

髋部动作主要有顶髋、提髋和绕髋几种，如图 10－8 所示。

（1）顶髋：髋关节做水平运动，包括左、右、前、后顶。

（2）提髋：快速向一侧上提，包括左、右提。

（3）绕髋和髋绕环：髋关节向左。右侧弧形或圆形绕环。

图 10－8 髋部的几种动作示意图

八、下肢动作

（1）滚动步：两脚交换做脚尖至全掌依次落地。
（2）交叉步：一脚向另一脚前或后交叉行进。
（3）点弓步：一脚成弓步，另一脚并步，交替进行。
（4）跑跳步：两脚交换做跑后支撑阶段后一次跳的过程。
（5）并腿跳：双腿并拢，直膝或屈膝跳。
（6）开并腿跳：并腿跳至开立。分腿跳至并立。
（7）高踢腿跳：单腿跳起，另一腿直腿向前高踢。
（8）吸腿跳：单腿跳起，另一腿屈膝向前上提。
（9）侧摆腿跳：单腿跳，另一腿向侧摆。
（10）弓步跳：并腿跳起，落地成前（后）弓步。

第三节 健美操组合动作

一、姿态组合

音乐 3/4
预备姿势：直立。

（一）手臂波浪练习

手臂波浪练习动作，如图 10－9 所示：

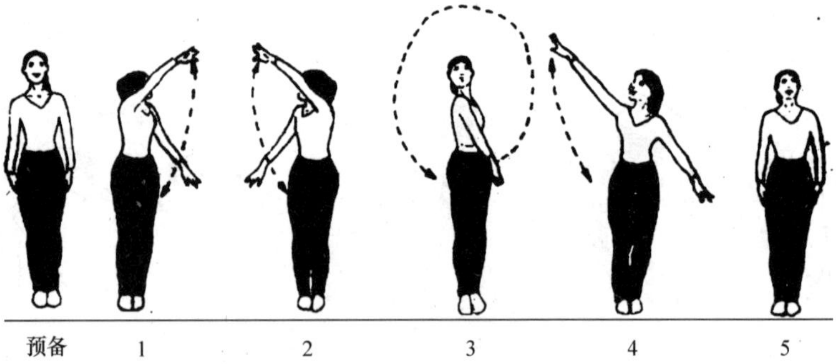

图 10－9 手臂波浪练习动作示意图

（1）右臂向左侧上方波浪，还原；
（2）同 1 方向相反；
（3）右臂由外向内向外绕环一周；
（4）右臂由侧向上波浪一次，还原；
（5）～（8）同（1）～（4），只是动作方向相反。

（二）身体波浪练习

身体波浪练习动作，如图 10 – 10 所示。

（1）右腿屈膝半蹲。左脚尖向 1 点方位，同时两臂成二位；

（2）右腿伸直，重心移至左腿，左右臂成五位；

（3）右臂前伸，做身体前波浪，重心移至右腿，两臂成七位；

（4）还原；

（5）~（8）同（1）~（4），只是动作方向相反。

图 10 – 10　身体波浪练习动作示意图

（三）含胸、展胸练习

含胸、展胸练习动作，如图 10 – 11 所示。

1. 第一个 8 拍

（1）~（4）左右臂依次体侧波浪各二次；

（5）左腿向前成弓步，同时两臂经侧前举交叉（掌心向上）含胸低头；

（6）翻掌向斜上方波浪一次；

（7）重心移至右腿，左脚尖前点两臂向斜上方波浪一次；

（8）还原。

2. 第二个 8 拍

同第一个 8 拍，只是动作方向相反。

（四）斜举波浪练习

斜举波浪练习动作，如图 10 – 12 所示。

（1）左脚尖前点，重心在右腿，两臂成二位；

（2）重心前移，两臂成七位；

（3）右脚尖侧点地，左臂斜上举波浪，右臂斜下举波浪；

（4）还原；

（5）~（8）同（1）~（4），只是动作方向相反。

图 10 – 11　含胸、展胸练习动作示意图

图 10－12　斜举波浪练习动作示意图

（五）综合练习

综合练习动作，如图 10－13 所示。

1．第一个 8 拍

（1）左脚侧点地，两臂经前交叉至侧举；

（2）微转 90°成左弓步，上体前倾，右臂前举左臂后举；

（3）两臂依次前后绕环，右臂成前举，左臂置于体侧；

（4）左腿伸直，重心前移；

（5）右脚侧点地，两臂成二位；

（6）重心移至右腿，左脚侧点地，两臂成七位：

（7）上右脚，左后转体 270°，三位手立踵；

（8）还原。

2．第二个 8 拍

同第一个 8 拍，只是动作方向相反。

图 10－13　综合练习动作示意图

（六）屈伸练习

屈伸练习动作，如图 10－14 所示。

（1）左脚尖点右足弓旁，左膝内扣，同时左臂侧波浪，两腿屈伸一次；

（2）同（1）；
（3）左脚侧出一步，右脚尖点左足弓旁，两腿屈膝、含胸、两臂体前交叉；
（4）左脚侧点地，两臂成七位；
（5）同（3），只是动作方向相反；
（6）同（4）；
（7）左脚侧点地，两腿微屈，重心左移，两臂斜上举波浪；
（8）同（7），只是动作方向相反。

图 10－14　屈伸动作练习示意图

二、健美操组合

健美操组合练习预备姿势如图 10－15 所示，两脚左右开立，两臂右斜下举，五指分开，掌心向后；前奏为 4×8 拍，第一、二个 8 拍，上下压脚跟；第三个 8 拍左臂由内向外绕环一周，同时抖动手腕；第四个 8 拍同第三个 8 拍，只是动作方向相反。

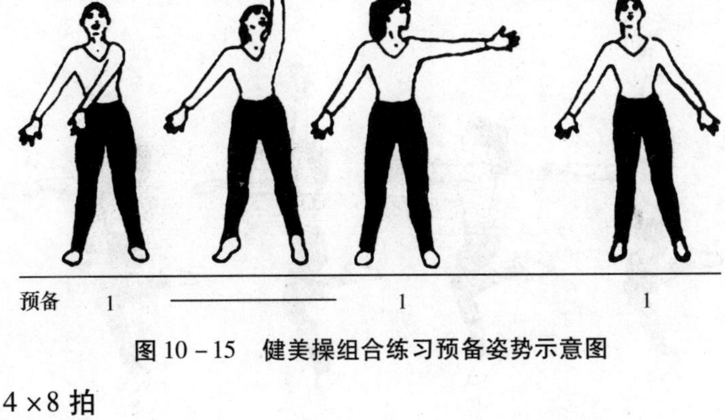

图 10－15　健美操组合练习预备姿势示意图

（一）并步 4×8 拍

并步 4×8 拍练习动作，如图 10－16 所示。

1．第一个 8 拍

（1）~（2）左脚向 8 点方位一步，右脚点于左脚内侧，左右臂于胸前向外绕环；

（3）~（4）同（1）~（2）方向相反；

（5）~（6）左脚向 7 点方位一步，右脚点于左脚内侧，右臂由内向外绕环一周；

（7）~（8）右脚向 3 点方位一步，动作同（5）~（6），只是方向相反；

2．第二个 8 拍

同第一个 8 拍，只是动作方向相反。

3．第三个 8 拍

同第一个 8 拍。

4．第四个 8 拍

同第二个 8 拍。

图 10－16　并步 4×8 拍练习动作示意图

（二）跑步 4×8 拍

跑步 4×8 拍练习动作，如图 10－17 所示：

图 10－17　跑步 4×8 拍练习动作示意图

1. 第一个 8 拍

（1）～（4）向前后踢腿跑，两臂胸前内绕至前举，拳心向下；

（5）～（8）向后后踢腿跑，同时双臂经侧至体侧。

2. 第二个 8 拍

（1）～（4）后踢腿跑，两臂前举，同时左右各转头一次；

（5）左臂上举，同时抬头；

（6）还原；

（7）同（5），只是动作方向相反；

（8）同 6 还原。

3. 第三个 8 拍

同第一个 8 拍。

4. 第四个 8 拍

同第二个 8 拍。

（三）V 字步 4×8 拍

V 字步 4×8 拍练习动作，如图 10－18 所示。

1. 第一个 8 拍

（1）～（2）左右脚向 8 点 2 点上步，左右臂依次斜上举；

（3）～（4）左右脚向 1 点方位并步，左右臂胸前绕环；

（5）～（6）分腿跳，同时两臂交叉经面部翻掌打开至肩上屈；

（7）～（8）并腿跳，同时两臂经前收至腰间。

图 10－18　V 字步 4×8 拍练习动作示意图

2．第二个 8 拍

（1） ～（2）同第一个 8 拍的（1） ～（2），只是左臂由侧举至肩上屈；

（3） ～（4）同第一个 2 拍（3） ～（4），只是左臂由侧举至下举；

（5） ～（8）同（1） ～（4），只是动作方向相反。

3．第三个 8 拍

同第一个 8 拍。

4．第四个 8 拍

同第二个 8 拍。

（四）弹踢腿跳 4 ×8 拍

弹踢腿跳 4 ×8 拍练习动作，如图 10 –19 所示。

1．第一个 8 拍

（1） ～（4）弹踢腿跳，同时两臂经下向前摆动两次；

（5） ～（8）右腿屈伸两次身体左侧屈，左腿侧踢点地两手叉腰。

2．第二个 8 拍

同第一个 8 拍的（5） ～（8），只是动作方向相反。

3．第三个 8 拍

同第一个 8 拍。

4．第四个 8 拍

同第二个 8 拍。

图 10 –19　弹踢腿跳 4 ×8 拍练习动作示意图

（五）体转 4×8 拍

体转 4×8 拍练习动作，如图 10－20 所示：

图 10－20　体转 4×8 拍练习动作示意图

1. 第一个 8 拍

（1）～（2）左转 90°并腿，同时左臂大绕环至体侧；

（3）～（4）右转 90°并腿，同时右臂大绕环至体侧；

（5）～（6）腿部动作同（1）～（2），左臂上举（掌心向内）右臂前举（掌心向内）；

（7）～（8）腿部动作同（3）～（4），右臂上举（掌心向内）左臂前举（掌心向内）。

2. 第二个 8 拍

同第一个 8 拍，只是动作方向相反。

3. 第三个 8 拍

同第一个 8 拍。

4. 第四个 8 拍

同第二个 8 拍。

（六）屈臂交叉步 4×8 拍

1. 第一个 8 拍（如图 10－21 所示）

（1）～（4）左右并步，两臂上下冲拳各二次；

（5）左腿向左一步，两臂侧举；

（6）右脚后交叉，手臂动作相反；

（7）同（5）；

（8）并步两膝微屈，两臂收于腰间。

图 10－21　屈臂交叉步第一个 8 拍练习动作示意图

2. 第二个 8 拍（如图 10－22 所示）

图 10－22　屈臂交叉步第二个 8 拍练习动作示意图

（1）～（4）左转 90°上右脚，动作同第一个 8 拍的（1）～（4）；

（5）～（8）原地转体 270°，同时右臂上举，屈臂绕环。

3. 第三个 8 拍

同第一个 8 拍，只是动作方向相反。

4. 第四个 8 拍

同第二个 8 拍，只是动作方向相反。

（七）开合跳 4×8 拍

开合跳 4×8 拍练习动作，如图 10－23 所示：

图 10－23　开合跳 4×8 拍练习动作示意图

1. 第一个 8 拍

（1）～（4）向 7 点方位后踢腿跑；

（5）～（8）开合跳，左右臂依次胸前平屈，依次下落。

2. 第二个 8 拍
(1) ~ (4) 向一点方位后踢腿跑；
(5) ~ (8) 开合跳，两臂同时胸前平屈，侧举，左臂上举，右臂下落，还原。
3. 第三个 8 拍
同第一个 8 拍，只是动作方向相反。
4. 第四个 8 拍
同第二个 8 拍，只是动作方向相反。

(八) 综合跳 4×8 拍

综合跳 4×8 拍练习动作，如图 10－24 所示。
1. 第一个 8 拍
(1) ~ (4) 左腿向 8 点方位前踢腿跳，同时两臂经肩上前屈向下插掌两次；
(5) ~ (8) 右腿向 4 点方位后踢腿跳，同时左臂斜上举两次，右臂置于体侧。

图 10－24 综合跳 4×8 拍练习动作示意图

2. 第二个 8 拍
(1) ~ (4) 左右踢腿跳转体 360°同时两臂胸前屈，前举，侧举，还原；
(5) ~ (6) 左弓步跳，左臂斜上举、右臂前举；
(7) ~ (8) 同 (5) ~ (6)，只是动作方向相反。
3. 第三个 8 拍
同第一个 8 拍。
4. 第四个 8 拍
同第二个 8 拍。

(九) 整理 2×8 拍

整理 2×8 拍练习动作，如图 10－25 所示。
1. 第一个 8 拍
(1) ~ (8) 原地踏步，两臂自然摆动。
2. 第二个 8 拍

（1）～（8）原地踏步，同时两手胸前击掌。

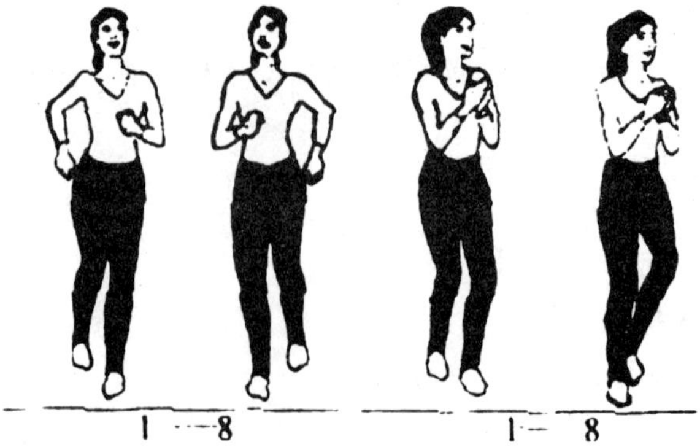

图 10－25　套理 2×8 拍练习动作示意图

第四节　全国健美操大众锻炼标准

一、全国健美操大众锻炼标准介绍

《全国健美操大众锻炼标准》是以健身为目的、以个体条件为基础，注重参与意识和锻炼的自我检测、淡化竞争意识的锻炼标准（以下简称为《锻炼标准》）。因此，其测定成绩只设定为“达标”与“未达标”，同时又制定了较严格的标准供参考者自我提高。

二、《锻炼标准》的特点

《锻炼标准》主要有以下几方面的特点：

1. 有氧原则

注意在运动过程中运动负荷始终保持在有氧的范围内。通过多种组合的练习，以提高心肺功能、影响人的整体为基础，达到锻炼身体、增强体质、健美体形的目的。

2. 无损伤原则

在选择动作时，注意避免使用高难度动作和超负荷动作，以及运动范围过大的动作，以确保无损伤，并有益健康。

3. 简单易学原则

《锻炼标准》的实施对象是一般群众，其目的是使更多的人参与到健美操运动中来。因此，在动作的选择上注重简单易学的实效性，使之便于开展普及。

4. 循序渐进原则

各等级之间保持有机的联系，在保证合理的运动负荷上的基础上，运动量和难度逐渐加大；动作由简至繁，幅度由小到大，速度由慢至快，联系步骤由分解至完善。

5. 提高人体基本素质原则

根据不同等级的任务和技术要求，通过基本动作、组合动作和力量素质的教学，提高人体的力量、柔韧、协调、灵敏等基本素质和基本能力。

三、《锻炼标准》的级别、层次与对象

健美操的大众锻炼标准分为六个等级、四个层次。

（1）等级水平由低到高分为1、2、3、4、5、6级。

（2）层次：1级为入门；2级、3级为初级；4级、5为中级；6级为高级。

（3）对象：1级面向大众；2级、3级面向有意参加健美操锻炼者；4级、5级面向健美操爱好者；6级面向有意于健美操深造及准备进入竞技健美操训练者。

四、对各级别的要求

（1）1级：①学习以步伐为主的基本动作，步伐以单一、原地动作为主。②进行低强度的有氧训练。③素质以辅助支撑的俯卧撑、低强度的仰卧起坐和低负重的力量练习为主。④学习和了解健美操的常识。

（2）2级、3级：①掌握基本动作。②学习健美操典型动作。以下肢单动作配合上肢简单动作为主。④保持中低强度有氧训练。

（3）4级、5级：①掌握健美操典型动作。②学习健美操复合动作及简单的步伐变换技术及跳跃技术。③提高身体的协调性。④提高运动负荷，保持中等强度的有氧训练。⑤素质训练以塑造形体为主，增加柔韧的练习方法。

（4）6级：①掌握复合动作的变化规律，巩固已掌握的步伐变换技术及跳跃技术。②提高动作的表现力。③加大运动负荷，以中等强度有氧训练为主，达到减脂的目的。④提高肌肉力量，并进一步塑造其形体，加大动作的空间位移，培养良好的协调性。

五、评定因素

（1）动作的正确性。身体姿态要舒展。动作技术要正确。动作范围要适当。

（2）身体的协调性。全身协调运动。动作轻松、有弹性。动作清晰，无多余动作。动作避免过分松弛或过分紧张。

（3）链接动作的流畅性。动作之间的链接要自然、流畅。动作的转换及方向的变化要干净利落，无多余动作。

（4）节奏感。动作要充分表现音乐情绪。动作和音乐节奏要配合协调。一连串动作节奏要准确。

（5）表现力。动作要展示内心的激情，体现一种健康、向上的情绪。提倡个人风格的表现力。

第十一章　形　体

第一节　形体运动概述

形体运动是以身体练习为基本手段，匀称和谐地发展人体、塑造体形，培养正确优美的姿态和动作，增强体质，促进人体形态健美发展的一项体育运动。本章通过形体训练的学习，使学生掌握形体训练的方法并养成自觉锻炼的习惯，从而塑造良好的体态、健美的身材和强健的体魄。

一、形体运动的内容

形体运动是以塑造形体美为主的一项运动。形体美的内容很广泛，主要包括体形美、姿态美和动作美等。因此，形体美也必须选择多种内容，运用多种方法。

体形美是指人体的外观形状，通常采用力量练习和有氧练习。力量练习的目的是为了发达肌肉，一般多采用健身健美器械进行锻炼，通过科学的力量练习来协调地发达肌肉，可塑造健美的人体，通常男子形体锻炼多采用此练习。有氧练习的目的是消耗能量，一般多采用长跑、健美操等形式进行锻炼；有氧练习每次必须持续 30 分钟以上才会收到良好的效果，通常女子形体锻炼多采用此练习。

姿态美是指人坐、立、行的身体形态。要使形体姿态美，脊柱是关键。因此，要保持身体躯干正直，除了在日常生活中注意养成正确姿势外，主要是通过站姿、走姿、坐姿等形体锻炼，形成正确和优美的姿态。

动作美是形体美的一种表现形式。通过各种体育运动项目，特别是形体健美操的练习，可以培养和提高动作的协调性、柔韧性和灵敏性，使之优美、舒展，从而显示出动作美。

二、形体运动的特点

形体运动主要有以下三方面的特点：

1. 形体训练的内容具有多样性

形体训练的内容多种多样、丰富多彩，既有强劲动感的健美操，也有柔情似水的形体操，还有力量型的肌肉练习；另外，还包括有关饮食营养的知识等。

2. 形体训练具有一定的运动量

进行形体训练不是一两个动作或一两天的事情，要想得到优美高雅的体形体态，需要经过长时间的训练，并且要达到一定的运动量。训练时，必须保持一定的练习密度和消耗一定的体力，并持之以恒，才能达到预期的效果。

3. 形体训练具有针对性

形体训练是内外结合的全身运动，运动量可大可小，动作可难可易，体力上也可自由调节。同时，形体训练也可以针对身体的某一部位、某一块肌肉进行锻炼或对某一体态进行纠正，以达到美化体形、体态的效果。

三、形体运动的作用

（一）通过形体锻炼可以起到强身健体的作用

首先，经常进行锻炼，有益于肌肉、骨骼、关节的匀称与和谐发展，有利于形成正确的姿态和健美的形态。

其次，经常进行锻炼，可以使肌肉纤维变粗且坚韧有力，使其中所含的蛋白质及糖元等储量增加，血管变丰富，血液循环及新陈代谢增强；使骨外层的密质增厚，骨质更加坚固，从而提高骨骼系统抗折断、弯曲、压拉、扭转的能力；可增强关节的韧性，提高关节的弹性和灵活性。

最后，经常进行锻炼，可以使身体变得强壮有力，并能改变心脏的功能，促进新陈代谢，从而增强人体抵御疾病的能力。

（二）通过形体锻炼可以起到健美形体的作用

所谓健美，就是人体外形的匀称、和谐及比例。通过形体锻炼的力量练习，使身体各部位的肌肉得到协调、匀称的发展。通过健美操的练习，可使身体各部位脂肪减少，肌肉的协调性、灵活性增强。同时能弥补身体缺陷，使身体协调发展，塑造自己理想的体形。长期坚持形体锻炼可使青少年形成正确的身体姿势，使其动作优美、体态矫健，并可使畸形、不良和不正确的姿态得以纠正。

现代社会，人们越来越关注美的事物，越来越渴望拥有美的东西，形体美则是众多女性所崇尚的。从某个角度来说，体重在一定程度上反映出形体的状况。标准体重是实际体重的参照物。标准体重和肥胖度的计算方法有以下几种：

（1）标准体重 =（身高 - 100）×0.9（kg）；

（2）标准体重 = 身高 - 105（kg）（身高 165cm 以下者）；

（3）标准体重 = 身高 - 100（kg）（身高 165cm 以上者）；

（4）标准体重 = 身高 - 100 - [（身高 - 150）÷4]（kg）；

（5）肥胖度 =（实际体重 - 标准体重）÷标准体重 ×100%。

通常，肥胖度在 ±10% 内为正常；实际体重超过标准体重 10% 的为超重；超过标准体重 20% 的为肥胖；超过标准体重 20% ~29% 的为轻度肥胖；超过标准体重 30% ~50% 的为中度肥胖；超过标准体重在 50% 以上的为严重肥胖。相反，实际体重低于标准体重 15% 为消瘦；低于标准体重在 15% ~25% 的为轻度消瘦；低于标准体重在 26% ~40% 的为严重消瘦。

但是，体重只是反映形体状况的参考指标，而重要指标则是体脂。经常参加运动的人因肌肉发达而超重，但其并没有肥胖臃肿的感觉；几乎不参加运动的人虽然没有超重，但其肌肉松弛也无形体之美。所以，应算出体脂百分比才能确定是否肥胖。体脂百分比的计算公式为：

体脂百分比 = 6.6087 ×0.4389 × 肩胛骨皮 +0.1822 × 欠腿皮 +0.4093 × 骨上皮

如果体脂百分比超过了 30%，则可以确定为肥胖。

第二节　形体运动的基本功训练

一、形体运动的基本形态及练习

基本形态是形体运动的基础，其内容包括基本姿态、基本部位、基本舞步、把杆基本形态等。掌握了形体运动的基本形态，可以培养正确的身体姿态，领会身体动作的正确方法，发展柔韧、灵敏协调等身体素质，增强动作的协调性、节奏感和表现力。

（一）基本姿态

基本姿态包括立、坐、走等人类最基本的姿态。

1. 站立姿态

正确的站立姿态为：两腿伸直并立，两脚自然成小八字，头颈、躯干、腿在一条垂线上，头正直、向上顶，下额略回收，两肩下沉，挺胸，收腹，立腰，夹臀，提气，两臂自然下垂，目视前方。

正确站立姿态的练习方法如下：

（1）靠墙立：在正确站立姿态的前提下，脚跟、腿、臀、肩胛骨和头紧靠墙，使头、躯干和腿在一条垂直线上，如图 11－1 所示：

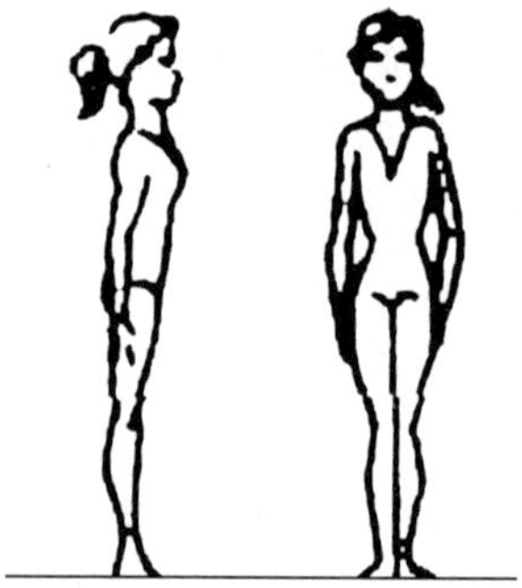

图 11－1　靠墙立练习示意图

（2）单腿立：在正确站立姿态的前提下，一腿支撑，另一腿屈膝上抬，脚贴于支撑腿，两手叉腰。

（3）提踵立：在正确站立姿态的前提下，支撑腿脚跟提起至最大限度，两手叉腰。

（4）分腿提踵立：在正确站立姿态的前提下，两腿左右或前后分开，脚跟提起至最大限度。

通过以上站立姿态的练习，可以使练习者保持良好的身体姿态，对于驼背、O 型腿和 X 型腿等不良姿态的矫正具有很好的作用。

2. 坐立姿态

正确的坐立姿态为：人体保持自然挺直，肩部放松，两臂自然下垂放在两膝上，颈部梗直前倾，两膝自然弯曲，全脚掌着地，目视前方。

正确坐立姿态的练习方法如下：

（1）正坐：在正确坐立姿态的前提下，两脚并拢，脚尖向前，两膝放松稍分开，两手自然扶于大腿上，肩放松，头、肩、臀应在一条直线上。

（2）侧坐：在正确坐立姿态的前提下，上体稍向侧转，两腿弯曲并拢并稍移向一边，靠外侧的脚略向前，两手自然放于两大腿间。

（3）地面坐：在正确坐立姿态的前提下，两腿弯曲，两脚脚心相对盘于体前，两手自然放于膝上。

3. 行走姿态

正确的行走姿态为：在正确站立姿态的前提下，收腹，挺胸，两臂自然下垂，前后协调摆动，脚尖向前，两脚在一条直线上的左、右侧有节奏的交替前移，膝关节正对前方，目视前方。

正确行走姿态的练习方法如下：

（1）行走分解动作练习，体会正确的动作要领。

（2）行走完整动作练习，并连续练习，如图 11－2 所示：

图 11－2　行走完整动作练习分解示意图

（3）提踵走。

养成了正确的行走姿势，可以使行走姿态更规范、更有风度，帮助矫正内外“八”字脚，身体摇晃、弓腰、挺肚等不良姿态。

3. 体形的标准

（1）骨骼发育正常，关节不显得粗欠突出。

（2）肌肉发送均匀，皮下有适当的脂肪。

（3）五官端正，与头部配合协调，眼大有神。

（4）双肩对称，男宽女圆。肩部略外展、下沉。

（5）脊柱正位垂直，曲度正常。

（6）男子胸廓隆起厚实，正面和背面看略成“F”型；女子胸部丰满而不下坠，侧视有明显曲线。

（7）腰细而结实，微成圆柱形；腹部扁平，腰部比胸部略细 1/3；男子有腹肌垒块隐现。

（8）臀部圆满适度，略上翘，有弹性。

（9）两腿修长，腿部线条柔和；小腿腓骨突出、跟腱长。

（10）踝细，足弓较高。

（二）基本部位

1. 手的基本部位

我们采用的是芭蕾舞手臂的七个基本位置。芭蕾舞的手臂可以伸展弧形或屈臂的形状。手形是五指并拢，自然伸直，拇指和中指稍向里合。当手臂伸展时手指和手腕随之伸展，在手背处呈反弓形。当手臂呈弧形时，肩放松，肘、腕自然微屈，使整个手臂从肩至手指尖成一柔和的弧线。

（1）一位：手自然下垂，胳膊肘和手腕处稍圆一些；两臂成弧形下垂于体前下方，手的中指相对，并留有一拳的距离，掌心稍向内，头右斜45°，如图11－3中①所示。

（2）二位：两臂保持弧形前举，稍低于肩，掌心向内，如图11－3中②所示。

（3）三位：两臂弧形上举，掌心稍向内，头右斜45°，如图11－3中③所示。

（4）四位：一臂弧形上举，另一臂弧形前举，如图11－3中④所示。

（5）五位：一臂弧形上举，另一臂弧形侧举，头右转，如图11－3中⑤所示。

（6）六位：一臂弧形前举，另一臂弧形侧举，掌心在前下方，如图11－3中⑥所示。

（7）七位：两臂弧形侧举，掌心在前下方，肘略向上抬，左转头，如图11－3中⑦所示。

（8）结束：双手从七位（手心朝前）画一个小半圈，手心朝下，向两边仰长后胳膊肘先弯曲下垂，逐渐收回到一位，结束。

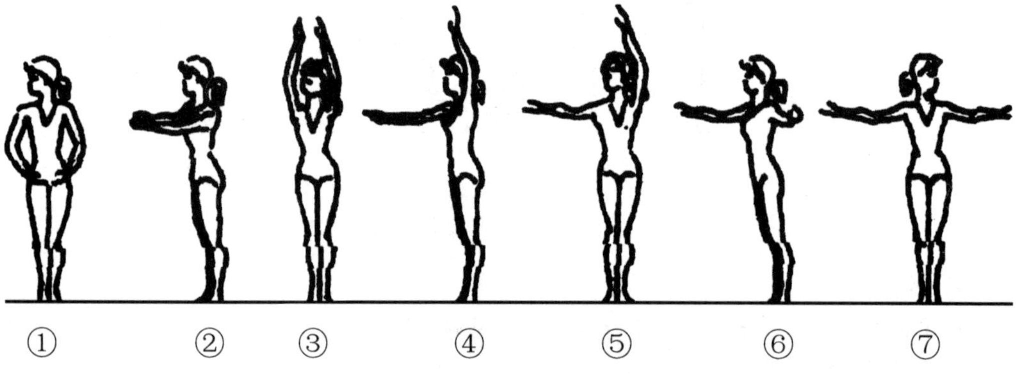

图11－3　手臂的七个基本位置示意图

2. 脚的基本部位

我们采用的是芭蕾舞手脚的五个基本位置，如图11－4所示。

（1）一位：两脚脚跟靠拢，脚尖向外，两脚成一横线，重心在两腿之间。

（2）二位：两脚尖向两侧，两脚成一横线，脚跟之间相距约一脚。

（3）三位：两脚尖向两侧、一脚跟相叠在另一脚弓处。

（4）四位：两脚前后平行站立，相距约一脚，脚尖向两侧，重心在两腿之间。

（5）五位：两脚前后平行靠拢，脚尖向两侧与另一脚跟并齐。

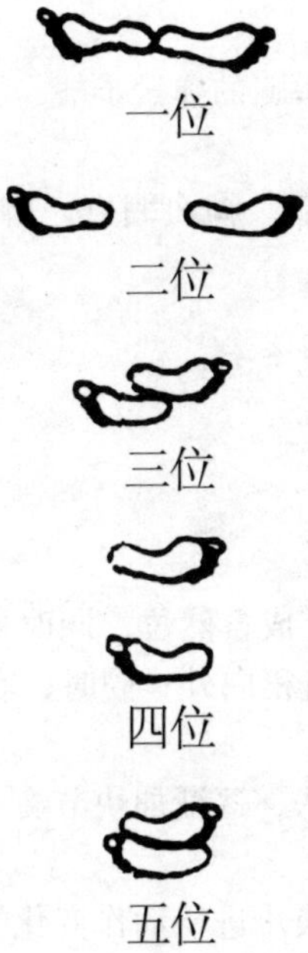

图 11－4　脚的五个基本位置示意图

（三）基本舞步

基本舞步是形体运动中的基本步法和舞步练习，其包括柔软步、足尖步、弹簧步、跑跳步、变换步、华尔兹步等。

这些基本舞步的练习可以培养练习者的节奏感、协调性及表现力，促进优美形态的形成。

1. 柔软步

由自然站立开始，左腿膝和脚面绷直向前伸出，脚面向外，经脚尖至全脚掌柔软地落地，身体重心随之前移，接着换右脚前移，两腿交替进行，两臂自然前后摆动或做其他动作。

柔软步的练习方法如下：

（1）两手叉腰两拍一动做柔软步的分解练习，然后一拍一动进行练习。

（2）掌握动作要领后，配合手臂动作进行完整练习。

2. 足尖步

由起踵立开始，左腿脚面、膝关节绷直向前伸出，由脚尖过渡到全脚掌着地，同时重心前移，两腿交替进行。

足尖步的练习方法如下：

（1）首先练习起踵立，掌握支撑技术。

（2）两手叉腰做足尖步的慢动作，体会动作要领。

（3）结合手臂动作练习足尖步。

3. 弹簧步

由起踵立开始，左脚向前做柔软步，脚落地时稍屈膝，重心移至左腿，左腿充分伸直成起踵立；同时，右腿脚面和膝关节绷直向前下方伸出，两臂自然前后摆动，两腿交替进行。

弹簧步的练习方法如下：

（1）在掌握了柔软步、足尖步的基础上学习弹簧步。

（2）练习屈膝弹动和起踵弹动。

（3）两手叉腰做慢动作练习。
（4）在上面的基础上练习前屈膝举腿的弹簧步。
4. 跑跳步
右脚原地轻跳，同时左腿屈膝抬起，脚面绷直，脚尖向下，左脚随之落地，随即原地轻跳，同时右腿屈膝抬起。
跑跳步的练习方法如下：
（1）先练习小跳、轻跳。
（2）两手叉腰练习跑跳步。
（3）配合不同的手臂动作进行练习。
5. 变换步
左脚向前柔软步，右脚与左脚并上成自然位，同时两臂成一位，左脚再向前一次柔软步，重心前移，右脚伸直后点地，脚面伸直稍向外；同时，右臂前举，左臂侧举。
变换步的练习方法如下：
（1）两手叉腰练习脚步移动的方法，逐渐加快节奏。
（2）配合手臂动作。
（3）采用前屈膝、后举腿等的变换步进行动作变化练习。
6. 华尔兹步
左脚向前柔软步，落地稍屈膝，重心随之前移，右脚依次向前做两次足尖步，两腿依次进行。
华尔兹步的练习方法如下：
（1）练习华尔兹，首先掌握柔软步和足尖步。
（2）做“低、高、高”的三拍节奏练习，熟练后变换方向。
（3）体会动作细节后，逐渐变换成正常的节奏。
（4）配合手臂波浪或绕摆等动作进行练习。

（四）把杆的基本形态及练习

把杆练习是要借助直径约5~6cm的细杆进行的徒手练习，主要是加强腿部力量，增加柔韧性、灵活性及关节的弹性，建立正确的动作姿态和较好的身体控制能力。
把杆练习的预备姿势有两种：一种是面对把杆站立，双手扶把，两手屈臂轻放在把杆上，肘关节下垂；另一种是单手扶把，身体侧对把杆站立，一手轻放在把杆上，另一手直臂下垂于体侧。
1. 提踵半蹲
（1）预备姿势：右手屈臂扶把，左手叉腰，并步站立。
（2）练习方法：
①1~2拍，踵下蹲；
②3~4拍，双脚提踵；
③5~8拍，还原。
2. 向前擦地
（1）预备姿势：身体侧对把杆小八字步站立，内侧手屈臂扶把，外侧手侧平举，目视前方。
（2）练习方法：
①1~4拍，一脚尖向前直腿擦地或成前点地，第四拍踝关节用力下压沿地面直腿擦回；

②5~8拍，同1~4拍。

3. 小踢腿

（1）预备姿势：左手扶把，右手臂自然下垂，右丁字步站立。

（2）起始动作：右手臂七位，上体直立，目视前方。

（3）练习方法1×8拍：

①1~2拍，右脚踢地至前四位点地；

②3~4拍，向前踢小腿，蹦脚尖；

③5~6拍，右脚落地前四位着地；

④7~8拍，右脚擦地还原成预备姿势。

（4）练习方法2×8拍：

①1~2拍，右脚擦地至前四位点地；

②3~4拍，右腿向侧小踢腿；

③5~6拍，右脚落地后侧点地；

④7~8拍，右脚回擦成前五位脚。

（5）练习方法3×8拍：

①1~2拍，右脚擦地至后四位点地；

②3~4拍，向后直腿踢；

③5~6拍，右脚落地前四位点地；

④7~8拍，回擦至五位脚。

二、形体运动的基本功及其训练

（一）手、肩、胸的练习

上体姿态的关键部位主要是通过手臂、肩、胸部等来体现的。通过对这些部位的练习后，可以使站立姿态更加完美，进而使人体更具有优美的神态气质和风度。

（1）手臂后振：直立站好，手臂上举，两手在头上互握，抬头，挺胸，两臂最大限度地后撮。

（2）肩后伸：立或坐，两手体后伸直交叉握，体前屈，两臂后上举使肩后伸，如图11-5所示：

图11-5 肩后伸练习示意图

（3）压肩：面对把杆，两腿分开，身体前倾，两手臂伸直放在把上，向下压肩，并抬头、挺胸、塌腰。

（4）侧拉肩：侧对肋木，两脚并拢，与肋木相距 20 cm，内侧手屈臂下握肋木，外侧手直臂贴耳上握肋木，向远处侧拉肩，然后换方向做。

（5）俯卧撑：两手与肩同宽俯撑，臀部和肩部保持在同一平面，含胸收腹，两手臂屈伸，两肘不外张，胸部接近地面，然后快速用力推起两臂。

（二）腰背部的练习

腰是构成女性曲线美的重要部位，是体现身体各种曲线美，由胸、髋和臂产生的各种富有艺术魅力的体态。腰部练习主要是发展脊柱腰部各关节的柔韧性和灵活性。

（1）体侧屈：两脚开立与肩同宽，两手臂侧平举，体侧左屈，左臂下落。右臂由侧平举至上举，再反方向做。

（2）转腿扭腰：仰卧直角举腿，两臂侧平放，掌心向上，双腿向右侧落下并着地，同时向左侧转腰，肩、臀紧贴地面，换反方向做。

（3）背部后屈：俯卧在垫子上，两腿伸直，两臂上举，上体和腿同时上抬，尽量抬高成最大反背弓，仰头，然后还原，如图 11－6 所示。

（4）全身向前波浪练习：屈膝半蹲，含胸低头开始，从踝、膝、髓、脚、颈，头依次向前挺出，两臂经前向后摆至上举，如图 11－7 所示：

图 11－6　背部后屈练习示意图

图 11－7　全身向前波浪练习动作分解示意图

（三）腹部的练习

腹部是体现女性体形美、身体变窈窕的重要部位。通过对腹部的练习，可以防止与减少腹部脂肪的堆积，使腹部平坦、腰围变得纤细，以增添女性的曲线美。

（1）仰卧起坐：仰卧于垫上，两腿并拢屈膝，两手抱头，起坐时，上体前屈，用右肘关节贴近左膝，左肘关节贴近右膝，落下时，两肩胛骨必须触垫还原成准备姿势。

（2）收腹举腿：背对肋木直臂拽木悬垂，两腿伸直并拢，收腹举至最高点后慢慢下落。

（3）坐立举腿：背靠椅背坐，两手抓住椅子两端，抬起双脚，将并拢的双腿慢慢向胸部贴靠，稍停，还原，然后反复练习。

（4）仰卧两头起：仰卧，两臂上举，上体前屈的同时举腿，尽量使双手指触脚面，然后还原，如图 11－8 所示：

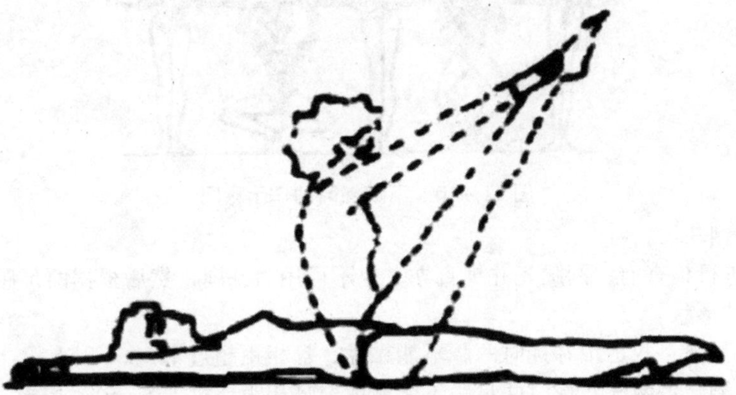

图 11－8　仰卧两头起练习动作示意图

（四）腿部的练习

腿部是女性形体美和保持步履轻盈的重要组成部分，优美的腿形能代表出挺拔的姿态。形体美的双腿应该直而修长，大腿线条柔和，小腿长而腓肠肌位置较高，并稍突出。通过腿部的练习，可以使双腿修长而匀称，腿部肌肉坚实有弹性、丰满柔韧，小腿曲线优美。

1. 腿部的练习方法

（1）直角坐控腿：身体成直角坐，两手叉腰，左腿屈膝，右腿直腿慢慢抬起，停 3～5 秒，然后慢慢放下，两腿交替进行。

（2）前后侧摆腿：自然站立，右手叉腰，左手扶把，右腿向前后侧做钟摆式的摆动，然后下落成自然站立，换左腿交替进行，如图 11－9 所示。

（3）下蹲：面向把杆，双手扶把，两脚跟靠拢，脚尖向外成一横线，半蹲，脚跟不离地，髋尽量打开，起立；然后全蹲，脚跟慢慢提起，臀部接触脚跟，起立，连续进行，如图 11－10 所示。

（4）体前屈：两腿伸直并拢，两手食指交叉手心向下，身体前屈用力下振。

（5）跪撑踢腿：两手直臂支撑，一腿跪撑，另一腿向后上方最大限度地踢腿。

（6）单腿跳：单脚站立，两手紧握棍棒横置于左（右）膝下，膝关节弯曲，右（左）脚单脚跳 20～30 秒。两腿交替进行。

图 11－9　前后侧摆腿练习动作示意图

图 11－10　下蹲练习动作示意图

2. 腿形的判断

在对腿形进行检查前，两腿先并拢直立，但不可用力并腿，然后根据两足跟和两膝之间的距离来判断腿的形状。

（1）“O”型腿：两足跟并拢时两膝不能靠拢，且相距超过 1.5 cm 以上。

（2）“X”型腿：两膝并拢时两足跟不能靠拢，且相距超过 1.5 cm 以上。

（3）“O”和“X”型腿：一侧膝正常，另一侧腿内翻为“O”，外翻为“X”型腿。

第三节　形体运动的组合动作

一、姿态组合

（一）原地手位动作组合

1. 预备姿势

面向右前方，左脚在前成五位站立，两臂于体前下垂。

2. 练习方法

（1）1×8 拍〔如图 11－11 中（一）所示〕：

①1～4 拍：1 拍，两臂从一位摆至二位，左脚向左前方擦地一次，脚尖点地，右腿半蹲，重心落在右脚上，目视前方；2～4 拍，控制不动。

②5～8 拍：5 拍，右臂上举，左臂侧摆成五位，同时重心移至左脚上，两腿伸直，目视前方；6～8 拍，控制不动。

（2）2×8 拍〔如图 11－11 中（二）所示〕：

①1～2 拍：1 拍，右臂下落成二位；2 拍，控制不动。

②3～4 拍：3 拍，右臂侧打开成七位，同时重心移至右脚上，眼看右手；4 拍，控制不动。

③5～8 拍：5 拍，左臂上举，右臂前举成四位，同时右腿半蹲，目视前方；6～8 拍，控制不动。

（3）3×8 拍〔如图 11－11 中（三）所示〕：

①1～4 拍：1 拍，左臂下落成二位。2～4 拍，控制不动。

②5～6 拍：5 拍，重心前移，右脚收至左脚后，成半蹲，两臂摆至七位；6 拍，控制不动。

③7～8 拍：7 拍，右脚站立，左脚向侧擦出，手臂不动，同时重心移至右脚；8 拍，控制不动。

（4）4×8 拍〔如图 11－11 中（四）所示〕：

①1～4 拍：1 拍，两臂上举成三位，同时右腿半蹲，左腿前伸；2～4 拍，控制不动。

②5～8 拍：以左脚为轴收右脚向左转体，面向左前方，手成一位。

③5×8 拍至 8×8 拍：同 1×8 拍至 4×8 拍，但方向相反。

图 11－11　原地手拉练习动作分解示意图

（二）行进间手位动作组合

1. 预备姿势

身体直立。

2. 练习方法

(1) 1×8 拍〔如图 11－12 中（一）所示〕：左脚向前走八步柔软步，同时手臂从一位至七位，一拍一做，眼看前方。

(2) 2×8 拍〔如图 11－12 中（二）所示〕：

① 1～4 拍：左脚继续向前走四步柔软步，同时手臂从二位经三位至七位还原。

② 5～8 拍：同 1～4 拍。

(3) 3×8 拍〔如图 11－12 中（三）所示〕：

① 1～4 拍：左脚向前走四步足尖步，同时手臂从三位经六位至七位还原。

② 5～8 拍：同 1～4 拍。

(4) 4×8 拍〔如图 11－12 中（四）所示〕：

① 1～4 拍：左脚继续向前走四步足尖步，同时手臂从四位经五位至六位还原。

② 5～8 拍：同 1～4 拍。

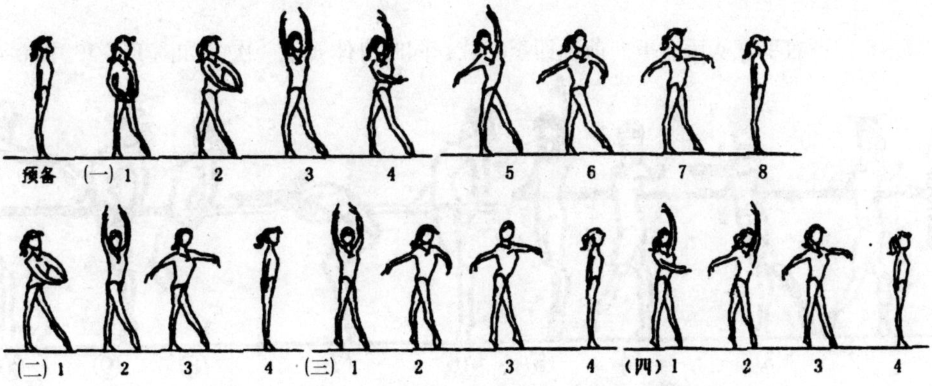

图 11－12　行进间手拉练习动作分解示意图

二、波浪组合

(一) 腰波浪

1. 预备姿势

左手扶杆，右手臂自然下垂于体侧，右丁字步站立（如图 11－13 中①所示）；起始动作在右脚前四位点地（如图 11－13 中②所示）。

2. 练习方法

(1) 1×8 拍：

① 1～4 拍：两腿经四位蹲，重心前移成左脚后点地，肩向前送，右手臂经一位至二位（如图 11－13 中③所示）。

② 5～8 拍：两腿经四位蹲，重心后移成右脚前点地，上体稍后仰，头右转，右手臂经一位至七位（如图 11－13 中④所示）。

(2) 2×8 拍：同 1×8 拍中的 1～4 拍；5～8 拍，右脚成正步提踵立，右手臂成三位，抬头看手的方向（如图 11－13 中⑤所示）。

(3) 3×8 拍：

① 1～4 拍：提踵屈膝，上体前倾（如图 11－13 中⑥、⑦所示）。

② 5～8 拍：右手臂从前经下至后回到三位，同时身体波浪一次成提踵立（如图 11－13 中⑦、⑥、⑤所示）。

(4) 4×8 拍：同 3×8 拍。

(5) 5×8 拍：

① 1～4 拍：左脚向后经四位蹲，重心后移成右脚前点地，右手臂自三位经二位、一位至七位（如图 11－13 中⑤所示）。

② 5～8 拍：两腿经四位蹲，重心前移成左脚后点地，肩向前送，同时，右手臂经一位成二位（如图 11－13 中③所示）。

(6) 6×8 拍：

① 1～4 拍：同 5×8 拍中的 1～4 拍。

② 5～8 拍：右腿并左腿成正步起踵蹲立，右手臂成三位（如图 11－13 中⑤所示）。

(7) 7×8 拍：

① 1～4 拍：提踵立，微屈膝，上体稍后转，左臂翻腕伸直，手心向外（如图 11－13 中⑧所示）。

② 5～8 拍：右手臂从后经下向前绕回至三位，同时身体波浪一次（如图 11－13 中⑩所示）。

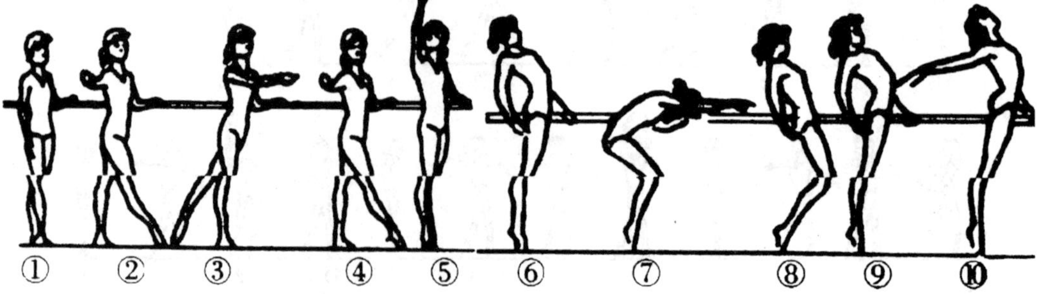

图 11－13　腰波浪练习动作分解示意图

(8) 8×8 拍：同 7×8 拍，只是第 8 拍收势。

3. 要求

重心向前、后移时，经过四位蹲动作，身体波浪要以膝、髋、腰、胸部各关节依次向前起伏形成波浪。手臂波浪要以肩、肘带动小臂各关节依次活动形成波浪。

(二) 全身波浪

1. 预备姿势

面向前自然站立（如图 11－14 中①所示）。

图 11－14　全身波浪练习动作分解示意图

2. 练习方法

(1) 1×8 拍：

① 1～4 拍：两腿屈膝向左侧顶胯，右臂在身体后侧屈肘，手心向左，左臂从体侧至左侧七位，头左转，眼看左手（如图 11－14 中②所示）。

② 5～8 拍：两腿屈膝向右顶胯，右手臂向上波浪至七位左手臂向下，波浪至身体后侧（如图 11－14 中③所示）。

(2) 2×8 拍：同 1×8 拍。

(3) 3×8 拍：

① 1～2 拍：左腿屈膝，右腿伸直前点地，手臂成二位，含胸，低头（如图 11－14 中④所示）。

② 3～4 拍：两腿经四位蹲，重心前移成左后点地，上体挺胸，抬头，进行躯干前波浪一次，手臂成七位（如图 11－14 中⑤所示）。

③ 5～8 拍：同 1～4 拍，但方向相反。

(4) 4×8 拍：同 3×8 拍。

(5) 5×8 拍：

① 1～2 拍：上右脚，左脚后点地。

② 3～4 拍：左脚原地踏步，重心后移成右前点地。

③ 5～6 拍：经四位蹲，含胸，低头，两小臂向内画圆（如图 11－14 中⑥所示）。

④ 7～8 拍：重心前移成后点地，两手臂向侧波浪一次成右斜上举（如图 11－14 中⑦所示）。

(6) 6×8 拍：

① 1～2 拍：左脚向左迈一步，成两脚平行，两手臂成七位。

② 3～4 拍：身体向右转体 45°，右脚侧点地，体侧屈（如图 11－14 中⑧所示）。

③ 5～8 拍：两手臂向内绕环波浪一次，分别成左手臂斜侧上举，右手臂斜侧下举。

(7) 7×8 拍：同 6×8 拍。

(8) 8×8 拍：

① 1～4 拍：左腿并右腿，向左转体 45°，两腿屈膝，侧顶髋，右手臂屈肘，手心向上，在

头上从左向后画弧至体后（如图 11－14 中⑩所示）。

② 5～8 拍：右手臂向侧波浪一次，成七位（如图 11－14 中⑪所示）。

③ 9×8 拍：同 8×8 拍，但方向相反。

3. 结束

两腿慢慢伸直还原成预备姿势。

思 考 题

1. 简述形体运动的特点。
2. 形体运动的基本姿态有哪些？
3. 结合所学知识，试述怎样使自己有一个健美的体形。

第十二章 瑜 伽

第一节 瑜伽概述

瑜伽（yoga）来自梵文，意为“结合”“统一”“联系”。它的含义是把精神和肉体结合到最佳状态，把生命和大自然结合到最完美的境界。可以说，瑜伽是一种身心兼修的练习方法。瑜伽起源于5000年前的印度，最早由苦修者模仿动物的姿势并加以修正而成，其核心是让人调整自己身体的姿势、呼吸专注于某一点，从而达到摒弃小我与杂念的目的，进入入定的状态，并且因此而超脱了感官意识和冥想意识，体验到最终极的意识状态。瑜伽方法最关键的地方就是让训练者把自己的意识专注于一处，这是一种净化自己意识的绝妙方法。当你的意识专注于一处时，任何牵挂于各类对象与关系的意识和虚假的意识便无所依托而逐渐安息。瑜伽有训练体位法、呼吸控制法、清洁净化法等，其实这些只是处于最底的层面，主要属于健身运动，而不是最高的目标。在古印度人看来，瑜伽就是最高的方法，是最高的追求真理的方法，没有其他的方法。

第二节 瑜伽基本技巧

一、呼吸练习技巧

（一）腹式呼吸

将双手轻轻放在腹部，首先呼气，让腹部凹下，缓慢地将内部废气全部呼出；接着，用鼻子缓慢地吸气，同时让肚子凸起。

（二）胸式呼吸

仰卧或坐正，吸气时腹部不要凸起，直接将空气吸入胸部，并使胸部向外扩张；吸气越深，胸部向外扩张越明显，腹部越是向脊柱方向缩进，肋骨越是向外、向上扩张；呼气时肋骨向下、向内收缩。

（三）完全式呼吸

完全式呼吸是将以上两种呼吸结合起来的呼吸法。吸气时先吸向腹部，在腹部向外膨胀时，感受气体开始充满你的胸部的下半部分，然后又充满胸部的上半部分，让胸腔内充满空气而扩张到最大限度；接着，按相反的顺序呼气，先放松胸部，再放松腹部，腹部肌肉向内收紧，并结束呼气；这样循环练习。完全式呼吸应是轻柔、畅顺的，呼气时，应是稳定、渐进的，不得急促、匆忙，让这种呼吸方式在你日常的练习和生活中自如地进行，以至于最后达到习以为常。

二、体位练习技巧

（一）缓解压力

1. 顶峰式（如图 12－1 所示）

（1）跪坐，脊柱挺直；

（2）两手两膝着地，抬高臀部；

（3）双臂和背部形成一条直线；

（4）将脚跟放在地面上，如果脚跟不能着地，就让脚跟上下蹦跳；

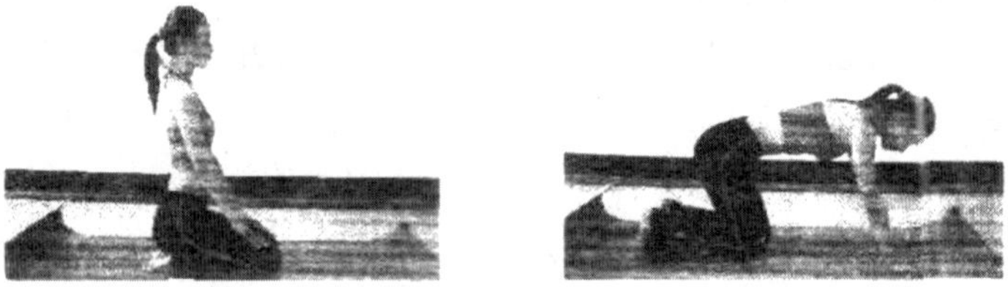

① ②

图 12－1　顶峰式缓解压力练习动作

（5）正常呼吸，保持这个姿势 1 分钟；

（6）呼气，恢复两手两膝着地跪姿；

（7）重复 6 次。

顶峰式练习的功效主要是消除疲劳，消除脚跟疼痛，强壮坐骨神经。

2. 直角式（如图 12－2 所示）

（1）身子挺直站立；

（2）十指交握上举过头，抬头；

（3）呼气，以脊柱基座为支点向前弯身，两眼始终注视双手；

① ② ③

图 12－2　直角式缓解压力练习动作

（4）呼吸正常，保持 6～12 秒；

（5）重复 12 次。

直角式练习的功效主要是有助于纠正驼背和双肩下垂，也能消除紧张。

3. 人面狮身式（如图 12－3 所示）

（1）俯卧，脸贴地面，手放头两侧；

（2）吸气，保持两前臂平放地上；抬起上体，头向后方仰起；

（3）正常呼吸，保持 15～20 秒；

（4）呼气，慢慢回复到地上。

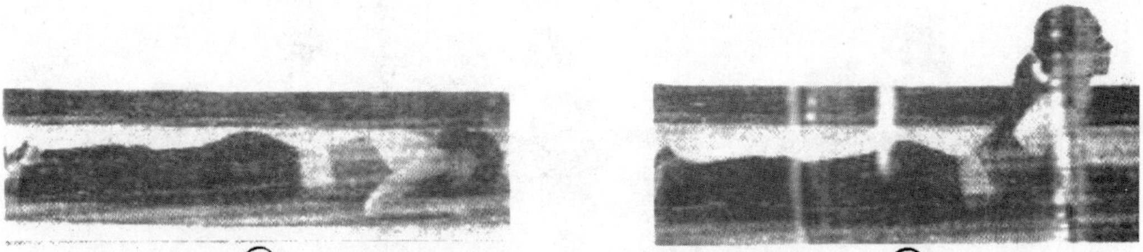

① ②

图 12－3　人面狮身式缓解压力练习动作

人面狮身式练习的功效主要是增强脊柱。

4. 双角式（如图 12－4 所示）

（1）挺身直立，两脚微微分开；

（2）吸气，两手放在下背部，十指相交；

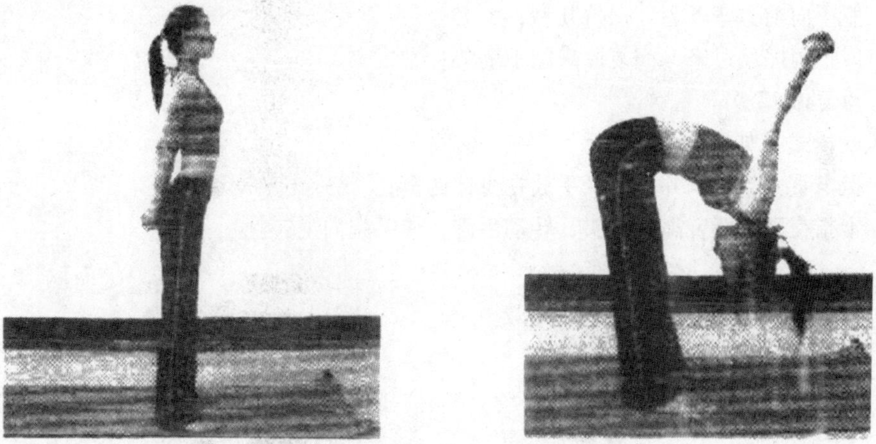

① ②

图 12－4　双角式缓解压力练习动作

（3）呼气，上身前弯，两臂尽量向头的后上方伸展；

（4）一边保持这个姿势，一边垂下头，保持 20 秒；

（5）恢复到站立式；

（6）重复 3～5 次。

双角式练习的功效主要是伸展小腿，增强上背部和肩膀肌肉，镇定神经系统，缓解压力，使人放松。

（二）平衡练习

1. 敬礼式（如图 12－5 所示）

图 12－5　敬礼式平衡练习动作

（1）蹲下，两膝大大分开，两脚平放在地上；

（2）双掌合十，用两肘用力推两膝的内侧；

（3）吸气，头后仰，把两肘再向外推，保持 6 秒；

（4）呼气，两臂向前方伸直，双掌仍合十；

（5）两膝尽量靠拢；

（6）躯干向前方弯下去，保持几秒；

（7）以上程序反过来，回复原来蹲下姿势；

（8）重复做 12 次。

2. 风吹树式（如图 12－6 所示）

（1）挺身直立，两脚并拢，两手放在身体两侧；

（2）十指交叉，两臂高举过头，转动手腕，使手腕向上；

图 12－6　风吹树式平衡练习动作

（3）脚尖着地，以腰为轴，向右弯曲；

（4）保持数秒，然后向左弯曲；

（5）左右至少 12 次。

平衡练习的功效主要是增强灵活性，提高平衡感，扩张胸部，放松肩关节。

（三）上肢练习

1. 肩旋转式（如图 12－7 所示）

图 12－7　肩旋转式上肢练习动作

（1）挺身直立，两臂侧平举，掌心向上；

（2）弯曲两肘，把手指放在肩头；

（3）一面将手指放在肩头，一面将肘部做圆圈旋转运动；

（4）开始时做小圆圈，逐渐增大圆圈，反方向练习。

肩旋转式上肢练习的功效主要是扩展胸部，放松肩关节，补养和加强背部，特别是肩胛骨周围区域。

2. 肘部练习

（1）直立，两臂向前伸出，与地面平行，掌心向上；

（2）屈肘，指尖轻拍肩头，再把双臂向前伸出；

（3）重复 8～10 次。

肘部练习的功效主要是放松肘部关节，强壮臂部肌肉。

（四）胸部练习

1. 美胸式（如图 12－8 所示）

（1）跪坐；

（2）吸气，双手于头后拉住双肘，双手向后伸直；

（3）呼气，双手十指交叉；

（4）吸气，掌心向上，伸直两臂，保持自然呼吸；

（5）呼气，手臂还原，放置体侧；

（6）重复 4 次。

美胸式胸部练习的功效主要是扩展胸部，美化胸部曲线，灵活肩关节。

图 12－8　美胸式胸部练习动作

2. 云雀式

（1）跪坐；

（2）两手触地，帮助左腿尽量向后伸直；

（3）两臂向两侧伸展；

（4）吸气，上身尽量后仰，打开胸廓，手指尽量触地，呼气，保持数秒；

（5）深呼吸，保持身体平衡；

（6）还原，换另一侧腿；

（7）重复两次。

云雀式胸部练习的功效主要是锻炼平衡感，扩展胸部。

（五）腹部练习

1. 罐头开启器和炮弹式（如图 12－9 所示）

（1）仰卧，吸气；

（2）呼气，两手在右膝处交握，尽量吐出肺部废气；

（2）闭气不吸，并把头靠近膝部，下巴接触膝部；

（4）吸气，把头放回地面上；

（5）呼气，把右腿放回原处；

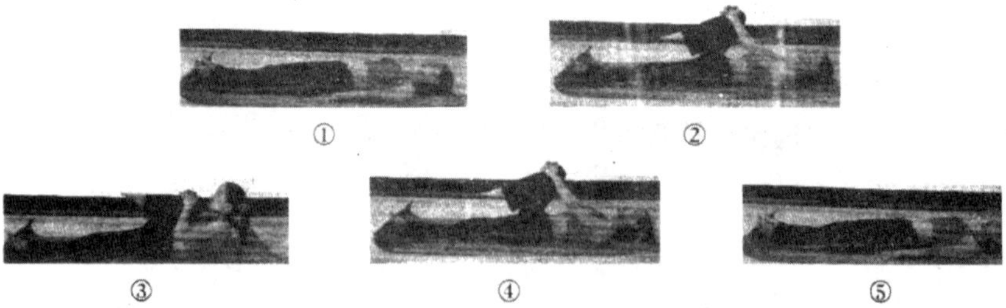

图 12－9　罐头开启器和炮弹式腹部练习动作

（6）左右腿各做 6 次。

罐头开启器和炮弹式腹部练习的功效主要是补养和加强腹部，有助于减轻便秘，释放腹中积气。

2. 上伸腿式（如图 12－10 所示）

（1）仰卧，呼气，慢慢伸起双腿离地面约 1 尺，持续 10 秒；

（2）呼气，慢慢伸起双腿离地面约 3 尺，持续 10 秒；

（3）慢慢伸起双腿离地面 90°，持续 30 秒；

① ② ③

图 12－10 上伸腿式腹部练习动作

（4）呼气，慢慢将腿放回地面；

（5）重复练习 3 次，根据自身素质，决定高度和持续时间。

上伸腿式腹部练习的功效主要是增强下背部力量，补养和加强两腿，消除便秘，刺激消化过程。

3. 腿旋转式（如图 12－11 所示）

（1）仰卧，腿伸直，两臂放在体侧；

（2）右腿直腿伸离地面，顺时针方向旋转 8～10 次后换方向练习；

（3）左腿做同样练习；

（4）两腿一同升起做顺时针和逆时针方向 8～10 次。

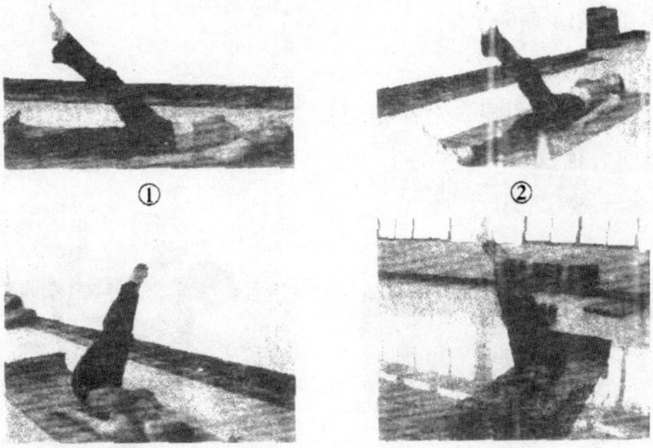

① ② ③ ④

图 12－11 腿旋转式腹部练习动作

腿旋转式腹部练习的功效主要是消除腹部赘肉，增强腰腹肌力量。

4. 船式（如图 12－12 所示）

① ② ③

图 12－12 船式腹部练习动作

（1）仰卧，腿伸直，两臂放在体侧，掌心向下；

（2）吸气，同时将头、上身躯干、两腿和双臂、全都抬起来，离开地面；

（3）双臂应向前伸直平行；

（4）一边蓄气不呼，尽量长久保持这个姿势，一边慢慢把腿和躯干放回地面，呼气；

（5）重复做6次。

船式腹部练习的功效主要是锻炼腹部的器官和肌肉，这是极好的姿势，同时也能改善消化功能。

5. 下半身摇动式（如图12－13所示）

（1）仰卧，两腿伸直；

（2）屈膝收腿，两大腿尽量收近胸部；

（3）十指相交，放在头后；

图12－13　下身摇动式腹部练习动作

（4）一边保持两肘平贴地上，一边让身体左右摇动12次。

下半身摇动式腹部练习的功效主要是增强血液循环，加强大腿和腹部脏器，按摩背部和腹部。

6. 摇摆式（如图12－14所示）

（1）仰卧，两腿伸直；

（2）两腿屈膝，两臂环抱两腿，十指相交；

（3）抬头，身体前后摇摆；

（4）5次一个回合，做8～10个回合。

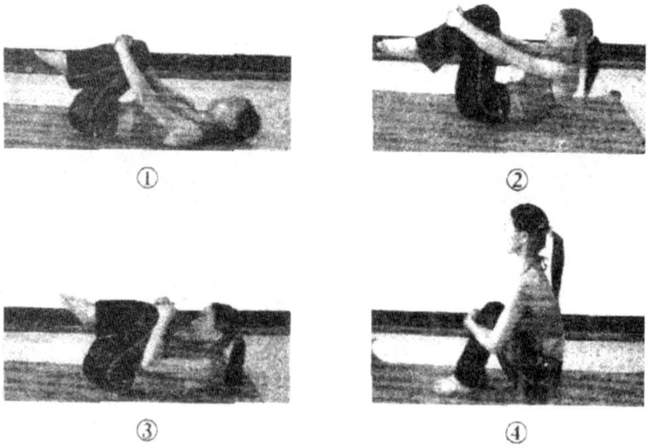

图12－14　摇摆式腹部练习动作

摇摆式腹部练习的功效主要是放松背部，增强血液循环，有助于放松腹中气体。

（六）增强脊椎练习

1. 简化脊柱扭动式（如图12－15所示）

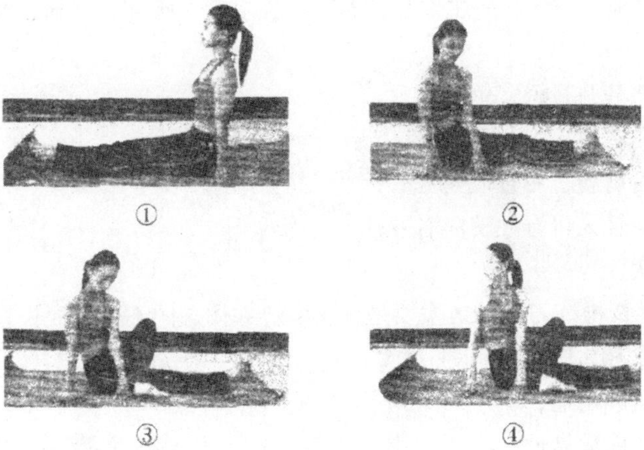

图 12－15　简化背柱扭动式增强脊椎练习动作

（1）坐姿，两腿前伸直，两手放在臀部后侧，指尖朝外；

（2）左手放在右手之前，左脚放在右膝外侧；

（3）吸气，尽量把头转向右侧，扭动脊柱，蓄气不呼，保持这个姿势若干秒；

（4）呼气，身体扭回原位；

（5）每边做 6 次。

简化脊柱扭动式增强脊椎练习的功效主要是伸展脊柱，消除背痛。

2. 展转动式（如图 12－16 所示）

（1）两脚分开，直立；

（2）十指相交，吸气，两臂举过头。呼气，向前弯身；

（3）两眼注视手，将上身尽量向右转，呼气，左转；

（4）左右 4 次。

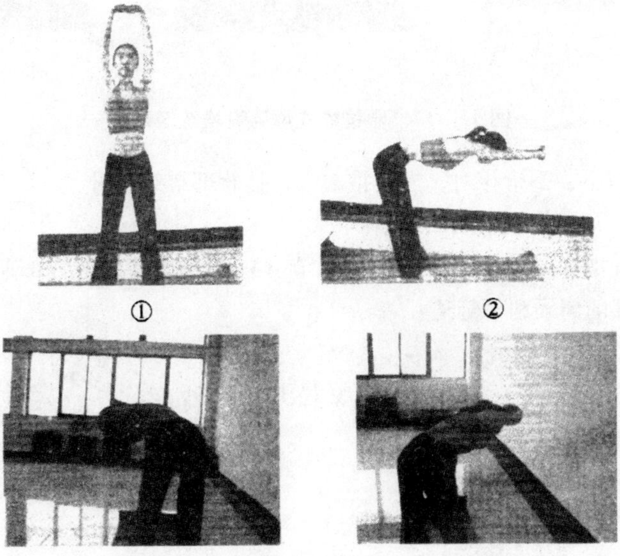

图 12－16　展转动式增强脊椎练习动作

展转动式增强脊椎练习的功效主要是补养和加强双臂、腰部、背部、髋部。

3. 腰躯转动式

（1）直立，两腿分开，两臂侧平举；

（2）将躯体转向右边；

（3）左手放在右肩膀，右臂放到身后；

（4）保持姿势，轻柔将脊柱转向右方；

（5）每边做6次。

腰躯转动式增强脊椎练习的功效主要是矫正姿势、体态的不正，放松脊柱和背部肌肉。

4. 眼镜蛇式（如图12－17所示）

（1）俯卧，一边脸贴地；

（2）转动头部，前额靠地；

（3）张开双眼，眼珠向上翻；

（4）使用面部和颈部的肌肉慢慢把头翘起；

（5）慢慢吸气，发挥背部肌肉，把背部和躯干逐渐抬高；

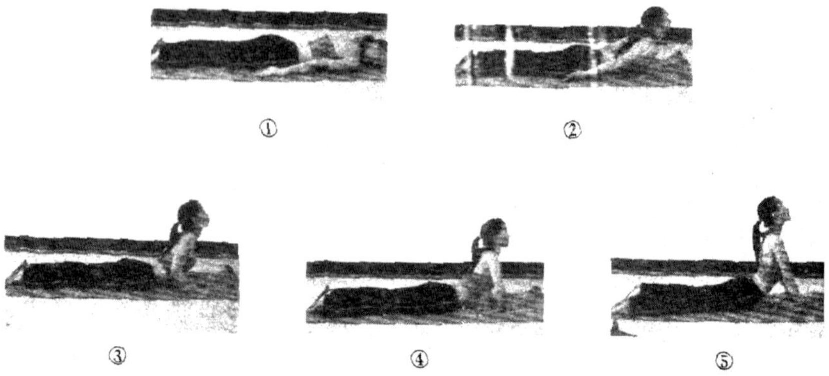

图12－17 眼镜蛇式增强脊椎练习动作

（6）两手放在肩下，手指相对，慢慢推起来，让背部继续上升；

（7）慢慢呼气，逐渐把躯干放回地面。

眼镜蛇式增强脊椎练习的功效主要是使每节脊柱都获得伸展、背部肌肉群获得伸展，舒缓、消除背部、颈部的僵硬和不舒适。

5. 犁式（如图12－18所示）

（1）平直仰卧，两脚并拢，掌心向下。放松15～20秒。

（2）吸气举起腿到躯干上方。

（3）呼气，将腿向头后伸10秒。

（4）将双脚跟向头后伸去，两臂滑向背后。

（5）将两臂收回躯体两侧，膝部弯曲慢慢展开躯体。

（6）在臀部接触地面时，双腿可以伸直，顺势放下。

（7）休息20秒，再做两次。

犁式增强脊椎练习的功效主要是对整个脊柱神经网络极为有益，能刺激血液循环。

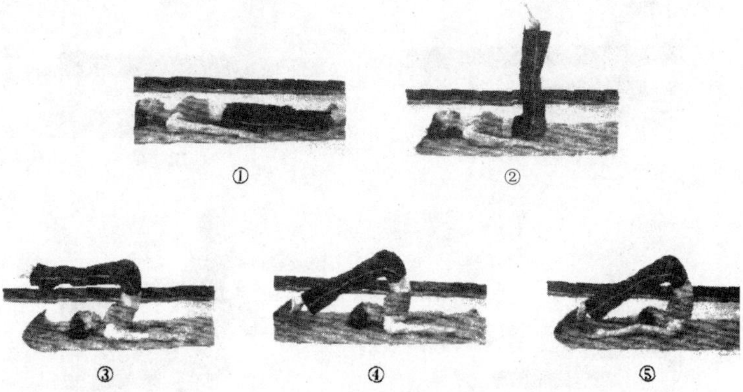

图 12－18　犁式增强脊椎练习动作

6. 倒箭式（如图 12－19 所示）

（1）仰卧，慢慢举起双腿，直到垂直于地面；

（2）升起上身躯干，手放髋处支撑，躯干与地面成45°；

（3）轻轻放下两腿，两掌放回地面，慢慢将躯干放下，回复到躺的姿态。

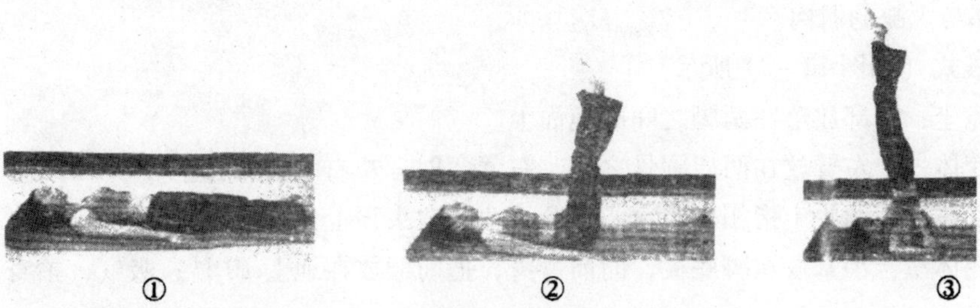

图 12－19　倒箭式增强脊椎练习动作

倒箭式增强脊椎练习的功效主要是促进血液循环，增强脊椎，按摩内脏器官。

（七）下肢练习

1. 脚踝练习

（1）坐着，两腿前伸直，两手放在臀部两侧，上身向后倾，两脚镶嵌、向后扭动，最大限度弯曲踝关节；

（2）分开两腿，左脚顺时针、逆时针旋转，换成右脚练习；

（3）两只脚同时旋转。

脚踝练习的功效主要是放松踝部关节，强壮腿部肌肉。

2. 膝旋转与弯曲（如图 12－20 所示）

（1）坐着，两腿前伸直；

（2）十指在右大腿之后相交，屈右膝；

（3）伸直两臂，将右腿向前伸出去；

（4）重复做12次，换左腿；

（5）用右膝做支点，将右小腿做顺时针方向圆圈转动 12 次；

图 12－20　膝旋转与弯曲练习动作

（6）反方向练习转动 12 次；

（7）左脚做同样练习。

膝旋转与弯曲练习的功效主要是松弛全身并特别放松小腿的各个肌肉，放松膝关节，加强和补养腹部与大腿的肌肉。

3. 英雄式（如图 12－21 所示）

（1）跪坐：臀部放落在两脚之间的地面上。

（2）变体一：左臂放在两肩胛骨之间，右臂弯肘，左右手指相扣。

（3）变体二：两手十指相交，掌心上翻，两臂向头顶上伸直。

（4）变体三：手掌放在脚底板，向前弯身，把前额放在地上 10 秒；吸气，抬身。

图 12－21　英雄式下肢练习动作

英雄式下肢练习的功效主要是消除脚跟疼痛，治愈膝部由于痛风和风湿引起的疼痛。

4. 蹲式（如图 12－22 所示）

图 12－22　**蹲式下肢练习动作**

（1）挺身直立，两脚宽阔分开，两脚指向外侧；
（2）两手十指相交，两臂轻松下垂；
（3）弯曲双膝，慢慢将身躯降低，约 30cm；
（4）伸直两腿，恢复挺身直立姿势；
（5）再次弯曲双膝，把身躯降低到大腿与地面平行；
（6）再次恢复直立姿势；
（7）弯曲双膝，把身躯降低到手略高于地面；
（8）恢复直立姿势，放松休息；
（9）降低躯干时呼气，挺直躯干时吸气；
（10）重复做 6～12 次。

蹲式下肢练习动作功效主要是加强双踝、双膝及大腿内侧肌肉。

（八）缓解生理疾病练习

1. 单腿交换伸展式（如图 12－23 所示）

图 12－23　**单腿交换伸展式练习动作**

（1）坐着，两腿向前伸直，两手放在膝盖上；

（2）右脚收到腹股沟尽量靠近左大腿根部；
（4）吸气，两手上伸过头部，向后靠；
（4）呼气，向前弯身；
（5）躯干慢慢拉近腿部将两肘向外弯曲，放松颈部肌肉；
（6）伸直双臂，呼气，慢慢抬高躯干，坐直身体；
（7）每边做两次。
单腿交换式伸展式练习的功效主要是放松背部，促进正常的消化与排泄作用。
2. 三角伸展式（图 12－24）
（1）直立，两脚分开，两手侧平举；
（2）呼气，向右侧弯曲，两臂继续成一直线，坚持 10 秒；
（3）吸气，恢复。

① ② ③

图 12－24 三角伸展式练习动作

三角伸展式练习的功效主要是消除腰部周围赘肉，健壮髋部肌肉，治疗多种皮肤病。
3. 猫伸展式（如图 12－25 所示）
（1）跪下，坐在脚跟上，伸直背部；
（2）抬起臀部，两手放在地上，吸气，抬头，收缩背部肌肉 6 秒；
（3）呼气，垂下头，拱起脊柱 6 秒；
（4）各做 12 次。

① ② ③

图 12－25 猫伸展式练习动作

猫伸展式练习的功效主要是使脊柱富有弹性，放松颈项和肩膀，改善血液循环，有助于消除痛经。
4. 树式（如图 12－26 所示）
（1）直立，两脚并拢，两臂靠近两大腿外侧；
（2）右脚跟提起到左大腿，右脚尖朝下，右脚放稳在左大腿上；
（3）双掌合十两臂伸直高举过头；
（4）左右腿各做 3 次。

①　　②　　③

图 12－26　树式伸展练习动作

树式伸展练习的功效主要是补养和加强腿部、背部和胸部的肌肉。

5. 摩天式

（1）两腿分开同肩宽，手指交叉上翻，手臂高举过头顶；

（2）吸气时抬起脚跟，双眼注视手背；

（3）屏住呼吸数秒呼气时脚跟落地还原。

摩天式伸展练习的功效主要是对腹部肌群和内脏有益，能治愈便秘。

6. 蛇击式（如图 12－27 所示）

（1）双手着地，跪下来，两臂应与双肩成直角；

（2）一边保持手紧按地面，一边把臀部放落到两脚跟上，并把头贴在地上；

（3）一边吸气，一边将胸膛向前移动；

（4）当胸膛不能再向前移动时，吸气，伸直两臂，大腿与地面接触，胸部向上挺起；

（5）使背部成弓形，两眼向上看，正常呼吸，保持 10～20 秒；

（6）按反过来姿势恢复到跪撑姿势；

（7）重复做 12 次。

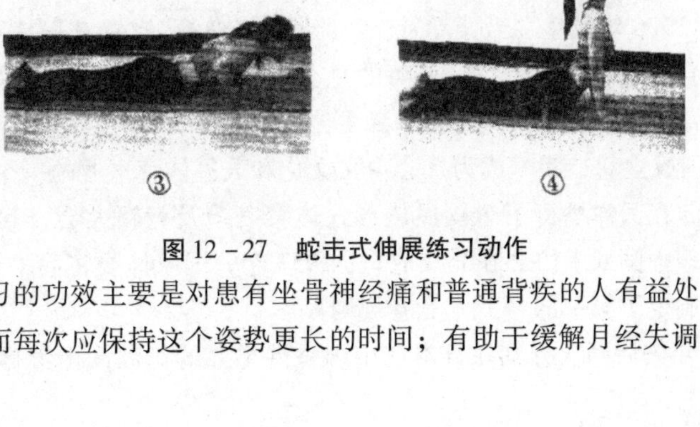

①　　②

③　　④

图 12－27　蛇击式伸展练习动作

蛇击式伸展练习的功效主要是对患有坐骨神经痛和普通背疾的人有益处，能纠正椎间盘错位或肋骨错位，因而每次应保持这个姿势更长的时间；有助于缓解月经失调的毛病。

第十三章　武　　术

第一节　武术运动概述

一、武术运动的起源与发展

在“原始群”时代，工具简陋，生产力低下，庞大而凶猛的野兽对猿人的生存是一种主要威胁，因而这就决定了只有依靠群体力量，才能抵御自然界的灾害和猛兽的袭击；同时，他们为了生存而不得不到处流动，以便从事采集和狩猎。

严酷的生活条件，迫使人类不断地改善自己的体力和智力，并发展徒手或简单武器的攻防格斗技能，如拳打、脚踢、躲闪、跳跃、摔跤等，这就是武术的萌芽；而劈、砍、扎、刺等则是武术长、短器械及使用方法的萌芽。因此可见，武术起源于生产劳动。

武术作为独立的社会文化现象，是同中华民族文明的产生同步的。商周时代，激烈的军事斗争，不仅促使武术由简单到复杂、由单一化向多样化发展，而且促进了攻防格斗技术的提高和发展。

在我国，商周时期就开始有了专门的教育，而练武在教育中占有非常重要的地位。同时，武术也开始成为人们有目的、有意识、有组织的社会活动。

在春秋战国时期，重视和提倡“拳勇”“技击”，特别是“相搏”与“斗剑”发展较快，这在《吕氏春秋》《庄子·说剑》中均有记载，而且论述精到，至今仍不失光彩。

宋、元时期，尚武的社会风气促进了武术的发展。以民间结社的武艺组织为主体的民间练武活动蓬勃兴起。有“英略社”“弓箭社”“锦标社”“射弓踏弩社”“相扑社”等，这为武术的交流、传授、发展创造了有利条件。

明、清时期是武术集大成的发展时期，而且其流派林立、拳种纷呈，并著有完整的套路图谱的书籍，如《纪效新书》《耕余剩技》等等。记载中有三十二式长拳、少林拳、内家拳、俞大、少林棍、杨家棍、马家枪、六合枪、单刀、双刀、偃月刀、二十四式剑等等。自明末清初时期，又形成了太极拳、形意拳、八卦掌等主要的拳术体系。民国时期，民间出现了许多拳术社、武士会、武术会、体育会等武术组织。1910 年，在上海成立了“精武体育会”；1918 年成立“中华武士会”；1926 年成立“致柔拳社”“武当太极拳社”“尚武国术研究社”。其中，以上海的“精武体育会”最为庞大，它以上海的总会为中心，在一些省市建立了精武分会，还在南洋一带建立了海外的精武分会，将中华武术传到了海外。

中华人民共和国成立后，武术成为社会主义文化和人民体育事业的一个组成部分而得到了蓬勃发展。1953 年，在天津举行了全国民族形式体育表演及竞赛大会，武术就是这次大会的主要内容；1956 年，中国武术协会在北京成立；1957 年，国家体委将武术列为体育竞赛项目；1958 年，国家体委制定了第一部《武术竞赛规则》。

1987 年、1989 年先后两次分别在日本和中国香港举办的亚洲武术锦标赛中，中国队都取得了优异的成绩。1990年，在北京召开的亚运会上，武术作为表演项目向世人展示了它独特的运动风格。在这种形势下，开展广泛的国际间文化交流，让全世界爱好武术的人们都能共同享受到中华民族的这一宝贵文化遗产。

二、武术运动的价值

武术运动主要有以下几方面的价值：

（1）健身价值：增长肌肉力量，增强各关节韧带的柔韧性，提高身体协调和灵活性以及平衡能力。

（2）修身价值：热爱祖国传统武术，培养坚韧、顽强、勇于战胜困难的意志品质和良好的武术道德以及团结、协作的精神。

（3）医疗价值：矫正身体姿态，提高大脑兴奋、反应活力，治疗慢性疾病，促进病者康复。

（4）观赏、娱乐价值：提高审美观念，对自身培养健美姿态，观赏表演和比赛，感受武术的娇姿形神，提高兴趣，陶冶情操。

（5）国防价值：提高军队的擒拿格斗技术和身体力量，以及快速反应战斗力，对国防和社会治安有保障作用。

（6）交流价值：促进社会交往，改善人际关系，互相交流，切磋武术技艺。通过国际比赛，加强国际人民间的友谊、团结，广泛普及武术运动。

第二节　初级长拳

一、预备动作

1. 预备式

两脚并步站立，两臂垂于身体两侧，五指并拢贴靠于腿外侧，眼向前平视，如图13－1①所示。

2. 要点

头要端正，下颏微收，挺胸，塌腰，收腹。

3. 预备动作练习

（1）虚步亮掌：

①右脚向右后方撤步成左弓步；右中向右、向上，向前画弧，掌心向上；左臂屈肘，左掌提至腰侧，掌心向上；目视右掌，如图13－1②所示。

②右腿微屈，重心后移；左掌经胸前从右臂上向前穿出伸直；右臂屈肘，右掌收至腰侧，掌心向上；目视左掌，如图13－1③所示。

③重心继续后移，左脚稍向右移，脚尖点地，成左虚步；左臂内旋向左、向后画弧成勾手，勾尖向上；右手继续向后、向右、向前上画弧，屈肘抖腕，在头前上方成亮掌（即衡掌），掌心向前，掌指向左；目视左方，如图13－1④所示。

④要点：三个动作必须连贯，成虚步时重心落于右腿上，右大腿与地面平行，左腿微屈，

脚尖点地。

（2）并步对拳：

①右腿蹬直，左腿提膝，脚尖里扣，上肢姿势不变，如图 13－2①所示：

图 13－1　虚步亮掌动作分解示意图

②左脚向前落步，重心前移；左臂屈肘、左勾手变掌经左肋前伸；右臂外旋向前下落于左掌右侧，两掌同高，掌心均向上，如图 13－2②所示：

图 13－2　并步对拳练习动作分解示意图

③右脚向前上一步，两臂下垂后摆，如图 13－2③所示。

④左脚向右脚并步，两臂向外向上经胸前屈肘下按，两掌变拳，拳心向下，停于小腹前，目视左侧，如图 13－2④所示。

⑤要点是并步后挺胸、塌腰，对拳、并步、转头要同时完成。

二、第一段

1. 弓步冲拳（一）

（1）左脚向左上一步，脚尖向斜前方；右腿微屈，成半马步；左臂向上向左格打，拳眼向后，拳与肩同高；右拳收工腰侧，拳心向上；目视左拳，如图 13－3①所示。

（2）右腿蹬直成左弓步；左拳收至腰侧，拳心向上；右拳向前冲出，高与肩平，拳眼向上；目视右拳，如图 13－3②所示。

（3）要点是成弓步时，右腿充分蹬直，脚跟不要离地；冲拳时，尽量转腰顺肩。

2. 弹腿冲拳（一）

重心前移至左腿，右腿屈膝提起，脚面绷直，猛力向前弹出伸直，高与腰平；右拳收至腰侧，左拳向前冲出；目视前方（如图 13 – 3③所示）。

弹腿冲拳的动作要点是支撑腿可微屈，弹出的腿要用爆发力，力点达于脚尖。

3. 马步冲拳

右脚向前落步，脚尖里扣，上体左转；左拳收至腰侧，两腿下蹲成马步；右拳向前冲出；目视右拳，如图 13 – 3④所示。

马步冲拳的动作要点是成马步时，大腿要平，两腿平行，脚跟外蹬，挺胸，塌腰。

图 13 – 3　弓步冲拳（一）和弹腿冲拳（一）、马步冲拳练习动作与分解示意图

4. 弓步冲拳（二）

（1）上体右转 90°，右脚尖外撇向斜前方，成半马步；右臂屈肘向右格打，拳眼向后；目视右拳，如图 13 – 4①所示。

（2）左腿蹬直成右弓步，右拳收至腰侧；左拳向前冲出；目视左拳，如图 13 – 4②所示。

（3）要点：与弓步冲拳（一）同，只是左右相反。

图 13 – 4　弓步冲拳（二）和弹腿冲拳（二）练习动作分解示意图

5. 弹腿冲拳（二）

重心前移至右脚，左腿屈膝提起，脚面绷直，猛力向前弹出伸直，高与腰平；左拳收至腰侧，右拳向前冲出；目视前方，如图 13 – 4③所示。

动作要点：与弹腿冲拳（一）相同。

6. 大跃步前穿

（1）左腿屈胯；右拳变掌内旋，以手背向下挂至左膝外侧；上体前倾；目视右手，如图 13 – 5①所示。

（2）左脚向前落步，两腿微屈；右掌继续向后挂，左拳变掌，向后向下伸直；目视右掌，如图 13－5②所示。

（3）右腿屈膝向前提起，左腿立即猛力蹬地向前跃出；两掌向前向上画弧摆起；目视左掌，如图 13－5③所示。

（4）右腿落地全蹲，左腿随即落地向前铲出成仆步；右掌变拳抱于腰侧，左掌由上向右向下画弧成立掌，停于右胸前；目视左脚，如图 13－5④所示。

（5）要点：跃步要远，落地要轻，落地后立即接做下一个动作。

7. 弓步推掌

右腿猛力蹬直成左弓步；左掌经左脚面向后画弧至身后成勾手，左臂伸直，勾尖向上；右拳由腰侧变掌向前推出，掌指向上，掌外侧向前；目视右掌，如图 13－6①所示。

图 13－5　大跃步前穿练习动作分解示意图

8. 马步上架

（1）重心移至两腿中间，左脚脚尖里扣成马步，上体右转；右臂向左侧平摆，稍屈肘；同时左勾手变掌由后经左展侧从右臂内向前上穿出，掌心均朝上；目视左手，如图 13－6②所示。

（2）右掌立于左胸前；左臂回时左上屈肘抖腕亮掌于头部左上方，掌心向前；目右转视，如图 13－6③所示。

（3）要点：同冲拳马步。

图 13－6　弓步推掌、马步上架练习动作分解示意图

三、第二段

1. 虚步截拳

（1）右脚落地，屈膝提起，左腿伸直，以前脚掌为轴向右后转体 180°；右掌由左胸前向

下经由右腿外侧向后画弧成勾手；左臂随体转动并外旋，使掌心朝右；目视右手，如图 13－7①所示。

（2）右脚向右落地，重心移至右脚上，下蹲成左虚步；左掌变拳下落于左膝上，拳眼向里，拳心向后；右勾手变拳，屈肘向上架于头右上方，掌心向前；目视左方，如图 13－7②所示。

2. 提膝穿掌

（1）右腿稍伸直；右单变掌收工腰侧、掌心向上；左拳变掌由下向左向上画弧压于头上方，掌心向前，如图 13－7③所示。

（2）右腿伸直，左腿屈膝提起，脚尖内扣；右掌从腰侧经左臂内右前上方穿出，掌心向上；左掌收至右胸前成立掌；目视右掌，如图 13－7④所示。

（3）要点：支撑腿与右臂充分伸直。

图 13－7　虚步截拳、提膝穿拳练习动作分解示意图

3. 仆步撩掌

右腿全蹲，左腿向左后方铲出成左仆步，右臂不动；左掌中右胸前向下经左腿内侧，向左脚面穿出；目随左掌转视，如图 13－8①所示。

4. 虚步挑掌

（1）右腿蹬直，重心前移至左腿，成左 6 步；右掌稍下降，左掌随重心前移向前挑起，如图 13－8②所示。

（2）右脚向左前方上步，左腿半蹲，成右虚步；身体随上步左转 180°；在右脚上步的同时，左掌由前向上向后画弧成立掌，右掌由后向下向前上挑起成立掌，指尖与眼平；目视右掌，如图 13－8③所示：

图 13－8　仆步撩掌、虚步挑掌练习动作分解示意图

5. 马步击掌

（1）右脚落实，脚尖外撇，重心稍升高并右移，左掌变拳收至腰侧；右掌俯掌向外掳手，如图13－9①所示。

（2）右脚向前一步，以右脚为轴向右后转体180°，两腿下蹲成马步；左掌从右臂上成立掌向左侧击出；右掌变拳收至腰侧；目视左掌，如图13－9②所示。

（3）要点：右手做掳手时，先使臂稍内旋、腕伸直，手掌向下向外转，接着手臂外旋，掌心经下向上翻转，同时抓捏成掌；收拳和击掌动作要同时进行。

6. 叉步双摆掌

（1）重心稍右移，同时两掌向下向右摆；掌指头均向上；目视右掌，如图13－9③所示。

（2）右脚向左腿后叉步，前脚掌着地；两臂继续由右向上向左摆，停于身体左侧，均成立掌，右掌停于左肘窝处；目随双掌转视，如图13－9④所示，

（3）要点：两臂要画立圆，幅度要大；摆掌与后插步配合一致。

7. 弓步推掌

（1）两腿不动；左掌收至腰侧，掌心向上；右掌向上向右画弧，掌心向下，如图13－10①所示。

①　②　③　④

图13－9　马步击掌、叉步双摆掌练习动作分解示意图

（2）左腿后撤一步，成右弓步；右掌向下向后伸直摆动，成勾手，勾尖向上，左掌成立掌向前推出；目视左掌，如图13－10②所示：

①　②

图13－10　弓步推掌练习动作分解示意图

8. 转身踢腿马步盘肘

（1）两脚以前脚掌为轴向左后转体180°；在转体的同时，左臂向上向前画半立圆，右臂

向下向后画半圆，如图 13 – 11①所示。

（2）上动不停，两脚不动，右臂由后向上向前画半立圆；左臂由前向下向后画半立圆，如图 13 – 11②所示。

（3）上动不停，右臂向下成反臂勾手，勾尖向上；左臂向上成亮掌，掌心向前上方；右腿伸直，脚尖勾起，如图 13 – 11③所示。

（4）右脚向前落地，脚尖里扣，右手不动；左臂屈肘下落至胸前，左掌心向下，目视左掌，如图 13 – 11④所示。

（5）上体左转 90°，两腿下蹲成马步；同时左掌向前向左平掳变拳收至腰侧，右勾手变拳，右臂伸直，由体后向右向前平摆，至体前时屈肘；肘尖向前，高与肩平，拳心向下；目视肘尖，如图 13 – 11⑤所示。

（6）要点：两臂抡动时要画立圆，动作连贯；盘肘要有力，右肩前顺。

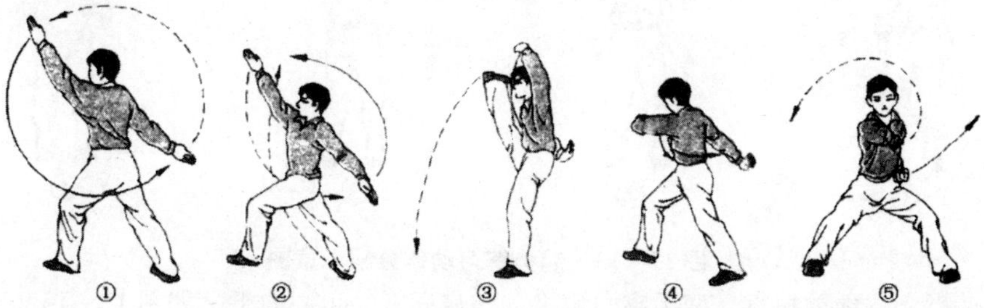

①　②　③　④　⑤

图 13 – 11　转身踢腿马步盘肘练习动作示意图

四、结束动作

1. 虚步亮掌

虚步亮掌的动作及要点同预备动作。

2. 并步对拳

（1）左腿后撤一步，同时两掌从两腰侧向前穿出伸直、掌心向上，如图 13 – 12①所示。

（2）右腿后撤一步，同时两臂分别向体后下摆，如图 13 – 12②所示。

（3）左腿后退半步，向右脚并拢；两臂由后向上经体前屈臂下按；两掌变拳，停于腹前，拳心向下，拳面相对；目视左方，如图 13 – 12③所示。

五、还原

两臂自然下垂，目视正前方，如图 13 – 12④所示：

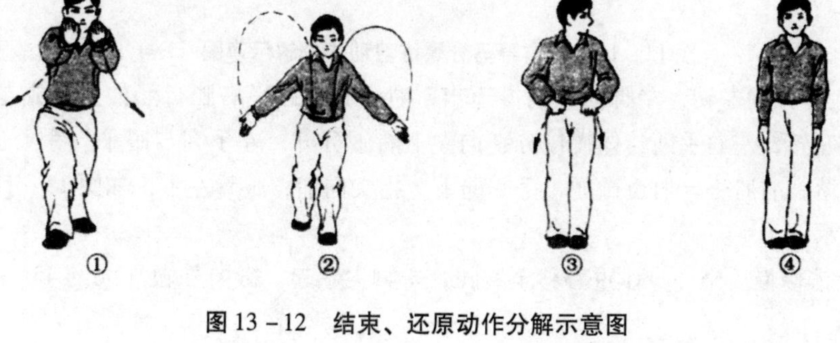

①　②　③　④

图 13 – 12　结束、还原动作分解示意图

第三节 24式简化太极拳

一、第一组

1. 起 势

（1）身体自然直立，两脚开立。与肩同宽，脚尖向前；两臂自然下垂，两手放在大腿外侧；眼向前平看，如图13－13①所示。要点是头颈正直，下颏微向后收，不要故意挺胸或收腹；精神要集中（起势由立正姿势开始，然后左脚向左分开，成开立步）。

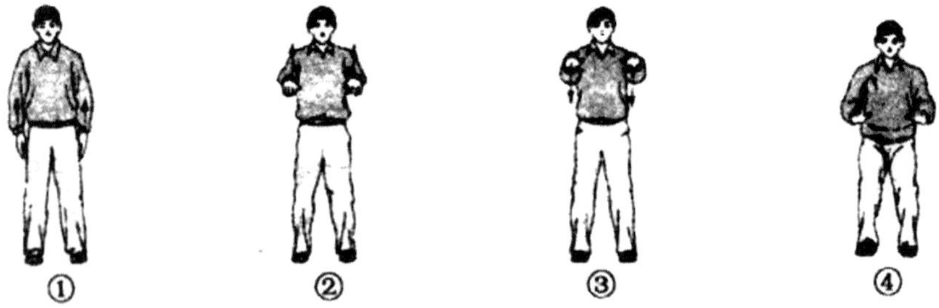

图13－13 起势练习动作分解示意图

（2）两臂慢慢向前扭举，两手高与肩平，与肩同宽，手心向下，如图13－13②、③所示。

（3）上体保持正直，两腿屈膝下蹲；同时两掌轻轻下按，两肘下垂与两膝相对；眼平看前方，如图13－13④所示。要点是两肩下沉，两肘松垂，手指自然微鹿；屈膝松腰，臀部不可凸出，身体重心落于两腿中间；两臂下落和身体下蹲的动作要协调一致。

2. 左右野马分鬃

（1）上体微向右转，身体重心移至右腿上；同时右臂收在胸前平屈，手心向下，左手经体前向右下画弧放在右手下，手心向上，两手心相对成抱球状；左脚随即收到右脚内侧，脚尖点地，眼看右手，如图13－14①、②所示：

图13－14 左右野马分鬃练习动作分解示意图（一）

（2）上体微向左转，左脚向左前方迈出，右脚跟后蹬，右腿自然伸直，成左弓步；同时上体继续向左转，左右手随转体慢慢分别向左上右下分开，左手高与眼平（手心斜向上），肘微屈；右手落在右胯旁，肘也微屈，手心向下，指尖向前；眼看左手，如图13－14③、④和图13－15①所示。

（3）上体慢慢后坐，身体重心移至右腿，左脚尖翘起，微向外撇（大约45°～60°），随后脚掌慢慢踏实，左腿慢慢前弓，身体左转，身体重心再移至左腿；同时左手翻转向下，左臂收在胸前平屈，右手向左上画弧放在左手下，两手心相对成抱球状；右脚随即收到左脚内侧，脚尖点地；眼看左手，如图 13－15②～④所示：

①　②　③　④

图 13－15　左右野马分鬃练习动作分解示意图（二）

（4）右腿向右前方迈出。左腿自然伸直，成右弓步；同时上体右转，左右手随转体分别慢慢向左下右上分开，右手高与眼平（手心斜向上），肘微屈；左手落在左胯旁，肘也微屈，手心向下，指尖向前；眼看右手，如图 13－16①、②所示。

（5）与（3）同，只是左右相反，如图 13－16③、④和图 13－17①所示。

（6）与（4）同，只是左右相反，如图 13－7②、③所示。

（7）要点：上体不可前俯后仰，胸部必须宽松舒展；两臂分开时要保持弧形，身体转动时要以腰为轴；弓步动作与分手的速度要均匀一致；做弓步时，迈出的脚先是脚跟着地，然后脚掌慢慢踏实，脚尖向前，膝盖不要超过脚尖，后腿自然伸直；前后脚夹角约成 45°～60°（需要时后脚脚跟可以后蹬调整）；野马分鬃式的弓步，前后脚的脚跟要分在中轴线两侧，它们之间的横向距离（即以动作行进的中线为纵轴，其两侧的垂直距离为横向）应该保持在 10～30cm。

①　②　③　④

图 13－16　左右野马分鬃练习动作分解示意图（三）

①　②　③

图 13－17　左右野马分鬃练习动作分解示意图（四）

3. 白鹤亮翅

（1）上体微向左转；左手翻掌向下，左臂平屈胸前，右手向左上画弧，手心转向上，与左手成抱球状；眼看左手，如图 13－18①所示。

（2）右脚跟进半步，上体后坐，身体重心移至右腿，上体向后右转，面向右前方，眼看右手；然后左脚稍向前移，脚尖点地，成左虚步，同时上体再微向左转，面向前方，两手随转体慢慢向右上左下分开，右手上提停于右额前，手心向左后方。左手落于左胯前，手心向下，指尖向前，眼平看前方，如图 13－18②、③所示。

（3）要点：完成姿势胸部不要挺出，两臂上下都要保持半圆形，左膝要微屈；身体重心后移和右手上提、左手下按要协调一致。

① ② ③

图 13－18　白鹤亮翅练习动作分解示意图

二、第二组

1. 左右搂膝拗步

（1）右手从体前下落，由下向后上方画弧至右肩外侧，肘微屈，手与耳同高，手心斜向上；左手由左下向上、向右下方画弧至右胸前，手心斜向下；同时上体先向左再向右转；左脚收至右脚内侧，脚尖点地；眼看右手，如图 13－19①～③所示。

（2）上体左转，左脚向前（偏左）迈出成左弓步；同时右手屈回右耳侧向前推出，高与鼻尖平，左手向下由左膝前搂过落于左胯旁，指尖向前；眼看右手手指，如图 13－19④、图 13－20①所示。

① ② ③ ④

图 13－19　左右搂膝拗步练习动作分解示意图（一）

图 13－20　左右搂膝拗步练习动作分解示意图（二）

（3）右腿慢慢屈膝，上体后坐，身体重心移至右腿；左脚尖翘起微向外缘，随后脚掌慢慢踏实，左腿前弓，身体左转，身体重心移至左腿，右脚收到左脚内侧，脚尖点地；同时左手向外翻掌由左后向上画弧至左肩外侧，肘微屈，手心斜向上，右手随转体向上，向左下画弧落于左胸前，手心斜向上；眼看左手，如图 13－20②～④所示：

（4）与（2）同，只是左右相反，如图 13－21①、②所示。

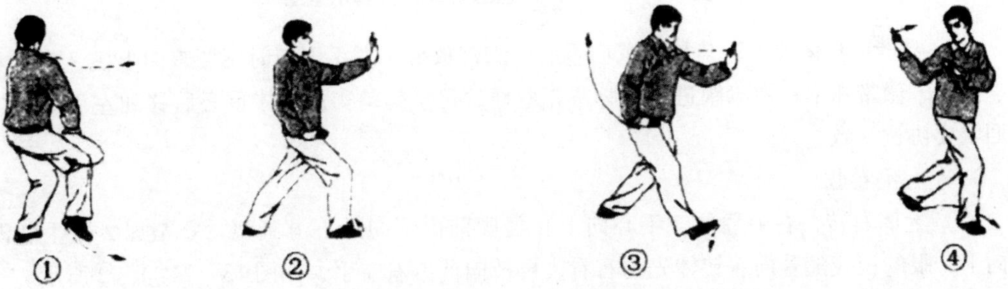

图 13－21　左右搂膝拗步练习动作分解动作示意图（三）

（5）与（3）同，只是左右相反，如图 13－21③、④和图 13－22①所示。

（6）与（2）同，如图 13－22②、③所示。

（7）要点：前手推出时，身体不可前俯后仰，要松腰松胯；推掌时要沉肩垂肘、左腕舒掌，同时须与松腰、弓腿上下协调一致；搂膝拗步成弓步时，两脚跟的横向距离保持约 30 厘米。

图 13－22　左右搂膝拗步练习动作分解示意图（四）

2. 手挥琵琶

（1）右脚跟进半步，上体后坐，身体重心转至右腿上，上体半面向右转，左脚略提起稍向前移，变成左虚步，脚跟着地，脚尖翘起，膝部微屈；同时左手由左下向上挑举，高与鼻尖平，掌心向右，臂微屈；右手收回放在左臂肘部里侧，掌心向左；眼看左手食指，如图 13－23①～③所示：

图 13－23　手挥琵琶练习动作分解示意图

（2）要点：身体要平稳自然，沉肩垂肘、胸部放松；左手上起时不要直向上挑，要由左向上、向前，微带弧形；右脚跟进时，脚掌先着地，再全脚踏实；身体重心后移和左手上起、右手回收要协调一致。

3. 左右倒卷肱

（1）上体右转，右手翻掌（手心向上）经腹前由下向后上方画弧，臂微屈，左手随即翻掌向上；眼的视线随着向右转体先向右看，再转向前方看左手，如图 13－24①、②所示。

（2）右臂屈肘折向前，右手由耳侧向前推出，手心向前，左臂屈肘后撤，手心向上，撤至左肋外侧；同时左腿轻轻提起向后（偏左）退一步，脚掌先着地，然后全脚慢慢踏实，身体重心移到左腿上，成右虚步，右脚随转体以脚掌为轴扭正；眼看右手，如图 13－24③、④所示：

图 13－24　左右倒卷肱练习动作分解示意图（一）

（3）上体微向左转，同时左手随转体向后上方画弧平举，手心向上，右手随即翻掌，掌心向上；眼随转体先向左看，再转向前方看右手，如图 13－24⑤所示。

（4）与（2）同，只是左右相反，如图 13－25①、②所示。

（5）与（3）同，只是左右相反，如图 13－25③所示：

图 13－25　左右倒卷肱练习动作分解示意图（二）

（6）与（2）同，如图 13－25④、图 13－26①所示。

（7）与（3）同，如图 13－26②所示。

（8）与（2）同，只是左右相反，如图 13－26③、④所示：

图 13－26　左右倒卷肱练习动作分解示意图（三）

（9）要点：前推的手不要伸直，后撤手也不可直向回抽，随转体仍走弧线；前推时，要转腰松胯；两手的速度要一致，避免僵硬；退步时，脚掌先着地，再慢慢全脚踏实，同时前脚随转体以脚掌为轴扭正；退左脚略向左后斜，退右脚略向右后斜，避免使两脚落在一条直线上；后退时，眼神随转体动作先向左右看，然后再转看前手；最后退右脚时，脚尖外撇的角度略大些，便于接做“左揽雀尾”的动作。

三、第三组

1. 左揽雀尾

（1）上体微向右转，同时右手随转体向后上方画弧平举，手心向上，左手放松，手心向下，眼看左手，如图 13－27①所示。

（2）身体继续向右转，左手自然下落逐渐翻掌经腹前画弧至右肋前，手心向上；右臂屈肘，手心转向下，收至右胸前，两手相对成抱球状；同时身体重心落在右腿上，左脚收到右脚内侧，脚尖点地；眼看右手，如图 13－27②、③所示：

图 13－27　左揽雀尾练习动作分解示意图（一）

（3）上体微向左转，左脚向左前方迈出，上体继续向左转，右腿自然蹬直，左腿屈膝，成左弓步；同时左臂向左前方送出（即左臂平屈成弓形，用前臂外侧和手背向前方推出），高与肩平，手心向后；右手向右下落放于右胯旁，手心向下，指尖向前；眼看左前臂，如图 13－27④、⑤所示。要点是送出时，两臂前后均保持弧形；分手、松腰、弓腿三者必须协调一致；揽雀尾弓步时，两脚跟横向距离不超过 10 厘米。

（4）身体摄向左转。左手随即前伸翻掌向下，右手翻掌向上，经腹前向上、向前伸至左前臂下方；然后两手下捋，即上体向右转，两手经腹前向右后上方画弧，直至右手手心向上，高与肩齐，左臂平屈于胸前；同时身体重心移至右腿；眼看右手，如图 13－28①、②所示。要点是下捋时，上体不可前倾，臀部不要凸出；两臂下捋须随腰旋转，仍走弧线，左脚全掌着地。

① ② ③ ④

图 13－28　左揽雀尾练习动作分解示意图（二）

（5）上体微向左转，右臂屈肘折回，右手附于左手腕里侧（相距约 5 厘米），上体继续向左转，双手同时向前慢慢挤出，左手心向后，右手心向前，左前臂要保持半圆；同时身体重心逐渐前移正成左弓步；眼看左手腕部，如图 13－28③、④所示。要点是向前挤时，上体要正直。挤的动作要与松腰、弓腿相一致。

（6）左手翻掌，手心向下，右手经左腕上方向前、向右伸出，高与左手齐，手心向下，两手左右分开，宽与肩同；然后右腿屈膝，上体慢慢后坐，身体重心移至右腿上，左脚尖翘起；同时两手屈肘回收至腹前，手心均向前下方；眼向前平看，如图 13－29①～③所示。

（7）上式不停，身体重心慢慢前移，同时两手向前、向上按出，掌心向前；左腿前弓成左弓步；眼平看前方，如图 13－29④所示。要点是向前按时，两手须走曲线，手腕部高与肩平，两肘微屈。

① ② ③ ④

图 13－29　左揽雀尾练习动作分解示意图（三）

2. 右揽雀尾

（1）上体后坐并向右转，身体重心移至右腿，左脚尖里扣；右手向右平行画弧至右侧，然后由右经腹前向左上画弧至左肋前，手心向上；左臂平屈胸前，左手掌向下与右手成抱球状；同时身体重心再移至左腿上，右脚收至左脚内侧，脚尖点地；眼看左手，如图 13－30①～③所示：

图 13－30　右揽雀尾练习动作分解示意图（一）

（2）与“左揽雀尾”（3）同，只是左右相反，如图 13－31①、②所示。

（3）与“左揽雀尾”（4）同，只是左右相反，如图 13－31③、④所示：

图 13－31　右揽雀尾练习动作分解示意图（二）

（4）与“左揽雀尾”（5）同，只是左右相反，如图 13－32①、②所示。

（5）与“左揽雀尾”（6）同，只是左右相反，如图 13－32③～⑤所示。

（6）与“左揽雀尾”（7）同，只是左右相反，如图 13－32⑥所示。

（7）要点：均与“左揽雀尾”相同，只是左右相反。

图 13－32　右揽雀尾练习动作分解示意图（三）

四、第四组

1. 单鞭（一）

（1）上体后坐，身体重心逐渐移至左脚上，右脚尖里扣；同时上体左转，两手（左高右低）向左弧形运转，直至左臂平举，伸于身体左侧，手心向左，右手经腹前运至左肋前，手心向后上方；眼看左手，如图 13－33①、②所示。

（2）身体重心再渐渐移至右腿上，上体右转，左脚向右脚靠拢，脚尖点地；同时右手向右上方画弧（手心由里转向外），至右侧方时变勾手，臂与肩平；左手向下经腹前向右上画弧停于右肩前，手心向里；眼看左手，如图 13－33③、④所示：

图 13－33　单鞭（一）练习动作分解示意图（一）

（3）上体微向左转，左脚向左前侧方迈出，右脚跟后蹬，成左弓步；在身体重心移向左腿的同时，左掌随上体的继续左转慢慢翻转向前推出，手心向前，手指与眼齐平，臂微屈；眼看左手，如图 13－34①、②所示。

（4）要点：上体保持正直，松腰；完成式时，右臂肘部稍下垂，左肘与左膝上下相对，两肩下沉；左手向外翻掌前推时，要随转体边翻边推出，不要翻掌太快或最后突然翻掌；全部的动作，上下要协调一致；如果是面向南起势，单鞭的方向（左脚尖）应向东偏北（大约为 15°）。

图 13－34　单鞭（一）练习动作分解示意图（二）

2. 云手

（1）身体重心移至右腿上，身体渐向右转，左脚尖里扣；左手经腹前向右上画弧至右肩前。手心斜向后，同时右手变掌，手心向右前；眼看左手，如图 13－35①～③所示。

（2）上体慢慢左转，身体重心随之逐渐左移；左手由脸前向左侧运转，手心渐渐转向左方；右手由右下经腹前向左上画弧，至左肩前，手心抖向后；同时右脚靠近左脚，成小开立步（两脚距离约 10～20 厘米）；眼看右手，如图 13－35④、⑤所示：

图 13－35　云手练习动作分解示意图（一）

（3）上体再向右转，同时左手经腹前向右上画弧至右肩前，手心斜向后；右手向右侧运转，手心翻转向右；随之左脚向左横跨一步；眼看左手，如图 13－36①～③所示。

（4）与（2）同，如图 13－36④、⑤所示：

图 13－36　云手练习动作分解示意图（二）

（5）与（3）同，如图 13－37①～③所示。

（6）与（2）同，如图 13－37④、⑤所示。

（7）要点：身体转动要以腰脊为轴，松腰、松胯，不可忽高忽低；两臂随腰的转动而运转，要自然圆活，速度要缓慢均匀；下肢移动时，身体重心要稳定，两脚掌先着地再踏实，脚尖向前；眼的视线随左右手而移动；第三个“云手”，右脚最后跟步时，脚尖微向里扣，便于接“单鞭”动作。

图 13－37　云手练习动作分解示意图（三）

3. 单鞭（二）

（1）上体向右转，右手随之向右运转，至右侧方时变成勾手；左手经腹前向右上画弧至右肩前，手心向内；身体重心落在右腿上，左脚尖点地；眼看左手，如图 13－38①～③所示。

（2）上体微向左转，左脚向左前侧方迈出，右脚跟后蹬，成左弓步；在身体重心移向左腿的同时，上体继续左转，左掌慢慢翻转向前推出，成“单鞭”式（如图 13－38④、⑤所示）。

（3）要点：与单鞭（一）相同。

图 13－38　单鞭（二）练习动作分解示意图

五、第五组

1. 高探马

（1）右脚跟进半步，身体重心逐渐后移至右腿上；右勾手变成掌，两手心翻转向上，两肘微屈；同时身体微向右转，左脚跟渐渐离地；眼看左前方，如图13－39①所示。

（2）上体微向左转，面向前方；右掌经右耳旁向前推出，手心向前，手指与眼同高；左手收至左侧腰前，手心向上；同时左脚微向前移，脚尖点地，成左虚步；眼看右手，如图13－39②所示。

（3）要点：上体自然正直，双肩要下沉，右肘微下垂；跟步移换重心时，身体不要有起伏。

图13－39　高探马练习动作分解示意图

2. 右蹬脚

（1）左手手心向上，前伸至右手腕背面。两手相互交叉，随即向两侧分开并向下画弧，手心斜向下；同时左脚提起向左前侧方进步（脚尖略外撇）；身体重心前移，右腿自然蹬直，成左弓步；眼看前方，如图13－40①～③所示：

图13－40　右蹬脚练习动作分解示意图（一）

（2）两手由外圈向里圈画弧，两手交叉合抱于胸前，右手在外，手心均向后；同时右脚向左脚靠拢，脚尖点地；眼平看右前方，如图13－41①所示。

（3）左右两手弧分开平举，肘部微屈，手心均向外；同时右腿屈膝提起，右脚向右前方慢慢蹬出；眼看右手，如图13－41②、③所示。

（4）要点：身体要稳定，不可前俯后仰；两手分开时，腕部与肩齐平；蹬脚时，左腿微屈，右脚尖回勾，劲使在脚跟；分手和蹬脚须协调一致；右臂和右腿上下相对；如果是面向南起势，蹬脚方向应为正东偏南（约30°）。

图 13－41　右蹬脚练习动作分解示意图（二）

3. 双峰贯耳

（1）右腿收回，屈膝平举，左手由后向上、向前下落身体前，两手心均翻转向上，两手同时向下画弧分落于右膝盖两侧；眼看前方，如图 13－42①、②所示。

（2）右脚向右前方落下，身体重心渐渐前移，成右弓步，面向右前方；同时两手下落，慢慢变拳，分别从两侧向上、向前画弧至面部前方，成钳形状，两拳相对，高与耳齐，拳眼都抖向内下（两拳中间距离约 10～20cm）；眼看右拳，如图 13－42③、④所示：

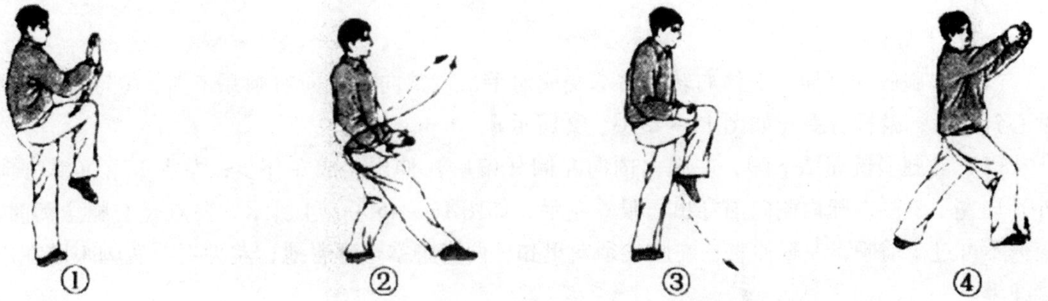

图 13－42　双峰贯耳练习动作分解示意图

（3）要点：完成时，头颈正直，松腰松胯，两拳松握，沉肩垂肘，两臂均保持弧形；双峰贯耳式的弓步和身体方向与右蹬脚方向相同；弓步的两脚跟横向距离同“揽雀尾”式。

4. 转身左蹬脚

（1）左腿屈膝后坐，身体重心移至左腿，上体左转，右脚尖里扣；同时两拳变掌，由上向左右画弧分开平举，手心向前；眼看左手（如图 13－43①、②所示）。

（2）身体重心再移至右腿，左脚收到右脚内侧，脚尖点地；同时两手由外围向里圈画弧合抱于胸前，左手在外，手心均向后；眼平看左方（如图 13－43③、13－44①所示）。

图 13－43　转身左蹬脚练习动作分解示意图（一）

（3）两臂左右画弧分开平举，肘部微屈，手心均向外；同时左腿屈膝提起，左脚向左前方慢慢蹬出；眼看左手，如图 13－44②、③所示。

（4）要点：与右蹬脚式相同，只是左右相反；左蹬脚方向与右蹬脚成 180 度（即正西偏北，约 30 度）。

图 13－44　转身左蹬脚练习动作分解示意图（二）

六、第六组

1. 左下势独立

（1）左腿收回平屈，上体右转；右掌变成勾手，左掌向上、向右画弧下落，立于右肩前，掌心斜向后；眼看右手（如图 13－45①、②所示）。

（2）右腿慢慢屈膝下蹲，左腿由内向左侧（偏后）伸出，成左仆步；左手下落（掌心向外）向左下，顺左腿内侧向前穿出；眼看左手，如图 13－45③、④所示。要点是右腿全蹲时，上体不可过于前倾，左腿伸直；左脚尖须向里扣，两脚脚掌全部着地；左脚尖与右脚跟踏在中轴线上。

图 13－45　左下势独立练习动作分解示意图（一）

（3）身体重心前移，左脚跟为轴，脚尖尽量向外撇，左腿前弓，右腿后蹬，右脚尖里扣，上体微向左转并向前起身；同时左臂继续向前伸出（立掌），掌心向右，右勾手下落，勾尖向后；眼看左手，如图 13－46①所示。

（4）右腿慢慢提起平屈，成左独立式；同时右勾手变掌，并由后下方顺右腿外侧向前弧行摆出，屈臂立于右腿上方，肘与膝相对，手心向左；左手落于左胯旁，手心向下，指尖向前；眼看右手，如图 13－46②、③所示。要点是上体要正直，独立的腿要微屈，右腿提起时脚尖自然下垂。

图 13－46　左下势独立练习动作分解示意图（二）

2. 右下势独立

（1）右脚下落于左脚前，脚掌着地；然后左脚前掌为轴脚跟转动，身体随之左转；同时左手向后平举变成勾手，右掌随着转体向左侧画弧，立于左肩前，掌心斜向后；眼看左手，如图 13－47①、②所示。

（2）与“左下势独立”（2）同，只是左右相反，如图 13－47③、④所示：

图 13－47　右下势独立练习动作分解示意图（一）

（3）与“左下势独立”（3）同，只是左右相反，如图 13－48①所示。

（4）与“左下势独立”（4）同，只是左右相反，如图 13－48②、③所示。

（5）要点：右脚尖触地后必须稍微提起；然后再向下仆腿；其他均与“左下势独立”相同，只是左右相反。

图 13－48　右下势独立练习动作分解示意图（二）

七、第七组

1. 左右穿梭

（1）身体微向左转，左脚向前落地，脚尖外撇，右脚跟离地，两腿屈膝成半坐盘式；同时两手在左胸前成抱球状（左上右下）；然后右脚收到左脚的内侧，脚尖点地；眼看左前臂，如图 13－49①～③所示。

（2）身体右转，右脚向右前方迈出；屈膝弓腿，成右弓步；同时右手由脸前向上举并翻掌停在右额前，手心斜向上；左手先向左下再经体前向前推出，高与鼻尖平，手心向前；眼看左手，如图 13－49④、图 13－50①、②所示：

图 13－49　左右穿梭练习动作分解示意图（一）

（3）身体重心略向后移，右脚尖稍向外撇，随即身体重心再移至右腿，左脚跟进，停于右脚内侧，脚尖点地；同时，两手在右胸前成抱球状（右上左下）；眼看右前臂，如图 13－50③、④。

图 13－50　左右穿梭练习动作分解示意图（二）

（4）与（2）同，只是左右相反，如图 13－51①～③所示。

（5）要点：完成姿势面向斜前方（如面向南起势，左右穿梭方向分别为正西偏北和正西偏南，均约 30°）；手推出后，上体不可前俯；手向上举时，防止引肩上耸；一手上举，一手前推要与弓腿松腰上下协调一致，做弓步时，两脚跟的横向距离同搂膝拗步式，保持在 30 厘米左右。

图 13－51　左右穿梭练习动作分解示意图（三）

2. 海底捞针

（1）右脚向前跟进半步，身体重心移至右腿，左脚稍向前移，脚尖点地，成左虚步；同时身体稍向右转，右手下落经体前向后、向上提抽至肩上耳旁，再随身体左转，由右耳旁斜向前下方插出，掌心向左，指尖斜向下；与此同时，左手向前、向下画弧落于左胯旁，手心向下，指尖向前；眼看前下方，如图 13－52①、②所示。

（2）要点：身体要先向右转，再向左转；完成姿势，面向正西；上体不可太前倾；避免低头和臀部外凸；左腿要微屈。

3. 闪通臂

（1）上体稍向右转，左脚向前迈出，屈膝弓腿成左弓步；同时右手由体前上提，屈臂上举，停于右额前上方，掌心翻转斜向上，拇指朝下；左手上起经胸前向前推出，高与鼻尖平，手心向前；眼看左手，如图 13－53①～③所示。

图 13－52　海底捞针练习动作分解示意图

（2）要点：完成姿势上体自然正直，松腰、松胯；左臂不要完全伸直，背部肌肉要伸展开；推掌、举掌和弓腿动作要协调一致；弓步时，两脚跟横向距离同“揽雀尾”式（不超过 10 厘米）。

图 13－53　闪通臂练习动作分解示意图

八、第八组

1. 转身搬拦捶

（1）上体后坐，身体重心移至右腿上，左脚尖里扣，身体向右后转，然后身体重心再移至左腿上；与此同时，右手随着转体向右、向下（变拳）经腹前画弧至左肋旁，掌心向下；

左掌上举于头前，掌心斜向上；眼看前方，如图 13－54①～③所示。

（2）向右转体，右拳经胸前向前翻转撇出，拳心向上；左手落于左胯旁，掌心向下，指向前；同时右脚收回后（不要停顿或脚尖点地）即向前迈出，脚尖外撇；眼看右拳，如图 13－54④～⑥所示：

图 13－54　转身搬拦捶练习动作分解示意图（一）

（3）身体重心移至右腿上，左脚向前迈一步；左手上起经左侧向前上画弧拦出，掌心向前下方；同时右拳向右画收到右腰旁，拳心向上；眼看左手，如图 13－55①、②所示。

（4）左腿前弓成左弓步，同时右拳向前打出，拳眼向上，高与胸平，左手附于右前臂里侧；眼看右拳，如图 13－55③所示。

（5）要点：右拳不要握得太紧；右拳回收时，前臂要慢慢内旋画弧，然后再外旋停于右腰旁，拳心向上；向前打拳时，右肩随拳略向前引申，沉肩垂肘，右臂要微屈；弓步时，两脚横向距离同“揽雀尾”式。

图 13－55　转身搬拦捶练习动作分解示意图（二）

2. 如封似闭

（1）左手由右腕下向前伸出，右拳变掌，两手手心逐渐翻转向上并慢慢分开回收；同时身体后坐，左脚尖翘起，身体重心移至右腿；眼看前方，如图 13－56①～③所示：

图 13－56　如封似闭练习动作分解示意图（一）

（2）两手在脚前翻掌，向下挺腹前再向上，向前推出，腕部与肩平；手心向前，同时左腿前弓成左弓步；眼看前方，如图 13－57①～③所示。

（3）要点：身体后坐时，避免后仰，臀部不可凸出；两臂随身体回收时，肩、肘部向外松开，不要直着抽回；两手推出宽度不要超过两肩。

图 13－57　如封似闭练习动作分解示意图（二）

3. 十字手

（1）屈膝后坐，身体重心移向右腿，左脚尖里扣，向右转体；右手随着转体动作向右平摆画弧，与左手成两臂侧平举，掌心向前，肘部微屈；同时右脚尖随着转体稍向外撇，成右侧弓步；眼看右手，如图 13－58①、②所示；

图 13－58　十字手练习动作分解示意图

（2）身体重心慢慢移至左腿，右脚尖里扣，随即向左收回，两脚距离与肩同宽，两腿逐渐蹬直，成开立步；同时，两手向下经腹前向上画弧交叉合抱于胸前，两臂撑圆，腕高与肩平，右手在外，成十字手，手心均向后；眼看前方，如图 13－58③和图 13－59①所示。

（3）要点：两手分开和合抱时，上体不要前俯；站起后，身体自然正直，头要微向上顶，下颏稍向后收；两臂环抱时须圆满舒适，沉肩垂肘。

4. 收　势

（1）两手向外翻掌，手心向下，两臂慢慢下落，停于身体两侧；眼看前方，如图 13－59②～④所示；

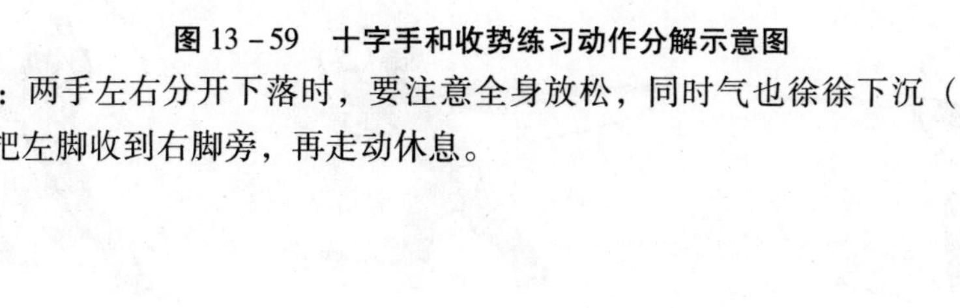

图 13－59　十字手和收势练习动作分解示意图

（2）要点：两手左右分开下落时，要注意全身放松，同时气也徐徐下沉（呼气略加长）；呼吸平稳后，把左脚收到右脚旁，再走动休息。

第四节　初级剑术的套路动作

（一）基本动作

（1）持剑：掌心贴近护手，食指伸直附掌于剑柄，拇指为一侧，其余手指为另一侧直腕扣握护手，剑脊贴近小臂后侧，如图 13－60 所示。

（2）握剑：五指撞拢剑柄，虎口靠近护手，剑刃必须与虎口相对，如图 13－61 所示。

（3）剑指：中指与食指伸直，其余三指弯曲，拇指按贴在无名指指甲上，如图 13－62 所示。

图 13－60　持剑示意图

图 13－61　握剑示意图

图 13－62　剑指示意图

（二）套路动作

（1）预备势，如图 13－63 所示。

图 13－63　预备势动作分解示意图

（2）弓步直刺，如图 13－64 所示。

（3）回身后劈，如图 13－65 所示。

（4）万步平抹，如图 13－66 所示。

图 13－64　弓步直刺动作示意图

图 13－65　回身后劈动作示意图

图 13－66　弓步平抹动作示意图

（5）弓步左撩，如图 13－67 所示：

图 13－67　弓步左撩动作示意图

（6）提膝平斩，如图 13－68 所示。

（7）回身下刺，如图 13－69 所示。

图 13－68　提膝平斩动作示意图

图 13－69　回身下刺动作示意图

（8）挂剑直刺，如图 13－70 所示：

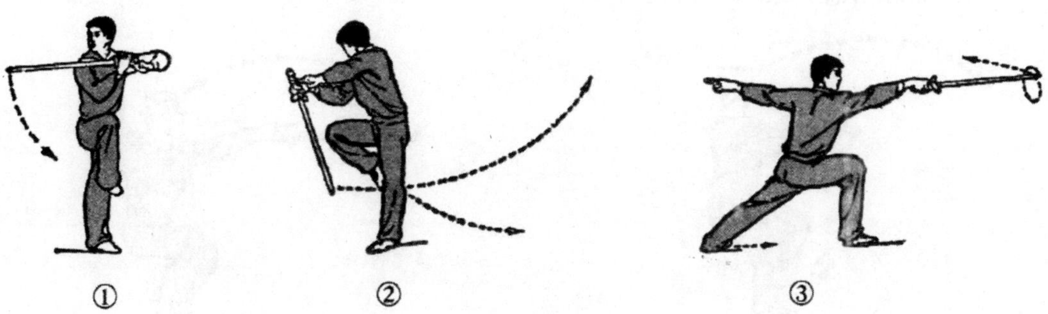

图 13－70　挂剑直指动作分解示意图

（9）虚步架剑，如图 13 – 71 所示：

①　②

图 13 – 71　虚步架剑动作分解示意图

（10）虚步平劈，如图 13 – 72 所示。

（11）弓步下劈，如图 13 – 73 所示。

图 13 – 72　虚步平劈动作示意图

图 13 – 73　弓步下劈动作示意图

（12）带剑前点，如图 13 – 74 所示：

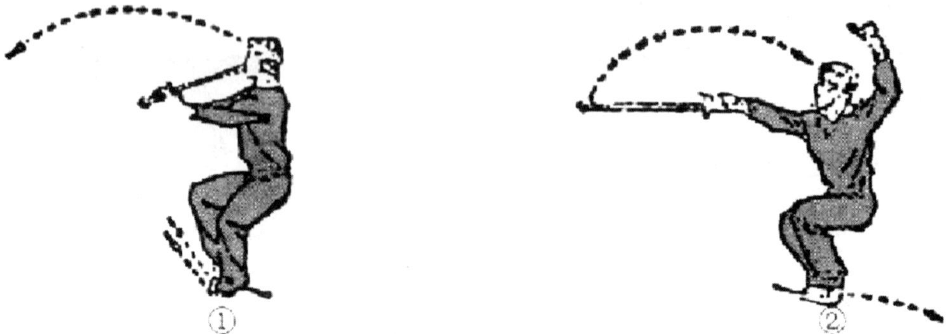

①　②

图 13 – 74　带剑前点动作分解示意图

(13）提膝下截，如图 13 – 75 所示：

图 13 – 75　提膝下截动作分解示意图

(14）提膝直刺，图 13 – 76 所示：

图 13 – 76　提膝直刺动作分解示意图

(15）回身平崩，如图 13 – 77 所示：

图 13 – 77　回身平崩动作分解示意图

（16）歇步下劈，如图 13－78 所示：

图 13－78　歇步下劈动作示意图

（17）提膝下点，如图 13－79 所示：

图 13－79　提膝下点动作分解示意图

（18）并步直刺，如图 13－80 所示：

①　②

图 13－80　并步直刺动作分解示意图

（19）弓步上挑，如图 13－81 所示。

（20）歇步下劈，如图 13－82 所示。

（21）右截腕，如图 13－83 所示。

图 13－81　弓步上挑动作示意图

图 13－82　歇步下劈动作示意图

图 13－83　右截腕动作示意图

（22）左截腕，如图 13－84 所示：

图 13－84　左截腕动作示意图

（23）跃步上挑，如图 13－85 所示：

①　②

图 13－85　跃步上挑动作分解示意图

（24）仆步下压，如图 13－86 所示：

①　②

图 13－86　仆步下压动作分解示意图

（25）提膝直刺，如图 13－87 所示。

（26）弓步平劈，如图 13－88 所示。

（27）回身后撩，如图 13－89 所示。

图 13－87　提膝直刺动作示意图

图 13－88　弓步平劈动作示意图

图 13－89　回身后撩动作示意图

（28）歇步上崩，如图 13－90 所示：

图 13－90　歇步上崩动作分解示意图

（29）弓步斜削，如图 13－91 所示：

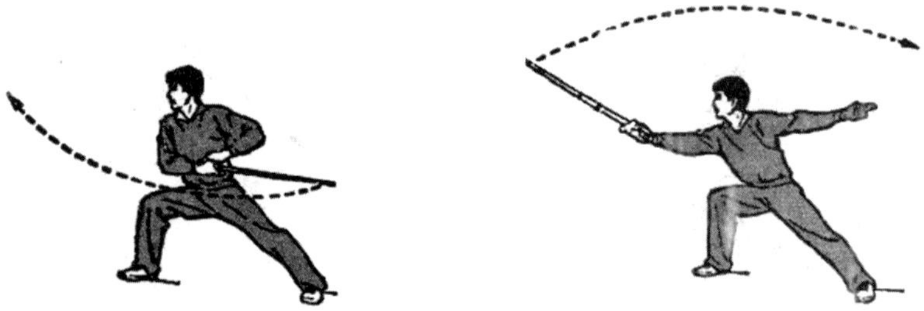
①　②

图 13－91　弓步斜削动作分解示意图

（30）进步左撩，如图 13－92 所示：

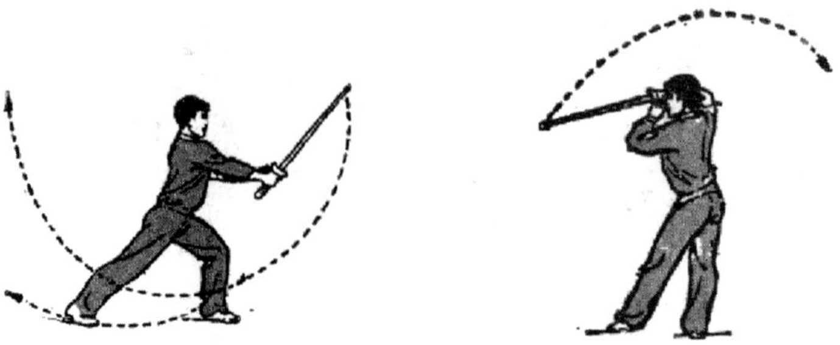
①　②

图 13－92　进步左撩动作分解示意图

（31）进步右撩，如图 13－93 所示：

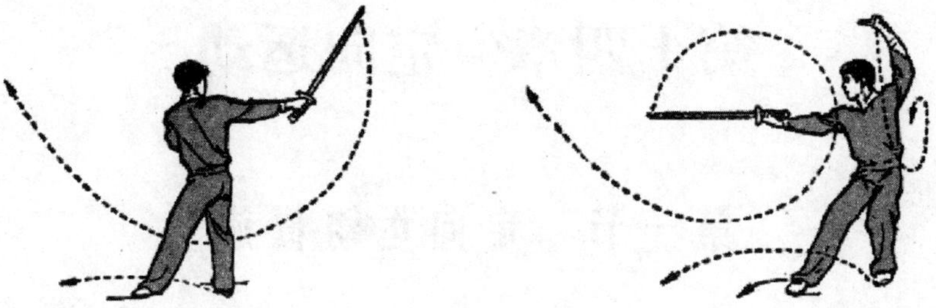

① ②

图 13－93　进步右撩动作分解示意图

（32）坐盘反撩，如图 13－94 所示：

图 13－94　坐盘反撩动作示意图

（33）转身云剑，如图 13－95 所示：

① ②

图 13－95　转身云剑动作分解示意图

（34）结束动作，如图 13－96 所示：

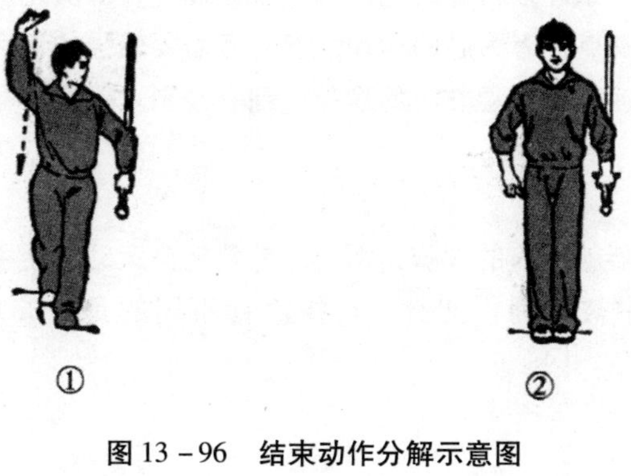

① ②

图 13－96　结束动作分解示意图

第十四章　定向运动

第一节　定向运动概述

定向运动起源于瑞典。19 世纪末 20 世纪初，欧洲北部斯堪的纳维亚半岛广阔而崎岖不平的土地上覆盖着一望无际的原始森林，散布着无数的湖泊。城镇和村庄稀疏散落，当地人们的交通主要是依靠双脚穿越那些隐现在林中、湖畔的弯弯曲曲的小路。生活在这样的地理环境中，人们理所当然地更需要地图和指北针，否则要想穿越那茫茫林海是十分艰难的。正因为如此，那些经常在斯堪的纳维亚半岛山林中行动的军队，便成了开展定向运动的先驱。他们深知，如果不具备在山林地辨别方向、选择道路和越野行进的能力，就不能完成保卫国家的使命。

定向运动本身作为一种体育项目开展是从 20 世纪初在北欧开始的。到 20 世纪 20 年代已在芬兰、挪威、瑞典、丹麦立足。1922 年举行了第一次世界定向运动比赛；1950 年，挪威人（KnutVaistad）成功地绘制出了第一张定向彩色地图并于当年使用；1961 年，国际定向联合会（缩写为 IOF）在丹麦哥本哈根成立，并确定了一系列的比赛规则和技术规范。国际定向联合会是世界定向运动的行政实体，是国际体育联合会总会之一，现有成员 63 个。1960 年，在芬兰举行了第一届世界定向锦标赛；1978 年的芬兰世界定向锦标赛上第一次使用国际标准的控制点说明。1995 年以后，世界各国逐渐深刻认识到定向运动在现代生活中的意义，所以定向运动的举办频次和规模越来越大。目前，定向运动也发展成为国际承认的奥林匹克体育项目之一。

第二节　定向运动器材

定向运动是一项利用一张详细精确的地图和一个指北针，依次逐一到达地图所示各个检查点，并在最短时间到达所有点标者为胜的运动。参与者需要较强的识别、使用地图的能力，要能够熟练使用指北针、快速选择移动方向的途径、细心判别点标器序号等的能力。

一、指北针

定向运动最重要的仪器就是人的大脑，而指北针是定向运动可使用的唯一合法帮助。发明于中国的指南针在定向中被称为指北针。与指南针不同的是，指北针红色的指针永远指北（见图 14－1）。

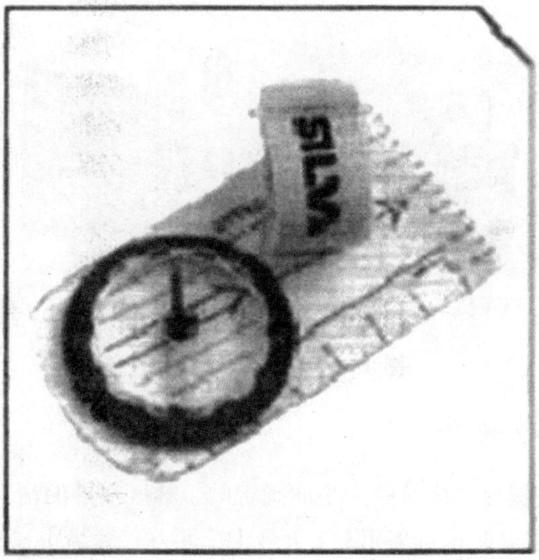

图 14－1　**指北针**

定向运动比赛中所用的指北针多由组织者提供，如果要求自备，则可能会对其性能、类型做出原则上的规定。当今世界上已出现的指北针类型主要有简单式、液池式、透明式、照准式、电子式等，如图 14－2 所示。

目前，国际上的定向越野比赛常使用由透明有机玻璃材料制作的指北针（有关该指北针的使用方法详见国际定向越野图与指北针的使用）。

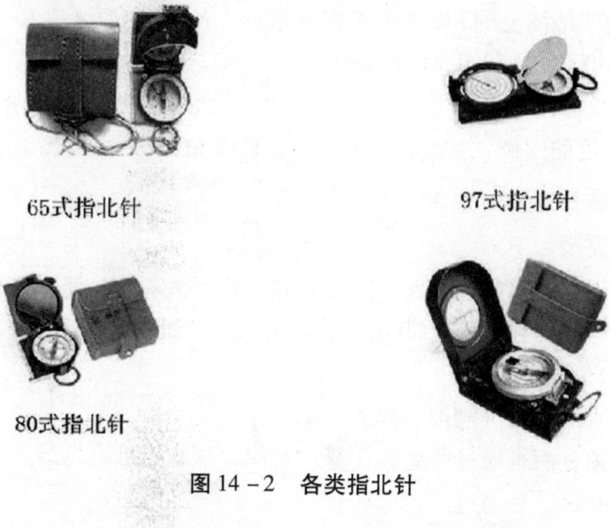

图 14－2　**各类指北针**

二、地图

地图是地球表面从空中鸟瞰的简缩景。地图图廓，一般包括图名、指北线、比例尺注记、等高距注记和图例说明。地图是定向越野比赛中最重要的器材，其质量的好坏直接影响到运动员比赛的成绩，关系到比赛是否公正，因此国际定联专门为国际间定向越野比赛制定了《国际定向运动图制图规范》（*Drawing Specifications for International Orlenteering Maps*）。图 14－3 所示为 2008 年全国学校定向运动师资培训暨教学研讨班所用的定向越野地图。

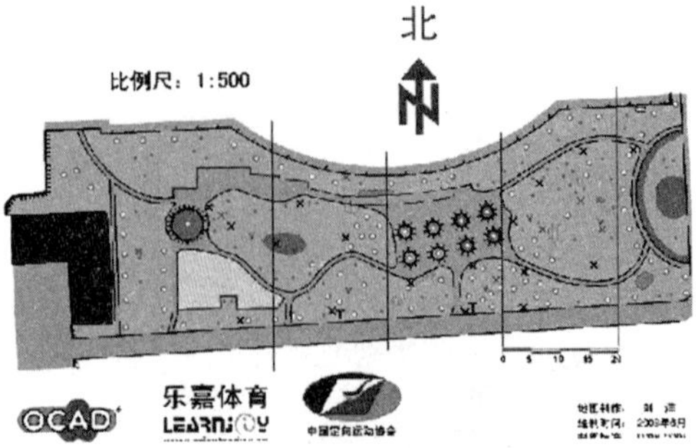

图 14－3　定向越野地图

三、国际定向越野地图

地图幅面的大小是根据比赛区域的大小而确定的，赛区以外的情况不必表示；比例尺通常为1∶1.5万或1∶2 万，当需要时也可采用1∶1 万或1∶2.5 万；等高距通常为5 米，当需要时也可采用2 米至10 米，但在一幅图上不得使用两种等高距；精度至少要使以正常速度奔跑的运动员没有任何不准确的感觉；内容表示的重点是详细表示与定向和越野跑直接相关的地物、地貌，并要利用颜色、符号等，详细区分通行的难易程度。

（一）地图上的比例尺

比例尺是地图必须标示的符号，是显示地表实际距离与地图显示之距离的比例相关性。地图上所标明的比例尺说明地图被缩小了的倍数。

比例尺 1∶1000 说明地图上的 1 厘米等于实际地形上的 1000 厘米（10 米）。通常地图的比例尺还有 1∶3000、1∶4000、1∶5000、1∶10 000。

一般来讲，大多数森林定向图比例尺为 1∶10 000，大多数公园定向图比例尺为 1∶5000 或 1∶4000；地图上表示高度的图例，左边坡陡峭，右边坡缓和。

（二）地图上的颜色

地图上的颜色及表示如下：

黑色——人造景观（建筑物、道路、小径）和岩石（大石头、悬崖峭壁）。

棕色——高线；等高线和符号（表示山丘和小坑）；沥青/砾石路（高速公路、主干道、宽行人道、篮球场等）。

蓝色——任何有水的地方（湖泊、溪流、泥沼）。

绿色——植被、浓密而难通过的地区（绿色越深，越难通过）。

白色——普通的林区，易通过。

黄色——空旷地，易奔跑。

黄绿色——禁入私人区果园、花坛。

紫色——路线。

（三）地图上的符号

不同的颜色符号表示不同的地或物，例如三角形为起点、圆为个点标、双圆为终点、圆中三角为起点和终点重合（一般情况起点和终点离得不远），如图 14－4 所示：

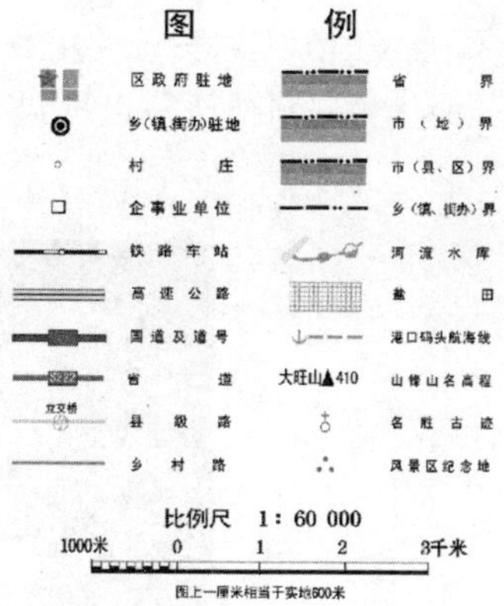

图 14－4　地图上的图例

四、号码布

号码布的大小一般不超过 24 厘米 ×20 厘米，其号码数字的高不小于 12 厘米，而且字迹要清晰，字体要端正。

正规的比赛还要求将号码布佩戴于前胸及后背两处，如图 14－5 所示：

图 14－5　正规比赛的号码布

图 14－6　检查卡片

五、检查卡片

检查卡片主要用于判定运动员的成绩，用厚纸片制成，分为主卡和副卡两部分。主卡由运动员在比赛中携带，并将每个检查点的点签图案印在空格中，到达终点时交裁判人员验证。副卡在出发前交工作人员留底和公布成绩时使用。检查卡片的尺寸一般为 21 厘米。现在大型比赛大多不用检查卡片了，也就是备用，一般都是电脑控制显示的，小型比赛用得多或主要使用（见图 14－6）。

六、检查点标志

检查点用于检验运动员是否按规定跑完全程，为此应设置专门的标志。检查点均在地图上准确地表示出来。检查点标志是由三面标志旗连接组成的，每面正方形标志旗沿对角线分开，左上为白色、右下为红色，旗的尺寸为 30 厘米 ×30 厘米，可以用硬纸壳、胶合板、金属板、布等材料制作。标志旗通常要编上代号（国际上过去曾使用数字做代号，现已规定使用英文字母），以便于选手在比赛时根据旗上的代号来判断他是否找到了正确的检查点。检查点标志和标志旗如图 14－7 所示：

图 14－7　检查点标志旗和标志

运动专用点标志旗均采用防雨布料和不锈钢支架以及高密度的织带挂绳，这样才能符合国际标准，并且不怕风吹、日晒、雨淋，不褪色、不生锈。

七、点签（点标器、打卡器）

点签是与检查点配合使用的，即提供给运动员一个到达位置的凭据。点签的样式很多，但最常见的还是钳式和电子点标器。检查钳是用弹性材料制成，顶端装有钢针，钢针的不同排列，使检查钳可以印出不同的图案痕。现在大型比赛多用电脑控制的电子点标器与指卡配合使用，一般电子打卡器出现问题时才起用机械点签，如图 14－8 和图 14－9 所示：

图 14－8　机械点签

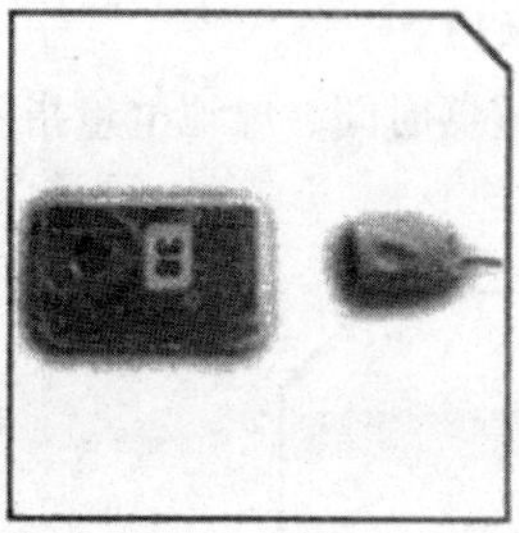

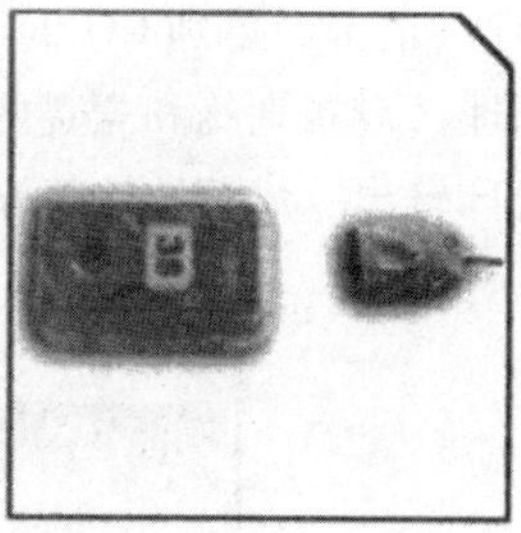

图 14－9　电子指卡

八、服　装

定向越野比赛对运动员的服装都没有特殊的要求。根据经验，运动员对服装的选择应该注意以下两点：一是衣裤应紧身而又不影响呼吸与运动。为了防止树枝刮伤和害虫侵袭，最好穿用面料结实的长袖衣和长裤甚至使用护腿。二是鞋应轻便、柔软而又结实。为了便于上下陡坡、踩光滑的树叶或走泥泞地，鞋底的花纹最好是高凸深凹的，以加大与地面的摩擦。

九、打印机

打印机如图 14－10 所示：

图 14－10　全套设备和打印机

十、红外通信

控制站使用红外线与 PC 通信，把红外线收发器与 PC 串口连接，收发器窗口与控制站“CHINA HEALTH”标签侧面（控制点的红外线收发窗口就在标签的下面朝前）正对，间距在 5～30 厘米之间，启动控制站及管理软件后，连接便自动建立。红外通信设备如图 14－11 所示。

红外通信设备中的 CH 软件（包括个人赛、接力赛、积分赛、无线电测向软件）主要作用如下：

①赛事管理（新建赛事、备份赛事等）；

②组织管理（选手检查等）；

③路线管理（设置检查点、路线分配等）；

④出发时刻（规划出发时刻等）；

⑤CH 卡管理（清卡、鉴别 CH 卡、设置特殊功能密码）；

⑥点签器管理（设置训练和竞赛两种模式、校对点签器时间、电池电量指示）；

⑦报表（打印输出、成绩统计等）。

图 14－11　红外通信设备

第三节　定向越野所需技能

一、定向越野选手的技能

定向越野选手应具备以下技能：

①在野外能够迅速地辨别方向；

②能熟练地使用地图和指北针；

③善于进行长距离的越野跑；

④既果断又细心；

⑤能够迅速选择最佳的行进路线；

⑥在任何情况下，运动员的辨别方向和使用地图的能力始终都是最基本的。

二、地图的识别和定向

首先，看图上的颜色代表的区域标志和地图的图例来判别实物，查看地图的比例尺、等高距，然后在脑中勾画大概的距离，找出标明地图的指北方向标志。

其次，看自己所在地图的大概方位，如由出发点及标志，出发点边缘的明显道路、标志等来确定自己的位置。

最后，在地图上找出大的容易辨别的图案和标志与地球上的实物相吻合，如山体、道路、湖泊、草坪等给地图实物定位；找出自己要去的方向，选择经过的道路明显标志物；给地图定向，将地图与指北针放水平状态，转动地图直到地图上的指北线与指北针红色针平行，图即被定向，如图 14－12 所示：

图 14－12　指北针与地图上的指北线平行

（一）使用指北针给地图定向

将戴在左手上的指北针放平，使红色的指针与地图上红色指北图标平行或重合。计算判断要去目的地的大概距离，并选择容易的路径。不断地查看主要实物和地图对照，以便明白自己目前的地点。如果失去方向感，即刻再用指北针判方位。地图上连接两个点标间的直线方向就是要去的方向，再选择最佳路径。如果地图上没有连接两点间的直线，可以用指北针上的蓝色箭头指向要去的方向，转动自己，使红指针与红标志重合，蓝色箭头就是要去的方向。手表式指北针如图 14－13 所示：

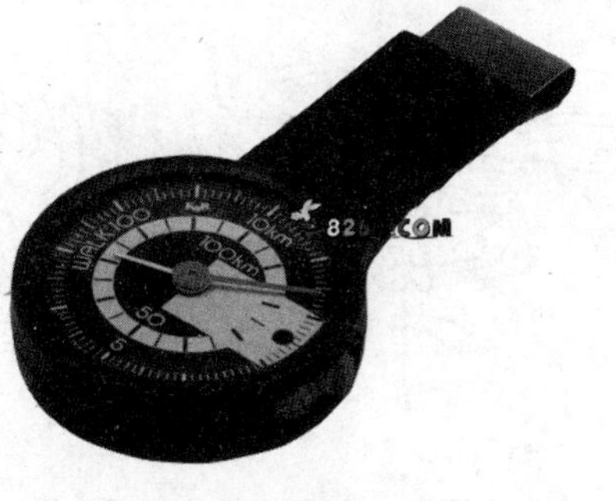

图 14－13　手表式指北针

（二）识别辅助小图标

地图上黏附的小图标是具体的点标和方位标志。因此，大方位跑到后应迅速识别具体的辅助图，以便很快会找到点标器，否则会很费劲或原地打转，这能让人紧张或丧失斗志。

（三）计算和分析实际距离

根据比例尺和地图上量得的距离计算出陆地上的大概距离，因为许多人看距离太频繁而影响前进的速度，也有人只顾跑而偏离了目标，跑了冤枉距离。

（四）最佳路线的选择和节省运动体力

通常应选择体力消耗少、不容易迷失方向和位置的路线、选择不浪费时间的地段通过，虽然这样有时候耗体力，但容易通过的道路也是好的选择，因而应根据自己的体力来决定。最佳路线的选择应坚持以下几个原则：

（1）有道路、少越野，以防迷路耽误时间和艰难的道路消耗体力。

（2）选近路不选远路，如果路况地形不险恶，且容易判断方向和通过，应选择省时间和距离的路途。

（3）浏览全图，提前绕难以通行的物体，如湖、河流等。

（4）走高处不走低洼地，因为高的地方不容易迷路，看的范围较大，利于路线和方向的选择。

（5）看到点标后要迅速打点标和离开，因为这样既节省时间，也不会为其他对手指明地点。

（6）没有障碍和难度的地段要快速移动，以争取时间。

三、野外运动需要的技术

学会选择路径，因为一般情况下右边的路线容易些，中间路线难度大、费体力和时间；地图的正上方往往是指北方，那么正下方就是指南方，且左西、右东；等高线越紧密，其坡度越陡；等高线越稀疏，其坡度越缓和，如图 14 - 14 所示。最简单的方法就是找到大且具有明显特征的地物做标志，如建筑物、道路、湖泊等。另外，还需要具有顽强的心理能力和野外跑步的体能，以及认真、严谨的态度。

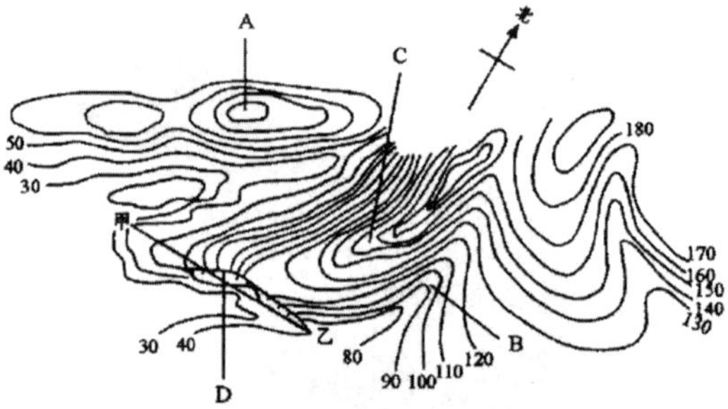

图 14 - 14　地图上的等高线

第四节　定向运动的比赛程序

一、大会集合处

运动员在比赛前被带到赛区的报到处，领取参赛号码布和指卡等，在会场内可查阅参赛队员的出发时间或有关该次比赛的资料。

二、指定出发区

参赛队员要在出发前10分钟到达出发区，通常出发区距离会场数分钟的路程，参赛队员须依从赛会指引，合适时间前往，免迟到。如因个人延误迟到，所损失的时间将不获补偿。

三、进行比赛

在个人赛中，各组的运动员一般每隔两分钟或若干分钟出发一队。出发后参赛队员必须离开出发方格，以免阻碍其他运动员出发；必须寻找到所需到访的控制点然后返回终点报到。

四、终点处

参赛队员通过跑道、越过计时器后，计时员会把他到达的时间记录下来，然后在地图收集处交回地图及指卡。参赛队员返抵终点后，须迅速离开，以免妨碍后来到达的运动员。

五、重返会场

参赛队员可以从布告板上查阅比赛成绩及在稍后时间取回比赛图留念。如有投诉，须于成绩公布后五分钟内提出，颁奖后可各自离场。

第十五章　羽毛球运动

第一节　羽毛球运动概述

一、羽毛球运动的起源和发展

羽毛球运动是在规定的场地上，两名或两对球员隔网相对，用球拍往来击球过网，以球触对方场区或使对方击球失误得分（或得发球权）的运动项目。羽毛球比赛分男子单打、男子双打、女子单打、女子双打、男女混合双打、男子团体、女子团体等。相传，最早出现于十四五世纪的日本球拍是木制的，球用樱桃插上羽毛制成，玩法是两人相对站立，手持木板来回击球。现代羽毛球运动起源于英国，大约在1800年左右由网球派生而来。1870年，出现了用羽毛、软木制成的球和穿弦的球拍。1893年，世界成立最早的羽毛球协会——英国羽毛球协会，并于1899年举办了全英羽毛球锦标赛。1934年，由英国等十几个国家发起成立了国际羽毛球联合会。1939年，国际羽联通过了《羽毛球规则》，从此羽毛球国际比赛日渐增多，有汤姆斯杯赛（男子团体锦标赛）、尤伯杯赛（女子团体锦标赛）、世锦赛、亚洲杯等。目前，中国羽毛球技术处于世界领先地位，在世界大赛中曾多次获得男子单打、男子双打、男子团体、女子单打、女子双打、女子团体冠军称号。

二、羽毛球运动的价值

羽毛球运动是一种全身运动项目，其规则及设备并不复杂，无论是进行有规则的羽毛球比赛还是作为一般性的健身活动，都要在场地上不停地进行脚步移动、跳跃、转体、挥拍，合理地运用各种击球技术和步法将球在场上往返对击，从而增大了上肢、下肢和腰部肌肉的力量。羽毛球运动游戏性较强，运动量可大可小，不受场地、年龄、性别的限制，运动量可根据个人年龄、体质、运动水平和场地环境的特点而定。

羽毛球作为一种娱乐活动，参与者在球的对击过程中，通过不停地奔跑和身体的变化，努力地去把球击到对方的场地。同时球的飞翔有快慢、轻重、高低、远近、狠巧、飘转等变化，需要练习者有较好的力量素质、速度素质、耐力素质、灵敏素质、柔韧素质以及快速的反应能力。经常从事该项体育活动可以发展人体的灵活性、协调性，可以提高人们上下肢及躯干的活动能力，改善呼吸系统和心血管系统的功能，提高有氧供能和无氧供能的能力，调节神经系统并提高其抗乳酸的能力，而且能起到增进健康、抗病防衰、调节精神、培养顽强的意志品质和坚定的信念的作用。由于羽毛球技术的千变万化，羽毛球运动又具有很高的观赏价值。

第二节　羽毛球运动基本技术

一、握拍法

羽毛球拍握法的正确与否，对于掌握和提高羽毛球技术水平有着重要的影响。羽毛球技术中的握拍和指法是多种多样的，但是基本的握拍法有两种，即正手握拍法和反手握拍法。

（一）正手握拍法

先用右手拿住球拍，使拍面与地面垂直，然后右手虎口对准拍柄窄面内缘，呈握手式握住拍柄，小指、无名指和中指并握，食指稍分开，大拇指与中指相近，拍柄端约与小鱼际肌齐，如图 15－1 所示：

图 15－1　正手握拍示意图

图 15－2　反手握拍示意图

（二）反手握拍法

在正手提拍的基础上，拍柄稍外转，食指收回，拇指第一指节的内侧贴在拍柄内侧宽面上，柄端紧靠小指根部，使手心留有空隙，如图 15－2 所示。

（三）动作要领

（1）正手提拍法如同与人握手方式。注意虎口不是对着拍柄宽面，而是对着拍柄窄面内缘。

（2）注意握拍的松紧度。握拍太紧，动作必然僵硬；握拍太松，击球无力，且动作可能变形。

（3）注意握拍的调整。击高球和扣杀球时，击球的瞬间需要握紧拍柄发力，握拍有些变化，虎口变成对着侧面的窄面上，才能以球拍正面击球；击球后则应调整恢复到虎口对着拍柄窄面内缘的原有正手握拍。

（四）练习方法

（1）固定球拍。以持拍手的正确部位握拍，体会握拍感觉。

（2）正、反手握拍的转换练习。从正手握拍举在右肩上到反手握拍举在左肩上，反复练习体会拇指和食指将拍柄捻动后，手指和拍柄接触部位不同的要求和变化。

二、发　球

单打时站在中线附近，离前发球线约 1 米；双打时可稍站前些。左肩侧对球网，左脚在前，脚尖向网，右脚在后，脚尖稍向右侧，两脚距离与肩同宽，身体重心放在后脚上；右手握拍向右后侧举起，肘部微屈，两眼注视对方站位位置，如图 15－3 所示。

发球按球在空中飞行弧线分为发高远球、平高球、平快球、网前球，如图 15－4 所示。

图 15－3　发球示意图

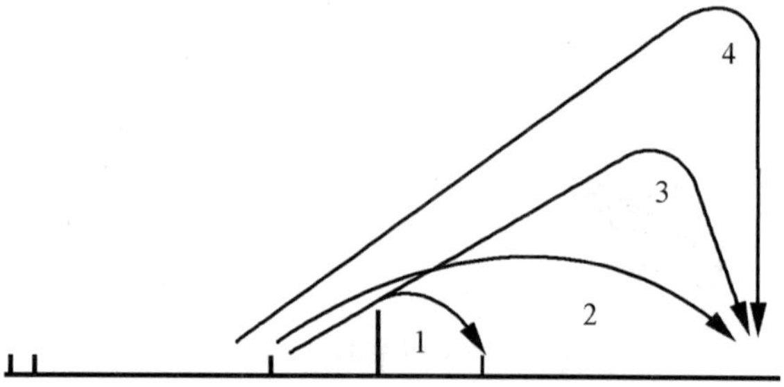

1. 网前球；2. 平快球；3. 平高球；4. 高远球

图 15－4　几种发球的弧线示意图

（一）动作要领

1. 发高远球

发高远球就是把球发得高而远，球在即将到达底线上空后几乎垂直下落，落点接近底线。发高远球的动作要领是：发球时，左手松开使球下落，同时有手握拍沿着自下而上的弧线朝前上方加速挥摆（其仰角要大于45°），在自然伸腕，即将触球时，前臂带动手腕向前上方“闪”动，由伸腕经前臂内旋至屈腕，使击球瞬间造成“爆发力”，击球点在右侧前腰下，如图 15－5 所示：

图 15－5　发高远球动作分解示意图

2. 发平高球

由于平高球飞行路线比高远球低，所以其要领是：击球时用前臂带动手腕发力，拍面稍向前推进，仰角小于45°，其余动作同高远球。

3. 发平快球

发平快球的要领是：站位稍靠后，击球时拍面仰角小于30°；发球带有突击性，使球越网而过，直插后场，向对方反手或空当进攻。

4. 发网前球

发网前球的要领是：击球时挥拍幅度较小，力量较轻，拍面稍后仰，使球恰好越网，落在对方接球区前发球线附近，如图 15－6 所示：

图 15－6　发网前球动作分解示意图

（二）练习方法

1. 正手向上颠球练习

先要求保持展髋，握拍放松，用前臂内旋，中指、无名指和小指由松到紧发力击球，加上手腕的回环动作击球。

2. 用吊线球进行正手发球练习

将球系在5米以上吊线的下端，球的高度调至与练习者膝关节平齐或稍低些；用球拍向前上方击球，模仿正手发高球的动作。要求以完整的发球动作击吊线球。

3. 对墙发球练习

对墙发球练习是为了体会球下落时间和挥拍速度之间的时空关系。首先要注意技术动作的准确性，然后再强调击球的准确性。

4. 在场地上正式发球练习

始终强调注意动作的正确性，然后才是飞行弧度和落点的质量要求。

5. 上肢力量练习

（1）羽毛球掷远或掷垒球练习。

（2）绕腕练习：手持哑铃于体前或体侧绕“8”字练习。

（3）挥拍练习：挥网球拍，重点进行前臂、腕、指的各种击球动作以发展击球爆发力。

（4）转臂练习：手持哑铃于体侧做旋内、旋外练习。

三、接发球

单打时，站位离前发球线约 1.5 米处；站在右发球区则靠近中线，如图 15－7 所示；站在左发球区则在中间位置，以防对方直线进攻反手部位。双打时，发球线比单打短 0.75 米，发高远球易被扣杀，因此双方多发网前球。接发球时可站在离前发球线较近处，球拍要举得高些，利用网前击球的点高争取主动。

当对方发来高远球或平高球时，可用平高球、吊球或扣杀球还击，如图 15－8（a）所示。图中虚线为发高远球，“1”为还击平高球，“2”为还击吊球，“3”为还击扣杀球。对方发来网前球时，可用平高球、高远球、反网前球、平推球还击。对方发来平快球时，可用平推球、平高球还击，以快制快，亦可用高远球，如图 15－8（b）所示。

图 15－7　接发球站位示意图

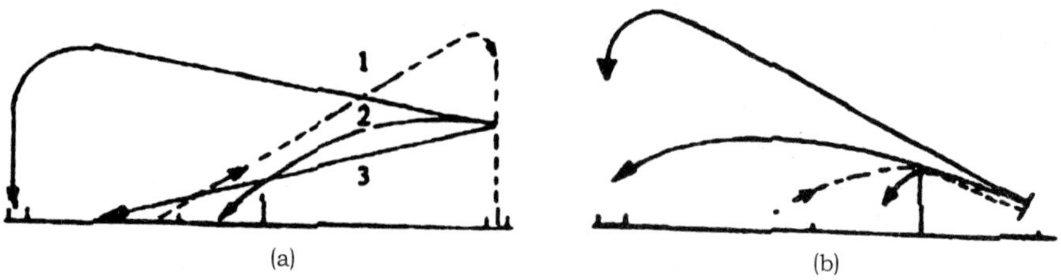

图 15－8　应对高远球和平快球的几种回击球的方法示意图

四、击球法

（一）高手击球

高手击球的击球点高、速度快、力量大，是快攻打法的最基本技术。

1. 高远球

进攻时可逼迫对方退离中心位置，削弱对方进攻威力，消耗对方体力，使对方回球失误；防守时，当对方连续进攻使自己步法出现忙乱时，用高远球争取时间，回到中心位置，摆脱被动局面。打高远球有高手和低手两种击法。高手高远球又分正手、反手和头顶三种。

击正手高远球时，判断来球的方向和高度，适当移动位置，使击球点尽量在右肩稍前的上空，左脚在前，右脚在后，身体重心放在右脚前脚掌上；屈臂举拍肩上，握拍前臂向后移动，肘关节向后侧提高，使球拍后引到头后，自然伸腕；接着大臂带动前臂向上，肘关节迅速上升，前臂前“甩”，触球时手臂伸直，“闪”动手腕，如图 15－9 所示：

图 15－9　击正手高远球动作分解示意图

击反手高远球时，反手握拍，右脚前交叉跨到左侧底线，背向网，身体重心在右脚，球拍举左胸，拍面朝上，双膝微屈，利用腿和腰腹协调力，大臂带动前臂，肘部上抬与肩并行时，前臂带动腕部的“闪”动，在右侧上方伸直手臂向后击球，如图 15－10 所示：

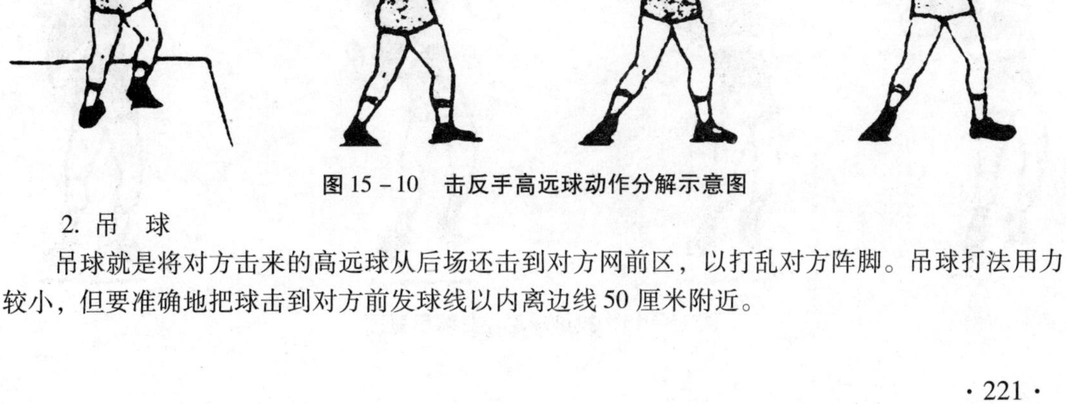

图 15－10　击反手高远球动作分解示意图

2. 吊　球

吊球就是将对方击来的高远球从后场还击到对方网前区，以打乱对方阵脚。吊球打法用力较小，但要准确地把球击到对方前发球线以内离边线 50 厘米附近。

吊球有多种打法，初学者应先学好高手吊球。按球的飞行弧线和击球动作的不同，高手吊球又分为劈吊球和拦截吊球，如图 15－11 所示。劈吊击球用力较轻，挥拍时拍面偏斜，击球一刹那，前臂突然减速，利用手腕快速“闪”动，向左下“切削”，球拍触球托的偏右部位，如图 15－12 所示。拦截吊球是把对方的平高球拦截回去，拍面正对来球；当拍面和球接触时，轻轻一挡，将球以较平弧线、较慢速度越网垂直下坠。

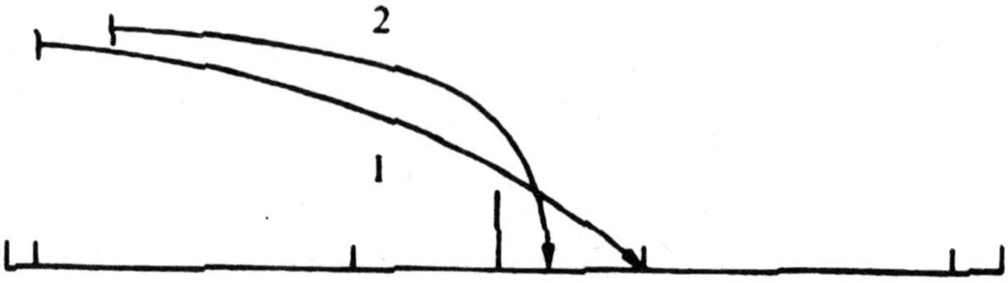

1. 劈吊球；2. 拦截吊

图 15－11　劈吊球和拦截吊球球的飞行弧线示意图

图 15－12　劈吊击球动作分解示意图

3. 扣杀球

扣杀球是一项主要的进攻技术，可分正手、反手和头顶扣杀三种，初学者应先掌握好正手扣杀。扣杀球的击球动作大体和正手高远球一样，不同的是击球一刹那须用全力，前臂快速带动手腕下压，触球时拍面前倾，向前下方用力，击球点在右肩稍前上方，如图 15－13 所示：

图 15－13　扣杀球动作分解示意图

4. 练习方法

（1）持拍做好准备、引拍、挥拍、击球（还原）的基本功练习。要求握拍正确、合理，左右手、前后脚及转体收腹等动作协调；在最高点击球。

（2）原地进行“起跳90°着地后即返回原地，再反复起跳并完成上手挥臂动作”的练习。

（3）多球式喂球或一对一陪练式喂球，让练习者移动到位击球。练习规律：原地完成动作—起跳完成动作—固定回击一点直线球—回击球点靠前；杀球比吊球更靠前。练习时应强调用力顺序，即高球是以肩关节为轴，大臂带小臂，小臂带手腕，向前上方用力击球；杀球是肩以关节为轴，大臂带小臂，小臂带手腕。但手腕积极向前下方重压；击两点直线加斜线球。

（4）两人分边，用高吊、高杀直线或斜线球进行对练。要求开始速度慢些，逐步加快；注意到位击球，提高稳定性、准确性。

（5）强调高、吊、杀动作的一致性，即在准备、引拍、挥拍到击球前期动作的一致性。注意击球点的不同，即高远球是在右侧前上方；吊球和高远球相比，吊球则是以肘关节为轴，手腕积极下压，切削球的右侧后下部。

（二）网前击球

网前击球要求握拍活，击球点高，步法快，搓、推、钩击球前的动作一致。

1. 搓　球

右脚跨前成弓箭步，侧身对网，重心在右脚，手臂向前伸出，出击要快，击球点要高；握拍的腕部和手指自然放松，拍面右边稍高斜对网；击球前，前臂外旋，手腕外腰，引拍至右侧；击球时，用手腕和手指发力加快挥拍的速度，“切”“搓”球托的底部使搓出的球翻滚贴网，如图15－14所示：

图15－14　搓球动作分解示意图

2. 推蹿球

推蹿球在网前将球以低平弧线快速推到对方底线，是一种进攻技术。推蹿球的动作与搓球相似，只是在击球一刹那拍面几乎与网平行，靠腕部转动及手指力量向前快速“闪”动，如图15－15所示：

图15－15　推蹿球动作分解示意图

3. 扑　球

扑球就是当对方发网前球时，或放网前球时，在球刚越到网顶（偏高）时迅速上网向斜下扑压，是威力较大的一种进攻技术。动作要领是：蹬步上网，身体右侧扑向网前，迅速举拍向前，拍面前倾；击球时用腕部和手指力量向前下方“闪”击；球触拍后立即回收，以免拍触网违例，如图 15－16 所示：

图 15－16　扑球动作分解示意图

4. 挑高球

挑高球是在被动情况下的一种防守技术。要领：举拍在身前，前臂略弯曲，右脚向网前跨出一大步，侧身向网；击球时以肩为轴，自下而上用前臂带动腕部和手指快速朝前上方挥拍；如果来球离网较远，拍面可后仰向前上方击球；如果来球较贴网，拍面应接近于朝上，击球时要带点向上的“提拉”，如图 15－17 所示：

图 15－17　挑高球动作分解示意图

5. 勾　球

勾球就是在网前回击对角线的球。勾球和搓球、推球结合起来运用，常能达到声东击西的效果。

6. 练习方法

（1）正、反手握拍上网前的移动练习。正手握拍上右网前，反手握拍上左网前，进行一步垫步上网、两步跨步上网、三步交叉跨步上网练习。

（2）两人隔网对练搓球或钩球。

（3）多球上网搓、勾、推、扑球练习。

（4）吊上网搓、推、勾、扑组合练习。

（5）杀上网搓、推、勾、扑组合练习。

（三）低手击球

低手击球是技术难度较大的一种防守技术，包括抽球和网前接杀球。

1. 抽　球

抽球是应付对方长杀、半场球和平球对攻的反攻性技术，有半场正、反手抽球和底线正、反手抽球。半场正、反手抽球时，击球点在肩部以下，用力特点是以躯体为竖轴，做半圆式（与地面平行）的挥拍击球动作，击球点都应争取在身前；击球时，脚的步位要配合好；正手抽球时，右脚向侧稍后跨出，如图 15－18（a）所示。反手抽球时，一种是左脚向侧稍后迈出步，另一种是右脚前交叉，向左侧前迈出一小步，背向网；挥拍发力时，重心放在右脚，要借助腰部的扭转，然后以前臂带动腕部，手指做“抽鞭式”向前“闪”动击球，如图 15－18（b）所示。

2. 网前接杀球

图 15－18　抽球动作分解示意科

网前接杀球的动作要领是：双脚平行站立，略宽于肩，重心稍下降，双目注视来球方向，以便判断、移动；接球时，握拍要松，主要用手腕和手指掌握球拍，预摆动作要小，球拍摆在体侧；挡直线网前球时，拍面稍后仰正对网，身体重心移向接球一侧脚上，球拍触球一刹那，或稍向上提拉触球，或稍向下"削"球；挡网前球主要是借来球的速度和力量将球反弹回去；挡对角线网前球时，要调整拍面朝向对方网前斜对角，如图 15－19 和图 15－20 所示：

图 15－19　网前接杀球动作分解示意图

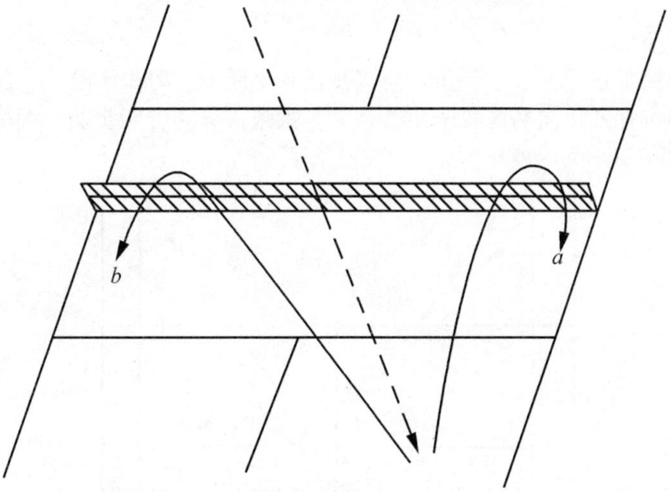

图 15－20　网前接杀球球的几种弧线示意图

3. 练习方法

（1）半场正手抽球与反手抽球。在正手放半场球基础上，由多球抽→多球定向抽→抽球练习；在反手放半场球基础上，由多球抽—多球定向抽—抽球练习。

（2）正手接杀放网与反手接杀放网。先做无球正、反手模仿练习—多球练习—两人对练。

（3）速度结合练习。

（4）听口令看信号的各种起动挥球拍反应速度练习。

（5）听口令快速转身跑击球练习。

（6）高频率跨越障碍物（羽毛球）。将 10 个羽毛球一字排开，两球间距离 1.2～1.5 米进行练习。

五、步　法

（一）步法的构成

初学羽毛球的人往往只重视学习手上的击球功夫，而忽略了脚上的移动。在羽毛球运动中，如果步子慢、跑不到位，球拍就常打不到球，就只能被人“攻死”。所以，在某种意义上讲，比赛也是在场上比步法，步法稍差的人，则常被击败。

羽毛球步法是由起动、移动、到位配合击球和回动四个环节构成的。

1. 起　动

起动包含着判断和反应，只有判断正确、反应快，才能迅速起动。因此，在起动这一环节中，除了抓好反应速度练习外，也要提高判断能力。

2. 移　动

从中心位置起动后用步子移到击球位置，包含着步数、步频、步幅。步数多少、步频快慢、步幅大小决定了运动员在场上的速度。

3. 到位配合击球

击球时，上肢与下肢要配合好，协调用力；到位后，步子做小调整，形成一个合理的击球姿势，以便发力击球；下肢位置的适度直接影响击球的速度、力量和准确性。

4. 回　动

击球后要尽快保持身体平衡，并回到中心位置，做好迎击下一来球的准备。

（二）常用步法

羽毛球步法中通常运用并步、垫步、交叉步、单足跳步、跨步、蹬步、腾跳步等组成一次移动步法。从中心位置开始向场区各个角落移动，大致可分为上网步法、两侧移动步法和后退步法三种，如图 15－21 所示：

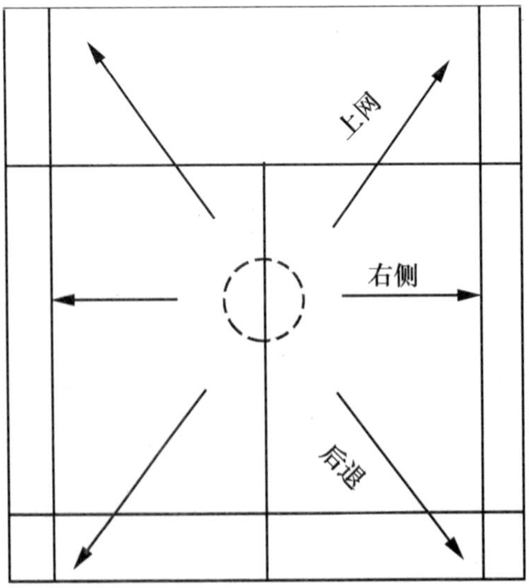

图 15－21　三种常用步法示意图

1. 上网步法

上网步法是指从中心位置向网前移动的步法。上网步法又有正手上网、反手上网以及蹬跳上网扑球步法。

（1）正手上网步法：左右脚稍前后开立，做好准备姿势。距来球较近时采用一步上网，以左脚向后蹬，右脚向前跨一大步，如图 15－22（a）所示；距来球稍远时，采用两步上网，以左脚向来球方向迈出一小步，接着左脚稍向后蹬，右脚向前跨一大步，如图 12－22（b）所示；采用三步上网时，右脚向右前方迈一小步，接着左脚后交叉越过右脚向右前方迈出一步，然后右脚冲着来球方向跨出一大步，如图 15－22（c）所示：

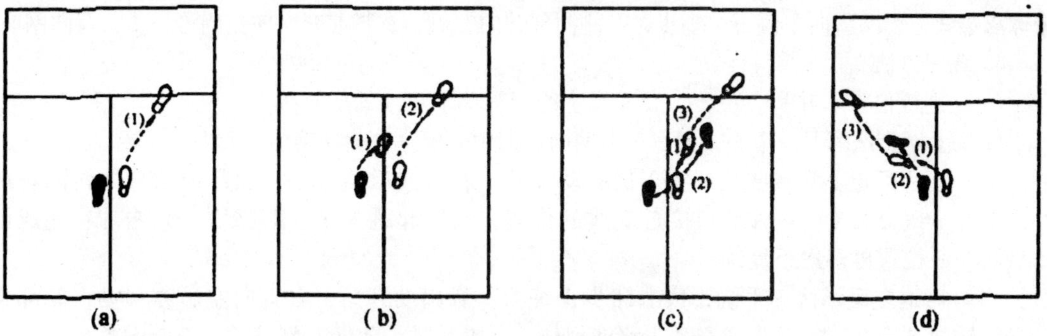

图 15－22　正、反手上网步法示意图

（2）反手上网步法：脚步移动方法同正手上网步法，只是方向朝左前方移动，用反手握拍法击球；起动后，右侧髋部转向左前方，脊部半侧向网，如图 15－22（d）所示；右脚在前，击球时姿势成弓箭步，右脚着地是缓冲和回动的关键。

（3）蹬跳步上网扑球步法：这是一种特殊的上网步法。当对方发球或回击网前球、球距网顶略高时，为了争取时机，省略了上网步法中的移动过程，从起动开始，身体前倾，双脚蹬地，右脚前跨；身体在空中扑球，扑球后，腾空的身体下降，双脚落地，往往右脚先落地；然后调整身体重心，恢复正常姿势回位。

2. 后退步法

后退步法是指从中心位置后退到底线的步法。后退步法又有正手后退、反手后退步法。

（1）正手后退步法：与上网步法一样，只是根据来球远近用一、二、三步后退。一步后退是指右脚尖向后蹬离地面的同时右髋部转向右后场，右脚向右后跨一大步，如图 15－23（a）所示；二步后退是指左脚向右后退一小步，右脚再向右后迈一大步，如图 15－23（b）所示；三步后退是指右脚蹬转后，向右后迈出一步（这时侧身向网），左脚立即向右脚并拢（或左脚后交叉一步），然后右脚再向右后迈一大步，如图 15－23（c）所示：

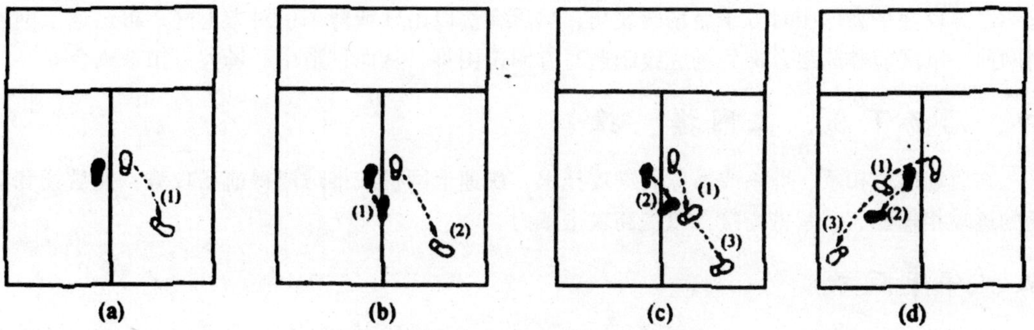

图 15－23　正、反手后退步法示意图

（2）反手后退步法：脚步移动方法如同正手后退步法，只是方向朝左后方移动，用反手握拍法击球；起动后，右侧髋部转向左后方，背部向网，如图 15 - 23（d）所示。

3. 两侧移动步法

（1）向右侧移动步法：若来球不是很靠边线，以左脚内侧蹬地，上体倾向右侧，右脚向右侧跨步，脚尖朝外；若来球靠边线，可以左脚向右脚靠拢垫一步，然后左脚蹬地，右脚向右侧跨步。

（2）向左侧移动步法：若来球不很靠边线时，可用右脚内侧蹬地，左脚向左侧跨出一步，若来球靠边线，以左脚向左侧迈一小步，右侧髋部转向左侧，右脚前交叉向左侧跨一步，背向网。

4. 练习方法

（1）进行垫步、并步、蹬步、交叉步、跨步等单个步法的反复练习。

（2）上网步法练习。中心位置—上右网前—回中心位置—上左网前—回中心位置。

（3）正手后退右后场步去练习。从起动开始，右脚向后侧移动，髋部带动身体转向右后场，以并步或交叉步向后移动到接近底线的位置；然后起跳（单、双脚均可）击球；完成击球后回中心位置再多次重复练习。

（4）后退左后场区正手绕头顶击球步去练习。从起动开始，右脚向左后方移动，髋部带动身体转向左后方，以并步或交叉步移动到位；右脚起跳，随即左侧髋部迅速转向左后方，带动左腿后摆到身后落地，缓冲并支撑身体重心；当右脚落地时，身体前倾，重心移向右脚，左脚开始回动；回中心位置后再多次重复练习。

第三节　羽毛球基本战术

一、压后场底线

通过平高球压对方后场底线，待对方回球质量较差时，大力扣杀或吊网前空当。

二、攻四方球控制落点

以快速准确的落点攻击对方场区的四个角落，使对方前后左右奔跑，打乱对方阵脚，待其来不及回中心位置时，攻其空当部位。

三、快拉快吊控制网前

以进攻性平高球压对方于后场两底角，然后突然以吊球或劈杀引对方上网，再迅速上网控制网前，以网前搓球结合推后场底线制造对方回击困难，从而创造中后场大力扣杀机会。

四、后场下压，上网搓、推

在后场通过扣杀、劈杀或吊球的进攻技术，快速上网搓或推球取得前场攻势，使后场和前场的进攻相辅相成、紧密衔接，以提高攻击威力。

五、守中反攻

因为杀球是要消耗体力的，控制不好容易失误，质量不佳还容易被对方反击，所以守中反攻这种打法应运而生。守中反攻是以逸待劳、后发制人，先以拉吊四角、多拍调动，让对方在跑动中勉强进攻，当对方攻球质量不好或回击被动球时乘机出击，往往能一拍成功。

第四节　羽毛球竞赛规则简介

一、比赛规则

（一）场　地

单打场地长为13.40米，宽为5.18米；球场中间挂一张网，其两端高为1.55米，网中央离地面高为1.524米；双方各占网的一边，每边的场区前有前发球线，此线中点与端线中点连成的一条中线，把场区分成左、右发球区（只在发球和接发球时起作用）。双打场地与单打场地的不同处是场地宽为6.10米，且离端线前0.76米处有一条横线叫后发球线。竞赛场地的划分如图15－24所示。

一场比赛采用三局两胜制，一方先胜两局即结束比赛。比赛不受时间限制，先得21分即结束一局的比赛，然后交换场区，继续比赛。如在第三局（决胜局）中，某方先得11分时，也应交换场区。

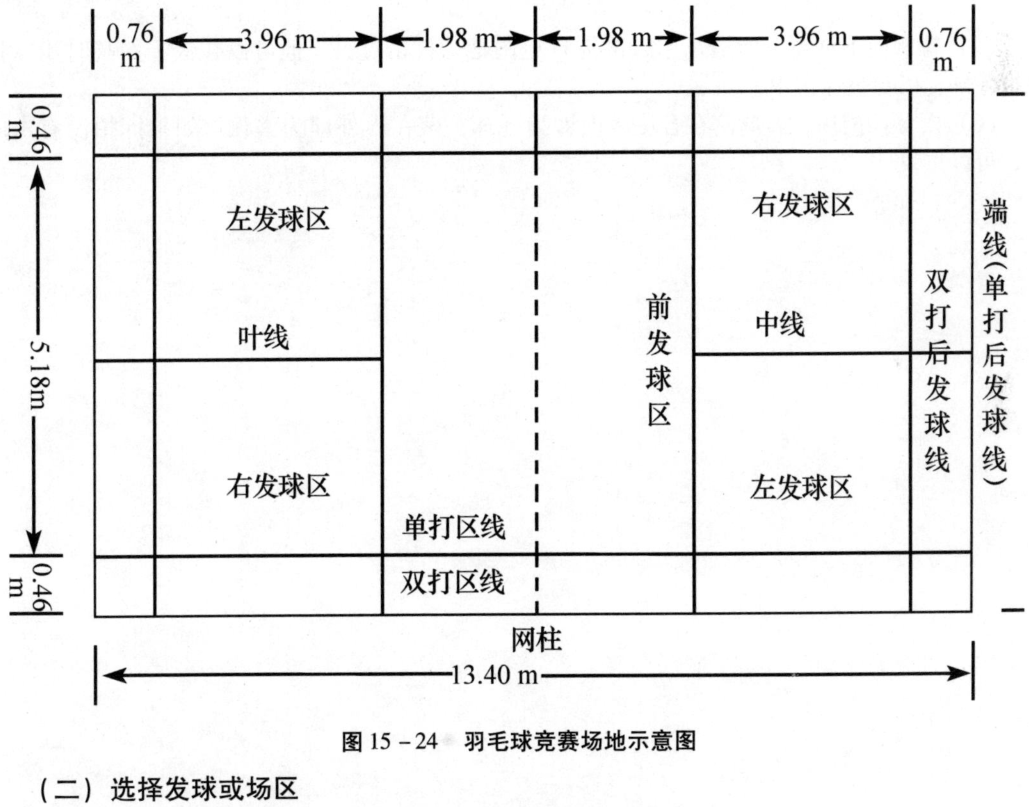

图15－24　羽毛球竞赛场地示意图

（二）选择发球或场区

由裁判员召集双方掷挑边球，先选择者只能挑选其中之一。

二、发球次序和方位

（一）双　打

每局先由右发球区第一发球员发到对方右发球区内，由对方第一发球员接球。每局开始，先发球队只有一次发球权，以后每队都有两次发球权。每次换发球时，都由右发球区队员开始。发球队每得一分，同队两队员互换左右发球区，由原发球员继续发球，对方站位不动。发球队分数是零或双数时，第一发球员应在右区，分数成单数时，第一发球员应在左区。

（二）单　打

发球者得分是零或双数时，双方都站在右发球区内，得分成单数时，双方都站在左发球区。单打出现平分后的发球方位同双打。

三、违例与犯规

（1）发球时双脚不能触线，必须有一部分与地面接触，不能移动；球与球拍的接触点不能超过腰部；同时球拍框必须明显低于握拍；不能做晃动球拍的假动作。

（2）接球员在接发球时也不能移动；不能做影响对方发球的行动；发球时任何一方都不允许无故延误发球。

（3）击球时不能连续两次击球，双打时不能连续两人各击一次；不能持球或有拖带动作。

（4）比赛进行中任何人不得触及网或网柱；不能过网击球；身体任何部位不能侵犯对方场区。

（5）在网前不许高举球拍（超过网高）企图把球拦击过去。但可以在低于网高时用球拍保护脸部，以免被球击中。

（6）发球擦网后，若球落在合法区内即为好球，落在界外即为失误，如果挥拍没有击中球，可以重发。

第十六章 网　　球

第一节 网球运动概述

一、网球运动的起源与发展

现代网球运动起源于19世纪。1873年，英国人温菲德少校最先对草地网球的玩法做了几条简单的规定，成为网球运动最早的规则。1881年，英国草地网球协会宣告成立，并制定了一系列的规定，使网球运动成为一项正式的比赛项目。

1877年在英国温布尔顿举行了第一届草地网球锦标赛。温布尔顿网球赛是历史最悠久的世界网球比赛，已经有100余年的历史。目前，世界上举办了许多国际性的公开赛，其中最有影响的赛事有英国温布尔顿网球赛、美国公开赛、法国公开赛、澳大利亚公开赛、戴维斯杯男子团体赛、联合会杯女子团体赛以及年终的大满贯网球赛。

二、网球运动的价值

经常参加网球运动，能培养人准确的判断能力、快速的反应能力，并能提高人的速度、耐力、灵敏等素质。由于网球是通过脚的跑动移位、通过手臂的击球来完成技术战术动作，因此对调节肌肉用力的感觉和发展协调性有积极作用。同时，网球运动是一项老少皆宜的运动，长期坚持网球运动，能使青年人保持青春活力和健美形态；能使老年人能保持旺盛精力、延缓衰老。

每当你坐在电视机前欣赏着激动人心的世界网球大赛，看到各国网坛群英精湛的球技和出色的表演，或当你看到我国网坛健儿忘我地拼搏厮杀，你工作一天的疲劳会消逝，你紧张一天的精神会放松，你遇到的一切烦恼会忘却……尤其是运动员那生龙活虎的矫健身资和机智灵活的战略战术，会令你全神贯注、神采飞扬，尽情地领略网球给你带来沁人心脾的温馨和愉悦。此时，你身心完全地投入，忘记了时间、忘记了烦恼，甚至忘记了自我，眼随绒球走，心随比分飞。这是一种消遣，是一种娱乐，是一种休息，是一种观摩，是一项智力的开发，又是一次情操的陶冶。

第二节 网球基本技术

一、握拍法

握拍是打网球的第一步，也是十分重要的技术，正确的握拍会使技术动作掌握和提高得更快、更好。

（一）东方式握拍法

东方式握拍法又分正手提拍法和反手握拍法。

1. 正手握拍法

正手握拍的动作要领是：正手提拍和平时与人握手的姿势十分相似，由拇指与食指形成“V”字形，虎口放在球拍把手的右上斜面，食指与其余三指分开，握住拍柄（拍柄如图 16－1 所示）；拇指稍弯曲，握住左垂直面；手掌根与拍柄齐平，如图 16－2 所示：

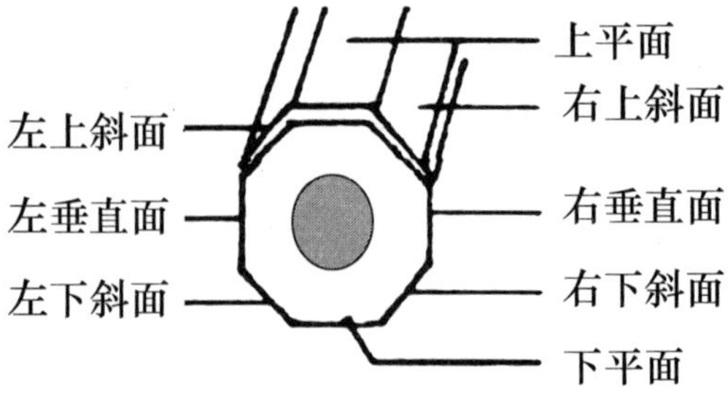

图 16－1　拍柄各部分的名称

图 16－2　正手握拍示意图

2. 反手握拍法

反手握拍的动作要领是：反手握拍是在正手握拍的基础上，手沿逆时针方向旋转两个平面，即拇指和食指的“V”字形虎口在把手的左上斜面，如图 16－3 所示；其他手法基本与正手相同。

图 16－3　反手握拍示意图

（二）中国式握拍法

中国式握拍的动作要领是：由拇指和食指的“V”字形虎口放在球拍把手的上平面与左上斜面的交界线上，掌根贴住上平面，与拍柄下端齐，食指与其余三个手指稍微分开，握住拍柄。

（三）西方式握拍法

西方式握拍的动作要领是：将球拍放在地面上，用手抓起来（俗称“一把抓”），即拇指直伸压住拍柄上平面，食指下关节握住右上斜面，手掌根贴住右下斜面，与拍柄下端平齐。西方式反手握法是在正手的基础上，手腕按顺时针转动，拇指直压拍子左垂直面，食指下关节压住上平面，手掌根部贴住左上斜面，与拍柄下端齐。简单来说，就是把柏柄上下平面颠倒过来，正、反用同一拍面击球。

二、准备姿势

准备姿势的动作要领是：面对对方场区站立，两脚开立略宽于肩，两膝微屈，上体略前倾，脚跟稍抬起，重心置于两脚前脚掌间；右手握拍柄，左手握着拍颈部位，持拍于体前；两眼注视对手或来球。

三、正手击球法

正手击球是网球运动中最主要的打法，也是最可靠的进攻性击球手段。

（一）动作要领

在准备姿势中判断来球后，即开始转动上体和肩，同时球拍后拉，重心移到靠后的脚上；向后拉拍时，球拍不要下垂，拍头应高于手腕；击球时，踏出前脚，重心前移，腰部转动带动手臂和球拍，向前挥拍击球，注意绷紧手腕、紧握球拍；击球后，球拍继续向前挥动至左肩前上方，完成挥拍跟球运动，如图 16－4 所示：

图 16－4　正手击球动作分解示意图

（二）练习方法

（1）挥拍练习，体会动作要领。
（2）自己抛球，待球落地弹起后击球练习。
（3）对墙击球练习。
（4）两人一组，一人送球，一人正手击球练习。
（5）两人正手击球对练，可进行斜线、直线练习。
（6）正手击球斜、直线结合练习。

四、反手击球法

（一）反拍上旋球

反拍上旋球的动作要领是：击球前将拍改为东方式反手握法；身体向左侧转，重心在后脚上；球拍后摆，拍头略低，击球时右脚向前跨，转腰带动上臂、前臂向前上方挥拍，手腕绷紧，握紧球拍，击球后继续向上做随挥动作，至右肩前上方。

（二）反抽下旋球

反抽下旋球的动作要领是：反抽下旋球时采用中国式握法；球拍后摆时拍头上翘起，击球时向前向下挥拍，拍面略仰，手腕绷紧，重心自后向前移；击球后手臂继续向前做随球动作，如图 16－5 所示：

图 16－5　反抽下旋球动作分解示意图

（三）双手反拍击球

双手反拍击球的动作要领是：双手反拍击球时右手用反拍握法，左手用正拍握法，转动身体向左后拉拍，拍略低于来球；击球时右脚跨步向前，重心前移，转腰带动双手挥拍向前向上，在腰部高度、膝部前击球；击球后随势挥拍至左肩前上方结束，如图 16－6 所示：

图 16－6　双手反拍击球动作分解示意图

（四）练习方法

（1）挥拍练习，体会动作要领。

（2）自己抛球落地弹起后击出。

（3）对墙击球。

（4）一人送球，另一人反拍击球。
（5）两人一组，反拍击球对练。
（6）各种线路的结合练习。

五、发　球

发球是网球运动的一种主要技术，好的发球可直接得分或为争取主动创造条件。

（一）发球的基本要求

1. 正确的站位

在端线后两脚开立与肩同宽，前脚与端线成45°，身体侧对球网，重心在后脚上。

2. 持球与抛球

持球时，可手持两个球或一个球，用拇指和另外两三个手指的顶部拿着将要发的球；抛球时手臂向身体的右前上方直臂抬起，到肩部与头部之间位置时撒手将球推向空中，尽量使球垂直上抛，球落下时在身体前脚的右前方，不要在头顶上。

3. 引拍和击球

当抛球手向上时，握拍手也应该向后上方运动，为击球做好准备，如两手配合不协调时，可采用“计数”法。先把球和球拍都放在齐胸处，数“一”时双手往下放，数“二”时两手往上，但抛球手在前，持拍手放身后，数“三”时击球。击球的高度在身体和握拍手臂充分伸展时球拍的上部。

（二）切削发球

切削发球的动作要领是：采用反手握拍法，站在端线后7～10厘米处，身体侧对球网；发球时将球和球拍置于与胸同高，抛球时球拍后引在背后，肘关节抬起，身体向后屈；当球拍从后向前上方挥动时，要加快手臂挥拍速度，同时身体充分伸展，并在最高点击球；击球瞬间手腕向前扣击，拍面从球的后部向前上擦击，使球产生旋转；击球后，球拍向前下左侧落下，重心前移，向前上步。

（三）平击发球

平击发球的动作要领是：平击发球时要尽可能地用力击球，其动作方法基本同切削发球，只是在击球的一刹那，拍面不绕球切削，而是正对球的后部用力击打；要充分利用身体、手臂的力量，以及身体重心向前的力量。

（四）发球的练习方法

（1）原地徒手做抛球、挥拍练习。
（2）持球手向上抛球练习。
（3）多球练习发球。
（4）不同落点的发球练习。
（5）不同力量和旋转的发球练习。

六、截击球

截击技术是单、双打比赛中网前取得成功的关键，是一项不可缺少的技术。

（一）正拍截击球

正拍截击球的动作要领是：准备时膝盖要弯曲，重心稍前，球拍在身前；采用中国式握拍法；击球前必须转动上体和肩部，带动球拍向后；击球时握紧球拍，绷紧手腕，在身体前面15～50厘米处迎击球；拍头上翘，拍面稍向后仰，向前向下挥拍击球，如图16－7所示：

图16－7　正拍截击球动作分解示意图

图16－8　反拍截击球动作分解示意图

（二）反拍截击球

反拍截击球的动作要领是：击球前要转肩使上身和球飞来的路线成平行方向，同时球拍后摆至肩部，拍头向上；击球时拍向前做简短的撞击动作，在身体前面击球；拍触球时，手腕绷紧，握紧球拍，如图16－8所示。

（三）截击球的练习方法

（1）正、反拍截击球挥拍练习。

（2）对墙近距离击空中球。

（3）两人一组，在网前练截击球。

（4）两人一组，一人发球，一人在网前练习截击。

七、高压球

高压球是将对方挑出的防御性的高球凌空或落点弹起后向前下打出，绝大多数高压球可用正拍击球。

（一）动作要领

侧身对网，移动到球下落的稍后方；准备击球时在身前举起球拍，然后球拍后引至肩后；击球时前臂将拍向下挥动，整个手臂伸直，触球时手腕用力下压，拍面向下。

（二）练习方法

（1）徒手挥拍练习。

（2）一人抛高球，另一人练习高压球。

（3）一人在底线挑高球，另一人练习高压球。

（4）不同落点的高压球练习。

八、挑高球

挑高球分防守性和进攻性两种。防守性挑高球是为了在双方焦灼时摆脱困境；进攻性挑高球是在对方上网时将球挑到对方后场较深处，使之被动或失误。

（一）动作要领

准备时将球拍做好充分的后摆；击球时向前上挥拍，打球的下部，手腕绷紧，挥拍动作要尽可能向前向上送出。

（二）练习方法

（1）徒手挥拍练习。

（2）自抛球挑高球练习。

（3）两人挑高球练习。

（4）一人挑高球，一人高压球或抽球练习。

第三节　网球基本战术

一、战术的指导思想

（一）“稳”字当头

比赛中要有耐心，击球要稳，不要滥用自己还不熟悉的打法或想一下把对方置于死地，因为这样打球所付出的比收获的多；一般击球落点在距边线 60 厘米以内的区域。

（二）把球打深

无论进攻型或防守型的选手，都应遵循一个原则，即把球打深，使球的落点在离端线60～90厘米处，以便自己有充裕的时间对回击做出反应，并能阻止对方上网，以及缩减对方回球的角度。

（三）争取上网截击

上网截击可以使自己的击球范围增大，让对方疲于应付或失误，同时提高了球速，使对方来不及调整位置接球。

二、单打战术

（一）发球上网

发球时发出质量较高的球，使对方的回球不至于力量太凶猛或落点太刁钻；同时，自己应果断地上网，移动到发球线与网之间，利于发挥速度和角度造成对方失误。如果机会不是很好，第一次截击可将球打深，落点为对方的弱侧，然后利用第二次截击得分。

（二）底线打法

底线打法首先要将球打深，使球落在端线前而不是发球线附近；同时，利用落点调动对方或抓住对方的弱点作为突破。在有机会的情况下即可上网截击。

（三）综合打法

根据对手的情况，采用不同的打法。如果对方频频上网，可采用挑高球迫使他退回去；如对方底线技术很好，可适当放一些小球诱使他上前，然后再用力将球打深来调动他。综合打法就是将底线和上网两种打法结合起来，根据场上情况随机应变。

三、双打战术

双打是业余网球比赛的主要项目，由于双打对体力要求较低，适合各种年龄层次的人参加。

（一）双打的站位

双打比赛一般是控制网前的队赢分。发球员和接球员都应做好击球后上网的准备。双打时一般让技术水平较高的选手站在左区，或者由正拍技术较好的选手站在右区，反拍技术较好的选手站在左区。发球和接发球时的站位一般是发球员站在中点与单打线的中间，发球员的同伴站在发球线和球网之间，可稍偏向单打边线些；接球员站在右区端线靠近单打线处，接球员的同伴站在发球线前边，略靠近中线。

（二）双打的配合

双打要求两名队员配合得像一个人，才能发挥出最高水平。比赛中，两人相互间的距离不能拉开 3.5 米以上，以利于并肩战斗。当同伴移动到自己区域截击时，自己应迅速补位；当同伴退到底线接高球时，自己也不应继续留在网前，而应后退，使两人处于最佳防守位置；当对方上网时，自己可以挑进攻性高球，迫使对方退回后场。

第四节　网球竞赛规则简介

一、选择权

（1）第一局比赛开始前以掷钱币的方法来决定选择权。

（2）选择发球或接发球，对方选择场区。

（3）选择场区，对方选择发球或接发球。

二、发　球

发球员在发球前，应先站在端线后、中点和边线的假定延长线之间的区域里，然后用手将球向空中抛起，在球接触地面以前用球拍击球，为合法发球。若抛球后又决定不击球而将球用手接住，不算失误。

三、脚　误

（1）发球员在整个发球过程中，不得通过行走或跑动改变原来的位置，否则为脚误。如果发球员如两脚轻微移动而未变更原位，不算行走和跑动。

（2）两脚只准站在端线后、中点和边线的假定延长线之间，不能触及其他区域。

四、发球员的位置

每局开始时，发球员应先从右区端线后发球，得一分后，应换到左区发球（双分时在右区，单分时在左区）。发出的球，应落在对角的对方发球区内或其周围的线上。

五、发球失误

（1）发出的球，在落地前触及固定物（球网、中心带、网边白布除外）。
（2）未击中球。

六、第二次发球

发球员第一次发球失误后应在原发球位置上进行第二次发球。

七、重发球

合法的发球触及球网、中心带、网边白布后仍落在对方发球区内，或发球触及球网、中心带、网边白布后，在落地前触及接球员身体或其穿戴物上时，则须重发球。

八、发球次序

一局比赛结束，接球员成为发球员，发球员成为接球员。以后每局结束，均依次交换。

九、交换场地

双方在每盘的单数局结束后，以及每盘结束双方局数之和为单数时交换场地。

十、发球员得分

发出的球在落地前触及接球员的身体或穿戴物。

十一、接球员失分

下列任何一种情况，均判失分：
（1）在球第二次着地前未能还击过网。
（2）还击的球触及对方场区界线以外的地面、固定物或其他物件。
（3）还击空中球失败（场外空中球也算）。
（4）比赛中故意用球拍拖带或接住球，或故意用球拍触球超过一次。
（5）“活球”期间，运动员的身体、球拍及其他任何物件触及球网、网柱等或对方场区。
（6）来球尚未过网即在空中还击。
（7）运动员球拍以外的任何部位触球。
（8）抛拍击球。

十二、胜一局

运动员每胜1球得1分，先得4分胜一局，双方各得3分时为“平分”；“平分”后，一方先得1分时为该运动员占先；“占先”后再得1分，就胜一局，即净胜2分才算该局结束。

十三、胜一盘

1. 一方先胜六局为胜一盘。如果双方各胜五局时，一方必须净胜两局为胜一盘。
2. 当双方各胜六局时，可用平局决胜制来决定，即先得7分者胜该局及该盘。

第十七章　乒　乓　球

第一节　乒乓球运动概述

一、乒乓球运动的起源与发展

乒乓球运动是在规定的球台两端由两名或两对选手隔网相对，用球拍往来击球过网，以造成对方失误得分的比赛项目。

乒乓球运动起源于19世纪后期的英国，由室内网球演变而来，亦称“桌上网球”，因击球时发出“乒乓”声而得名。乒乓球竞赛项目分为团体赛和单项比赛两大类。团体赛有男子团体和女子团体两项。单项比赛有男子单打、女子单打、男子双打、女子双打和男女混合双打五项。乒乓球运动1913年传入中国，20世纪60年代中国乒乓球运动迅速崛起，创造了直板快攻打法，先后有100多人登上世界乒坛最高奖台，创造了国际乒坛历史上的奇迹，因而乒乓球也被誉为中国的“国球”。乒乓球运动在中国开展非常广泛，深得广大青少年群众的喜爱，各级学校普遍将乒乓球运动列为体育课的教学内容之一。

乒乓球运动适合于不同人群，可发展其灵敏性、协调及快速反应能力，对内脏器官功能以及植物性神经有良好的调节作用，其特点是球小、速度快、变化多、趣味性强、设备比较简单，而且不受年龄、性别和身体条件的限制，室内、室外都可以进行，运动量可大可小，具有广泛的适应性和较高的锻炼价值。

二、乒乓球运动的价值

（一）培养顽强的拼搏精神

激烈的乒乓球比赛，既是比技术、比战术，更是比意志品质和拼搏精神。“人生能有几回搏”就是拼搏精神的写照，胜不骄，败不馁。永不言败，敢为人先，自强不息是一个民族的灵魂，对个人来说更是一种优秀的人格品质。

（二）促进身心健康

乒乓球运动的特点是球小、速度快、变化多。经常参加乒乓球运动能提高人的中枢神经系统的灵活性，使人反应灵敏，提高呼吸系统、血液循环系统的机能和耐久力，对调节改善人的情绪、培养良好的心理素质大有益处。

（三）促进人际间的交流

“以球会友”，“小球转动了大球——地球”，乒乓外交就是通过中美两国乒乓球运动员间切磋球艺，增进了解与沟通，促进国与国之间、运动员与运动员之间的交往与交流，增进了友谊，加强了联系，改善了中美关系。另外，乒乓球运动对大众健康和积极的生活方式起到了推动作用。

第二节　乒乓球基本技术

乒乓球基础技术主要包括四项内容，即握拍、站位与身体姿势、单项技术（发球、推挡、攻球、弧圈球、削球、搓球）和步法。

一、握拍法

握拍法是指运动员手握乒乓球拍的方法，有直拍握法和横拍握法两种。选用何种握法，因人而异。可根据个人身体条件、兴趣爱好、技术特点选择一种适合的握拍法。

（一）直拍握拍法

拇指和食指的第一、二指关节自然弯曲平均地钳住拍柄，拍柄贴住虎口，其他三指自然弯曲重叠，中指第一指关节顶在拍背1/3处，如图17－1所示。直握球拍的特点是手腕灵活，处理台内球容易。

图17－1　直拍握拍法示意图

（二）横拍握拍法

横拍握法因个人习惯、特点不同分深握和浅握两种。因手指动作相似，均称“八字”式握法。其方法是：虎口压住球拍右上肩，拇指和食指自然弯曲分别握在拍身前、后两面，中指、无名指、小指弯曲握住拍柄，如图17－2所示。横拍握拍法适用于快攻型、弧圈型或削攻型打法。

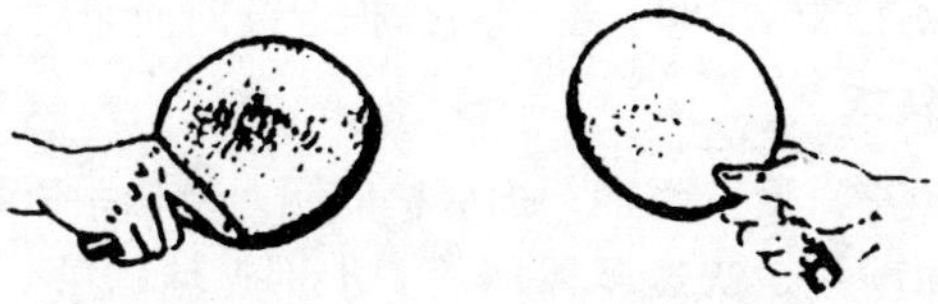

图17－2　横拍握拍法示意图

二、站位、基本姿势与步法

打乒乓球时的基本站位应根据不同类型的打法、个人技术特点和身体特点来选定（以右手握拍为例）。

（一）左推右攻打法的基本站位

站在近台偏左，距球台30～40厘米左右；两面攻打法的基本站位在近台中间偏左，距球台40～50厘米左右；弧圈球打法的基本站位在中台偏左，距球台50厘米左右；两面拉弧圈的基本站位在中间略偏左；攻削结合打法的基本站位在中远台。

（二）击球前身体的基本姿势

两脚开立，比肩稍宽，保持身体平稳，脚跟稍提起，前脚掌着地，两膝微屈，上体略前倾，重心置于两脚之间；下颌稍内下收，两眼注视来球，持拍手自然弯曲，置于身体右侧，手腕适当放松。

（三）步法种类与动作要点

1. 单　步

以一只脚为轴，另一只脚向前或向后、左、右移动。单步常在打定点球、还击追身球或近网球时采用。

2. 跨　步

以一只脚向前、后、左、右的不同方向跨出一大步，身体重心随即移到摆动腿上；而另一脚再迅速跟着移动。跨步常在扑救险球时，或正手打回头球时采用。

3. 跳　步

以来球方向的异侧脚蹬地为主，两脚发力同时离地，异侧脚先落地；另一脚随即着地即挥拍击球。跳步一般在来球离身体较远较急时采用。

4. 交叉步

双脚同时向来球方向侧蹬，以来球方向的异侧脚发力为主，迅速向来球方向提摆跨出一大步，两脚交叉；然后同侧脚迅速跟上还原成准备姿势，挥拍球。

5. 侧身步

这是左推右攻运动员常用的步法。击球时以左脚为轴，右脚向左后方移动，微收腹，侧身让出空隙来击球；在来球追身时，侧身就较大；开始右脚蹬地发力，左脚向球台外跨出一步，然后右脚靠腰部扭动后跟上。

三、发球与接发球

（一）正手平击发球

平击发球是一种几乎不带旋转、速度一般的发球，是掌握其他复杂发球的基础。发球时身体约离台 40 厘米，两脚开立，左脚稍前，抛球的同时挥拍手向后引拍，击球时向前挥拍，击球的中部稍偏上，第一落点在球台中间；击球后挥拍继续向前而后还原。

（二）正（反）手发急球

抛球同时持拍手向右（左）后方引抽，拍形稍前倾，持拍手以肘关节为轴内旋向左（右）前方挥拍用力，触球后拍面前倾，快速摩擦球的中上部；球的第一落点应在本方台面端线附近，执拍手迅速放松，立即还原。

（三）正手发下旋球

球由高点下落至约与网同高时，前臂加速向左前下方切削，用球拍左侧偏下部位击球的后中下部并向底部快速摩擦。在发近网下旋球时用力下切动作要快，落点距网较近；发远网下旋球时除用力下切外，还应略加向前的力量。正手发下旋球如图 17－3 所示：

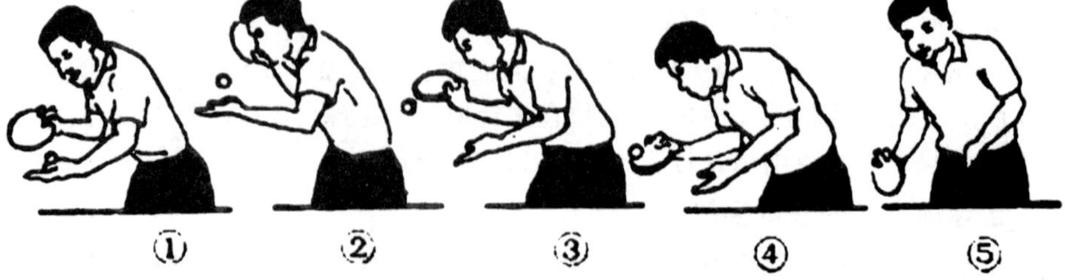

图 17－3　正手发下旋球动作分解示意图

（四）发左、右侧旋球

发左侧旋球时，将拍手稍向左倾斜，用力向身体左方发力，摩擦球的中部；发右侧旋球时与之相反。

（五）正手发左侧上、下旋球

1. 正手发左侧上旋球

站位左半台，左脚稍前，身体略向右偏，左手掌心托球位于身体右前方；球从高点下落时持拍手从右上方向左下方挥拍；当球落至网高时，持拍前臂加速挥摆，手腕发力使球拍加速向左下方挥动，击球的中部并向左侧上方摩擦，如图 17－4 所示。可根据发球长短调整第一落点的远近。

2. 正手发左侧下旋球

挥拍击球时，侧上旋是屈腕垂拍，侧下旋是沉腕拇指压拍，击球中下部并向左侧下方摩擦，如图 17－4 所示：

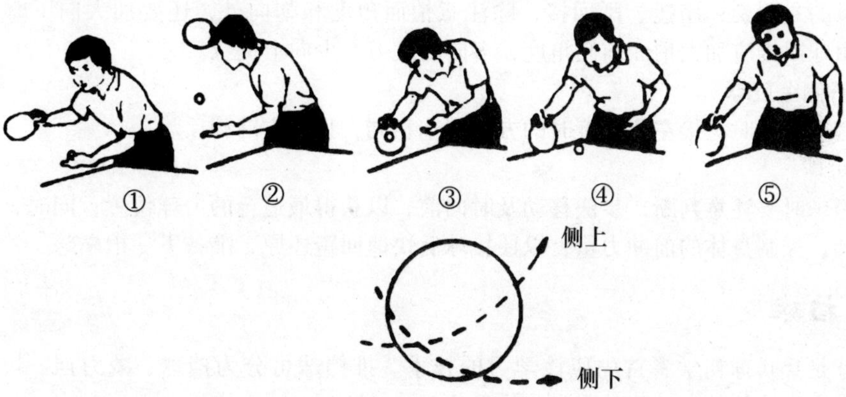

图 17－4　正手发左侧上、下旋球动作分解示意图

（六）反手发右侧上、下旋球

1. 反手发右侧上旋球

站位左半台，右脚稍前或平站，身体略向左偏；上抛球时，右臂内旋，持拍手向左后方引拍，腰部略微向左转；球从高点下落时，持拍手从身体左后方向前挥拍，当球落至网高时，前臂和手腕同时发力挥拍击球，击拍中略偏下部；在触球的瞬间，手腕快速向上方抖动摩擦球，如图 17－5 所示：

图 17－5　反手发右侧上、下旋球动作分解示意图

2. 反手发右侧不旋球、发侧下旋球是手腕与前臂较平直，拇指压拍，拍面较平；击球的中下部并向右侧下摩擦球；而横拍发反手右侧上、下旋球时要加大右上臂向右力挥摆幅度，如图 17 –5 所示。

（七）接发球

发过来的球速度快，带有一定的上旋力，应用侧身回接；如果侧身有困难，可运用反手推挡或反手攻球回击；如果采用削球回接，则必须移动步法向后退一步，待来球力量有所减弱时再回接。

1. 接下旋球

用搓球回接下旋球时，注意拍面后应以增加向前上方的发力；用拉攻或弧圈回接时，一定要增加向上提拉的力量。

2. 接左侧上旋球

接左侧上旋球一般采用推挡、攻球为宜；回接时，拍面角度要稍向前倾、拍面向左倾斜，以抵消来球的左侧旋；用搓、削回接，除注意拍面角度和朝向外，还要加大向下摩擦球的力量；用弧圈球回接应加大拍面前倾角度，多向前发力，少向上提拉。

3. 接右侧上旋球

接右侧上旋球时与接左侧上旋时的方法基本相同，只是方向相反。

4. 接短球

回接短球时要注意判断，步法移动及时向前，以获得最适合的击球位置；同时，注意到位后脚步制动，控制身体的前冲力量，以便接球后快速回蹬还原，准备下一拍来球。

四、推挡球

推挡球是乒乓球初学者首先应该学习的技术。推挡球可分为挡球、减力挡、快推、加力推、推挤和推下旋等技术动作。

（一）挡　球

两脚平行站立，身体靠近球台；击球前，上臂贴近身体，前臂约与台面平行，球拍置于腹前；击球时，调整好拍形，在送球上升期触球的中部或中下部，借来球的反弹力将球挡回，击球后迅速还原。

图 17 –6　推下旋球动作分解示意图

（二）快推球

站位近台偏左，两脚平行或右脚稍后站立；击球时，小臂向前推击的同时前臂外旋，在球上引时击球的上部，把球快推过去。

（三）加力推球

击球前，前臂上提，球拍后引，肘部贴近身体，球拍位置高于击球点，拍面稍前倾；击球时，中指顶住拍背，拍形较为固定，持拍手升后向前推压，在来球上升后期或最高点击球中上部；击球后，手臂随势前送。

（四）推下旋球

两脚平站或右脚稍前，身体离台约 40 厘米；手臂内旋，拍面角度稍后倾，上臂后引，前臂上提；击球时，持拍手向前下方挥动，拍面稍后仰，击球的中部向前下方摩擦推切；击球后，手臂随势前送，如图 17 –6 所示。

五、攻　球

攻球分为正手攻球和反手攻球，按站位不同又可以为近台、中台、远台攻球，按击球点和击球的时间不同又可分为拉、打、拨、扣、杀等方法。

（一）正手近台快攻

击球之前引拍至身体右侧，当球由台面弹起时，手臂向左前上方迅速回击来球；击球时食指稍抬，拇指压住球拍，使拍面前倾，形成合理的击球角度，然后结合手腕内旋动作，在球的上升期击球的小上部，如图 17 –7 所示：

图 17 –7　正手近台快攻动作分解示意图

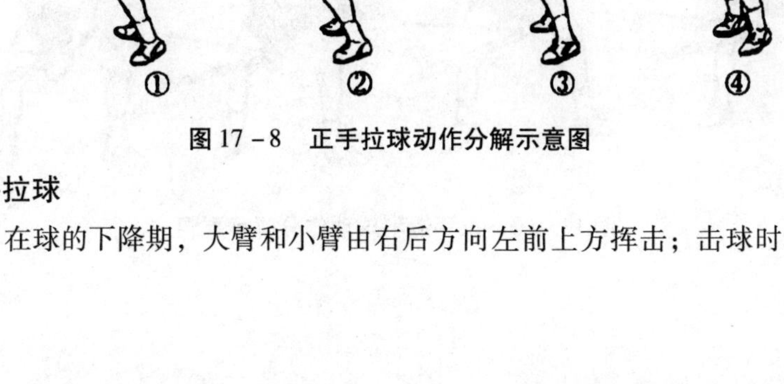

图 17 –8　正手拉球动作分解示意图

（二）正手拉球

提拉球时，在球的下降期，大臂和小臂由右后方向左前上方挥击；击球时小臂迅速内收，配合手腕内旋动作，视来球旋转强弱击球的中下部或中部，如图 17－8 所示。

（三）正手扣杀

两脚开立，左脚在前，重心落在右脚上，站位近台；引拍时，手臂自然弯曲并内旋使拍面前倾，拍引至右后上方。当球跳至最高点时，上臂带动前臂加速向左前下方发力挥拍，重心前移时腰髋向左转配合发力，拍面前倾击球的中上部。

六、搓　球

搓球是近台还击下旋球的一种基本技术，属于相持控制类技术。搓球比较稳健，旋转和落点变化比较多，简单易学。搓球动作与削球动作近似，可以为学习削球技术打下基础。搓球可分为正、反手搓球。

（一）正（反）手慢搓

左（右）脚稍前，身体离台 40～50 厘米，双膝微屈，球拍向后上方引拍，拍面后仰；当球弹起时，向前下方挥拍，在球的下降前期击球的中下部。

（二）正（反）手快搓

身体离台 40 厘米，两脚平行站立，或左（右）脚稍向前，球拍引向后方偏上些，引拍动作不宜过大，拍面稍后仰，拍面向前下方挥动；在球的上升期击球的中下部；触击球时，手腕明显地发力摩擦。

（三）搓转与不转球

搓转球时，除拍面后仰角度要加大外，还要在球拍切击球时切薄一些，使其作用力远离球心，形成较旋转的下旋球；搓不转球时，减小拍面后仰角度；击球中下部并向前上推托，使击球力量接近或通过球心，这样就形成不转球，如图 17－9 所示：

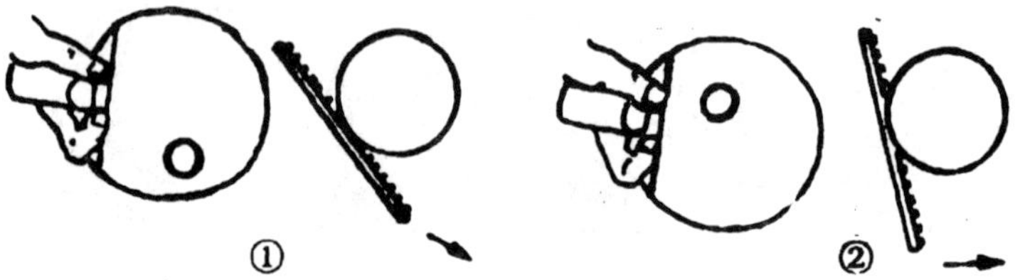

图 17－9　搓转与不转球动作分解示意图

七、削　球

削球是通过旋转和落点变化来控制对方、扰乱调动对方，为进攻创造机会。

图 17－10　正手近削球动作分解示意图

（一）正手近削球技术

身体离台 1 米左右，左脚稍前，重心较低，手臂向后斜侧引拍，身体向右稍斜；挥拍时，球拍向前下方挥拍，与此同时，腰、髋向左转动，在球的高点期至下降前期，击球的中下部，击球瞬间，手腕加力摩擦球；击球后，自然向前下方送出去，如图 17 – 10 所示。

（二）反手近削球技术

身体离球台 1 米左右，右脚在前，身体向左侧转动，肘关节稍离开身体；球拍向前下方挥拍，与此同时，髋、腰向右转动，在球的高点期至下降期击球的中下部；以前臂发力为主，手腕加力摩擦球，如图 17 – 11 所示：

①　②　③　④

图 17 – 11　反手近削球技术

八、弧圈球

弧圈球是带强烈上旋球的进攻技术，它具有很强的攻击性和稳定性。

（一）正手拉加转弧圈球

两脚左右开立，稍大于攻球时的距离，右脚在后，两膝稍弯曲，身体重心较低，持拍手沉肩垂臂，引拍至身体后下方，拍面稍前倾，身体重心移至右脚；大臂带动前臂向前上方挥拍，逐渐加快挥拍速度，身体重心左移；球拍触球时，右脚蹬地身体向左侧转动，迅速收缩前臂，在摩擦球的瞬间，通过手腕手指加速发力，在来球下降期击球的中部或中上部；拉球后，球拍随势挥至头部高度，身体重心移至左脚，如图 17 – 12 所示：

①　②　③　④　⑤　⑥

图 17 – 12　正手拉转弧圈球动作分解示意图

（二）正手拉前冲弧圈球

两脚左右开立，右脚在后，两膝微曲；引拍手向右后方引拍，引拍的位置比拉加转弧圈球稍高、比攻球稍低，身体重心移至右脚，眼睛看来球的方向和落点长短，持拍手向前上方挥拍，挥拍的速度逐渐加快，根据来球的旋转控制好拍面角度；在球的高点期或下降前期擦击球，身体重心逐步转移至左脚；右脚蹬地，转体加力，大臂带动前臂收缩，球拍前倾，触球瞬间通过手腕发力加速摩擦击球，如图 17 – 13 所示。正手拉前冲弧圈球的发力方向是向前为主略带向上，击球时，拍面前倾的角度比拉加转弧圈球大。

图 17－13　正手拉前冲弧圈球动作分解示意图

九、乒乓球技术的学习与运用

（1）由易到难，由表及里。

（2）由台下到台上，由单个技术到结合技术，由单线到复线，由先上旋后下旋的练习途径。

（3）在练习时养成眼睛盯球、耳朵听声、手法正确、步法灵活、手法与步法相结合的练习习惯。

第三节　乒乓球基本战术

乒乓球战术是根据自己和对手的具体情况，正确而有目的地把自己所掌握的各种技术有意识地组合起来，从而充分发挥自己的技术风格特点，抓住对方的弱点，采用合理的方法和手段战胜对手。

一、发球抢攻

（一）正手发转与不转短球，配合发长球抢攻

正手发转与不转球至对方近网或中路，一般先发加转球，后发不转球，伺机抢攻，落点以近网为主，配合底线似出台未出台的长球，使对方难以接发球抢拉或抢攻，如图 17－14 所示：

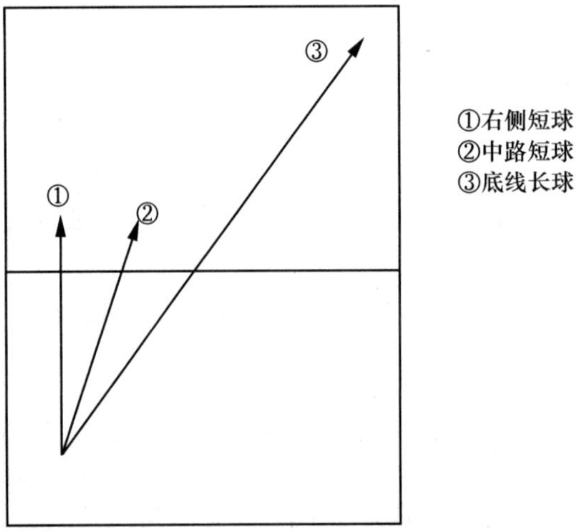

图 17－14　正手发转与不转短球配合长球抢攻示意图

（二）正手发急球，配合发近网短球抢攻

正手发右侧上旋急球（奔球）至对方中路或右侧，迫使对方打对攻或后退削球，伺机抢

攻、抢拉；如果对方有所准备时，突然减力发近网短球以创造机会抢攻，如图 17 - 15 所示：

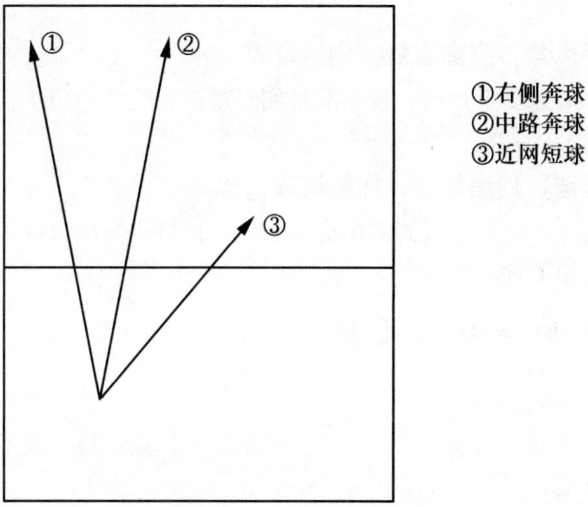

图 17 - 15　正手发急球配合发近网短球抢攻示意图

（三）反手发上、下旋急球，配合发近网短球抢攻

反手发上、下旋急球至对方反手或中路，迫使对方打对攻或反手搓回，再伺机抢攻或抢拉；待对方站位远离球台时，突发近网短球，以创造机会抢攻、抢拉。

二、对　攻

（一）压反手，伺机侧身正手攻球

用快推、加力推、推下旋或反手攻压对方反手，伺机侧身正手进攻。或推开角度，逼对方后退，侧身攻后，要力争连续进攻，专攻两角，如图 17 - 16（a）所示。

（二）压左调右，专攻两角

用推挡或反手攻、拉压住对方反手位，迫使对方站位偏左，突变正手，伺机正手进攻两角，如图 17 - 17（b）所示。

（三）连压中路，突变攻两角

用推、拉、攻紧压对方中路，找机会突变两大角，压中路球应快速退身，如图 17 - 18（c）所示。

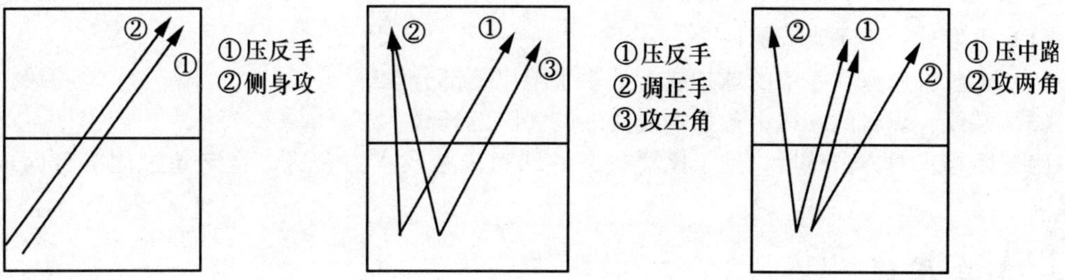

（a）　　（b）　　（c）

图 17 - 16　对攻的几种技术示意图

三、搓　攻

（一）搓长逼反手大角，突变直线，伺机进攻

先用下旋搓球逼住对方反手大角，视其准备侧身攻或将注意力集中在反手时，突变直线伺机进攻。

（二）搓转与不转球，创造机会、伺机进攻

一般先搓转球为主，然后用相似的动作搓不转球，伺机进行抢攻或拉弧圈球。在运用旋转变化时，最好能与落点相结合。

四、乒乓球战术的学习与运用

（一）知己知彼，有的放矢

在摸清对手球拍的性能、基本打法、技术、战术运用铲点、特长技术等情况的基础上，制订出切实可行的战术方案。

（二）机动灵活，随机应变

自己的某种打法或某种战术一旦被对方适应后，就需要采用旋转、节奏、落点等变化，给对方制造新的困难，以达到取胜的目的。

（三）以己之长，制彼之短

每个人都有自己的打法和风格，有的发球好，有的善于快攻等。在比赛时要充分发挥自己的长处、抓住对方弱点，掌握比赛的主动，争取胜利。

（四）勤于观察，善于分析

乒乓球比赛时随场上战局的变化，特别要注意分析对方的心态，及时调整和改变自己的战术，破坏对方的作战意图，从心理上给对方施以一定的压力，争取战而胜之。

第四节　乒乓球竞赛规则简介

一、定　义

（1）重发球：不予判分的回合。

（2）击球：用握在手中的球拍或持拍手手腕以下部分触球。

（3）端线：球台的端线，包括端线两端的无限延长线。

（4）阻挡：对方击球后，处于比赛状态的球尚未触及本方台区，也未超过比赛台面或其端线。

二、合法发球

（1）发球时，手掌张开伸平，球应是静止状态，在发球方的端线之后和比赛台面的水平面之上。

（2）发球员须用手将球几乎垂直地向上抛起，不得使球旋转，并使球离开手掌之后上升不少于16厘米。

（3）当球从抛起的最高点下降时，发球员方可击球。

三、合法还击

对方发球或击球后，本方必须使球直接越过或绕过球网装置，或触及球网装置后再触及对方台区。

四、发球、接发球和方位的选择

（1）选择发球、接发球和这一方、那一方的权利应由抽签来决定。中签者可以选择先发球或选择先在某一方。

（2）当一方运动员选择了先发球或选择了先在某一方后，另一方运动员应有另一个选择的权利。

五、一局和一场比赛

（1）比赛中先得11分的一方为胜一局。如打到10分平后，先得2分的一方在此局为胜。

（2）团体赛一般采用五局三胜制，单项比赛常采用七局四胜或九局五胜制。

六、乒乓球比赛场地及器材

（1）赛区空间应不少于14米长、7米宽、4米高，地面应平坦、坚硬、不滑。

（2）标准乒乓球台由两块台桌组成，每块长为1.37米，总长为2.74米，台面的宽度为1.525米，厚度为0.035米，台面与地面相距0.76米，乒乓球台四周是宽为0.02米的白线，分别称为端线和边线，台面中间0.003米宽的白线为中线；桌上架长为1.83米、高为0.153米的球网。

知识窗

乒乓球比赛观赛礼仪

乒乓球运动是一项很细致的运动。在比赛过程中，运动员的心理和精神都处于一种高度集中的状态，运动员需要用眼睛仔细观察球拍撞击球时的动作、时间、部位、拍形和来球的运行情况及对手的表情等，还要用耳朵听出对手球拍撞击球的声音，从而判断出来球的旋转、速度、力量、落点、节奏情况以及对手的心理状态、可能采取的战术等方面的情况；同时，还要考虑自己如何回球。运动员对这些情况的正确判断和有威胁的回球，除了依赖自身的能力以外，还需要一个很好的赛场环境。因此，观众在观看乒乓球比赛应该注意以下几点：

（1）从运动员准备发球开始到这个球成为死球的这一段时间内，整个赛场要保持安静，不要鼓掌、跺地板、大声讲话、呐喊助威、随意走动、展示旗帜和标语等。

（2）不要使用闪光灯拍照，因为闪光灯对乒乓球比赛的影响是非常大的，由于乒乓球球拍和球的碰撞是在瞬间完成的，而闪光灯会闪花运动员的眼睛，使运动员无法判断来球的方向，从而影响到回球的质量和命中率。

（2）呐喊助威时要含蓄一些，不要将锣鼓和喇叭带进体育馆内，因为过大的声音、过激的语言会影响到运动员的心情和注意力。

（4）场馆内禁止吸烟，手机应关闭或调整到震动、静音状态。

思 考 题

1. 乒乓球运动的价值是什么?
2. 正手近台快攻的技术要领是什么?
3. 结合乒乓球技术，简要说明乒乓球战术运用的原则。

第十八章　攀　岩

一、攀岩概述

攀岩运动，起源于的19世纪欧洲，兴起于20世纪50年代末60年代初。攀岩技术是登山运动的基本功。攀岩运动作为登山运动派生出来的新兴项目，更加冒险、更具挑战性。随着攀岩运动的不断发展，到20世纪60年代，东欧、苏联等国家把攀岩运动作为军队比赛项目来开展，使得竞技攀岩开始兴起。1974年，攀岩被正式列为国际竞技体育运动项目。20世纪七八十年代，该项目在西方发达国家迅速开展和普及。

20世纪80年代，攀岩运动传入我国。1987年，我国举办了首届全国攀岩比赛，至今这项赛事已成功地举办了10余届，吸引了全国众多攀岩爱好者参加，为我国更好地开展这一运动项目打下了坚实的基础。

攀岩运动按难度与速度来分类，可分为难度攀岩、速度攀岩和大圆石攀岩三类；按参加人数来分类，可分为男子单人攀岩、女子单人攀岩、双人结组攀岩以及集体（小队）攀岩四类。

二、攀岩的装备

准备攀岩装备应是攀岩运动中的一部分，因为它直接关系到攀岩者的生命安全，所以攀岩者平时就应慎重攀岩装备的维护和保养，到攀登前更不可忽视攀岩装备的认真安装与细心检查。

1. 个人装备

攀崖运动个人所需的装备主要有安全带、下降器、安全铁锁、绳套、安全头盔、攀岩鞋、镁粉和粉袋等。

（1）安全带：攀岩用的安全带与登山安全带有所不同，属于攀岩专用，并不适合登山，但登山用的安全带可在攀岩时使用。

（2）下降器：“8”字环下降器是最普遍使用的下降器。

（3）安全铁锁和绳套：攀登过程中、休息或进行其他操作时做自我保护之用。

（4）安全头盔：一块小小的石块落下来，砸在头上就可能造成极大的生命危险，因此头盔是攀岩的必备装备。

（5）攀岩鞋：这是一种摩擦力很大的专用鞋，穿起来可以节省很多体力。

（6）镁粉和粉袋：手出汗时，抹一点粉袋中装着的镁粉，手立刻就不会滑了。

2. 攀登装备

攀岩运动的攀登装备主要有绳子、铁锁、绳套、岩石锥、岩石锤、岩石楔，有时还要准备悬挂式帐篷。

（1）绳子：攀岩一般使用直径为9～11毫米的主绳，最好是11毫米的主绳。

（2）铁锁和绳套：连接保护点，下方保护攀登法必备的器械。

（3）岩石锥：固定于岩壁上的各种锥状、钉状、板状金属材料制成的保护器械，可根据裂缝的不同而使用不同形状的岩石锥。

（4）岩石锤：钉岩石锥时使用的工具。

（5）岩石楔：与岩石锥的作用相同，但它是可以随时放取的固定保护工具。

（6）悬挂式帐篷：当准备在岩壁上过夜时使用的夜间休息帐篷，须通过固定点用绳子固定保护起来悬挂于岩壁。

3. 其他装备

攀岩运动中的其他装备主要有包括背包、睡具、炊具、炉具、小刀、打火机等用具，一般视活动类别、时间长短和个人需要携带。

三、攀岩的基本技术

攀岩的基本技术是三点固定法，即在双手抓牢、双脚踏牢三个支点的情况下，才能移动第四支点，其要领对身体各部位的姿势和动作均有一定的要求。

（一）身体姿势

攀登岩石峭壁时身体要自然放松，以三个支点固定身体重心，而重心要随攀登动作的转换移动，这是攀岩能否稳定、平衡、省力的关键。要想身体放松，就要根据岩壁陡缓程度使身体和岩壁保持一定距离，靠得太近会影响观察攀岩路线和选择支点，但在攀登人工岩壁时要贴得很近。在攀登自然岩壁时，上、下肢要协调舒展，盘眼要有节奏，上拉、下登要同时用力，身体重心一定要落在脚上，保持面向岩壁、三点固定支撑、直立于岩壁上的攀登姿势。

（二）手臂的动作

手在攀登中是抓住支点、维持身体平衡的关键，手臂力量的大小直接影响攀登的质量和效果。因此，一个优秀的攀岩运动员必须有足够的指力、腕力和臂力。对初学者来说，在不善于充分利用下肢力量的情况下，手臂的动作就显得更为重要。手臂如何用力，在人工岩壁攀登和自然岩壁攀登时情况不同，前者要求第一指关节用力抠紧支点的同时，手腕要紧张，手掌要贴在岩壁上，小臂也要随手掌紧贴岩壁而下垂，在引体时手指（握点）有下压抬臂动作，其动作规律是重心活动轨迹变化不大、节奏更为明显；后者的动作则变化很大，要根据支点的不同采用各种用力方法，如抓、握、挂、抠、扒、捏、拉、推压、撑等。

（三）脚的动作

一个优秀攀岩运动员的攀登技术发挥的好坏，关键是看他能否充分利用两腿的力量。只靠手臂力量攀登是不可能持久的。脚的动作要领是：两腿外旋，大脚趾内侧贴近岩面，两腿微屈，以脚踩支点维持身体重心，在自然岩壁支点大小不一和方向不同的情况下，要灵活运用。但是要切记：膝部不要接触岩石面，否则会影响到脚的支撑和身体平衡，甚至会造成滑脱而使膝部受伤。另外，在用脚踩支点时，切忌用力过猛，并要掌握用力的方向。

（四）手脚配合

但凡优秀的攀岩运动员，其上、下肢力量是要协调运用的。对于初学者或技术还不熟练的运动员来说，上肢力量显得更为重要，攀登时往往是上肢引体，下肢蹬压抬腿而移动身体。如果上肢力量差，攀登时就容易疲劳，表现为手臂无力，酸疼麻木，逐渐失去抓握能力。失去抓握能力后，即使有好的下肢力量，也难以继续维持身体平衡。所以，学习攀岩，首先要练好上肢力量。上肢又要以手指和手腕、手臂力量为主，再配合以脚腕、脚趾以及腿部的力量。只要身体重心能随着用力方向的不同而协调地移动，手脚动作的配合也就自如了。

四、攀岩网站链接

（1）北京攀岩网：www. Panyancn. com/

（2）长治攀岩网：http：//www. Czclimbing. com/

（3）深圳攀岩网：http：//www. Szhaian. cn/

拓展训练篇

第十九章　拓展训练

拓展训练概述

拓展训练又称心理拓展训练、外展训练等，起源于英国，意为一艘小船离开安全的港湾，驶向波涛汹涌的大海，去迎接一次次挑战，战胜一次次困难。拓展训练通常利用崇山峻岭、瀚海大川等自然环境，通过精心设计的活动达到“磨炼意志，陶冶情操，完善人格，熔炼团队”的培训目的。拓展训练对个体是一种体验式学习，对团体是一种有效的培训。拓展训练是以体育活动为载体，以自然环境为训练场所的，因此从内容到形式、从方法到目的都与户外运动紧密地结合在一起。

一、拓展训练的起源

拓展训练起源于第二次世界大战期间。当时盟军征集了几十条商船，成立了“大西洋商务船队”参与后勤补给的运输。德国军队却派出了“海狼”潜艇集群在大西洋上进行拦截，使得大西洋商务船队屡遭德国人袭击，许多年轻海员葬身海底。然而，每一次这样的灾难都会有人能够活下来。人们通过调查研究，从生还者身上发现，他们并不一定都是体能最好的人，但却是求生意志最顽强的人。于是，哈恩等人创办了“阿伯德威海上学校”，训练年轻海员在海上的生存能力和船触礁后的生存技巧。

哈恩博士原本是一名教育工作者，曾经执教于德国和英国的私立学校。第二次世界大战前，在担任德国南方赛兰学校校长期间，哈恩博士首先实践了拓展训练的教育方法。此后，身为犹太人的哈恩从德国移居到英国继续进行他的研究。第二次世界大战结束后，“阿伯德威海上学校”的功能也随之退化。但是，一些组织行为学家和教育家却从这所学校的训练模式里得到了启发。他们认为，随着社会的进步，当人类进入工业化社会后，很多管理者在面对飞快的工作节奏和复杂的人际关系时，往往会造成思想保守、情绪焦虑、精神压抑，更为严重的是很多人承受不了压力会做出极端的举动，这种现象给企业和个人带来了很大的损失，于是在英国慢慢形成了以管理者和企业人为对象、以培训管理者的心理适应能力和管理技能为培训目的的学校。在这些学校里，拓展训练原形的独立创意和训练方式再次受到了人们的重视，并逐渐被推广开来，而且训练对象由海员扩大到军人、学生、工商人员等群体，训练目标也由单纯体能、生存训练扩展到心理训练、人格训练、管理训练等。拓展训练从此在世界范围内逐渐开展起来。

二、拓展训练的发展

真正将拓展训练推广开来的却是美国的马萨诸塞州哈密尔顿维恩哈姆高中校长皮赫。皮赫对将拓展训练的方法应用到学校教育中进行了摸索，最终把拓展训练的方法与现存的学校制度结合起来，为教育开辟了新的思路和新的领域。

在当时的美国，有一些学校的老师开始对学生进行短期的探险教育，包括攀爬岩石、绳类活动等拓展训练活动的实践。活动大多以野外活动俱乐部的形式进行，有时也会作为日常教学课程的一部分来进行。但是，当时的这些教育活动仅限于教师个人的尝试和教育实践，还没有被列入教学大纲中。皮赫认为仅仅这样是不够的，必须将拓展训练获得的方法与高中课程紧密结合起来，并开始寻找它们的结合点和结合方法。此后，皮赫获得了联邦教育局长达三年的大规模辅助经费。通过这些辅助经费，他聘请了许多拓展训练活动家作为专家，开始研究并制定新的课程大纲。此后，越来越多的老师开始对此产生兴趣并参加到这项活动中来，共同研究如何开展拓展训练的实践活动。

由于教师、专门职员和学校管理人员与课程大纲的实施有着密切的关系，因此这些人员的广泛介入和支持使新的教学大纲得以更顺利地进行。拓展训练实践活动的教学大纲出台后，得到了世人的瞩目和高度的评价，而且1974年的拓展训练计划被“全美教育普及网络（NDN）”评选为优秀教育大纲。

1974年以来，在美国高中课程教学大纲中，一直沿用该计划的学校已达到90%。1979年，美国的拓展训练专门机构为普及拓展训练开设了拓展训练讲习班，学习拓展训练教学大纲，培养学校的拓展训练专职人员和骨干。此后，又有2000余名心理指导者和养护教师受到了专门的训练。1982年，负责专门计划普及的工作人员从哈密尔顿维恩哈姆市的学校中独立出来，成立了非营利性的团体，开始拓展训练的普及工作。他们使普通教育系统以外的团体（大学、基督青年联合会、野外教育机构、企业研修机构等）对引入专门拓展训练计划的热情大大提高，对专门拓展训练计划的申请也急剧增加。所以，1982年以来，除了高中以外，发展专门拓展训练计划最快的是养护教育和心理治疗领域。私人疗养机构、预防违禁药物使用的机构、美国各州郡的青少年康复机构以及精神病医院也对专门拓展训练表现出了极大的兴趣。从此，拓展训练活动在社会上普及开来，拓展训练机构也如雨后春笋般发展起来。拓展训练被引入我国是在20世纪90年代中期，当时只是为了团队训练的一种手段而存在。直到2002年，在教育部的倡导下，拓展训练才开始进入学校体育课程。

三、拓展训练内容

（一）信任背摔

1. 项目任务

队员站在背摔台上背向队友，双脚后跟1/3出台面（教师做示范动作），身体向后垂直水平倒下去，下面的队员安全把他接住即为完成，如图19－1所示。

图19－1　做信任背摔

2. 动作要领

（1）背摔队员：双脚开立，与肩同宽，体前双臂交叉，十指握拢翻至下额处。头略含，双掌离下巴约10厘米，双臂夹紧，双脚并拢；然后大声询问队友：“准备好了吗？”当得到队友：“准备好了！”齐声响亮的回答后，自己高喊“1——2——3”后挺直，身体重心上移成垂直水平倒下去。

（2）搭人床队员：每位队员寻找与自己身高体形相仿的队友，在背摔台前相对站立，伸出同侧腿；前腿弓后腿略绷（严禁绷直），脚心相对约10厘米距离，膝窝相抵形成轴心；上身挺直，伸出双臂，十指平伸，手心、肘心朝上，肘窝略弯，与队友手臂交错搭在队友的肩上；头向后仰并侧向背摔队友背部，利用身体上肢移动来调整承接背摔队员的倒下方向。

3. 注意事项

（1）背摔队员：

①队员在背摔台中心站立做动作，要保证安全；

②做背摔的队员不要向后蹿跃，倒下时肘关节收紧不要打开；

③不要垂直向下跳，控制好双脚不要上下摇动打开。

（2）搭人床队员：

①第一组队员的肩膀距背摔台前像约30厘米的距离；

②每组队员的肩膀应该紧密相连，勿留空隙；

③人床形状应保持由低渐高的坡状；

④剩下的队员要用双掌推住最后一组队员的肩膀处，以保护人床的牢固；

⑤当听到背摔队员询问“准备好了吗?”时，头要向后仰，同时目视队友的背部，并回答“准备好了!”；

⑥当队友倒下来后一定要遵守“先放脚后将身体扶正”的拓展安全第一原则；

⑦做保护的人员不要迅速撤离，在任何时候都不可以撒手或撤退；

⑧这个项目的危险性大，所以一定要端正自己的态度，保持极高的警觉性，不得有一丝懈怠，以保证队友的安全；

⑨队长协助培训师调整人床人员的队形，以确保安全；

⑩做之前将身上的尖锐物品（如眼镜、发卡、手表、钥匙、戒指等）取出。

4. 讨论点

（1）为什么信任？信任是如何产生并建立起来的？

（2）如果是未知的领域，怎么去面对？

（3）自控能力如何把握？

（4）责任、承诺、自信心。

（二）空中断桥

1. 项目任务

队员攀爬到7米高空的桥面，从自己的起点位置跳到另一个端点，然后再跳回来并安全回到地面即为完成，如图19－2所示。

图19－2　跳空中断桥

2. 动作要领

每位队员跨越前要将前脚掌探出板缘1/3，将护绳向前甩，两眼看正前方，放松身心，深呼吸后默念“1——2——3”，屈膝的同时利用前脚掌的蹬踏及腰部的力量，用力跨越。

3. 注意事项

（1）队员在板上不允许跑蹿蹦；

（2）长发队员要将头发盘在头盔里面；

（3）要将身体上容易掉落的物品取出，放在旁边安全的地方，待做完项目后再收回；

（4）在跨越前可将保护绳轻轻向前带一下，置于断桥中间即可；

（5）跨越时不要抓紧身前的保护绳；

（6）队长要检查队员的安全带穿戴是否标准，以免发生危险。

4. 讨论点

（1）面对未知、压力与恐惧，如何果断地做出决策，对没有经历的事情，挑战是自己的一个课题。

（2）调整和适应变化的能力（人对环境的四种反应：第一，离开环境；第二，改变环境；第三，适应环境；第四，抱怨环境。我们可能无法改变风向，但我们至少可以调整风帆）。

（3）如何克服恐惧心理？我们说确立目标、关注目标、分解目标。

（4）感觉是跳过去时困难还是回来时困难呢？过去时难是信心问题，回来时难是因为环境的再次改变产生了新的压力。

（5）行动是克服恐惧心理的良方。

（6）自我预言；意志力坚定；相信自己的能力，给出自己的压力底线。

（三）空中单杠

1. 项目任务

每位队员顺着柱子爬到圆台上面站好，然后纵身跃出，抓到或者触到单杠，即为任务完成，如图 19－3 所示。

2. 注意事项

（1）做项目的队员不要用手抓身后的保护绳；

（2）队员要摘下戒指、手表、手机等易掉落的物品；

（3）在穿安全带时，队友间要相互帮忙检查穿戴是否正确（第一步，检查腰带是否系紧；第二步，检查安全带反扣是否打上）；

（4）长发队员一定要把头发盘起来再戴上头盔；

（5）指甲长的队员要剪指甲以免划劈。

3. 讨论点

（1）信任队友——自信来自团队、实力、责任感。

（2）团队的鼓励很重要，自己从负面影响的思考慢慢转化为积极影响。

（3）机遇与风险并存时，我们应如何做？

（4）怎样战胜心理恐惧？

图 19－3　做空中单杠

（四）天　梯

1. 项目任务

两人协作，共同登顶，如图 19－4 所示。

2. 注意事项

（1）每组队员在上去之前将易掉的物品取出；

（2）介绍装备的品牌、安全性能及使用方法；

（3）我们可以借助的只有队友的身体和每根横木上的绳套，不许拉胸前的保护绳和两旁的钢丝绳。在攀爬过程中只有两个部位是最安全的借助点——大腿根部和脖颈根部，严禁蹬踏膝关节和肩关节。特别要注意的是，当你蹬踏到我们队友身体时，严禁向上跳跃，以免受伤。

图 19－4　登天梯

3. 讨论点

（1）学会从与他人合作中获取帮助，体会合作共同登顶的喜悦。

（2）队友的鼓励、支持与关注。

（3）心态的调整、建立自信心。

（五）海滩逃生

1. 项目任务

所有队员在指定时间内（40 分钟）爬上求生墙，如图 19－5 所示。

之所以叫作求生，是源于二战时期，当盟军的运输舰只遭到德国潜艇的攻击沉没后，所有的队员只能通过这条唯一的上下通道爬上甲板求生，45 分钟后海水将整个船舱淹没。所以，要利用聪明才智，所有队员团结一致，机智勇敢的队员全部逃上了甲板即为完成。

2. 动作要领

（1）腕腕相扣（备份保护）：在项目进行中，如果拉拽队友的上肢时，只允许互相抓住对方的手腕，以获得双重保护。

（2）抱石保护法：所有队员单腿向前迈步前进，前面的腿微弓，后面的腿略绷，双手掌心朝前，手肘略弯，呈满月状目视攀登队友的背部，以便发生倒坠时能及时保护。保护队员离墙较近时，可以轻轻将队友贴在墙壁上慢慢滑下；保护队员离墙较远的，可以双掌后挫卸力或者侧边转卸力将队友轻轻放在脚下的垫子上。

（3）大家在开始行动之前先观察一下垫子的摆放位置、与墙的缝隙和垫子的松软程度，以免项目进行时崴脚。

3．注意事项

（1）任何能够延长身体的工具都不允许使用，如衣服、皮带等。

（2）这条通道是唯一通道，所有队员不得从两侧上去帮助，上去的队员也不可以下来帮忙。

（3）需要借助队友肢体时，尽量踩在肉厚的地方，如肩膀内侧、大腿根部等，而且严禁爆发使力。

（4）在需要拉拽队友时，不要仅抓衣服，要连同队友的肢体一并抓起，以防人、衣脱离。

（5）需要队友下蹲接人时，首先要保持身体正直，然后身体慢慢起来，后面最好有队员用腿、手顶住队友的臀部、腰背。

（6）人梯上攀爬的队员要站直身体，双手手心紧扣墙壁，胸部、膝盖要与墙壁保持5厘米的距离，以保持好向心力。

（7）上去的队员不要坐在墙上拉拽队友，只能伏在墙上进行提拉动作。

（8）当墙上的队友拉拽队友的上肢时，保持握腕的同时只能顺势抄提腋下，注意不得反关节提拽队友的身体，以免造成伤害。

（9）在下面搭人梯的队员要轮换进行，以防止时间过长支持不住，造成不必要的损伤。

（10）所有未攀爬队员在项目进行中都要站在后面做好“抱石保护”动作，以保证攀爬队员的安全。

（11）当剩下最后一名队员时，采取什么办法一定要先报告，经培训师允许后再进行。

（12）倒挂队员一定要膝盖呈十字形紧贴甲板外缘，小腿下面严禁夹杂任何物体。

（13）所有队员进行项目前都要将身上的尖锐物品取出，如眼镜、发卡、手表、钥匙、戒指等；有心脏病、习惯性脱臼、脊椎损伤等病史的队员禁做。

（14）如果发现大家的动作有危险时，培训师要立即制止，以保证安全。

4．讨论点

（1）潜能，团队信心。

（2）牺牲精神，甘为人梯的精神。

（3）团队角色的分配。

（4）计划、组织、领导、控制。

（5）通过团队努力，才能实现个人及团队的目标。

图19－5　爬求生墙

（六）穿越电网

1．项目任务

假设这个万伏高电压电网向上及向两侧是无限延长的，大家要从四根电网绳围住的有效网洞穿过去，所有队员从电网的这一侧到达另一侧即算完成任务，如图 19－6 所示。

2．注意事项

（1）下令开始后所有队员不许触网；

（2）每个网洞只能过一次，每过一个人培训师要把洞封上，不允许再次使用；

（3）穿网过程中如有触网现象，则队员退回，且此网洞作废不可使用；

（4）没有过来的队员不能从两侧过去帮忙，过去的队员也不能回来帮忙；

（5）所有队员不可以从上、下面通过；

（6）千万注意不要抛弃队友，不要跑跳穿跃；

（7）被接过来的队员要遵守“先放脚后将身体扶正”的“安全第一”拓展原则，将队友缓缓地放平稳；

图 19－6　穿越电网

（8）女队员只允许仰面通过；

（9）如果发现大家的动作有危险时，教师要立即制止，并请大家不要再进行这样的危险动作；

（10）队员进行项目前都要将身上的尖锐物品取出，如眼镜、发卡、手表、钥匙、戒指等。

3．讨论点

（1）资源合理配置。

（2）组织、策划、分工、配合。

（3）奉献精神、敬业。

（4）监督机制。

（5）工作精细度（细节把握）。

第二十章　大学生体育俱乐部

第一节　体育俱乐部概述

一、概念

体育俱乐部（sport club）原意是指一种群众性体育组织，是群众体育活动的场所。体育俱乐部分单项和综合两种，设有运动场地、器材和技术人员，可进行运动员训练和开展比赛活动。随着体育俱乐部的发展，其内涵也得到了进一步的拓展，在形式上呈现出多样化的格局。体育俱乐部作为一种组织，是一种自发的由社会兴办的开展体育活动的基层组织，是“人的集合”，是以体育爱好者自发性和自立性结合为基础、为增进健康和促进相互间的协调与睦而进行持续性体育活动的组织。同时，体育俱乐部也可作为一种组织的活动形式或活动过程。

大学生体育俱乐部是在学校的领导下，由教务部门直接领导、体育部参与管理，面向全体学生、教师、职工以及社会人士，以进行体育教学、学生课外体育锻炼、推广和开展大众体育项目、推动全民健身运动、繁荣校园体育文化生活为目的的并能自我发展、自我完善的体育组织。同时，它也是一种以学校体育设施、器材为基本依托，聘请专业教师、教练，提倡学生自愿参加的一种公益性和有偿服务相结合的组织形式。

二、体育俱乐部的主要组织形式

就我国目前社会体育俱乐部的组织形式来看主要有五种类型。一是企业型俱乐部：就是将体育俱乐部作为一个经营实体，按照市场运作规律，自主经营、自负盈亏的一种俱乐部类型；二是社会型俱乐部：就是将热心于体育运动中某一个项目、某一种活动的人组织起来，交纳一定的会费，享受一定的权利，承担一定的义务，按照章程开展活动的一种体育俱乐部形式；三是民办非企业型俱乐部：这种俱乐部的特点是其组织管理与企业相似，可以开展经营活动，但它与企业型俱乐部的根本区别就在于赢利不得分红，必须用于事业的发展；四是事业单位性质的俱乐部；五是单位内部的各种体育俱乐部：这种俱乐部主要是为本单位职工服务，属于公益福利性质。目前，国外许多国家的体育俱乐部组织形式与我国大体相似，例如日本的体育俱乐部分为学校体育俱乐部、企业（或实体性单位）体育俱乐部、社区体育俱乐部和民间体育俱乐部四大类，各类体育俱乐部均有各自的特点。

为了充分贯彻“以人为本”“健康第一”的教育理念，体现“以学生为主体、教师为主导”的教育思想，在我国许多高校，不同程度地进行了体育俱乐部制改革，实施了大学生体育俱乐部制。各高校开办体育俱乐部的目的虽然不完全一样，但主要目的是为高校教学服务，完善高校体育教学、训练工作，培养学生的终身体育意识，促进“自我体育”观念的形成，培养和发展学生对体育的兴趣，为全民健身服务。我国高校的体育俱乐部近几年发展较快，发展模式基本形成。我国高校体育俱乐部的模式综合为两大类，即体育教学俱乐部和课外体育锻炼俱乐部。

（一）体育教学俱乐部

体育教学俱乐部是体育教学行政或实施部门为体育教学改革、实现体育教学目标多样性所组建的体育教学俱乐部，是以大学生参加俱乐部活动形式进行体育教学的一种俱乐部形式。具体是指在设置体育课程的教学期间，将体育教学授课对象中具有共同体育锻炼爱好的大学生，基于生理、心理、社会和自我完善等需要，以素质教育、健康教育和完成教学任务为目标，从大课程观出发，在任何单元内实施以专门体育项目的教学、训练、竞赛与能力培养为主要任务的教学活动或组织形式。在教学过程中，它与课外体育锻炼、群体竞赛、运动训练有机地融为一体，并已纳入“体育大课程”之中，成为一种综合性的体育教学活动过程或组织形式。

（二）课外体育锻炼俱乐部

课外体育锻炼俱乐部是指在设置或不设置体育教学期间，利用课余时间将具有共同体育爱好的大学生，基于生理、心理、社会和自我完善等需要，以丰富业余体育文化生活、提高战术水平、振奋团队精神以及实现自我设计等需要为目标，实施以专门项目的体育锻炼、运动竞赛与能力培养为主要内容的活动过程或活动形式。这种俱乐部一般是由学生社团组织或体育爱好者自发组织成立，广大学生自主选择参加俱乐部活动。课外体育锻炼俱乐部包括一般体育健身俱乐部、竞技运动俱乐部和休闲健身俱乐部。

1. 一般体育健身俱乐部

一般体育健身俱乐部是指为配合体育教学改革、满足学生业余文化生活需要而设置的课外体育健身俱乐部，是以学生课余锻炼和体育学习为目的的课外活动的主要场所。学生凭兴趣爱好选择参与，通过俱乐部的活动来享受运动的快乐，通过学习培养运动技能，通过运动展示自我，通过锻炼健身美体。

2. 竞技运动俱乐部

为提高学生运动水平和提高学校体育竞技实力的竞技运动俱乐部，是指由运动队实施训练、以提高竞技运动水平为主的体育俱乐部。这种俱乐部通常为单项运动俱乐部，以提高学生竞赛能力和运动成绩为主要目的。这种俱乐部的训练内容较单一，训练目的明确，训练场馆设施齐全，训练方法更专业、更科学，训练的强度也要大于一般健身课与体育课的强度。

3. 休闲健身俱乐部

休闲健身俱乐部是集娱乐、休闲、健身于一体的休闲健身俱乐部，是以休闲体育活动为主要内容，以教职工或学生休闲、娱乐为主，同时也能满足一定的健身需求的体育俱乐部。这种俱乐部以休闲、娱乐为主要目的，同时带有一定的健身或竞赛功能。俱乐部活动内容较多，棋、牌、钓鱼、台球、飞镖等都属于活动内容，运动强度小，适合大强度的工作或学习之后进行身体放松和心理调节。

三、大学生体育俱乐部的主要特征

（一）大学生体育教学俱乐部

1. 俱乐部型体育教学模式及特征

我国的大学生体育俱乐部是一种融国外大学生体育俱乐部活动与国内传统体育教学两种特色为一体的新型体育教学模式。俱乐部型体育教学模式主要体现为：①重视学生主体的选择性。在俱乐部型体育教学模式下，学生可以自由选项，教师采取集中辅导和以学生自我练习为主的方式。这种教学可以使他们的个性在“独立或自主”行为中展示出来。②满足个性发展需要。俱乐部型体育教学采用了多类型、多层次的组织形式，从根本上改变了传统型体育教学的单调、乏味的教学形式，充分发挥了整体教学功能。③课内外一体化。俱乐部型体育教学能做到课内与课外相结合、教学与训练相结合、健身与娱乐相结合。大学生体育教学俱乐部的主要特征为：将传统班级授课制改革为由学生自主选择授课时间、授课项目、授课教师的教学俱乐部形式，且一般实行学分制或学年选课教学管理制度；这种教学管理制度它规定授课时数，强调以学生“会学体育”为目的，将传统的以教师为主体的班级授课制改革为“主导制”或“辅导制”，充分体现了“以学生为主体”的指导思想，实现了体育教学目标的更新。目前，在体育课程改革不断深化的前提下，其教学形式已经在全国许多高校实施并各具特色，与专项体育课或选项体育课存在许多不同点，如表 20－1 所示：

表 20－1　体育教学俱乐部与专项体育课的比较

课程形式	体育教学俱乐部	专项体育课
教学任务	生理、社会、心理全面发展	传授“三基”，思想品德培养融入课堂中
组织特征	以学生兴趣、素质拓展和项目爱好为主要要素	以活动项目为主要因素
课程内容	学校素质教育、发展个性健康教育和学校体育教学的内容	学科内容和课程教学内容的一部分
课程特点	从大课程观出发，把体育教学、课外体育活动、群体竞赛、运动训练有机地融为一体，建立新的课程体系	教学大纲中有明确的课程教学任务要求和具体的教学目标，体育教学一般与课外体育锻炼、运动竞赛联系不太密切
教学方式	教师因材施教，教学方法灵活，注重学生个体差异；学生是主体，教师既是知识传授者，又是组织者，但更多的是辅导者及答疑者、服务者，可满足不同学生的体育学习需求	教师主导，统一安排教学内容，注重教师的教，注重教学的计划性与统一性
教学效果	注重学生个性的心理需求与情感体验，以体育为手段服务学生的身心健康，使学生学会健身、健心，学会做人	强调教学计划的完成执行情况，注重技术动作的掌握程度
其他	定期与不定期相结合，内容相对稳定，注重动态	

2. 体育俱乐部教学模式的优越性

（1）将健康、娱乐、竞技和生活教育融为一体，重视学生的主体地位，注重对学生体育兴趣和能力的培养；符合当代大学生生理、心理和身心健康，适应现代生活方式和生活结构的需要，使学生的主体地位得到充分的体现。

（2）为学生提供了更多的选项，充分发挥教师的特长。体育俱乐部教学是在学生选择教师的前提下进行的，学生具有较大的自由度，学习内容、指导教师可以自由选择、随机变化，使体育教学引入竞争机制，给体育教师带来挑战和压力，增强了教师的责任感和紧迫感，强化了教师竞争与协作意识，激发教师的主观能动性，促使教师必须自觉进行业务进修，不断更新观念，学习新知识、新技能，充分发挥自己特长和创造力，有利于培养学生自主学习、自我锻炼、独立思考和创造能力，增强学生的体育意识，使学生在自主、自练和互练互评的体育实践中养成经常锻炼身体的习惯，达到高校体育教学的目的。

（3）充分利用体育场馆设施，有利于对学生进行全程体育教学。由于学生可以自由选择上课时间，可以缓解体育场（馆）和场地器材缺少的矛盾，充分提高体育场（馆）和场地器材的利用效率；增加学生体育学习的年限，以终身体育为主线，兼顾学习体育内容的系统性和阶段性，让学生在系统学习体育的过程中了解自己，满足不同层次学生掌握富有时代感和实用性的体育项目、健身锻炼手段和保健方法的需求，懂得所学的体育技能的价值，明确自己需要掌握的运动技术和技能，发挥自己的特长，形成锻炼身体的良好习惯。

（二）学生课外体育锻炼俱乐部

学生课外体育锻炼俱乐部是一种把学生课外体育与自主锻炼两种形式触为一体的课外锻炼活动模式。其主要特征为：将学生课外体育锻炼的“计划安排制”“自主锻炼制”“随机组合制”改革为“有机组合制”“自主参与制”，在“自觉、自愿”的基础上缔结了相对固定的活动伙伴，并实行“自主自律、自我管理、自我发展”的管理方式。通过俱乐部活动，有利于缔结活动伙伴关系，塑造和培育团队精神，培育俱乐部活动骨干的组织与管理能力。这一活动形式或活动过程与传统的课外体育锻炼俱乐部存在许多差异，如表 20－2 所示：

表 20－2　学生课外体育俱乐部与课外锻炼的比较

组织形式	课外体育俱乐部	课外体育锻炼
组织性	有一定的组织性、纪律性和组织体系	一般为自发组织，没有组织体系
组织特征	活动有较明确的计划性和目的性，有较稳定的活动伙伴	一般没有明确的计划性和目的性，活动伙伴一般是临时性的
时间性、地点性	有相对固定的活动时间和地点	一般具有随机性，没有固定的活动时间和地点
指导性	有计划、有组织地进行指导，得到指导机会多	得到指导的机会较少
活动效果	团队精神可得到培养，技术技能可得到较快提高，组织与裁判实践能力得到培养	提高身体素质，提高技术与技能水平，体育实践能力的培养机会较少

体育俱乐部有职业体育俱乐部和业余体育俱乐部两种形式之分。我国大学生体育俱乐部大多属于业余性质，会员由大学生组成，活动的范围主要是在学校里。俱乐部的组织机构由大学生会员民主选举产生，俱乐部的活动是由大学生会员组织进行。所以，与职业体育俱乐部相比，我国大学生体育俱乐部具有自身的特点，主要表现在以下三方面：

（1）业余性。由于大学生体育俱乐部的会员都是利用课余时间参加体育活动，其会员参加训练和校内外比赛也是利用课余时间，如在课余、早晨、晚上和节假日。大学生们在俱乐部里的体育活动与竞技体育运动不同，都是为锻炼身体和对体育运动的兴趣和爱好进行活动，是以业余体育活动为主要内容，因此大学生体育俱乐部是业余性质的。

（2）多样性。在运动项目的选择上具有多样性，除了传统的球类、体操、健美操、武术等项目，也开设各种棋类、桥牌、软式排球等新兴的项目。这样，大学生会员选择运动项目的空间很大，有利于发挥学生的体育特长，也满足了大学生会员的不同性别和不同爱好的需要，充分尊重了大学生的个性，也体现了俱乐部的多样性和灵活性。

（3）民主性。参加大学生体育俱乐部的学生完全出于自愿，来去自由，不受约束，没有任何强迫性，并鼓励大学生积极加入俱乐部。大学生根据自己的兴趣爱好自由选择体育活动的内容、时间和频度。在俱乐部任职与否，都要根据自愿的原则。大学生体育俱乐部的大门始终向所有大学生敞开，不分年级、性别、民族、学科专业，只要承认大学生体育俱乐部的章程和定期缴纳会费，均可参加，大学生会员的民主权利可以得到充分的保障。俱乐部的领导由会员民主选举产生，俱乐部的领导和会员之间是平等的会员关系。

四、国内外大学体育俱乐部的现状与特色

（一）国外大学体育俱乐部的现状与特色

19 世纪初，在美国，有许多进入大学的学生将他们在家乡学到的体育活动知识带到校园，在班级之间开展比赛，随之产生了大学生体育俱乐部。1843 年，耶鲁大学成立了划船俱乐部；1850 年，哈佛大学成立了常青藤体育俱乐部；1857 年，圣保罗学院成立了划船、板球俱乐部；1922 年，美国成立了高校体育俱乐部指导者联合会。美国高校体育俱乐部的种类很多，每个俱乐部人数一般在 10～45 人之间，目前美国大学生有各类单项体育俱乐部 12000～16000 个，平均每 10 个学生就有一个体育俱乐部。这些俱乐部分为职业运动俱乐部和业余运动俱乐部两大部分，前者由各个职业俱乐部管理，后者属于美国奥委会和业余俱乐部管理。美国奥委会根据会员水平，把俱乐部成员分为 A、B、C、D 四组，其中 B 组是直接管理大学生竞技运动的全美大学生运动联合会（简称 NCAA）。NCAA 管辖的竞技运动分为三个等级，即甲级、乙级、丙级。其中，甲级俱乐部是最高水平的运动俱乐部，如今已成为事实上的职业运动，学校为甲级俱乐部提供奖学金；丙级俱乐部为传统的课余性体育俱乐部，旨在丰富学生的课余文化生活，学校不提供奖学金。

日本的学校体育教育包括课内必修俱乐部与课外自由俱乐部。课内必修俱乐部要求学生均须参加；课外自由俱乐部是利用课余时间以学生为主体建立起来的活动组织，它不仅让那些未能参加体育必修俱乐部的学生参加，而且也让已参加体育必修俱乐部的学生再次参加自由俱乐部的活动。日本的学校课余体育与社会体育联系密切。近年来，日本一直在提倡学校体育设施向社会开放，使体育设施社会化程度提高，学校体育正成为社会体育的有机组成部分。

德国的高校体育俱乐部与社会体育是融为一体的，具有自由的成员资格、以成员的利益为准则、不依据第三者、义务参加与工作、民主决策制等五大特征，形成了德国学校体育的一大特色。

欧美的校内外体育大多以单项体育组织为基础，其单项体育俱乐部与单项体育协会联网，成为社会体育的一个重要组成部分。

（二）我国大学生体育俱乐部的现状与特色

1. 我国大学生体育俱乐部的现状

我国的体育俱乐部最早出现在中国工农红军的连队。1929 年古田会议研究决定，提出“在红军连队建立和充实俱乐部”的口号，促进了体育俱乐部的发展，并负责开展文体活动，后逐渐发展为群体性的文体组织。

大学生体育俱乐部教学模式是随着我国教育体制改革和体育教学改革的不断深化而产生的一种新的教学模式，既是高校体育改革的产物，也是社会发展对高等教育培养人才提出的要求。

在我国，浙江大学、深圳大学是实施体育教学俱乐部制较早的大学。目前，高校建立的体育俱乐部以单项形式出现的最多。大学生参与体育俱乐部的动机是复杂多样的，主要有生理性动机（增强体质、美容与减肥、缓解学习紧张情绪等）、交往性动机（扩大交际范围、加深友谊、提高运动技术水平等）和成就性动机（提高体育文化素养、展示健美体魄、体育乐趣等）。

2. 我国大学生体育俱乐部的特色

（1）从教育整体性出发，构建课内课外一体化的发展思路。我国高校体育俱乐部经过十几年的探索和实践，在树立新的大学体育思想和观念上具有以下几个特点：①高校体育俱乐部蕴含丰富的教育内涵，打破了原有的高校体育管理模式，使整个高校体育教育具有教育整体性和连续性，生动地再现了现代教育理论与学校体育改革的成果。②把体育教学课堂与课外体育有机地联系在一起，充分发挥学校隐形课程的教育作用，也抓住校园体育文化的教育作用，又较好地把课内和课外，以及社会的一、二、三课堂有机地联系在一起，发挥学校教育的整体功能作用，如图 20－1 所示：

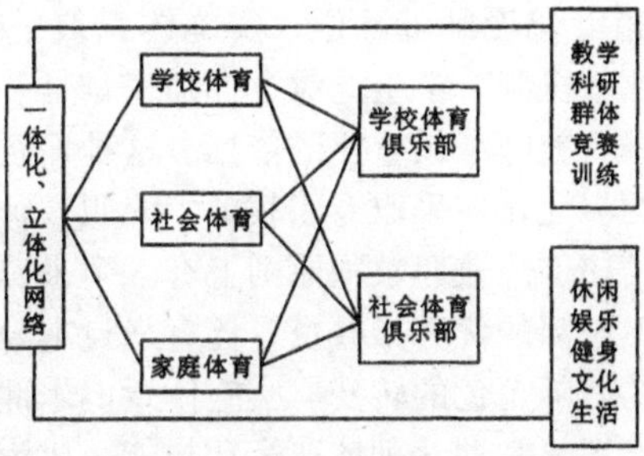

图 20－1　大学体育教学课堂内外相结合框图

（2）突出参与自主性，构建宽松的体育学习环境。高校体育俱乐部的诱惑力就在于学生参与体育俱乐部完全是一种自愿、自主的行为，其主要特点是：①形成一个宽松的选课网络，为学生创造宽松的学习环境。由于高校体育俱乐部形式多样，可供自由选择的机会多，学生可根据自己的口味拼凑“拼盘”，大大地增加了学生主动参与体育学习的意识，使不同个性、不同爱好、不同身体条件的学生都有机会实现自己的体育目标和理想。②具有较大的自由度。一是表现在学习时间上的自由度，即什么时间上课、多长时间修完课程、怎样获得学分等，完全由自己来决定；二是学习内容的自由度，即学习什么项目可由自己选择，也可以随机进行变化，以及在什么地点上课、由哪一位教师的指导都由学生自由选择。③高校体育俱乐部从参与形式、学习方式、文化氛围、生活方式都最接近大众体育，靠近家庭和社会生活，这就给大学生无形中注入了闲暇体育、终身体育的思想，以及闲暇体育生活气息、生活方式、兴趣指向、行为的养成等，将对学生体育意识、行为、能力的培养有着积极的促进作用。

（3）管理开放性，构建娱乐化、社会化、个性化的格局。高校体育俱乐部的发展应该说是高校体育学习的一场革命，它打破了传统学校体育的格局和壁垒，建立了与现代社会相适应的学习方式，顺应了学习化社会的发展要求，扩展了高校体育学习的口径，增加了体育课程的弹性，加大了学生选择的自由度，其主要特点是：①学习方式的开放性。在体育俱乐部里，学生学什么、跟谁学、怎么学、什么时间学、达到什么目标完全由学生自我决定。②获取知识的开放性。在现代社会，学生获取体育知识的渠道越来越多，也可以说他们对学校体育的依赖性也越来越小。学生通过体育俱乐部可以扩大获取知识的更多的渠道，可以通过与不同层次的学生交往获得，可以从不同类型和知识面的教师中获得，也可以从社会体育形式中获得。③管理方式的开放性。横向构建学校体育、社会体育、家庭体育三位一体化，使学校体育向家庭和社会延伸；纵向构建学校体育俱乐部教学、科研、群体、竞赛、训练五位一体的立体化管理，而且一体和立体的网络完全成为互动的管理机制。

（4）方法灵活性，建立以学生为中心的评价激励机制。我国高校构建的体育俱乐部在教学方法和评价机制方面有以下几个特点：①由重教法向重学法转变。学法体系包括自我定向、自我设计、自我练习、自我测定、自我控制、自我调节、自我评价、自我创造。我国高校体育俱乐部形式有利于在教师的指导下，提高学生自学教材、自定学习目标、自我修订计划、自我完善评价的能力和提高观察、分析、解决问题的能力。②由约束性教学向开放式教学发展。传统的体育教学存在重形式而轻实效、重分解而轻整合、重传授而轻认知的问题，体育俱乐部教学则在这些方面给学生创造了良好的学习理念。③由粗框性变成微细性。由于开展体育俱乐部教学的针对性较强，突出因人而异、区别对待、各取所得的原则，因而对学生的评价更注重过程与结果结合性的评价，主张全面、整体、积极、有特点的评价。

（5）师资竞争性，从新的角度建设师资队伍。实施体育俱乐部在师资队伍建设方面有以下特色：①形成选课、择师、评教机制。学生选课、择师完全是一种动态的，学生对教师的评教也是随机的，学生评满意率作为教师考核重要的依据。这种评教机制的建立，将对教师带来了职业的危机感。②师资来源的多元化。采取专职教师、兼职教师相结合的办法，逐步减缩专职教师的比例，加大兼职教师的比例。兼职教师原则上有三个来源渠道，即既有来自其他高校体育教师，也有来自社会体育俱乐部的优秀指导员，还有来自本校其他专业的教师。未来高校的体育教师将面临职业挑战。③教师角色的转变。实施体育俱乐部后，高校体育教师不仅要成为某一项目的专家和权威，而且还要掌握几种体育运动技能，成为一专多能的人才，即体育教师不仅在学校体育方面成为有一定影响的专家，还要成为社会体育方面的组织者和指导者。

（6）运作经营性，激活高校体育新的增长点。体育俱乐部收费问题一直是高校体育一个热点和敏感性问题。总体上看，南方的高校好于北方高校，经济发达地区好于经济欠发达的地区，重点大学好于地方高校，这可能与观念意识、经济状况、办学条件等方面有直接的关系。高校体育俱乐部的运作经营经费来源形式主要包括：①学校承担俱乐部全部的费用；②学校与赞助单位联合承担俱乐部经费；③完全由赞助单位承担体育俱乐部经费；④学校拨款和自我创收解决俱乐部经费；⑤完全由自我创收解决俱乐部经费。也有人建议：高校体育俱乐部经费应采取体育基金运作，4 年后退还本金，以此作为高校体育发展基金；还包括俱乐部会员费基金、社会赞助基金和创办经济实体获得的基金等。体育俱乐部收入费用的分配流向：学校按比例拨给体育部门；体育部门按比例交给学校，支付场地维修费、支付器材损耗费、支付劳务费、支付教师奖励费等。

第二节　大学生体育俱乐部的组织与管理

一、体育教学俱乐部的组织与管理

体育教学俱乐部打破了原有体育课教学的传统做法，把具有共同兴趣、爱好和需要的学生自愿地组织在一起的，不受教学计划、教学大纲的束缚，形式多样，活动内容丰富多彩，为培养和造就全面发展的人才提供了可能，是一种新型的体育教学模式。

（一）俱乐部的设置

俱乐部的设置原则是顺应社会发展趋势，以培养目标为依据，根据学校现有体育场地设施条件、师资专业结构和学生体育需求等情况而设置，目前开设较普及的有篮球、排球、足球、网球、乒乓球、羽毛球、健美操、体育舞蹈、健身运动、跆拳道、野外生存等单项体育俱乐部。

（二）俱乐部的选项工作

通过宣传栏、广播、网络等多种信息平台和渠道，使广大学生在选择项目以前能基本了解体育教学俱乐部的项目设置、组织形式、活动内容及教师的基本情况，学生根据自己的兴趣和爱好，根据自己对体育课程的全面评价，自由选择和确定参加体育教学俱乐部；具体的选课工作应采取网络系统进行，教务处和体育部（室）共同研制体育俱乐部选课系统，学生通过网络进行选课。

（三）俱乐部教学形式

俱乐部采用以学生为主体的教学组织形式，即教师依据学期教学计划，根据学生的实际情况，制订以“教学模块”为单元的教学计划，灵活地实施教学进程；在教学过程中教师应采取集中辅导与个别辅导相结合的教学方式，并采用“以赛带练”“以赛促练”的方式进行，以不断提高和巩固大学生对该运动项目的兴趣，促进技术和技能水平的提高。

（四）体育教学俱乐部学习效果的评定

体育学习效果的评价应采取过程评价和结果评价相结合的方法，注重学生的实际参与过程，注重学生平时参与体育教学俱乐部活动时的具体表现和态度，注重学生在运动竞赛中所取得的成绩与名次及进步情况，采用定量与定性相结合的评价手段，客观公正地评价每位大学生的体育学习，最大限度地激发每一位学生学习体育的积极性。

二、大学生课外体育俱乐部活动的组织

（一）大学生课外体育俱乐部活动的组织

大学生课外体育俱乐部的活动时间一般安排在下午，其组织形式主要有以下几种：

（1）由体育部（室）具体组织。体育部（室）根据学校现有的场地、器材、师资、经费以及可设置的体育项目等具体情况，组建相应的体育俱乐部。

（2）由大学生社团组织。大学生社团为丰富学生的业余文化生活，根据学生的爱好与要求，具体组织各类社团组织，包括大学生课外体育俱乐部。

（3）由体育教师个人组织。学校部分体育教师根据其个人的专业特长，以个人身份组织进行。此类俱乐部都是根据部分学生的需求而组建的，项目选择一般是社会上流行时尚的运动项目，如跆拳道、轮滑等项目。

（4）由体育爱好者自由组合。大学生根据各自对不同项目的爱好，以“小团体”的形式自由组织各单项体育俱乐部，如足球、篮球、网球、羽毛球俱乐部等。

（二）大学生课外体育俱乐部的指导形式

（1）学校指派教师指导。学校根据体育俱乐部的需求，指派具有一定专业技术水平的专职体育教师进行指导，此类指导工作多与学校体育工作任务相联系。

（2）体育教师组织指导。部分体育教师根据自己的专业特长，利用课余时间具体指导俱乐部的活动。

（3）大学生社团聘请具有一定专业技术水平的人员进行指导。大学生社团或学生自由组织的体育俱乐部依据学习与活动的需求，通过聘请方式来落实俱乐部技术指导工作。

（4）校内外具有一定技术水平的人员参与辅导工作。

（三）大学生课外体育俱乐部活动的组织体系

单项体育俱乐部可采取自荐、推荐、选拔和竞赛等方式产生会长人选，采取会长负责制；由会长具体进行“组阁”。俱乐部负责人一般由会长1名，副会长1～2名，干事3～5名组成，并落实1名具有一定指导能力的指导员。各负责人的职责如下：

（1）指导员职责：指导员负责体育俱乐部组织的组建工作，总体把握单项体育俱乐部的发展方向和活动计划的安排，并具体负责技术指导、组织竞赛以及组建由运动技术水平较高会员组成的运动俱乐部的训练工作等。

（2）俱乐部会长职责：具体组织单项俱乐部的各项工作，贯彻工作计划，协调各种关系。

（3）宣传干事职责：通过校园网络、专栏、墙报、广播、校报等载体对俱乐部的活动安排、赛事情况进行宣传报道。

（4）竞赛干事职责：竞赛干事具体负责单项俱乐部的竞赛组织工作，并有计划地培训裁判员队伍，为各类比赛的顺利进行打下基础。每个俱乐部每学年组织1～2次比赛，一次为校内俱乐部比赛，一次为校际比赛。

三、大学生体育俱乐部锻炼计划的制度与内容选择

（一）大学生体育俱乐部的锻炼原则

（1）明确目的，提高自觉性和积极性。“欲图体育之有效，非动其主观，促其对于体育之自觉不可”，只有使大学生认识到体育的作用、明确了锻炼的目的、树立自觉积极的态度，才能收到预想的锻炼效果。

（2）从实际出发，讲究实效。只有做到因时、因地、因人制宜，才能获得锻炼身体的效果。因时制宜，就要根据地区季节气候的变化，选择合适的内容和方法；因地制宜，就是要从实际出发，充分利用现有的体育场地、设备、器材；因人制宜，就是要根据不同性别、不同的心理素质及不同的体育基础来选择锻炼的内容，安排合适的运动负荷。

（3）全面锻炼，合理选择。通过全面锻炼，使身体的形态机能和各器官的功能得到全面的发展。另外，大学生应根据个人的具体特点，选择全面发展身体素质的内容。

（4）循序渐进，制定适宜的运动负荷。体育锻炼要遵守由浅入深、由易到难、由简到繁，运动量由小到大、循序渐进的原则。心率一般控制在110～150次/分，这是体育运动取得良好效果的有效心率范围。运动负荷过小，则作用甚微；负荷过大，则有损健康。

（5）经常锻炼，持之以恒。人体机能水平的提高、各项身体素质和运动技能的形成与巩固，不是一朝一夕就能奏效的。体育锻炼，贵在坚持，不能一曝十寒。否则，不仅不能获得锻炼效果的积累，反而会使已获得的成果逐步消退。

（二）大学生体育俱乐部锻炼计划的制订和内容的选择

1. 锻炼计划的制订

制订锻炼计划的目的在于使体育锻炼更符合系统性和科学性，同时也便于检查锻炼的效果和总结锻炼的经验。

锻炼计划可分集体和个人两种，按照时间区分又可分为阶段性计划和课次计划。一般而言，大学生俱乐部的阶段计划以一个学期为宜。

（1）制订锻炼计划的原则：

①选择锻炼内容和安排运动负荷要符合自己身体的特点和锻炼目的。若为了减肥，可参加有氧健身运动，采用大、中等强度运动量进行运动；若为了健身，则采用中等强度运动量进行锻炼。

②每周运动负荷的安排要大、中、小相结合，把大运动负荷安排在超量恢复阶段。一般情况下，每周安排 1～2 次大运动负荷的锻炼即可，其间辅以中、小运动负荷进行调整比较合适。

③阶段计划应简单易行，每次计划要具体。对每一次锻炼要有具体目标，并选择有效的锻炼途径和锻炼方法。

④锻炼计划的执行要与医务监督相结合。最好能做锻炼日记，以便及时发现问题，及时加以调整，使锻炼计划不断完善。

（2）制订锻炼计划的方法：

①根据阶段性计划、锻炼目的和内容等选择锻炼方法，并进行练习时间的分配和负荷控制。

②制订计划和实施方案应包括准备活动、基本活动和调整活动三个部分。不同的项目有不同的特点，三部分的时间和分配应根据项目的特点进行合理安排。

2. 锻炼内容的选择

科学地选择锻炼内容，是达到良好锻炼效果的重要环节，其主要原则是因人制宜，方便实用。

（1）因人制宜。在选择锻炼内容时应该考虑自身性别、身体条件、健康状况和锻炼的目的，明确是为了健身还是健美、是为了娱乐还是医疗健康、是为了比赛还是消遣等等。

（2）方便实用。参加体育俱乐部的锻炼活动须考虑锻炼的全面性，使身体的各个部位（上下肢、躯干）、内脏器官（尤其是心脏）、身体素质（力量、速度、耐力、灵敏与柔韧）获得全面的发展，并考虑少而精，讲求实效。

（三）大学生课外体育锻炼单项俱乐部章程

第一章　总则

第一条　大学生课外体育俱乐部是学生在课余进行的，是大学生以自己的体育兴趣选择运动项目进行锻炼的一个活动组织，是群众性的学生团体组织。

第二条　体育俱乐部的宗旨是全面贯彻全民健身计划纲要，增进健康，增强体质，培养体育素质和从事终身体育的习惯和能力，丰富和活跃校园体育文化生活，培养顽强的意志品德，增进友谊，树立良好的终身体育锻炼意识和习惯，以便更好地推进校园的两个文明建设。

第三条　推动学校群众性体育活动广泛、持久地开展，努力提高体育技能水平，积极参与日常的俱乐部活动，以促进校园体育文化建设。

第四条　加强与各兄弟院校及其他社会企事业单位的体育交流，以增进相互间的了解和友谊，使体育运动成为学校对外交流的一个窗口。

第二章　任务

第五条　单项体育俱乐部的任务：

（1）进一步推动体育运动广泛、持久性地开展。

（2）定期开展各项体育运动的竞赛，做到普及与提高相结合。

（3）举办单项体育项目的裁判员培训班，培养各单项体育骨干。

（4）组织运动俱乐部，组织参加大学生体协及其他市级的体育比赛。

（5）加强与兄弟院校的联系与往来，密切交流，增进友谊。

（6）加强各单项俱乐部的宣传工作，促进会员间的交流和合作。

第三章　会员

第六条　申请加入各单项俱乐部须具有的条件：

（1）体育选项课学习者，根据其自愿情况，可自动转为俱乐部会员。

（2）喜爱该单项体育运动项目的学生，且身体健康，思想作风良好者。

（3）自觉遵守俱乐部章程，执行会员义务，服从俱乐部管理。

第七条　会员权利：

（1）对俱乐部工作及人员有提出意见和建议的权利。

（2）有参加俱乐部举办的各项活动的权利。

（3）有优先使用学校体育场地设施的权利。

（4）有受表彰奖励的权利。

第八条　会员义务：

（1）遵守各单项俱乐部的章程，执行俱乐部的决定。

（2）每周自觉参加该俱乐部的活动不少于两次，且每次活动时间不少于半个小时。

（3）按照俱乐部的规定，在须交纳会费的情况下，必须按时交纳会费。

（4）会员如有违反俱乐部章程，且拒不执行俱乐部决定者，可做自动退出甚至开除处理。

第四章　机构

第九条　采用会长负责制，下设副会长1～2名，干事3～5名。

第五章　经费

第十条　各单项俱乐部经费由会费、学校资助及社会赞助费等组成。

第十一条　经费开支必须“专款专用”，用于日常比赛、俱乐部活动及日常管理等。

第三节　大学生体育俱乐部经营与赞助

随着我国社会主义市场经济体制的确定，高校体育也像高等教育一样，同样面临着如何适应两种经济体制转换所带来的一系列问题，因此寻求改革和发展是高校体育的当务之急。从国外高校体育的发展来看，一些国外体育强国都很重视高校体育组织的建设工作，特别是高校体育俱乐部的建设，把培养高校学生的竞争、协作、创造、组织等能力作为俱乐部的主要目的。而在我国的一些高等学校里，对学生在业余时间里实行有偿的体育锻炼辅导也成为一种时尚，并已取得了一定的社会效益和经济效益，高校体育俱乐部特别是课外体育俱乐部正朝着市场化、产业化、社会化的方向发展。

一、大学生体育俱乐部经营的意义

（一）能发挥学生体育锻炼的热情，丰富高校的业余文化生活

高校的公共体育课教学内容一般是按照体育教学大纲要求进行的，教学目的在于提高身体素质、增进健康，掌握一定的体育知识及技能，一般每周两课时。但是，这对于有较多空闲时间的高校学生来讲有两大弊端：其一，教学内容比较单一，缺乏一些学生乐意接受的新兴体育项目，如网球、定向运动、现代舞、体育旅游、滑旱冰等；其二，教学时间短，学生锻炼的时间少，有些项目需要一定的场地器材等，如网球通过每周两课时的体育课时间，即使每次课都打网球，对于喜欢网球运动的学生来讲，也还是远远不够的。因此，可以通过成立单项的课外体育俱乐部，通过一定的形式把喜爱某一项目的学生组织起来，在业余时间对某一运动项目进

行有偿的锻炼指导，提供有关的运动器材及场馆，这不仅能激发学生进行体育锻炼的热情，而且对丰富课余文化生活，掌握1~2门锻炼技能，养成良好的终身锻炼习惯具有很大的作用。

（二）能充分发挥体育教师的巨大工作潜力，推动群众体育活动的蓬勃开展

在全民健身的今天，体育锻炼已成为人们日常生活的一部分，但参加锻炼的人普遍感到锻炼的盲目及内容的贫乏，都希望能有懂行的人来指导；而具有一定专业知识和技能的高校体育教师，在完成教学和科研任务后有较多的业余时间，但他们由于缺乏一定的可以联系教与学的机构，因此在很长一段时间里，体育教师的空闲与社会迫切需要体育指导之间缺乏沟通的桥梁。通过体育俱乐部的形式，把高校体育教师组织起来，使社会上热衷锻炼却又缺乏指导的人得到体育专业指导，使业余锻炼科学化。这样不仅能推动全民健身运动的发展，而且对挖掘体育教师的工作潜力也有一定的意义。

（三）能提高场地、器材的利用率，为学校增加收入

随着“全民健身计划”的推广和市场经济体制的确立，人们对体育的健身功能意识也在不断地增强，自觉投身体育锻炼的人群也不断增多。但是，目前社会上的体育设施却远远满足不了这种需求，而高校的体育设施一般是较为完善的。因此，高校应充分利用其优越的条件，通过组建社会性的健身俱乐部，向社会大众开放各种体育设施，鼓励社会大众进入校园健身，让更多的人花更少的钱，得到更多健康和快乐。这样既有效地利用了场地、器材，同时也能为学校和俱乐部增加收入。

（四）能充分体现高校体育科研的优势

随着奥运争光计划的实施，不少省、市运动队也积极参与到体育改革的洪流中去，他们清楚地认识到竞技体育的竞争主要是科技实力的竞争。不少省、市运动队的教练员具有丰富的实践经验，但在科研方面则因条件原因，如缺乏资金、科研仪器等，无法进行深入具体的研究。而高校的体育教师除完成教学工作外，还进行一定的体育科研工作，而且各高校都有实验室和高精密仪器，以及专业的科研人员。为此，高校体育教师可以借助俱乐部这一组织模式走向社会，为各运动队进行科研指导、承接课题，这不仅能推动竞技体育的发展，而且对发挥高校体育科研的优势将起到积极的作用。

二、大学生体育俱乐部的经营

（一）合理调整项目布局，提高师资力量

结合各校实际情况，在积极开展传统项目的基础上，对项目设置加以积极引导、统筹安排，引进部分新颖、特别的项目，以促进输送渠道的畅通和群众体育的普及。目前，高校普遍存在教师知识结构不能满足当前要求的问题。为此，须有计划地组织教师学习和深造，选派教师进行专项和研究生课程的进修学习，使体育教师的知识结构更趋合理。

（二）适当增加投资，扩充资金来源

目前，大多数高校体育俱乐部存在资金缺乏的问题。这一方面需要学校增加投资，另一方面俱乐部应实行有限的有偿服务，做好面向社会开拓市场的工作。在一些对场地器材要求较高，需要投入一定资金而对人们又有很大吸引力的体育项目，如网球、游泳、乒乓球、健身健美等，俱乐部在服务学生的同时，可拓宽服务对象，面向社会开发市场，获得部分资金，以弥补经费的不足。除了吸引社会投资以外，要与政府职能部门达成共识，充分整合、利用社会上的体育设施，或加以改造，使其能更好地发挥出作用，更好地为客户提供高质量的服务。

（三）加强俱乐部的宣传、营销工作

提高俱乐部的知名度，吸引更多的人员参与到俱乐部的体育活动中来。营造良好的舆论氛围，通过多种形式，大力宣传阳光体育运动，广泛传播健康理念，使“健康第一”“达标争优、强健体魄”深入人心。

（四）完善体育俱乐部组织制度，开展阳光体育运动

各级教育、体育行政部门和共青团组织要成立相应的工作机构，制定具体的措施，依托寝室联谊会、区域联谊会、学生社区活动、校际联谊会等，拓展主题鲜明、具有地方特点和终身锻炼意义的体育项目，把俱乐部的经营管理纳入到现代企业管理的道路上。现代企业制度化以“产权明晰，权责明确，政企分开，科学管理”为基础特征，这样才能提高资源的利用率，创造更大的价值，使俱乐部的发展进入良性循环的轨道。另外，要注意俱乐部管理人员的培养，建立专业化的体育管理队伍，提升俱乐部的运营效率，提高俱乐部的员工素质，提升俱乐部的服务层次，为客户提供优质、人性化的服务。

（五）俱乐部应因地制宜，提高服务水平

俱乐部的建设要结合校园建设和体育场地、设施现状，实现资源共享，从而降低投入成本，利用自然资源、社区环境，引导学生走出校门，拓宽运动空间，提高服务质量。

（六）大学生体育俱乐部组织要自主创新，训练要科学化、系统化

应对课外辅导老师、体育骨干学生给予物质和精神的激励，以利于积极开展培养优秀运动员的工作。这样既可以获得社会的认可，又可以提升俱乐部的档次和声望，还可以以此增加俱乐部的收益，应该是俱乐部的重要工作之一。

（七）体育俱乐部辅导实现多元化

通过科学健身讲座、休闲体育、学生自主、学校各部门协作、经费专用等相协调，以实现体育俱乐部辅导多元化。

（八）建立俱乐部之间的经营联盟

将点连成片，可以根据各联盟单位各自的特点和优势，互相取长补短，增大俱乐部整体的经营规模，完善俱乐部的功能。

三、关于大学生体育俱乐部运作方法的几点建议

（一）转变学生传统的体育锻炼观念

在校内倡导“自我健身投资”建立积极的课余体育消费观，逐渐形成校内体育市场，从根本上改变把体育锻炼看成是一种社会福利的陈旧观念，让大学生课余体育活动的开展从被动中解放出来。校内体育市场机制的介入，能把大学生体育俱乐部推动到相对独立的位置，使其向体育产业化方向发展，从而使体育俱乐部运作方式向市场经济的基本要求方向转变。

（二）以联赛制推动俱乐部活动的开展

成立高校体育俱乐部的目的是为了满足不同学生对不同体育项目的兴趣和爱好，促使学生积极地投身于体育运动中去。俱乐部有组织地开展各项体育竞赛活动，如篮球、排球、足球等，采用校内联赛制，各参赛队员必须在各单项俱乐部注册方可参加比赛；注册的运动员须缴一定的会费，俱乐部提供技术指导及有关的裁判培训；参加联赛的各队可以以班级、年级组队，并缴纳一定的参赛费，以保证联赛的顺利进行。具体运作：以一个学年为一个赛制，一周

为一个轮次。一周产生一个冠军队，其余可参加第二周以下的比赛；一个月产生4个周冠军队，4个周冠军队进行一个轮次比赛产生月冠军；一个学年共产生8个月冠军队进行学年总决赛产生年度总冠军。可以给年度前8名的球队以一定的奖励，以促进下年度的工作开展。激烈的竞争和不同形式的互动，能引发学生对体育运动的再认识过程，即引发一种特殊的“认知活动”，从而可以吸收大批相对固定的会员，促进俱乐部各单项的培训和指导工作。

（三）实施教师挂牌教学和学生选择教师制度，形成名师效应

对参加体育俱乐部学习、完成俱乐部锻炼活动、达到各项要求的学生，按每项计入学分。对在俱乐部活动中成绩表现优异的学生可免除学费。教师实行挂牌教学，教师的酬金与学生人数直接挂钩。这样一来可提高教师的知名度和待遇，二来学生可根据自己的兴趣以及对教师的评价自由选择教师。当然，对俱乐部的成绩考核必须统一把关。

（四）服务对象可面向学校学生、教职员工甚至社会大众

随着市场经济的发展和生活水平的提高和人们的健康观、体育观、自我健身等意识的增强，在体育锻炼项目的选择上表现出了多样性，既注重体育锻炼的健身、娱乐、消遣和社交的功能，同时也促进了高校体育俱乐部组织活动的开展。俱乐部应充分利用高校的体育教学人才及设施的优势，在双休日、节假日里以单项体育俱乐部的形式，面向一部分社会大众及高校学生、教职员工开展有偿服务，如举行健美、体育舞蹈、武术及各种球类等一些社会迫切需要而难以开展的项目的培训班，向社会开放体育场馆，并且不定期地举行一些比赛，以提高参与者的热情。我们认为高校体育俱乐部的发展，不仅要从学生观念上入手，还要确定高校体育俱乐部的模式及拓宽运作方法的思路，从而使高校体育俱乐部向市场化方向健康、良性的发展。

四、大学生体育俱乐部的赞助

（一）体育赞助

体育赞助是指向某一体育资产（体育赛事、体育场馆、公益性体育活动等）付出一定数额的现金或实物，作为与该体育资产合伙参与开发以达成各自组织目标为目的的一种特殊的商业行为。体育赞助是现代企业营销的一种行之有效的方式，是提升企业形象，扩大产品销售，提高市场竞争力的实际需要。

体育赞助作为体育和经济之间的一个平等互助的结合点，能起到促进体育和经济共同发展的双重作用，因而备受青睐。随着社会的发展，体育的号召力越来越大，在广告效应和超额利润的刺激下，体育赞助越来越受到重视，并得到了迅速的发展。据《今日美国》杂志统计，1998年北美企业花费的赞助费用达68亿美元，其中体育赞助就占46亿美元，远远超过其他赞助（娱乐赞助6.75亿美元，节庆、展览、年度活动赞助5.87亿美元，公益慈善事业赞助4.54亿美元，艺术赞助4.13亿美元）。而在德国，据1998年的一项统计资料显示，在各商家预算中的体育赞助费用以48%的高比例将科学文化赞助（占24%）、社会公益赞助（占24%）、环保方面赞助（占5%）远远地甩在后面；而从绝对数量上说，德国1997年体育赞助的金额达到了22亿美元，是20世纪80年代的总和。在我国，体育赞助也取得了迅速发展。仅就对中国奥运代表团的赞助而言，1984年第一次参加奥运会时，仅有健力宝和海鸥表两家企业赞助，仅向代表团赞助了总额为70万元的资金和实物；而2000年悉尼奥运会，中国奥运代表团征集到的赞助金额则达到了7000万元，且这个数字中还不包含实物赞助。由此可见，16年增长了100倍。

（二）体育赞助的优势

体育赞助之所以能迅速发展，并在其他商业赞助中脱颖而出，主要原因是体育赞助有自身的特点和优势。

（1）体育赞助的优势之一就在于它易于得到公众的认可。美国罗伯·恩达奇国际调查公司的一项调查显示，有80%的美国人认为企业赞助是体育事业资金的重要来源，有74%的人认为政府对哪类企业可以参加对体育的赞助不应（或少）干涉，这个认可的比重比公众对其他广告营销活动中得到的认可要高得多。

（2）体育赞助效果自然。虽然是赞助企业在做广告，却几乎让人感觉不到它在做广告，有效地避免了公众对传统广告"厌食症"式的逆反心理对广告效果的影响。

（3）由于体育具有很强的号召力，赞助体育对那些忠实的体育迷来说是一种富有亲和力的感情投资，因而可以迅速地将体育迷对体育的忠诚换成对赞助企业产品的购买力量。据调查，在两种品牌运动服装质量接近的情况下，大多数体育迷会选择他在体育场上经常见到的体育赞助商的品牌。

（4）体育赞助最明显的一个好处是企业通过与某一体育资产相联系，有效地提高企业的形象和产品品牌的知名度。例如，通过常年向国际奥委会提供相当数量的资金，支持奥运会的进行和国际奥委会的必要开支，与国际奥委会建立了"合作伙伴关系"，那么这些公司生产的产品上、包装上就都可以打上国际奥委会的五环标志，成为国际奥委会的指定产品，而且这种产品是具有排他性的唯一指定产品。这些公司从开发奥林匹克运动无形资产上获得的回报无疑是极其丰厚的：第一，由于奥运会空前的号召力和吸引力，可以使这些产品的知名度得到巩固和新的提高；第二，可以极大地提高这些产品的美誉度，因为奥运会是当今世界最高水平的竞赛，对人体素质的要求极高，一般来说，凡是为奥运选手选择的产品应该都是世界顶尖产品。因此，凡是被选为奥运会指定产品，"意味着该产品是世界知名产品"。而且，调查还表明，大多数人有这种看法："因为是指定产品，对该产品更有好感。"这无疑对企业形象的提升产生了良好的效果。

（三）大学生体育俱乐部获得赞助的主要途径

体育赞助是机构或个人对体育项目、体育比赛、体育组织提供的金钱或物质支持，以换取公众的认知。赞助体育已经不再是企业单纯的公关活动了，而将体育赞助和体育营销有机地结合已成为企业进行市场推广和树立企业形象的一大战略。大学生体育俱乐部在寻找赞助企业时也要考虑是否符合企业及品牌特征，在选择具体赞助对象时，还要考虑自身产品的目标顾客和这些对象的目标爱好者以及目标受众之间的一致性，以便做好营销策划，提高赞助回报率，达到"双赢"的目的。

首先，大学生体育俱乐部获得赞助要有利于企业树立品牌的健康形象，借助体育活动本身的光环效应提升品牌的知名度和美誉度。其次，大学生体育俱乐部获得赞助要有利于企业与政府、学校或社会团体建立更密切的关系，以创造出更有利于企业生存的社会环境，而这是通过一般的纯粹商业性行为所难以实现的。最后，大学生体育俱乐部获得赞助要有助于企业产品的销售，为企业产品注入一定的文化内涵及体育人文精神，在现在或将来为企业产品培养更多的消费者。

那么，大学生体育俱乐部如何为赞助企业的产品提高形象和培养更多消费者呢？

（1）大学生体育俱乐部的活动必须是有益于身心健康的运动。不同的体育项目就有不同的社会影响力，建立俱乐部之前应该考虑俱乐部的市场潜力，选择什么样的运动、建什么样的俱乐部必须满足社会需求，否则俱乐部就很难维持与发展下去。

（2）大学生体育俱乐部必须通过更多的活动来提高自身的社会影响力。大学生体育俱乐部对社会的影响力是通过俱乐部的活动体现出来的。比方说，俱乐部能组织或参加高水平的比赛，通过比赛现场、观众、电视传媒等途径将俱乐部的优势展示出来，从而达到扩大俱乐部影响力的作用。另外，俱乐部还可以通过培养优秀运动员，或聘用高水平教练员、老师，利用名人效应扩大俱乐部的影响力。

（3）大学生体育俱乐部应充分利用高校资源优势，建立有文化内涵、有特色的俱乐部。大学不是工厂，也不是商场，其具有先天的教育资源优势，是高素质人才的集中地。不同的人有不同的需要，大学生体育俱乐部的主要成员和服务对象是在校大学生和教职工，因此俱乐部建设应有自己的文化内涵和特色，并通过会员将其推广出去，从而扩大俱乐部的影响力。

（4）大学生体育俱乐部必须通过提高服务质量来获得更多的会员。会员的多少直接反映出社会对俱乐部认可程度的高低。更多的会员不仅可以给俱乐部带来直接的经济效益、给赞助商消费更多的产品，而且可以通过更多的人将俱乐部及赞助商的产品免费地推广出去。因此，俱乐部应通过努力提高服务质量，争取尽量多的成员加入俱乐部。

思考题

1. 大学生体育俱乐部的概念及组织形式与主要特征是什么？
2. 如何组织和管理好大学生体育俱乐部？
3. 如何经营大学生体育俱乐部？

附录一

学校体育工作条例

中华人民共和国国家教育委员会令　第8号

1990年3月12日发布

第一章　总　则

第一条　为保证学校体育工作的正常开展，促进学生身心的健康成长，制定本条例。

第二条　学校体育工作是指普通中小学校、农业中学、职业中学、中等专业学校、普通高等学校的体育课教学、课外体育活动、课余体育训练和体育竞赛。

第三条　学校体育工作的基本任务是：增进学生身心健康、增强学生体质；使学生掌握体育基本知识，培养学生体育运动能力和习惯；提高学生运动技术水平，为国家培养体育后备人才；对学生进行品德教育，增强组织纪律性，培养学生的勇敢、顽强、进取精神。

第四条　学校体育工作应当坚持普及与提高相结合、体育锻炼与安全卫生相结合的原则，积极开展多种形式的强身健体活动，重视继承和发扬民族传统体育，注意吸取国外学校体育的有益经验，积极开展体育科学研究工作。

第五条　学校体育工作应当面向全体学生，积极推行国家体育锻炼标准。

第六条　学校体育工作在教育行政部门领导下，由学校组织实施，并接受体育行政部门的指导。

第二章　体育课教学

第七条　学校应当根据教育行政部门的规定，组织实施体育课教学活动。

普通中小学校、农业中学、职业中学、中等专业学校各年级和普通高等学校的一、二年级必须开设体育课。普通高等学校对三年级以上学生开设体育选修课。

第八条　体育课教学应当遵循学生身心发展的规律，教学内容应当符合教学大纲的要求，符合学生年龄、性别特点和所在地区地理、气候条件。

体育课的教学形式应当灵活多样，不断改进教学方法，改善教学条件，提高教学质量。

第九条　体育课是学生毕业、升学考试科目。学生因病、残免修体育课或者免除体育课考试的，必须持医院证明，经学校体育教研室（组）审核同意，并报学校教务部门备案，记入学生健康档案。

第三章　课外体育活动

第十条　开展课外体育活动应当从实际情况出发，因地制宜，生动活泼。

普通中小学校、农业中学、职业中学每天应当安排课间操，每周安排三次以上课外体育活动，保证学生每天有一小时体育活动的时间（含体育课）。

中等专业学校、普通高等学校除安排有体育课、劳动课的当天外，每天应当组织学生开展各种课外体育活动。

第十一条　学校应当在学生中认真推行国家体育锻炼标准的达标活动和等级运动员制度。

学校可根据条件有计划地组织学生远足、野营和举办夏（冬）令营等多种形式的体育活动。

第四章　课余体育训练与竞赛

第十二条　学校应当在体育课教学和课外体育活动的基础上，开展多种形式的课余体育训练，提高学生的运动技术水平。有条件的普通中小学校、农业中学、职业中学、中等专业学校经省级教育行政部门批准，普通高等学校经国家教育委员会批准，可以开展培养优秀体育后备人才的训练。

第十三条　学校对参加课余体育训练的学生，应当安排好文化课学习，加强思想品德教育，并注意改善他们的营养。普通高等学校对运动水平较高、具有培养前途的学生，报国家教育委员会批准，可适当延长学习年限。

第十四条　学校体育竞赛贯彻小型多样、单项分散、基层为主、勤俭节约的原则。学校每学年至少举行一次以田径项目为主的全校性运动会。

普通小学校际体育竞赛在学校所在地的区、县范围内举行，普通中学校际体育竞赛在学校所在地的自治州、市范围内举行。但经省、自治区、直辖市教育行政部门批准，也可以在本省、自治区、直辖市范围内举行。

第十五条　全国中学生运动会每三年举行一次，全国大学生运动会每四年举行一次。特殊情况下，经国家教育委员会批准可提前或者延期举行。

国家教育委员会根据需要，可以安排学生参加国际学生体育竞赛。

第十六条　学校体育竞赛应当执行国家有关的体育竞赛制度和规定，树立良好的赛风。

第五章　体育教师

第十七条　体育教师应当热爱学校体育工作，具有良好的思想品德、文化素养，掌握体育教育的理论和教学方法。

第十八条　学校应当在各级教育行政部门核定的教师总编制数内，按照教学计划中体育课授课时数所占的比例和开展课余体育活动的需要配备体育教师。除普通小学外，学校应当根据学校女生数量配备一定比例的女体育教师。承担培养优秀体育后备人才训练任务的学校，体育教师的配备应当相应增加。

第十九条　各级教育行政部门和学校应当有计划地安排体育教师进修培训。对体育教师的职务聘任、工资待遇应当与其他任课教师同等对待。按照国家有关规定，有关部门应当妥善解决体育教师的工作服装和粮食定量。

体育教师组织课间操（早操）、课外体育活动和课余训练、体育竞赛应当计算工作量。

学校对妊娠、产后的女体育教师，应当按照《女职工劳动保护规定》给予相应的照顾。

第六章　场地、器材、设备和经费

第二十条　学校的上级主管部门和学校应当按照国家或者地方制定的各类学校体育场地、器材、设备标准，有计划地逐步配齐。学校体育器材应当纳入教学仪器供应计划。新建、改建学校必须按照有关场地、器材的规定进行规划、设计和建设。

在学校比较密集的城镇地区，逐步建立中小学体育活动中心，并纳入城市建设规划。社会的体育场（馆）和体育设施应当安排一定时间免费向学生开放。

第二十一条　学校应当制定体育场地、器材、设备的管理维修制度，并由专人负责管理。

任何单位或者个人不得侵占、破坏学校体育场地或者破坏体育器材、设备。

第二十二条　各级教育行政部门和学校应当根据学校体育工作的实际需要，把学校体育经费纳入核定的年度教育经费预算内，予以妥善安排。

地方各级人民政府在安排年度学校教育经费时，应当安排一定数额的体育经费，以保证学校体育工作的开展。

国家和地方各级体育行政部门在经费上应当尽可能对学校体育工作给予支持。

国家鼓励各种社会力量以及个人自愿捐资支援学校体育工作。

第七章　组织机构和管理

第二十三条　各级教育行政部门应当健全学校体育管理机构，加强对学校体育工作的指导和检查。

学校体育工作应当作为考核学校工作的一项基本内容。普通中小学校的体育工作应当列入督导计划。

第二十四条　学校应当由一位副校（院）长主管体育工作，在制订计划、总结工作、评选先进时，应当把体育工作列为重要内容。

第二十五条　普通高等学校、中等专业学校和规模较大的普通中学，可以建立相应的体育管理部门，配备专职干部和管理人员。

班主任、辅导员应当把学校体育工作作为一项工作内容，教育和督促学生积极参加体育活动。学校的卫生部门应当与体育管理部门互相配合，搞好体育卫生工作。总务部门应当搞好学校体育工作的后勤保障。

学校应当充分发挥共青团、少先队、学生会以及大、中学生体育协会等组织在学校体育工作中的作用。

第八章　奖励与处罚

第二十六条　对在学校体育工作中成绩显著的单位和个人，各级教育、体育行政部门或者学校应当给予表彰、奖励。

第二十七条　对违反本条例，有下列行为之一的单位或者个人，由当地教育行政部门令其限期改正，并视情节轻重对直接责任人员给予批评教育或者行政处分：

（一）不按规定开设或者随意停止体育课的；

（二）未保证学生每天一小时体育活动时间（含体育课）的；

（三）在体育竞赛中违反纪律、弄虚作假的；

（四）不按国家规定解决体育教师工作服装、粮食定量的。

第二十八条　对违反本条例，侵占、破坏学校体育场地、器材、设备的单位或者个人，由当地人民政府或者教育行政部门令其限期清退和修复场地、赔偿或者修复器材、设备。

第九章　附则

第二十九条　高等体育院校和普通高等学校的体育专业的体育工作不适用本条例。

技工学校、工读学校、特殊教育学校、成人学校的学校体育工作参照本条例执行。

第三十条　国家教育委员会、国家体育运动委员会可根据本条例制定实施办法。

第三十一条　本条例自发布之日起施行。原教育部、国家体育运动委员会 1979 年 10 月 5 日发布的《高等学校体育工作暂行规定（试行草案）》和《中、小学体育工作暂行规定（试行草案）》同时废止。

附录二

中华人民共和国体育法

（1995年8月29日第八届全国人民代表大会常务委员会第十五次会议通过）

第一章 总 则

第一条 为了发展体育事业，增强人民体质，提高体育运动水平，促进社会主义物质文明和精神文明建设，根据宪法，制定本法。

第二条 国家发展体育事业，开展群众性的体育活动，提高全民族身体素质。体育工作坚持以开展全民健身活动为基础，实行普及与提高相结合，促进各类体育协调发展。

第三条 国家坚持体育为经济建设、国防建设和社会发展服务。体育事业应当纳入国民经济和社会发展计划。

国家推进体育管理体制改革。国家鼓励企业事业组织、社会团体和公民兴办和支持体育事业。

第四条 国务院体育行政部门主管全国体育工作。国务院其他有关部门在各自的职权范围内管理体育工作。

县级以上地方各级人民政府体育行政部门或者本级人民政府授权的机构主管本行政区域内的体育工作。

第五条 国家对青年、少年、儿童的体育活动给予特别保障，增进青年、少年、儿童的身心健康。

第六条 国家扶持少数民族地区发展体育事业，培养少数民族体育人才。

第七条 国家发展体育教育和体育科学研究，推广先进、实用的体育科学技术成果，依靠科学技术发展体育事业。

第八条 国家对在体育事业中做出贡献的组织和个人，给予奖励。

第九条 国家鼓励开展对外体育交往。对外体育交往坚持独立自主、平等互利、相互尊重的原则，维护国家主权和尊严，遵守中华人民共和国缔结或者参加的国际条约。

第二章 社会体育

第十条 国家提倡公民参加社会体育活动，增进身心健康。

社会体育活动应当坚持业余、自愿、小型多样，遵循因地制宜和科学文明的原则。

第十一条 国家推行全民健身计划，实施体育锻炼标准，进行体质监测。

国家实行社会体育指导员技术等级制度。社会体育指导员对社会体育活动进行指导。

第十二条 地方各级人民政府应当为公民参加社会体育活动创造必要的条件，支持、扶助群众性体育活动的开展。

城市应当发挥居民委员会等社区基层组织的作用，组织居民开展体育活动。

农村应当发挥村民委员会、基层文化体育组织的作用，开展适合农村特点的体育活动。

第十三条 国家机关、企业事业组织应当开展多种形式的体育活动，举办群众性体育竞赛。

第十四条 工会等社会团体应当根据各自特点，组织体育活动。

第十五条 国家鼓励、支持民族、民间传统体育项目的发掘、整理和提高。

第十六条 全社会应当关心、支持老年人、残疾人参加体育活动。各级人民政府应当采取措施，为老年人、残疾人参加体育活动提供方便。

第三章　学校体育

第十七条　教育行政部门和学校应当将体育作为学校教育的组成部分，培养德、智、体等全面发展的人才。

第十八条　学校必须开设体育课，并将体育课列为考核学生学业成绩的科目。

学校应当创造条件为病残学生组织适合其特点的体育活动。

第十九条　学校必须实施国家体育锻炼标准，对学生在校期间每天用于体育活动的时间给予保证。

第二十条　学校应当组织多种形式的课外体育活动，开展课外训练和体育竞赛，并根据条件每学年举行一次全校性的体育运动会。

第二十一条　学校应当按照国家有关规定，配备合格的体育教师，保障体育教师享受与其工作特点有关的待遇。

第二十二条　学校应当按照国务院教育行政部门规定的标准配置体育场地、设施和器材。

学校体育场地必须用于体育活动，不得挪作他用。

第二十三条　学校应当建立学生体格健康检查制度。教育、体育和卫生行政部门应当加强对学生体质的监测。

第四章　竞技体育

第二十四条　国家促进竞技体育发展，鼓励运动员提高体育运动技术水平，在体育竞赛中创造优异成绩，为国家争取荣誉。

第二十五条　国家鼓励、支持开展业余体育训练，培养优秀的体育后备人才。

第二十六条　参加国内、国际重大体育竞赛的运动员和运动队，应当按照公平、择优的原则选拔和组建。具体办法由国务院体育行政部门规定。

第二十七条　培养运动员必须实行严格、科学、文明的训练和管理；对运动员进行爱国主义、集体主义和社会主义教育，以及道德和纪律教育。

第二十八条　国家对优秀运动员在就业或者升学方面给予优待。

第二十九条　全国性的单项体育协会对本项目的运动员实行注册管理。经注册的运动员，可以根据国务院体育行政部门的规定，参加有关的体育竞赛和运动队之间的人员流动。

第三十条　国家实行运动员技术等级、裁判员技术等级和教练员专业技术职务等级制度。

第三十一条　国家对体育竞赛实行分级分类管理。

全国综合性运动会由国务院体育行政部门管理或者由国务院体育行政部门会同有关组织管理。

全国单项体育竞赛由该项运动的全国性协会负责管理。

地方综合性运动会和地方单项体育竞赛的管理办法由地方人民政府制定。

第三十二条　国家实行体育竞赛全国纪录审批制度，全国纪录由国务院体育行政部门确认。

第三十三条　在竞技体育活动中发生纠纷，由体育仲裁机构负责调解、仲裁。

体育仲裁机构的设立办法和仲裁范围由国务院另行规定。

第三十四条　体育竞赛实行公平竞争的原则。体育竞赛的组织者和运动员、教练员、裁判员应当遵守体育道德，不得弄虚作假、徇私舞弊。

在体育运动中严禁使用禁用的药物和方法。禁用药物检测机构应当对禁用的药物和方法进行严格检查。

严禁任何组织和个人利用体育竞赛从事赌博活动。

第三十五条　在中国境内举办的重大体育竞赛，其名称、徽记、旗帜及吉祥物等标志按照国家有关规定予以保护。

第五章　体育社会团体

第三十六条　国家鼓励、支持体育社会团体按照其章程，组织和开展体育活动，推动体育事业的发展。

第三十七条　各级体育总会是联系、团结运动员和体育工作者的群众性体育组织，应当在发展体育事业中发挥作用。

第三十八条　中国奥林匹克委员会是以发展和推动奥林匹克运动为主要任务的体育组织，代表中国参与国际奥林匹克事务。

第三十九条　体育科学社会团体是体育科学技术工作者的学术性群众组织，应当在发展体育科技事业中发挥作用。

第四十条　全国性的单项体育协会管理该项运动的普及与提高工作，代表中国参加相应的国际单项体育组织。

第六章　保障条件

第四十一条　县级以上各级人民政府应当将体育事业经费、体育基本建设资金列入本级财政预算和基本建设投资计划，并随着国民经济的发展逐步增加对体育事业的投入。

第四十二条　国家鼓励企业事业组织和社会团体自筹资金发展体育事业，鼓励组织和个人对体育事业的捐赠和赞助。

第四十三条　国家有关部门应当加强对体育资金的管理，任何组织和个人不得挪用、克扣体育资金。

第四十四条　县级以上各级人民政府体育行政部门对以健身、竞技等体育活动为内容的经营活动，应当按照国家有关规定加强管理和监督。

第四十五条　县级以上地方各级人民政府应当按照国家对城市公共体育设施用地定额指标的规定，将城市公共体育设施建设纳入城市建设规划和土地利用总体规划，合理布局，统一安排。

城市在规划企业、学校、街道和居住区时，应当将体育设施纳入建设规划。

乡、民族乡、镇应当随着经济发展，逐步建设和完善体育设施。

第四十六条　公共体育设施应当向社会开放，方便群众开展体育活动，对学生、老年人、残疾人实行优惠办法，提高体育设施的利用率。

任何组织和个人不得侵占、破坏公共体育设施。因特殊情况需要临时占用体育设施的，必须经体育行政部门和建设规划部门批准，并及时归还；按照城市规划改变体育场地用途的，应当按照国家有关规定，先行择地新建偿还。

第四十七条　用于全国性、国际性体育竞赛的体育器材和用品，必须经国务院体育行政部门指定的机构审定。

第四十八条　国家发展体育专业教育，建立各类体育专业院校、系、科，培养运动、训练、教学、科学研究、管理以及从事群众体育等方面的专业人员。

国家鼓励企业事业组织、社会团体和公民依法举办体育专业教育。

第七章　法律责任

第四十九条　在竞技体育中从事弄虚作假等违反纪律和体育规则的行为，由体育社会团体按照章程规定给予处罚；对国家工作人员中的直接责任人员，依法给予行政处分。

第五十条　在体育运动中使用禁用的药物和方法的，由体育社会团体按照章程规定给予处罚；对国家工作人员中的直接责任人员，依法给予行政处分。

第五十一条　利用竞技体育从事赌博活动的，由体育行政部门协助公安机关责令停止违法活动，并由公安机关依照治安管理处罚条例的有关规定给予处罚。

在竞技体育活动中，有贿赂、诈骗、组织赌博行为，构成犯罪的，依法追究刑事责任。

第五十二条　侵占、破坏公共体育设施的，由体育行政部门责令限期改正，并依法承担民事责任。

有前款所列行为，违反治安管理的，由公安机关依照治安管理处罚条例的有关规定给予处罚；构成犯罪的，依法追究刑事责任。

第五十三条　在体育活动中，寻衅滋事、扰乱公共秩序的，给予批评、教育并予以制止；违反治安管理的，由公安机关依照治安管理处罚条例的规定给予处罚；构成犯罪的，依法追究刑事责任。

第五十四条　违反国家财政制度、财务制度，挪用、克扣体育资金的，由上级机关责令限期归还被挪用、克扣的资金，并对直接负责的主管人员和其他直接责任人员，依法给予行政处分；构成犯罪的，依法追究刑事责任。

第八章　附　则

第五十五条　军队开展体育活动的具体办法由中央军事委员会依照本法制定。

第五十六条　本法自 1995 年 10 月 1 日起施行。

附录三

国家学生体质健康标准（2014年修订）

一、说明

1.《国家学生体质健康标准》（以下简称《标准》）是国家学校教育工作的基础性指导文件和教育质量基本标准，是评价学生综合素质、评估学校工作和衡量各地教育发展的重要依据，是《国家体育锻炼标准》在学校的具体实施，适用于全日制普通小学、初中、普通高中、中等职业学校、普通高等学校的学生。

2. 本标准的修订坚持健康第一，落实《国家中长期教育改革和发展规划纲要（2010年—2020年）》《国务院办公厅转发教育部等部门关于进一步加强学校体育工作若干意见的通知》（国办发〔2012〕53号）和《教育部关于印发〈学生体质健康监测评价办法〉等三个文件的通知》（教体艺〔2014〕3号）有关要求，着重提高《标准》应用的信度、效度和区分度，着重强化其教育激励、反馈调整和引导锻炼的功能，着重提高其教育监测和绩效评价的支撑能力。

3. 本标准从身体形态、身体机能和身体素质等方面综合评定学生的体质健康水平，是促进学生体质健康发展、激励学生积极进行身体锻炼的教育手段，是国家学生发展核心素养体系和学业质量标准的重要组成部分，是学生体质健康的个体评价标准。

4. 本标准将适用对象划分为以下组别：小学、初中、高中按每个年级为一组，其中小学为6组、初中为3组、高中为3组。大学一、二年级为一组，三、四年级为一组。

5. 小学、初中、高中、大学各组别的测试指标均为必测指标。其中，身体形态类中的身高、体重，身体机能类中的肺活量，以及身体素质类中的50米跑、坐位体前屈为各年级学生共性指标。

6. 本标准的学年总分由标准分与附加分之和构成，满分为120分。标准分由各单项指标得分与权重乘积之和组成，满分为100分。附加分根据实测成绩确定，即对成绩超过100分的加分指标进行加分，满分为20分；小学的加分指标为1分钟跳绳，加分幅度为20分；初中、高中和大学的加分指标为男生引体向上和1000米跑，女生1分钟仰卧起坐和800米跑，各指标加分幅度均为10分。

7. 根据学生学年总分评定等级：90.0分及以上为优秀，80.0～89.9分为良好，60.0～79.9分为及格，59.9分及以下为不及格。

8. 每个学生每学年评定一次，记入《〈国家学生体质健康标准〉登记卡》（附表1～6）。特殊学制的学校，在填写登记卡时可以按规定和需求相应地增减栏目。学生毕业时的成绩和等级，按毕业当年学年总分的50%与其他学年总分平均得分的50%之和进行评定。

9. 学生测试成绩评定达到良好及以上者，方可参加评优与评奖；成绩达到优秀者，方可获体育奖学分。测试成绩评定不及格者，在本学年度准予补测一次，补测仍不及格，则学年成绩评定为不及格。普通高中、中等职业学校和普通高等学校学生毕业时，《标准》测试的成绩达不到50分者按结业或肄业处理。

10. 学生因病或残疾可向学校提交暂缓或免予执行《标准》的申请，经医疗单位证明，体育教学部门核准，可暂缓或免予执行《标准》，并填写《免予执行<国家学生体质健康标准>申请表》（附表7），存入学生档案。确实丧失运动能力、被免予执行《标准》的残疾学生，仍可参加评优与评奖，毕业时《标准》成绩需注明免测。

11. 各学校每学年开展覆盖本校各年级学生的《标准》测试工作，《标准》测试数据经当地教育行政部门按要求审核后，通过“中国学生体质健康网”上传至“国家学生体质健康标准数据管理系统”。测试和数据上传时间由教育行政部门确定。

12. 本标准由教育部负责解释。

二、单项指标与权重

测试对象	单项指标	权重（%）
小学一年级至大学四年级	体重指数（BMI）	15
	肺活量	15
小学一、二年级	50米跑	20
	坐位体前屈	30
	1分钟跳绳	20
小学三、四年级	50米跑	20
	坐位体前屈	20
	1分钟跳绳	20
	1分钟仰卧起坐	10
小学五、六年级	50米跑	20
	坐位体前屈	10
	1分钟跳绳	10
	1分钟仰卧起坐	20
	50米×8往返跑	10
初中、高中、大学各年级	50米跑	20
	坐位体前屈	10
	立定跳远	10
	引体向上（男）/1分钟仰卧起坐（女）	10
	1000米跑（男）/800米跑（女）	20

注：体重指数（BMI）=体重（千克）/身高^2（m^2）。

三、评分表

（一）单项指标评分表

表 1—1　男生体重指数（BMI）单项评分表（单位：千克/m²）

等级	单项得分	一年级	二年级	三年级	四年级	五年级	六年级	初一	初二	初三	高一	高二	高三	大学
正常	100	13.5～18.1	13.7～18.4	13.9～19.4	14.2～20.1	14.4～21.4	14.7～21.8	15.5～22.1	15.7～22.5	15.8～22.8	16.5～23.2	16.8～23.7	17.3～23.8	17.9～23.9
低体重	80	≤13.4	≤13.6	≤13.8	≤14.1	≤14.3	≤14.6	≤15.4	≤15.6	≤15.7	≤16.4	≤16.7	≤17.2	≤17.8
超重		18.2～20.3	18.5～20.4	19.5～22.1	20.2～22.6	21.5～24.1	21.9～24.5	22.2～24.9	22.6～25.2	22.9～26.0	23.3～26.3	23.8～26.5	23.9～27.3	24.0～27.9
肥胖	60	≥20.4	≥20.5	≥22.2	≥22.7	≥24.2	≥24.6	≥25.0	≥25.3	≥26.1	≥26.4	≥26.6	≥27.4	≥28.0

表 1—2　女生体重指数（BMI）单项评分表（单位：千克/m²）

等级	单项得分	一年级	二年级	三年级	四年级	五年级	六年级	初一	初二	初三	高一	高二	高三	大学
正常	100	13.3～17.3	13.5～17.8	13.6～18.6	13.7～19.4	13.8～20.5	14.2～20.8	14.8～21.7	15.3～22.2	16.0～22.6	16.5～22.7	16.9～23.2	17.1～23.3	17.2～23.9
低体重	80	≤13.2	≤13.4	≤13.5	≤13.6	≤13.7	≤14.1	≤14.7	≤15.2	≤15.9	≤16.4	≤16.8	≤17.0	≤17.1
超重		17.4～19.2	17.9～20.2	18.7～21.1	19.5～22.0	20.6～22.9	20.9～23.6	21.8～24.4	22.3～24.8	22.7～25.1	22.8～25.2	23.3～25.4	23.4～25.7	24.0～27.9
肥胖	60	≥19.3	≥20.3	≥21.2	≥22.1	≥23.0	≥23.7	≥24.5	≥24.9	≥25.2	≥25.3	≥25.5	≥25.8	≥28.0

表 1—3　男生肺活量单项评分表（单位：毫升）

等级	单项得分	一年级	二年级	三年级	四年级	五年级	六年级	初一	初二	初三	高一	高二	高三	大一、大二	大三、大四
优秀	100	1700	2000	2300	2600	2900	3200	3640	3940	4240	4540	4740	4940	5040	5140
	95	1600	1900	2200	2500	2800	3100	3520	3820	4120	4420	4620	4820	4920	5020
	90	1500	1800	2100	2400	2700	3000	3400	3700	4000	4300	4500	4700	4800	4900

续表 1—3

等级	单项得分	一年级	二年级	三年级	四年级	五年级	六年级	初一	初二	初三	高一	高二	高三	大一、大二	大三、大四
良好	85	1400	1650	1900	2150	2450	2750	3150	3450	3750	4050	4250	4450	4550	4650
	80	1300	1500	1700	1900	2200	2500	2900	3200	3500	3800	4000	4200	4300	4400
及格	78	1240	1430	1620	1820	2110	2400	2780	3080	3380	3680	3880	4080	4180	4280
	76	1180	1360	1540	1740	2020	2300	2660	2960	3260	3560	3760	3960	4060	4160
	74	1120	1290	1460	1660	1930	2200	2540	2840	3140	3440	3640	3840	3940	4040
	72	1060	1220	1380	1580	1840	2100	2420	2720	3020	3320	3520	3720	3820	3920
	70	1000	1150	1300	1500	1750	2000	2300	2600	2900	3200	3400	3600	3700	3800
	68	940	1080	1220	1420	1660	1900	2180	2480	2780	3080	3280	3480	3580	3680
	66	880	1010	1140	1340	1570	1800	2060	2360	2660	2960	3160	3360	3460	3560
	64	820	940	1060	1260	1480	1700	1940	2240	2540	2840	3040	3240	3340	3440
	62	760	870	980	1180	1390	1600	1820	2120	2420	2720	2920	3120	3220	3320
	60	700	800	900	1100	1300	1500	1700	2000	2300	2600	2800	3000	3100	3200
不及格	50	660	750	840	1030	1220	1410	1600	1890	2180	2470	2660	2850	2940	3030
	40	620	700	780	960	1140	1320	1500	1780	2060	2340	2520	2700	2780	2860
	30	580	650	720	890	1060	1230	1400	1670	1940	2210	2380	2550	2620	2690
	20	540	600	660	820	980	1140	1300	1560	1820	2080	2240	2400	2460	2520
	10	500	550	600	750	900	1050	1200	1450	1700	1950	2100	2250	2300	2350

表 1—4　女生肺活量单项评分表（单位：毫升）

等级	单项得分	一年级	二年级	三年级	四年级	五年级	六年级	初一	初二	初三	高一	高二	高三	大一、大二	大三、大四
优秀	100	1400	1600	1800	2000	2250	2500	2750	2900	3050	3150	3250	3350	3400	3450
	95	1300	1500	1700	1900	2150	2400	2650	2850	3000	3100	3200	3300	3350	3400
	90	1200	1400	1600	1800	2050	2300	2550	2800	2950	3050	3150	3250	3300	3350
良好	85	1100	1300	1500	1700	1950	2200	2450	2650	2800	2900	3000	3100	3150	3200
	80	1000	1200	1400	1600	1850	2100	2350	2500	2650	2750	2850	2950	3000	3050
及格	78	960	1150	1340	1530	1770	2010	2250	2400	2550	2650	2750	2850	2900	2950
	76	920	1100	1280	1460	1690	1920	2150	2300	2450	2550	2650	2750	2800	2850
	74	880	1050	1220	1390	1610	1830	2050	2200	2350	2450	2550	2650	2700	2750
	72	840	1000	1160	1320	1530	1740	1950	2100	2250	2350	2450	2550	2600	2650
	70	800	950	1100	1250	1450	1650	1850	2000	2150	2250	2350	2450	2500	2550
	68	760	900	1040	1180	1370	1560	1750	1900	2050	2150	2250	2350	2400	2450
	66	720	850	980	1110	1290	1470	1650	1800	1950	2050	2150	2250	2300	2350
	64	680	800	920	1040	1210	1380	1550	1700	1850	1950	2050	2150	2200	2250
	62	640	750	860	970	1130	1290	1450	1600	1750	1850	1950	2050	2100	2150
	60	600	700	800	900	1050	1200	1350	1500	1650	1750	1850	1950	2000	2050
不及格	50	580	680	780	880	1020	1170	1310	1460	1610	1710	1810	1910	1960	2010
	40	560	660	760	860	990	1140	1270	1420	1570	1670	1770	1870	1920	1970
	30	540	640	740	840	960	1110	1230	1380	1530	1630	1730	1830	1880	1930
	20	520	620	720	820	930	1080	1190	1340	1490	1590	1690	1790	1840	1890
	10	500	600	700	800	900	1050	1150	1300	1450	1550	1650	1750	1800	1850

表 1—5　男生 50 米跑单项评分表（单位：秒）

等级	单项得分	一年级	二年级	三年级	四年级	五年级	六年级	初一	初二	初三	高一	高二	高三	大一、大二	大三、大四
优秀	100	10.2	9.6	9.1	8.7	8.4	8.2	7.8	7.5	7.3	7.1	7.0	6.8	6.7	6.6
	95	10.3	9.7	9.2	8.8	8.5	8.3	7.9	7.6	7.4	7.2	7.1	6.9	6.8	6.7
	90	10.4	9.8	9.3	8.9	8.6	8.4	8.0	7.7	7.5	7.3	7.2	7.0	6.9	6.8
良好	85	10.5	9.9	9.4	9.0	8.7	8.5	8.1	7.8	7.6	7.4	7.3	7.1	7.0	6.9
	80	10.6	10.0	9.5	9.1	8.8	8.6	8.2	7.9	7.7	7.5	7.4	7.2	7.1	7.0
及格	78	10.8	10.2	9.7	9.3	9.0	8.8	8.4	8.1	7.9	7.7	7.6	7.4	7.3	7.2
	76	11.0	10.4	9.9	9.5	9.2	9.0	8.6	8.3	8.1	7.9	7.8	7.6	7.5	7.4
	74	11.2	10.6	10.1	9.7	9.4	9.2	8.8	8.5	8.3	8.1	8.0	7.8	7.7	7.6
	72	11.4	10.8	10.3	9.9	9.6	9.4	9.0	8.7	8.5	8.3	8.2	8.0	7.9	7.8
	70	11.6	11.0	10.5	10.1	9.8	9.6	9.2	8.9	8.7	8.5	8.4	8.2	8.1	8.0
	68	11.8	11.2	10.7	10.3	10.0	9.8	9.4	9.1	8.9	8.7	8.6	8.4	8.3	8.2
	66	12.0	11.4	10.9	10.5	10.2	10.0	9.6	9.3	9.1	8.9	8.8	8.6	8.5	8.4
	64	12.2	11.6	11.1	10.7	10.4	10.2	9.8	9.5	9.3	9.1	9.0	8.8	8.7	8.6
	62	12.4	11.8	11.3	10.9	10.6	10.4	10.0	9.7	9.5	9.3	9.2	9.0	8.9	8.8
	60	12.6	12.0	11.5	11.1	10.8	10.6	10.2	9.9	9.7	9.5	9.4	9.2	9.1	9.0
不及格	50	12.8	12.2	11.7	11.3	11.0	10.8	10.4	10.1	9.9	9.7	9.6	9.4	9.3	9.2
	40	13.0	12.4	11.9	11.5	11.2	11.0	10.6	10.3	10.1	9.9	9.8	9.6	9.5	9.4
	30	13.2	12.6	12.1	11.7	11.4	11.2	10.8	10.5	10.3	10.1	10.0	9.8	9.7	9.6
	20	13.4	12.8	12.3	11.9	11.6	11.4	11.0	10.7	10.5	10.3	10.2	10.0	9.9	9.8
	10	13.6	13.0	12.5	12.1	11.8	11.6	11.2	10.9	10.7	10.5	10.4	10.2	10.1	10.0

表 1－6　女生 50 米跑单项评分表（单位：秒）

等级	单项得分	一年级	二年级	三年级	四年级	五年级	六年级	初一	初二	初三	高一	高二	高三	大一、大二	大三、大四
优秀	100	11.0	10.0	9.2	8.7	8.3	8.2	8.1	8.0	7.9	7.8	7.7	7.6	7.5	7.4
	95	11.1	10.1	9.3	8.8	8.4	8.3	8.2	8.1	8.0	7.9	7.8	7.7	7.6	7.5
	90	11.2	10.2	9.4	8.9	8.5	8.4	8.3	8.2	8.1	8.0	7.9	7.8	7.7	7.6
良好	85	11.5	10.5	9.7	9.2	8.8	8.7	8.6	8.5	8.4	8.3	8.2	8.1	8.0	7.9
	80	11.8	10.8	10.0	9.5	9.1	9.0	8.9	8.8	8.7	8.6	8.5	8.4	8.3	8.2
及格	78	12.0	11.0	10.2	9.7	9.3	9.2	9.1	9.0	8.9	8.8	8.7	8.6	8.5	8.4
	76	12.2	11.2	10.4	9.9	9.5	9.4	9.3	9.2	9.1	9.0	8.9	8.8	8.7	8.6
	74	12.4	11.4	10.6	10.1	9.7	9.6	9.5	9.4	9.3	9.2	9.1	9.0	8.9	8.8
	72	12.6	11.6	10.8	10.3	9.9	9.8	9.7	9.6	9.5	9.4	9.3	9.2	9.1	9.0
	70	12.8	11.8	11.0	10.5	10.1	10.0	9.9	9.8	9.7	9.6	9.5	9.4	9.3	9.2
	68	13.0	12.0	11.2	10.7	10.3	10.2	10.1	10.0	9.9	9.8	9.7	9.6	9.5	9.4
	66	13.2	12.2	11.4	10.9	10.5	10.4	10.3	10.2	10.1	10.0	9.9	9.8	9.7	9.6
	64	13.4	12.4	11.6	11.1	10.7	10.6	10.5	10.4	10.3	10.2	10.1	10.0	9.9	9.8
	62	13.6	12.6	11.8	11.3	10.9	10.8	10.7	10.6	10.5	10.4	10.3	10.2	10.1	10.0
	60	13.8	12.8	12.0	11.5	11.1	11.0	10.9	10.8	10.7	10.6	10.5	10.4	10.3	10.2
不及格	50	14.0	13.0	12.2	11.7	11.3	11.2	11.1	11.0	10.9	10.8	10.7	10.6	10.5	10.4
	40	14.2	13.2	12.4	11.9	11.5	11.4	11.3	11.2	11.1	11.0	10.9	10.8	10.7	10.6
	30	14.4	13.4	12.6	12.1	11.7	11.6	11.5	11.4	11.3	11.2	11.1	11.0	10.9	10.8
	20	14.6	13.6	12.8	12.3	11.9	11.8	11.7	11.6	11.5	11.4	11.3	11.2	11.1	11.0
	10	14.8	13.8	13.0	12.5	12.1	12.0	11.9	11.8	11.7	11.6	11.5	11.4	11.3	11.2

表 1—7　男生坐位体前屈单项评分表（单位：厘米）

等级	单项得分	一年级	二年级	三年级	四年级	五年级	六年级	初一	初二	初三	高一	高二	高三	大一、大二	大三、大四
优秀	100	16.1	16.2	16.3	16.4	16.5	16.6	17.6	19.6	21.6	23.6	24.3	24.6	24.9	25.1
	95	14.6	14.7	14.9	15.0	15.2	15.3	15.9	17.7	19.7	21.5	22.4	22.8	23.1	23.3
	90	13.0	13.2	13.4	13.6	13.8	14.0	14.2	15.8	17.8	19.4	20.5	21.0	21.3	21.5
良好	85	12.0	11.9	11.8	11.7	11.6	11.5	12.3	13.7	15.8	17.2	18.3	19.1	19.5	19.9
	80	11.0	10.6	10.2	9.8	9.4	9.0	10.4	11.6	13.8	15.0	16.1	17.2	17.7	18.2
及格	78	9.9	9.5	9.1	8.6	8.2	7.7	9.1	10.3	12.4	13.6	14.7	15.8	16.3	16.8
	76	8.8	8.4	8.0	7.4	7.0	6.4	7.8	9.0	11.0	12.2	13.3	14.4	14.9	15.4
	74	7.7	7.3	6.9	6.2	5.8	5.1	6.5	7.7	9.6	10.8	11.9	13.0	13.5	14.0
	72	6.6	6.2	5.8	5.0	4.6	3.8	5.2	6.4	8.2	9.4	10.5	11.6	12.1	12.6
	70	5.5	5.1	4.7	3.8	3.4	2.5	3.9	5.1	6.8	8.0	9.1	10.2	10.7	11.2
	68	4.4	4.0	3.6	2.6	2.2	1.2	2.6	3.8	5.4	6.6	7.7	8.8	9.3	9.8
	66	3.3	2.9	2.5	1.4	1.0	−0.1	1.3	2.5	4.0	5.2	6.3	7.4	7.9	8.4
	64	2.2	1.8	1.4	0.2	−0.2	−1.4	0.0	1.2	2.6	3.8	4.9	6.0	6.5	7.0
	62	1.1	0.7	0.3	−1.0	−1.4	−2.7	−1.3	−0.1	1.2	2.4	3.5	4.6	5.1	5.6
	60	0.0	−0.4	−0.8	−2.2	−2.6	−4.0	−2.6	−1.4	−0.2	1.0	2.1	3.2	3.7	4.2
不及格	50	−0.8	−1.2	−1.6	−3.2	−3.6	−5.0	−3.8	−2.6	−1.4	0.0	1.1	2.2	2.7	3.2
	40	−1.6	−2.0	−2.4	−4.2	−4.6	−6.0	−5.0	−3.8	−2.6	−1.0	0.1	1.2	1.7	2.2
	30	−2.4	−2.8	−3.2	−5.2	−5.6	−7.0	−6.2	−5.0	−3.8	−2.0	−0.9	0.2	0.7	1.2
	20	−3.2	−3.6	−4.0	−6.2	−6.6	−8.0	−7.4	−6.2	−5.0	−3.0	−1.9	−0.8	−0.3	0.2
	10	−4.0	−4.4	−4.8	−7.2	−7.6	−9.0	−8.6	−7.4	−6.2	−4.0	−2.9	−1.8	−1.3	−0.8

表 1－8　女生坐位体前屈单项评分表（单位：厘米）

等级	单项得分	一年级	二年级	三年级	四年级	五年级	六年级	初一	初二	初三	高一	高二	高三	大一、大二	大三、大四
优秀	100	18.6	18.9	19.2	19.5	19.8	19.9	21.8	22.7	23.5	24.2	24.8	25.3	25.8	26.3
	95	17.3	17.6	17.9	18.1	18.5	18.7	20.1	21.0	21.8	22.5	23.1	23.6	24.0	24.4
	90	16.0	16.3	16.6	16.9	17.2	17.5	18.4	19.3	20.1	20.8	21.4	21.9	22.2	22.4
良好	85	14.7	14.8	14.9	15.0	15.1	15.2	16.7	17.6	18.4	19.1	19.7	20.2	20.6	21.0
	80	13.4	13.3	13.2	13.1	13.0	12.9	15.0	15.9	16.7	17.4	18.0	18.5	19.0	19.5
及格	78	12.3	12.2	12.1	12.0	11.9	11.8	13.7	14.6	15.4	16.1	16.7	17.2	17.7	18.2
	76	11.2	11.1	11.0	10.9	10.8	10.7	12.4	13.3	14.1	14.8	15.4	15.9	16.4	16.9
	74	10.1	10.0	9.9	9.8	9.7	9.6	11.1	12.0	12.8	13.5	14.1	14.6	15.1	15.6
	72	9.0	8.9	8.8	8.7	8.6	8.5	9.8	10.7	11.5	12.2	12.8	13.3	13.8	14.3
	70	7.9	7.8	7.7	7.6	7.5	7.4	8.5	9.4	10.2	10.9	11.5	12.0	12.5	13.0
	68	6.8	6.7	6.6	6.5	6.4	6.3	7.2	8.1	8.9	9.6	10.2	10.7	11.2	11.7
	66	5.7	5.6	5.5	5.4	5.3	5.2	5.9	6.8	7.6	8.3	8.9	9.4	9.9	10.4
	64	4.6	4.5	4.4	4.3	4.2	4.1	4.6	5.5	6.3	7.0	7.6	8.1	8.6	9.1
	62	3.5	3.4	3.3	3.2	3.1	3.0	3.3	4.2	5.0	5.7	6.3	6.8	7.3	7.8
	60	2.4	2.3	2.2	2.1	2.0	1.9	2.0	2.9	3.7	4.4	5.0	5.5	6.0	6.5
不及格	50	1.6	1.5	1.4	1.3	1.2	1.1	1.2	2.1	2.9	3.6	4.2	4.7	5.2	5.7
	40	0.8	0.7	0.6	0.5	0.4	0.3	0.4	1.3	2.1	2.8	3.4	3.9	4.4	4.9
	30	0.0	−0.1	−0.2	−0.3	−0.4	−0.5	−0.4	0.5	1.3	2.0	2.6	3.1	3.6	4.1
	20	−0.8	−0.9	−1.0	−1.1	−1.2	−1.3	−1.2	−0.3	0.5	1.2	1.8	2.3	2.8	3.3
	10	−1.6	−1.7	−1.8	−1.9	−2.0	−2.1	−2.0	−1.1	−0.3	0.4	1.0	1.5	2.0	2.5

表 1—9 男生一分钟跳绳单项评分表（单位：次）

等级	单项得分	一年级	二年级	三年级	四年级	五年级	六年级
优秀	100	109	117	126	137	148	157
	95	104	112	121	132	143	152
	90	99	107	116	127	138	147
良好	85	93	101	110	121	132	141
	80	87	95	104	115	126	135
及格	78	80	88	97	108	119	128
	76	73	81	90	101	112	121
	74	66	74	83	94	105	114
	72	59	67	76	87	98	107
	70	52	60	69	80	91	100
	68	45	53	62	73	84	93
	66	38	46	55	66	77	86
	64	31	39	48	59	70	79
	62	24	32	41	52	63	72
	60	17	25	34	45	56	65
不及格	50	14	22	31	42	53	62
	40	11	19	28	39	50	59
	30	8	16	25	36	47	56
	20	5	13	22	33	44	53
	10	2	10	19	30	41	50

表 1—10　女生一分钟跳绳单项评分表（单位：次）

等级	单项得分	一年级	二年级	三年级	四年级	五年级	六年级
优秀	100	117	127	139	149	158	166
	95	110	120	132	142	151	159
	90	103	113	125	135	144	152
良好	85	95	105	117	127	136	144
	80	87	97	109	119	128	136
及格	78	80	90	102	112	121	129
	76	73	83	95	105	114	122
	74	66	76	88	98	107	115
	72	59	69	81	91	100	108
	70	52	62	74	84	93	101
	68	45	55	67	77	86	94
	66	38	48	60	70	79	87
	64	31	41	53	63	72	80
	62	24	34	46	56	65	73
	60	17	27	39	49	58	66
不及格	50	14	24	36	46	55	63
	40	11	21	33	43	52	60
	30	8	18	30	40	49	57
	20	5	15	27	37	46	54
	10	2	12	24	34	43	51

表 1—11　男生立定跳远单项评分表（单位：厘米）

等级	单项得分	初一	初二	初三	高一	高二	高三	大一、大二	大三、大四
优秀	100	225	240	250	260	265	270	273	275
	95	218	233	245	255	260	265	268	270
	90	211	226	240	250	255	260	263	265
良好	85	203	218	233	243	248	253	256	258
	80	195	210	225	235	240	245	248	250
及格	78	191	206	221	231	236	241	244	246
	76	187	202	217	227	232	237	240	242
	74	183	198	213	223	228	233	236	238
	72	179	194	209	219	224	229	232	234
	70	175	190	205	215	220	225	228	230
	68	171	186	201	211	216	221	224	226
	66	167	182	197	207	212	217	220	222
	64	163	178	193	203	208	213	216	218
	62	159	174	189	199	204	209	212	214
	60	155	170	185	195	200	205	208	210
不及格	50	150	165	180	190	195	200	203	205
	40	145	160	175	185	190	195	198	200
	30	140	155	170	180	185	190	193	195
	20	135	150	165	175	180	185	188	190
	10	130	145	160	170	175	180	183	185

表 1—12　女生立定跳远单项评分表（单位：厘米）

等级	单项得分	初一	初二	初三	高一	高二	高三	大一、大二	大三、大四
优秀	100	196	200	202	204	205	206	207	208
	95	190	194	196	198	199	200	201	202
	90	184	188	190	192	193	194	195	196
良好	85	177	181	183	185	186	187	188	18
	80	170	174	176	178	179	180	181	182
及格	78	167	171	173	175	176	177	178	179
	76	164	168	170	172	173	174	175	176
	74	161	165	167	169	170	171	172	173
	72	158	162	164	166	167	168	169	170
	70	155	159	161	163	164	165	166	167
	68	152	156	158	160	161	162	163	164
	66	149	153	155	157	158	159	160	161
	64	146	150	152	154	155	156	157	158
	62	143	147	149	151	152	153	154	155
	60	140	144	146	148	149	150	151	152
不及格	50	135	139	141	143	144	145	146	147
	40	130	134	136	138	139	140	141	142
	30	125	129	131	133	134	135	136	137
	20	120	124	126	128	129	130	131	132
	10	115	119	121	123	124	125	126	127

表 1－13　男生一分钟仰卧起坐、引体向上单项评分表（单位：次）

等级	单项得分	三年级	四年级	五年级	六年级	初一	初二	初三	高一	高二	高三	大一、大二	大三、大四
优秀	100	48	49	50	51	13	14	15	16	17	18	19	20
	95	45	46	47	48	12	13	14	15	16	17	18	19
	90	42	43	44	45	11	12	13	14	15	16	17	18
良好	85	39	40	41	42	10	11	12	13	14	15	16	17
	80	36	37	38	39	9	10	11	12	13	14	15	16
及格	78	34	35	36	37								
	76	32	33	34	35	8	9	10	11	12	13	14	15
	74	30	31	32	33								
	72	28	29	30	31	7	8	9	10	11	12	13	14
	70	26	27	28	29								
	68	24	25	26	27	6	7	8	9	10	11	12	13
	66	22	23	24	25								
	64	20	21	22	23	5	6	7	8	9	10	11	12
	62	18	19	20	21								
	60	16	17	18	19	4	5	6	7	8	9	10	11
不及格	50	14	15	16	17	3	4	5	6	7	8	9	10
	40	12	13	14	15	2	3	4	5	6	7	8	9
	30	10	11	12	13	1	2	3	4	5	6	7	8
	20	8	9	10	11		1	2	3	4	5	6	7
	10	6	7	8	9			1	2	3	4	5	6

注：小学三年级～六年级：一分钟仰卧起坐；初中、高中、大学：引体向上。

表 1－14　女生一分钟仰卧起坐单项评分表（单位：次）

等级	单项得分	三年级	四年级	五年级	六年级	初一	初二	初三	高一	高二	高三	大一、大二	大三、大四
优秀	100	46	47	48	49	50	51	52	53	54	55	56	57
	95	44	45	46	47	48	49	50	51	52	53	54	55
	90	42	43	44	45	46	47	48	49	50	51	52	53
良好	85	39	40	41	42	43	44	45	46	47	48	49	50
	80	36	37	38	39	40	41	42	43	44	45	46	47
及格	78	34	35	36	37	38	39	40	41	42	43	44	45
	76	32	33	34	35	36	37	38	39	40	41	42	43
	74	30	31	32	33	34	35	36	37	38	39	40	41
	72	28	29	30	31	32	33	34	35	36	37	38	39
	70	26	27	28	29	30	31	32	33	34	35	36	37
	68	24	25	26	27	28	29	30	31	32	33	34	35
	66	22	23	24	25	26	27	28	29	30	31	32	33
	64	20	21	22	23	24	25	26	27	28	29	30	31
	62	18	19	20	21	22	23	24	25	26	27	28	29
	60	16	17	18	19	20	21	22	23	24	25	26	27
不及格	50	14	15	16	17	18	19	20	21	22	23	24	25
	40	12	13	14	15	16	17	18	19	20	21	22	23
	30	10	11	12	13	14	15	16	17	18	19	20	21
	20	8	9	10	11	12	13	14	15	16	17	18	19
	10	6	7	8	9	10	11	12	13	14	15	16	17

表 1—15　男生耐力跑单项评分表（单位：分·秒）

等级	单项得分	五年级	六年级	初一	初二	初三	高一	高二	高三	大一、大二	大三、大四
优秀	100	1′36″	1′30″	3′55″	3′50″	3′40″	3′30″	3′25″	3′20″	3′17″	3′15″
	95	1′39″	1′33″	4′05″	3′55″	3′45″	3′35″	3′30″	3′25″	3′22″	3′20″
	90	1′42″	1′36″	4′15″	4′00″	3′50″	3′40″	3′35″	3′30″	3′27″	3′25″
良好	85	1′45″	1′39″	4′22″	4′07″	3′57″	3′47″	3′42″	3′37″	3′34″	3′32″
	80	1′48″	1′42″	4′30″	4′15″	4′05″	3′55″	3′50″	3′45″	3′42″	3′40″
及格	78	1′51″	1′45″	4′35″	4′20″	4′10″	4′00″	3′55″	3′50″	3′47″	3′45″
	76	1′54″	1′48″	4′40″	4′25″	4′15″	4′05″	4′00″	3′55″	3′52″	3′50″
	74	1′57″	1′51″	4′45″	4′30″	4′20″	4′10″	4′05″	4′00″	3′57″	3′55″
	72	2′00″	1′54″	4′50″	4′35″	4′25″	4′15″	4′10″	4′05″	4′02″	4′00″
	70	2′03″	1′57″	4′55″	4′40″	4′30″	4′20″	4′15″	4′10″	4′07″	4′05″
	68	2′06″	2′00″	5′00″	4′45″	4′35″	4′25″	4′20″	4′15″	4′12″	4′10″
	66	2′09″	2′03″	5′05″	4′50″	4′40″	4′30″	4′25″	4′20″	4′17″	4′15″
	64	2′12″	2′06″	5′10″	4′55″	4′45″	4′35″	4′30″	4′25″	4′22″	4′20″
	62	2′15″	2′09″	5′15″	5′00″	4′50″	4′40″	4′35″	4′30″	4′27″	4′25″
	60	2′18″	2′12″	5′20″	5′05″	4′55″	4′45″	4′40″	4′35″	4′32″	4′30″
不及格	50	2′22″	2′16″	5′40″	5′25″	5′15″	5′05″	5′00″	4′55″	4′52″	4′50″
	40	2′26″	2′20″	6′00″	5′45″	5′35″	5′25″	5′20″	5′15″	5′12″	5′10″
	30	2′30″	2′24″	6′20″	6′05″	5′55″	5′45″	5′40″	5′35″	5′32″	5′30″
	20	2′34″	2′28″	6′40″	6′25″	6′15″	6′05″	6′00″	5′55″	5′52″	5′50″
	10	2′38″	2′32″	7′00″	6′45″	6′35″	6′25″	6′20″	6′15″	6′12″	6′10″

注：小学五年级～六年级：50 米×8 往返跑；初中、高中、大学：1000 米跑。

表 1－16　女生耐力跑单项评分表（单位：分·秒）

等级	单项得分	五年级	六年级	初一	初二	初三	高一	高二	高三	大一、大二	大三、大四
优秀	100	1′41″	1′37″	3′35″	3′30″	3′25″	3′24″	3′22″	3′20″	3′18″	3′16″
	95	1′44″	1′40″	3′42″	3′37″	3′32″	3′30″	3′28″	3′26″	3′24″	3′22″
	90	1′47″	1′43″	3′49″	3′44″	3′39″	3′36″	3′34″	3′32″	3′30″	3′28″
良好	85	1′50″	1′46″	3′57″	3′52″	3′47″	3′43″	3′41″	3′39″	3′37″	3′35″
	80	1′53″	1′49″	4′05″	4′00″	3′55″	3′50″	3′48″	3′46″	3′44″	3′42″
及格	78	1′56″	1′52″	4′10″	4′05″	4′00″	3′55″	3′53″	3′51″	3′49″	3′47″
	76	1′59″	1′55″	4′15″	4′10″	4′05″	4′00″	3′58″	3′56″	3′54″	3′52″
	74	2′02″	1′58″	4′20″	4′15″	4′10″	4′05″	4′03″	4′01″	3′59″	3′57″
	72	2′05″	2′01″	4′25″	4′20″	4′15″	4′10″	4′08″	4′06″	4′04″	4′02″
	70	2′08″	2′04″	4′30″	4′25″	4′20″	4′15″	4′13″	4′11″	4′09″	4′07″
	68	2′11″	2′07″	4′35″	4′30″	4′25″	4′20″	4′18″	4′16″	4′14″	4′12″
	66	2′14″	2′10″	4′40″	4′35″	4′30″	4′25″	4′23″	4′21″	4′19″	4′17″
	64	2′17″	2′13″	4′45″	4′40″	4′35″	4′30″	4′28″	4′26″	4′24″	4′22″
	62	2′20″	2′16″	4′50″	4′45″	4′40″	4′35″	4′33″	4′31″	4′29″	4′27″
	60	2′23″	2′19″	4′55″	4′50″	4′45″	4′40″	4′38″	4′36″	4′34″	4′32″
不及格	50	2′27″	2′23″	5′05″	5′00″	4′55″	4′50″	4′48″	4′46″	4′44″	4′42″
	40	2′31″	2′27″	5′15″	5′10″	5′05″	5′00″	4′58″	4′56″	4′54″	4′52″
	30	2′35″	2′31″	5′25″	5′20″	5′15″	5′10″	5′08″	5′06″	5′04″	5′02″
	20	2′39″	2′35″	5′35″	5′30″	5′25″	5′20″	5′18″	5′16″	5′14″	5′12″
	10	2′43″	2′39″	5′45″	5′40″	5′35″	5′30″	5′28″	5′26″	5′24″	5′22″

注：小学五年级～六年级：50 米×8 往返跑；初中、高中、大学：800 米跑。

（二）加分指标评分表

表 2—1　男生一分钟跳绳评分表（单位：次）

加分	一年级	二年级	三年级	四年级	五年级	六年级
20	40	40	40	40	40	40
19	38	38	38	38	38	38
18	36	36	36	36	36	36
17	34	34	34	34	34	34
16	32	32	32	32	32	32
15	30	30	30	30	30	30
14	28	28	28	28	28	28
13	26	26	26	26	26	26
12	24	24	24	24	24	24
11	22	22	22	22	22	22
10	20	20	20	20	20	20
9	18	18	18	18	18	18
8	16	16	16	16	16	16
7	14	14	14	14	14	14
6	12	12	12	12	12	12
5	10	10	10	10	10	10
4	8	8	8	8	8	8
3	6	6	6	6	6	6
2	4	4	4	4	4	4
1	2	2	2	2	2	2

注：一分钟跳绳为高优指标，学生成绩超过单项评分 100 分后，以超过的次数所对应的分数进行加分。

表 2—2　女生一分钟跳绳评分表（单位：次）

加分	一年级	二年级	三年级	四年级	五年级	六年级
20	40	40	40	40	40	40
19	38	38	38	38	38	38
18	36	36	36	36	36	36
17	34	34	34	34	34	34
16	32	32	32	32	32	32
15	30	30	30	30	30	30
14	28	28	28	28	28	28
13	26	26	26	26	26	26
12	24	24	24	24	24	24
11	22	22	22	22	22	22
10	20	20	20	20	20	20
9	18	18	18	18	18	18
8	16	16	16	16	16	16
7	14	14	14	14	14	14
6	12	12	12	12	12	12
5	10	10	10	10	10	10
4	8	8	8	8	8	8
3	6	6	6	6	6	6
2	4	4	4	4	4	4
1	2	2	2	2	2	2

注：一分钟跳绳为高优指标，学生成绩超过单项评分 100 分后，以超过的次数所对应的分数进行加分。

表 2—3　男生引体向上评分表（单位：次）

加分	初一	初二	初三	高一	高二	高三	大一、大二	大三、大四
10	10	10	10	10	10	10	10	10
9	9	9	9	9	9	9	9	9
8	8	8	8	8	8	8	8	8
7	7	7	7	7	7	7	7	7
6	6	6	6	6	6	6	6	6
5	5	5	5	5	5	5	5	5
4	4	4	4	4	4	4	4	4
3	3	3	3	3	3	3	3	3
2	2	2	2	2	2	2	2	2
1	1	1	1	1	1	1	1	1

表 2—4　女生一分钟仰卧起坐评分表（单位：次）

加分	初一	初二	初三	高一	高二	高三	大一、大二	大三、大四
10	13	13	13	13	13	13	13	13
9	12	12	12	12	12	12	12	12
8	11	11	11	11	11	11	11	11
7	10	10	10	10	10	10	10	10
6	9	9	9	9	9	9	9	9
5	8	8	8	8	8	8	8	8
4	7	7	7	7	7	7	7	7
3	6	6	6	6	6	6	6	6
2	4	4	4	4	4	4	4	4
1	2	2	2	2	2	2	2	2

注：引体向上、一分钟仰卧起坐均为高优指标，学生成绩超过单项评分 100 分后，以超过的次数所对应的分数进行加分。

表 2—5　男生 1000 米跑评分表（单位：分·秒）

加分	初一	初二	初三	高一	高二	高三	大一、大二	大三、大四
10	−35″	−35″	−35″	−35″	−35″	−35″	−35″	−35″
9	−32″	−32″	−32″	−32″	−32″	−32″	−32″	−32″
8	−29″	−29″	−29″	−29″	−29″	−29″	−29″	−29″
7	−26″	−26″	−26″	−26″	−26″	−26″	−26″	−26″
6	−23″	−23″	−23″	−23″	−23″	−23″	−23″	−23″
5	−20″	−20″	−20″	−20″	−20″	−20″	−20″	−20″
4	−16″	−16″	−16″	−16″	−16″	−16″	−16″	−16″
3	−12″	−12″	−12″	−12″	−12″	−12″	−12″	−12″
2	−8″	−8″	−8″	−8″	−8″	−8″	−8″	−8″
1	−4″	−4″	−4″	−4″	−4″	−4″	−4″	−4″

表 2—6　女生 800 米跑评分表（单位：分·秒）

加分	初一	初二	初三	高一	高二	高三	大一、大二	大三、大四
10	−50″	−50″	−50″	−50″	−50″	−50″	−50″	−50″
9	−45″	−45″	−45″	−45″	−45″	−45″	−45″	−45″
8	−40″	−40″	−40″	−40″	−40″	−40″	−40″	−40″
7	−35″	−35″	−35″	−35″	−35″	−35″	−35″	−35″
6	−30″	−30″	−30″	−30″	−30″	−30″	−30″	−30″
5	−25″	−25″	−25″	−25″	−25″	−25″	−25″	−25″
4	−20″	−20″	−20″	−20″	−20″	−20″	−20″	−20″
3	−15″	−15″	−15″	−15″	−15″	−15″	−15″	−15″
2	−10″	−10″	−10″	−10″	−10″	−10″	−10″	−10″
1	−5″	−5″	−5″	−5″	−5″	−5″	−5″	−5″

注：1000 米跑、800 米跑均为低优指标，学生成绩低于单项评分 100 分后，以减少的秒数所对应的分数进行加分。

附表：

1.《国家学生体质健康标准》登记卡（小学1～2年级样表）

2.《国家学生体质健康标准》登记卡（小学3～4年级样表）

3.《国家学生体质健康标准》登记卡（小学5～6年级样表）

4.《国家学生体质健康标准》登记卡（初中样表）

5.《国家学生体质健康标准》登记卡（高中样表）

6.《国家学生体质健康标准》登记卡（大学样表）

7. 免予执行《国家学生体质健康标准》申请表（样表）

附表1　《国家学生体质健康标准》登记卡（小学1～2年级样表）

学　校__________

姓　名		性　别		学　号	
班　级		民　族		出生日期	

单项指标	一年级			单项指标	二年级		
	成绩	得分	等级		成绩	得分	等级
体重指数（BMI）（单位：千克/米^2）				体重指数（BMI）（单位：千克/米^2）			
肺活量（单位：毫升）				肺活量（单位：毫升）			
50米跑（单位：秒）				50米跑（单位：秒）			
坐位体前屈（单位：厘米）				坐位体前屈（单位：厘米）			
1分钟跳绳（单位：次）				1分钟跳绳（单位：次）			
标准分				标准分			
加分指标	成绩	附加分		加分指标	成绩	附加分	
1分钟跳绳（单位：次）				1分钟跳绳（单位：次）			
学年总分				学年总分			
等级评定				等级评定			
体育教师签字				体育教师签字			
班主任签字				班主任签字			
家长签字				家长签字			

学校签章：

年　　月　　日

附表 2　《国家学生体质健康标准》登记卡（小学 3～4 年级样表）

学　校__________

姓　名		性　别		学　号	
班　级		民　族		出生日期	

单项指标	三年级			单项指标	四年级		
	成绩	得分	等级		成绩	得分	等级
体重指数（BMI）（单位：千克/米^2）				体重指数（BMI）（单位：千克/米^2）			
肺活量（单位：毫升）				肺活量（单位：毫升）			
50 米跑（单位：秒）				50 米跑（单位：秒）			
坐位体前屈（单位：厘米）				坐位体前屈（单位：厘米）			
1 分钟跳绳（单位：次）				1 分钟跳绳（单位：次）			
1 分钟仰卧起坐（单位：次）				1 分钟仰卧起坐（单位：次）			
标准分				标准分			
加分指标	成绩	附加分		加分指标	成绩	附加分	
1 分钟跳绳（单位：次）				1 分钟跳绳（单位：次）			
学年总分				学年总分			
等级评定				等级评定			
体育教师签字				体育教师签字			
班主任签字				班主任签字			
家长签字				家长签字			

学校签章：

年　　月　　日

附表3 《国家学生体质健康标准》登记卡（小学5～6年级样表）

学 校＿＿＿＿＿

姓 名		性 别		学 号	
班 级		民 族		出生日期	

单项指标	五年级			六年级			毕业成绩	
	成绩	得分	等级	成绩	得分	等级	得分	等级
体重指数（BMI）（单位：千克/m^2）								
肺活量（单位：毫升）								
50米跑（单位：秒）								
坐位体前屈（单位：厘米）								
1分钟跳绳（单位：次）								
1分钟仰卧起坐（单位：次）								
50米×8往返跑（单位：分·秒）								
标准分								
加分指标	成绩	附加分		成绩	附加分			
1分钟跳绳（单位：次）								
学年总分								
等级评定								
体育教师签字								
班主任签字								
家长签字								

学校签章：

年 月 日

附表4 《国家学生体质健康标准》登记卡（初中样表）

学 校__________

姓 名		性 别		学 号	
班 级		民 族		出生日期	

单项指标	初一			初二			初三			毕业成绩	
	成绩	得分	等级	成绩	得分	等级	成绩	得分	等级	得分	等级
体重指数（BMI）（千克/米^2）											
肺活量（毫升）											
50米跑（秒）											
坐位体前屈（厘米）											
立定跳远（厘米）											
引体向上（男）/1分钟仰卧起坐（女）（次）											
1000米跑（男）/800米跑（女）（分·秒）											
标准分											
加分指标	成绩	附加分		成绩	附加分		成绩	附加分			
引体向上（男）/1分钟仰卧起坐（女）（次）											
1000米跑（男）/800米跑（女）（分·秒）											
学年总分											
等级评定											
体育教师签字											
班主任签字											
家长签字											

学校签章：

年 月 日

附表 5 《国家学生体质健康标准》登记卡（高中样表）

学　校__________

姓　名		性　别		学　号	
班　级		民　族		出生日期	

单项指标	高一			高二			高三			毕业成绩	
	成绩	得分	等级	成绩	得分	等级	成绩	得分	等级	得分	等级
体重指数（BMI）（千克/米^2）											
肺活量（毫升）											
50 米跑（秒）											
坐位体前屈（厘米）											
立定跳远（厘米）											
引体向上（男）/ 1 分钟仰卧起坐（女）（次）											
1000 米跑（男）/ 800 米跑（女）（分·秒）											
标准分											
加分指标	成绩	附加分		成绩	附加分		成绩	附加分			
引体向上（男）/ 1 分钟仰卧起坐（女）（次）											
1000 米跑（男）/ 800 米跑（女）（分·秒）											
学年总分											
等级评定											
体育教师签字											
班主任签字											
家长签字											

注：中等职业学校参照本样表执行。

学校签章：

年　　月　　日

附表 6 《国家学生体质健康标准》登记卡（大学样表）

学　校＿＿＿＿＿

姓　名		性　别		学　号	
班　级		民　族		出生日期	

单项指标	大一			大二			大三			大四			毕业成绩	
	成绩	得分	等级	成绩	得分	等级	成绩	得分	等级	成绩	得分	等级	得分	等级
体重指数（BMI）（千克/米^2）														
肺活量（毫升）														
50 米跑（秒）														
坐位体前屈（厘米）														
立定跳远（厘米）														
引体向上（男）/ 1 分钟仰卧起坐（女）（次）														
1000 米跑（男）/ 800 米跑（女）（分·秒）														
标准分														
加分指标	成绩	附加分		成绩	附加分		成绩	附加分		成绩	附加分			
引体向上（男）/ 1 分钟仰卧起坐（女）（次）														
1000 米跑（男）/ 800 米跑（女）（分·秒）														
学年总分														
等级评定														
体育教师签字														
班主任签字														
家长签字														

注：高等职业学校、高等专科学校参照本样表执行。

学校签章：

年　　月　　日

附表 7　免予执行《国家学生体质健康标准》申请表（样表）

<table>
<tr><td>姓　名</td><td></td><td>性　别</td><td></td><td>学　号</td><td></td></tr>
<tr><td>班级院（系）</td><td></td><td>民　族</td><td></td><td>出生日期</td><td></td></tr>
<tr><td>原因</td><td colspan="5">申请人：
年　　月　　日</td></tr>
<tr><td>体育教师签字</td><td></td><td colspan="2">家长签字</td><td colspan="2"></td></tr>
<tr><td>学校体育部门意见</td><td colspan="5">学校签章：
年　　月　　日</td></tr>
</table>

注：中等职业学校及普通高等学校的学生，“家长签字”由学生本人签字。

附录四

疾病、运动损伤与运动处方

（一）运动损伤的概念

健身的目的是为健康，但由于不正确的锻炼方法造成运动损伤确是常见的，所以我们必须了解一些运动损伤的产生原因和预防措施。参加运动锻炼，首先要了解自己是否有不适合运动锻炼的家族病（比如心脏疾病、哮喘等），并了解自己的身体检查情况：有心脏或其他因参加运动会使病情加重的人，应该先治病或参加康复锻炼，之后才能参加锻炼。

在运动锻炼过程中所发生的各种损伤统称为运动损伤。运动损伤与一般的工伤或日常生活中的损伤有所不同，它的发生与运动项目，训练安排，运动环境，运动者的自身条件以及技术动作有密切的关系。运动损伤对运动员所造成的影响是严重的，不仅影响正常的训练、比赛，妨碍运动成绩提高，减少运动寿命，严重的还可能引起残废，甚至死亡。对体育健身参加者来说，也将影响其健康、学习和工作，也对体育健身者造成不良的心理影响，妨碍体育健身的正常开展。

由此，在体育健身中，我们对运动损伤的预防应有充分的认识，需要很好地掌握运动损伤的发生规律，切实做好预防工作，使之最大限度地减少或避免运动损伤。同时，还应了解和掌握一些体育健身运动中常见的运动损伤的产生原因，预防与处理方法，从而使体育健身健康安全而富有成效。

（二）常见运动损伤的原因及治疗

1. 肌肉韧带拉伤：

内因：训练水平不够，柔韧、力量、协调性差，生理结构不佳。

外因：准备活动不充分，场地、气温、湿度、上课内容不好，教练专业水平不够。

预防：选教练、场地及适当的课程，在正常天气情况下锻炼，准备活动充分、循序渐进。

处理：24 小时前为急性期：方法：停止运动，冷敷，包扎，抬高受伤部位。24 小时后为恢复期，配合按摩、微动、康复或恢复性锻炼。

2. 关节扭伤：

内因：技术掌握不好，协调性差，关节周围肌肉力量小，生理结构不佳，疲劳产生体力差。

外因：准备活动不够，场地滑，器材使用不当，教练、内容不好（动作速度快、转、跳多）。

预防：准备活动充分，了解设备使用、循序渐进，让教练或自己速度放慢。

处理：24 小时前为急性期：方法：停止运动，冷敷，包扎，抬高受伤部位。

24 小时后为恢复期：配合按摩、微动、康复或恢复性锻炼。

3. 心力交瘁：

表现：人发冷，多汗，脸色白或红，头痛，晕，虚，筋疲力尽。

预防：教练或练习者要注意运动量的控制。

处理：离开热的地方，宽衣，湿衣。清醒后给他慢喝些水，注意观察，病人当天不要多运动。

4. 运动疲劳：

表现：心动过速，运动后血压、脉搏恢复慢，内脏不适。人发冷，多汗，脸色白或红，头痛，晕，虚，筋疲力尽。

原因：训练方法不对，不循序渐进、系统训练，运动量大，训练时间多长，休息不充分等。

预防：安排合理的训练时间、计划，注意劳逸结合。

处理：调整锻炼计划，运动量，循序渐进，进行系统训练、全面训练。

5. 重力休克：

表现：头晕，眼发黑，心难受，脸苍白，手发凉，严重时晕倒。

原因：动时血液都供应下肢，突然静止运动时静脉回流不够，脑缺血缺氧，产生脑贫血。

预防：强度运动后，不要马上停止运动。

处理：让患者平卧，脚垫高，头低于脚，从小腿顺大腿按摩。

6. 中风：

表现：严重心脏疾病，人体功能受影响，皮肤干、红、热现象，脉搏快、弱，呼吸浅等。

处理：有知觉：适量喝水，宽衣，如呕吐就不要给流质食物，打电话，送医院等。

处理：打电话呼救，侧躺，观察呼吸，冰块放在腕、踝、腋、颈脉处，不按摩。

7. 运动腹痛：

原因 1：肝脾淤血。慢性腹部疾病。

原因 2：呼吸肌痉挛（准备活动不够，肺透气低，运动与呼吸不协调）。

原因 3：胃肠痉挛（运动前吃得过饱、饭后过早运动，空腹或喝水太多）。

预防：运动前健康检查，合理安排运动饮食，吃饭前后 1 小时运动，不空腹、喝水太多运动。

处理：减慢运动速度、加深呼吸、调整运动呼吸节奏、手按疼痛部位，实在不行停止运动。

口服减痉挛药物（阿托品、十滴水）。

8. 脚底筋膜炎和神经刺痛：

原因 1：脚底频繁压力过多产生的疼痛。原因是套路不适合，鞋子问题，脚的生理结构不好。

原因 2：钙的沉淀在脚跟骨上，脚底筋膜炎和神经刺痛。

预防：准备活动要充分（包括脚部的准备活动）。

处理：注意放松，休息，按摩，洗热水澡。

9. 籽骨炎：

原因：运动中的突然的重压力在籽骨上，造成骨折和发炎。

预防：选择有缓冲的鞋子和缓冲力纠正。

10. 肌腱、小腿肌痛：

原因：经常提脚跟造成的。

预防：运动前后的准备活动和放松要多伸展肌腱，小腿肌可以防止损伤和减轻疼痛。

处理：注意放松，休息，按摩，热水洗澡，伸展助减痛等。

11. 半月板症：

原因：半月板症一般由过度膝部动作、跑步造成的，半月板症常会有“咔咔”的响声。

预防：减少过多的膝部动作，减少转体、跳等的撞击动作。

处理：注意放松，休息，按摩，热水洗澡。

12. 关节炎、黏液囊炎：

原因：过度训练。

处理：休息和看医生。

骨关节炎是由于软骨的磨损，使关节肿大，水肿。风湿性关节炎是由于人体的免疫系统的疾病造成的。

13. 腰肌劳损：

原因：练习方法不当（如：仰卧起坐时不屈腿），急于求成运动而疲劳损伤。

预防：学习正确的动作技术，不急于求成。

处理：注意放松，休息，按摩，洗热水澡。

14. 颈椎疾病：

原因：练习方法不当（如：仰卧起坐时不抱颈），颈部运动过多而疲劳损伤。

预防：学习正确的动作技术，颈部运动不要过多。

处理：注意放松，休息，按摩，洗热水澡。

15. 胫骨膜炎：

表现：胫骨前骨膜与骨有剥离的感觉，产生疲劳、酸痛。

原因：练习方法不当，地面不平等，小腿的肌肉发展不平衡，突然的压力。

预防：学习正确的锻炼方法（如：不要长时间的连续跳跃动作、上下踏板动作）。

处理：注意全面锻炼，练习后要放松、休息、按摩、热水洗澡，做伸展练习减疼痛等。

（三）预防损伤的10个主要方法

1. 暖身运动：走、踏步、分并跳、伸展等。

2. 使用适当和慢的方法，听取教练的建议。

3. 学习防止运动损伤的技术和理论。

4. 适合的运动鞋、护腕、护膝等。

5. 10%增加的原则，一周内增加频率、强度、持续时间不要超过10%，应循序渐进。

6. 保持有氧运动和无有氧运动的锻炼均衡。同时参加一些力量和柔韧练习防止受伤。

7. 你的身体需要时间去恢复，锻炼但不使身体受伤。

8. 运动前不要空腹，运动的前中后要饮足够的水。

9. 参加不同的训练（如：交叉训练锻炼不同的肌肉群）。

10. 根据自己的身体及时调整运动，如果在某部位运动产生酸痛，可以考虑是减轻运动或停止。

（四）运动损伤与运动环境

1. 热天运动

在大热天运动，穿少的衣服可以透气和出汗。一些特别为减肥设计的“出汗衣”“裹肚衣”等对人体的健康都相当不利。这种减肥只是减水分，随人体水摄入又会恢复体重。

在潮湿的时候或地方训练，由于汗不易排出体外，不利人体降温，这对心脏很不利。

在热天，充足的水分对心脏有益，这样身体可以通过排汗降体温，通常在运动前喝一两杯水，在运动中10～15分钟喝少量水。人体对脱水的反应要慢，当感到口渴时，人已经脱水了。少量脱水影响动作，大量脱水影响生命。运动中的大量脱水会导致抽筋。

2. 冷天运动

在冷天运动中，在人未暖时要多穿衣服，等暖身后再脱衣服。心脏疾病通常发生在户外工作、户外运动时，尤其在老年人、孩子身上。

3. 温度、湿度与运动疾病的关系

（1）心绞痛、心力交瘁潜在的环境：34℃、湿20%；31℃、湿50%；28℃、湿100%。

（2）心绞痛、心力交瘁可能的环境：41℃、湿20%；34℃、湿60%；31℃、湿100%。

（3）中风逼近的环境：49℃、湿20%；43℃、湿40%；33℃、湿100%。

4. 与运动环境有关的疾病

（1）心绞痛：主要在冷的地方锻炼，喝冷饮料，不做伸展运动，在腿和腹部出现疼痛和抽筋现象。按摩，喝盐水会使病情好些。

（2）冻疮：表现在皮肤出现微黄色，对痛觉冷淡，急救方法用温水，不用按摩，严重时看医生。

（3）降低体温：会危及生命，预兆有心力交瘁、头晕等。方法是打急救电话并用衣服温暖病人。

（4）中暑：由于天气热，脱水等原因造成的。方法是到阴凉处休息、喝水、送医院等。

三、运动处方

运动处方的概念最早是美国生理学家卡波维奇在20世纪50年代提出的。随着康复医学的发展及对冠心病等疾病的康复训练的开展，运动处方开始受到重视。运动处方的完整概念是：康复医师或体疗师，对从事体育锻炼者或病人，根据医学检查资料（包括运动试验和体力测验），按其健康、体力以及心血管功能状况，用处方的形式规定运动种类、运动强度、运动时间及运动频率，提出运动中的注意事项，是指导人们有目的、有计划和科学地锻炼的一种方法。其特点是因人而异，对“症”下药。1969年世界卫生组织使用了运动处方术语，在国际上得到确认。联邦德国Holl—mann研究所从1954年起对运动处方的理论和实践进行研究，制定出健康人、中老年人、运动员、肥胖病等各类运动处方，社会效果显著。

（一）运动处方的组成

1. 健康检查

了解锻炼者的一般身体发育、伤病的情况和健康状况，以确定是不是健身运动的适应者，有无禁忌症。

2. 运动负荷测定

检测和评定锻炼者对运动负荷的承受能力。以心肺功能为主，进行安静和运动状态下的生理功能检测，主要有心率、血压、肺活量等指标。

3. 体能测定

进行力量、耐力、速度和灵敏的身体素质检测，从中判定锻炼者的运动能力和生理机能的状况。

4. 制定运动处方

（1）运动目的：通过有目的的锻炼达到预期的效果。由于各人的情况千差万别，运动处方的目的有健身的、娱乐的、减肥的、治疗的等多种类型。

（2）运动项目：在运动处方中，为锻炼者提供最合适的运动项目关系到锻炼的有效性和持久性。选择运动项目，要考虑运动的目的，是健身的，还是治疗的；要考虑运动条件，如场地器材、余暇时间、气候等；还要结合体育兴趣爱好等。

（3）运动强度：是运动时的剧烈程度，是衡量运动量的重要指标之一，可用每分钟的心率次数来表示大小。一般认为心率120次/分以下为小强度，120~150次/分为中强度，150~180次/分或180次/分以上为大强度。测量运动强度的简单办法是：测量运动后10秒脉搏×6，就是1分的运动强度。

①适宜运动强度范围，可用靶心率来控制：以本人最高心率的70%~85%的强度作为标准。

靶心率=（220－年龄）×（70%~85%）。如20岁的靶心率是140~170（次/分）。

②最适宜运动心率，计算公式：最大心率=220－年龄；

心率储备=最大心率－安静心率；

最适宜运动心率=心率储备×75%+安静心率。

如某大学生20岁，安静心率70（次/分），他的最大心率为220－20=200次/分；心率储备为200－70=130次/分；最适宜运动心率为130×75%+70=167.5（次/分）。

（4）运动时间：指一次锻炼的持续时间。它与运动强度紧密相关，强度大，时间应稍短，强度小，时间应稍长。有氧锻炼一般在30分左右才能达到较好的效果。

（5）运动频度：指每周的锻炼次数

关于运动频度，日本的池上晴夫研究表明，1周运动1次，肌肉酸痛和疲劳每次发生，运动后1~3天身体不适，效果不蓄积；1周运动2次，酸痛和疲劳减轻，效果有点蓄积，不明显；1周运动3次，无酸痛和疲劳；效果蓄积明显；1周运动4~5次，效果更加明显。可见，1周运动3次以上，效果才明显。

5. 效果检查

由于个人情况千差万别，在实行运动处方的过程中，可能会有不合适的地方，应在实践中及时检查和修正，以保证锻炼的效果。

运动处方：可以选择一些简单易做的体育项目，譬如跳绳、俯卧撑、广播操、跑步等。

理由：以上项目简单易行，有助于舒缓绷得过紧的“弦”，不断提醒自己“我还行”。坚持锻炼，自信心一定会逐步增强。

6. 自大

此类人凡事喜欢逞强，过于高估自己，轻视别人，易引起同伴反感。

运动处方：由于自大者总是信心爆棚，不妨有意选择一些难度较大、动作较为复杂的运动，如跳水、体操、艺术体操、马拉松等项目，或者找一些实力水平远超过自己的高手，进行象棋、乒乓球、羽毛球等项目的对垒。

理由：人外有人，天外有天，多体验运动的艰难，有助于克服自负、骄傲的毛病。

最后要说的是，体育锻炼要想达到心理转化的目的，必须有一定的强度、质量和时间要求，循序渐进。人各有异，选择何种项目应该视自身情况，有的放矢，千万不要硬来。

参考文献

[1] 翁惠根. 大学生体育俱乐部实用教程 [M]. 杭州：浙江大学出版社，2005.
[2] 任云兰. 高校体育俱乐部的现状与发展对策研究 [J]. 教育与职业，2007 (24).
[3] 王芝琴. 普通高校体育俱乐部模式的探究 [J]. 邵阳学院学报，2007 (5).